新疆文物考古研究所丛刊之十一

新疆石城子遗址

（二）

新疆维吾尔自治区文物考古研究所　编著

科学出版社

北京

内 容 简 介

《新疆石城子遗址》一书分为两册。第一册为考古发掘报告，收录了2014～2019年度的考古发掘资料，已于2022年出版。第二册为综合研究和科技考古。综合研究部分主要收录与石城子遗址有关的最新研究成果。为使本报告实用性更强，便于研究者利用，亦将散见的前人所做的与石城子遗址相关的调查资料和研究论文一并收录。科技考古部分主要收录发掘期间同步开展的考古调查、考古勘探、考古测绘、动植物多样性分析、土壤分析等多学科分析研究成果。

本书可供从事文物、考古学、历史学等相关专业的研究人员及高校学生参考阅读。

图书在版编目（CIP）数据

新疆石城子遗址. 二 / 新疆维吾尔自治区文物考古研究所编著. —北京：科学出版社，2023.10

（新疆文物考古研究所丛刊；十一）

ISBN 978-7-03-076739-4

Ⅰ．①新…　Ⅱ．①新…　Ⅲ．①关隘–文化遗址–研究–奇台县–汉代　Ⅳ．①K878.34

中国国家版本馆CIP数据核字（2023）第201400号

责任编辑：赵　越 / 责任校对：邹慧卿
责任印制：肖　兴 / 封面设计：陈　敬

科学出版社 出版
北京东黄城根北街 16 号
邮政编码：100717
http://www.sciencep.com
北京汇瑞嘉合文化发展有限公司 印刷
科学出版社发行　各地新华书店经销

*

2023年10月第　一　版　开本：889×1194　1/16
2023年10月第一次印刷　印张：24 3/4　插页：6
字数：700 000

定价：368.00元
（如有印装质量问题，我社负责调换）

前　言

　　《新疆石城子遗址》一书分为两册。第一册为考古发掘报告，收录了2014～2019年度的考古发掘资料，已于2022年出版。第二册为综合研究和科技考古。综合研究部分主要收录与石城子遗址有关的最新研究成果。为使本报告实用性更强，便于研究者利用，亦将散见的前人所做的与石城子遗址相关的调查资料和研究论文一并收录，且尽量保持当年研究材料发表时的原始性，目的是令读者和学界全面了解石城子遗址学术研究的发展脉络。科技考古部分主要收录发掘期间同步开展的考古调查、考古勘探、考古测绘、动植物多样性分析、土壤分析等多学科分析研究成果。

　　在2013年制定石城子遗址考古发掘方案的时候，我们认为石城子遗址考古发掘不应仅仅是为了解决石城子遗址本身的使用年代、形制布局、文化内涵等传统考古认知范围，更不是为了发掘出土一批文物以博人眼球。研究也不应局限于政治、经济、军事、交通等人文科学领域，而应以石城子遗址为依托搭建研究平台，邀请自然科学等多领域的专业团队参与到项目中来，力争全方位挖掘、全面系统阐释石城子遗址作为一个立体的社会单元所承载的政治、经济生业模式、文化艺术、社会结构、军事建置、科学技术、交通路网、贸易交流乃至宗教信仰、气候变化、生态环境等内涵。

　　在项目执行期间先后有建设综合勘察研究设计院有限公司、中国科学院空天信息创新研究院（原中国科学院遥感与数字地球研究所）、西安博古文物勘探服务有限公司、兰州大学资源环境学院、复旦大学科技考古研究院、十月文物保护有限公司等国内知名的专业研究团队参与到石城子遗址项目中来，合作方式多以成立专项子课题的形式进行。通过合作形成了一批考古勘探、考古发掘资料提取、记录、考古资料数据库建设、动植物多样性研究、土壤环境分析等方面成果，为综合研究石城子遗址社会生态提供了极为珍贵的资料。

　　考古学也唯有结合其他学科的相关研究，才能够将历史的基本样貌、性质和意义充分地显现出来。虽然石城子遗址目前开展的这些研究还不成系统，还不够全面、深入，离预期目标还有很远的距离，但是通过将考古学与众多人文、自然学科相结合、将现代科学技术手段运用到考古发掘研究中来仍不失为一种很好的尝试。

目　录

上编　综合研究

下编　科技考古

上　编
综合研究

从奇台县石城子遗址考古材料看两汉西域吏卒的屯戍生活

刘国防

（新疆社会科学院）

石城子遗址位于新疆昌吉回族自治州奇台县半截沟镇麻沟梁村东北，西北直线距离奇台县城约47千米。1972年，在奇台县文物普查中，文物工作者发现了石城子古城遗址[①]。1979年，薛宗正先生撰文认为石城子为东汉耿恭戍守的疏勒城[②]。1984年，新疆社会科学院考古研究所王炳华先生对古城做过调查[③]。1988年全国第二次文物普查[④]、2009年全国第三次文物普查时，都对石城子遗址做过调查[⑤]。2014～2019年，为配合西域都护府遗址调查项目的实施，新疆维吾尔自治区文物考古研究所对石城子古城遗址开展了持续六年的系统发掘，发掘工作涉及古城遗址及其附近分布的墓地、窑址等遗迹。发掘过程中，还邀请了中国科学院遥感与数字地球研究所、陕西西安博古文物勘探服务有限公司采用高密度电阻率法、磁法和探地雷达扫描探测等技术对石城子古城和城外北部和西部耕地进行大范围勘探。经综合分析出土文物，参考^{14}C测年数据，最终确定石城子古城是两汉时期戊己校尉下属的军屯城堡，是东汉时期耿恭戍守的疏勒城[⑥]。

屯田作为经营西域的一项基本策略，始终受到两汉中央王朝的高度重视。屯田活动与中央王朝的西域经营和治理活动相始终，随着屯田的逐步扩大，屯田地由点连线而面，遍布天山

---

① 奇台县文化馆：《新疆奇台境内的汉唐遗址调查》，《考古学集刊》（第5集），中国社会科学出版社，1987年。

② 薛宗正：《耿恭驻守的疏勒城在哪里？——兼与才家瑞同志商榷》，《图书评介》1979年第4期。

③ 王炳华：《天山东段考古调查行纪（二）》，《新疆文物》1988年第1期。

④ 新疆文物普查办公室、昌吉文物普查队：《昌吉回族自治州文物普查资料》，《新疆文物》1989年第3期。

⑤ 新疆维吾尔自治区文物局：《新疆维吾尔自治区第三次全国文物普查资料汇编·奇台县不可移动文物》，2011年。

⑥ 参见新疆维吾尔自治区文物考古研究所：《新疆石城子遗址（一）》，科学出版社，2022年。

南北。屯田在解决军队粮草问题、节约远途运输成本，维护西域稳定，减轻中原地区人们经济负担等方面都发挥了巨大的作用。两汉西域屯田以有组织的军屯为主，参加屯田的人员包括吏士、弛刑士、私从、家属及属国士卒，他们且耕且战，共同演绎了在西域的屯戍生活。

石城子遗址是两汉时期天山北麓重要的军事据点和屯戍地，在统一西域、维护西域社会安定中发挥过重要作用。通过石城子古城、周边墓葬、窑址及出土文物信息的分析，结合传世文献记载和西北汉简材料，我们可以对两汉时期西域屯戍情况有进一步了解。本文试图以石城子遗址考古材料为主，在利用相关材料的基础上，勾勒两汉时期西域吏卒生活的一个侧面，以丰富人们对这一时期西域吏卒屯戍活动的认识。

从石城子遗址及其出土文物可以看出，两汉时期驻守西域的吏卒，不仅需要戍守征战、屯田畜牧，还要承担筑城烧窑、亭传邮驿等任务，他们保持着原有的精神生活，也与当地民众开展交流交往活动。

一、戍守征战

西域都护是汉朝在西域设立的最高军政长官，戊己校尉率领的军队是汉朝派驻西域的主要军事力量，在与匈奴争夺西域和维护西域社会稳定过程中，汉朝军队与当地民众一道，发挥了重要作用。

西域都护的职责之一便是"可安辑，安辑之；可击，击之"。两汉时期，汉朝军队在西域征战、维护社会稳定的活动文献多有记载，其中记载最为详细的是戊己校尉与西域诸国共同参加的建昭三年（公元前36年）陈汤、甘延寿讨伐匈奴郅支单于的战役。建昭三年冬，陈汤、甘延寿矫制调集"车师戊己校尉屯田吏士"及西域城郭诸国兵总计四万余人，编为六校，翻越天山，经乌孙远征康居。汉军攻入郅支城，匈奴郅支单于受伤而死。汉朝军队攻占郅支城后，解除了郅支对葱岭以西国家的威胁，安定了西域，巩固了汉在西域的统治。

王莽时期，焉耆国反叛。天凤三年（公元16年），王莽遣五威将王骏、西域都护李崇率戊己校尉出征西域，"诸国皆郊迎，送兵谷，焉耆诈降而聚兵自备。"王骏等遭遇焉耆埋伏，兵败被杀。李崇率余部，退守龟兹。戊己校尉郭钦率另一部汉军后至，在攻破焉耆后领兵经本师而还。

东汉时期，戊己校尉同样在与匈奴争夺西域和维护西域社会安定方面发挥着重要作用。永平十八年（公元75年）三月，戊己校尉耿恭抗击北单于所遣左鹿蠡王二万余骑攻打车师的事件更是与疏勒城直接相关。当年五月，在匈奴的进攻下耿恭被迫领兵转移至疏勒城。七月，匈奴再次来攻，"恭募先登数千人直驰之，胡骑散走"，车师后部民众与戊己校尉士卒一起抗击了匈奴的进攻。永兴元年（公元153年），军师后部王阿罗多与戊部侯严皓关系不睦，引发了阿罗多攻围汉军屯戍且固城叛走匈奴的事件。敦煌太守宋亮上书请立后部故王军就质子卑君为后部王。其后，阿罗多又从匈奴中返回，与卑君争夺王位。戊校尉阎详"乃开信告示，许复为王"，阿罗多遂降。于是，阎详收夺赐与卑君的印绶，更立阿罗多为王，将卑君及其部属三百帐送至敦煌。

石城子遗址出土了铜质、铁质、骨质兵器，包括刀、镞、弩机栓销、铠甲片等，是两汉吏卒遗留之物[①]。两汉时期吏卒的武器由政府统一配置并作严格登记管理。居延汉简中还出土了"守御器簿（605·1）"[②]、"守御器簿一编敢言之（665）"[③]登记管理兵器出入库和完好程度。如"匹弓一矢五十（433·36）"[④]"弓一楱丸一矢十二（87·12）"[⑤]"校尉三月尽六月折伤兵簿出六石弩弓廿四付库库受啬夫久廿三而空出一弓解何 （179·6）"[⑥]"始建国天凤元年玉门大煎都兵完坚折伤簿（正面）兵完折伤簿（反面）（1925A、B）"[⑦]等，还有修复兵器的记录，如"藁矢二羽币补不事用已作治成 宣矢十羽币补不事用已作治成去（58·3）"[⑧]王国维先生认为，所谓宣矢是一种短矢。楼兰出土汉简有"五石具弩一 承弦二 犊丸一"。犊丸：藏弓之弢，亦称犊丸，是盛弓之具[⑨]。石城子古城出土有坩埚残件两件，均为手制夹砂灰陶，器物内壁或外壁残留有烧结的铜渣、铜锈[⑩]，应该是用来制作修复兵器或其他金属用具的。

两汉军队戍卒的武器、粮食衣服是由政府配发的。王莽时，"边兵二十余万人，仰县官衣食，用度不足"。《后汉书·明帝纪》亦载："凡徙者，赐弓弩衣粮。"这一点在居延汉简也有清楚的记载，如"□□燧卒□逢薛明：□官袭一领、官袍一领、□（E.P.T53：115）""……右县官：犬袜二口、常韦一两、缇绩一口、缇行縢二、□。（E.P.T51：457）""官袭""官袍""县官"等字样，表明此类物品乃由国家发放给个人的。劳干先生认为："据汉简所记戍卒衣食由公家供给，……除过公家的衣食以外，还有一部分是私家的。"黄今言先生也认为："汉代士兵的衣服除'官给'者外，还有'私衣'。"[⑪]

二、屯田畜牧

屯田士卒平时耕种，战时出征，且耕且战是军屯的最基本职能。西汉西域都护开府施政以

---

① 新疆维吾尔自治区文物考古研究所：《新疆石城子遗址（一）》，科学出版社，2022年，第308～310页。

② 谢桂华、李均明、朱国炤：《居延汉简释文合校》，文物出版社，1987年，第607、608页。

③ 甘肃省文物考古研究所：《敦煌汉简》（下册），中华书局，1991年，第244页。

④ 谢桂华、李均明、朱国炤：《居延汉简释文合校》，文物出版社，1987年，第561页。

⑤ 谢桂华、李均明、朱国炤：《居延汉简释文合校》，文物出版社，1987年，第153页。

⑥ 谢桂华、李均明、朱国炤：《居延汉简释文合校》，文物出版社，1987年，第286页。

⑦ 甘肃省文物考古研究所：《敦煌汉简》（下册），中华书局，1991年，第294页。

⑧ 谢桂华、李均明、朱国炤：《居延汉简释文合校》，文物出版社，1987年，第102页。

⑨ 黄文弼：《罗布淖尔考古记》，广西师范大学出版社，2023年。

⑩ 新疆维吾尔自治区文物考古研究所：《新疆石城子遗址（一）》，科学出版社，2022年，第289、290页。

⑪ 劳干：《汉代兵制及汉简中的兵制》，《历史语言研究所集刊》第十本第一分，第37页；黄今言：《秦汉军制史论》，江西人民出版社，1993年，第301页。

后，屯田校尉始隶属于都护。为加强对车师前部的控制，于是迁徙部分田卒至比胥鞬屯田，并置校尉领护。汉元帝初元元年（公元前48年），又设戊己校尉专门管理车师屯田事务，成为汉王朝管理西域屯田的主要机构。东汉在西域的屯田管理机构又有变化，其前期仍然是西域都护管理西域，戊己校尉具体负责屯戍事务。到东汉中后期，设置西域长史管理西域，西域长史率领军队，负责西域的戍守和屯田。

西汉时徙民实边，由政府提供耕牛、铁犁、粮食等。《汉书·昭帝纪》记载：元凤三年（公元前78年），"边郡受牛者勿收者"。颜师古注引应劭曰"武帝始开三边，徙民屯田，皆与犁牛"。东汉西域屯田亦是如此。延光二年（公元123年），敦煌太守张珰上书陈述其西域三策，其中策即为："可置军司马，将士五百人，四郡供其犁牛、谷食，出据柳中。""帝纳之，乃以班勇为西域长史，将弛刑士五百人，西屯柳中。"

西汉时期西北地区的屯田以粮食种植为主，见于居延汉简记录的粮食作物有谷、糜、粟、秫、米、麦、大麦、秫、豆、麻子等。在居延肩水金关遗址，考古人员还发现了小麦、大麦、谷、糜、青稞、麻子等，其中粟是最常见的粮食作物[1]。汉代戍卒在种植粮食的同时，也注重家畜家禽的饲养，以获得肉食、蛋类补充。

石城子遗址位于天山山脉东段北麓，海拔1100～4356米，其所在的山前奇台绿洲气候属中温带大陆性干旱半干旱气候，冷热多变、四季分明、干燥少雨。年平均气温为4.7℃，年平均降水量175毫米，年平均相对湿度60%，年平均无霜期156天。白杨河、吉布库河、碧流河等河流为绿洲提供了灌溉水源。山前地带不仅是传统的旱作农业生产地，也非常适合于牧业发展。从石城子古城出土物及其多学科分析成果可以看出，两汉时期这一地区的屯戍吏卒因地制宜，种植粮食，养殖牛羊，过着农牧兼营的生活。

从石城子遗址浮选的碳化作物遗存可知，两汉时期当地农业主要以种植青稞、小麦、黍和粟等，其中青稞占比最高，小麦次之，其他两种农作物较低[2]，说明青稞、小麦，特别是青稞是两汉时期石城子士卒种植的最重要的粮食作物，这也与当地的气候条件及青稞生长特点相一致。该浮选结果也得到了城址出土人、动物骨骼和植物种子样本的碳氮稳定同位素分析结果的佐证。石城子古城所在地区的纬度和海拔均相对较高，热量条件相对较差，植物生长期很短。青稞生长期短，相较于小麦和小米非常适应寒冷环境，因而在高纬度或高海拔地区更具优势。清朝乾隆四十二年（公元1777年），乌鲁木齐提督俞金鳌向朝廷奏报："乌鲁木齐屯田东至济木萨，西至玛纳斯，绵亘八百余里。二月春分开犁，先种青稞，次种小麦，再种粟谷。"[3]以种植青稞、小麦为主与西北其他屯田区以粟为主有很大的区别，是屯戍士卒适应当地气候环境因地制宜的表现。在城址内还发现了石磨盘等粮食加工工具也印证了粮食作物在当地的种植。

---

① 何双全：《居延汉简所见汉代农作物小考》，《古今农业》1986年第2期；薛英群、何双全、李永良注：《居延新简释粹》，兰州大学出版社，1998年，第93页。

② 生膨菲、田小红、吴勇：《新疆奇台石城子遗址出土炭化植物遗存研究》，《西域研究》2022年第2期。

③ 中国科学院地理科学与资源研究所、中国第一历史档案馆：《清代奏折汇编——农业·环境》，商务印书馆，2005年，第269页。

除种植粮食外，戍守的士卒还从事畜牧养殖，养殖以家畜家禽为主。在城址内，发现了大量的动物骨骼，包括羊、牛、马、狗、猪、骆驼等，其中羊占绝对优势。夏季海拔较高的山地草场水草茂盛是放养牛羊的天然资源，冬季牛羊被驱赶下山，以青稞、麦、粟秸秆或打草圈养。养羊主要是为了食用，超过一半的羊在1～3岁被宰杀，以获取最好的肉食。牛是屯田区重要的生产资料和肉食来源，养牛主要是用于耕田、运输和食用。牛往往在龄老时才会被宰杀。马是重要的军事物资，养马的主要目的在于军用，这也被对马骨的病理分析所证明[1]。狗的饲养除放牧需要外，还可以考虑用于军事[2]。居延汉简中有养狗的记录："左后部小畜狗一白传诣官急（背文同，74·6A、B）"[3]"坞上车卧丘□□□坞上转□□□狗少二当道深目见二，坚甲一线绝，坞户戊一□（196·2）"[4]"入狗一枚元康四年二月己未朔己巳佐建受右前部禁奸卒充子元受致书在子元所（5·12）"[5]"买狗四枚（246·40）"[6]。城址中也发现了猪骨，从形态分析可以明确判断为家猪。猪饲养很可能与军队和随军人员有关。猪骨发现数量不多，说明屯戍士卒在肉食摄入模式上，改变了他们原来的以猪肉为主的饮食传统，以食用羊肉为主，体现了饮食选择上的因地制宜。骆驼的饲养应该是作为运输畜力使用。屯戍士卒还养殖鸡等家禽，间或狩猎野兔、鹿等野生动物以获取其肉食或皮毛。

三、筑 城 烧 窑

两汉时期，为与匈奴争夺西域，汉朝派往西域的军队往往驻守在交通要地，是双方必争之地，筑城成为汉军戍守首先必须考虑的问题，但两汉文献却少有汉军在西域筑城的记载。

西汉在西域的屯田始于太初四年（公元前101年）的轮台屯田，当时的轮台屯田及元凤四年（公元前77年）的伊循屯田，汉军驻屯都选择利用了当地原有城镇。初元元年（公元前48年）戊己校尉设立之初，屯田交河亦是如此。后来，戊己校尉移驻交河以东的高昌壁，这或许是汉军在车师地区筑城戍守的开始。东汉在西域筑城文献记载很少，其驻屯城镇中的一部分是对前朝屯戍城镇进行修葺，重新加以利用，但在新的屯戍地区则需要修筑新城。虽然两汉时期汉军在西域的筑城活动很少见于文献记载，但汉军在西北地区的筑城在文献和汉简中都有反映。

西汉元朔二年（公元前127年），武帝采纳主父偃的建议，徙民屯田，置朔方、五原

---

① 董宁宁、孙晨、田小红、吴勇、袁靖：《新疆奇台石城子遗址的动物资源利用》，《西域研究》2022年第2期。

② 新疆维吾尔自治区文物考古研究所：《新疆石城子遗址（一）》，科学出版社，2022年，第312页。

③ 谢桂华、李均明、朱国炤：《居延汉简释文合校》，文物出版社，1987年，第130页。

④ 谢桂华、李均明、朱国炤：《居延汉简释文合校》，文物出版社，1987年，第309、310页。

⑤ 谢桂华、李均明、朱国炤：《居延汉简释文合校》，文物出版社，1987年，第8页。

⑥ 谢桂华、李均明、朱国炤：《居延汉简释文合校》，文物出版社，1987年，第411页。

郡，令苏建率领十多万人修筑朔方城，并重新修缮蒙恬所筑阴山长城。元狩四年（公元前119年），汉军大败匈奴，"匈奴远遁，而幕南无王庭"。为巩固军事战争的胜利成果，汉武帝在北方朔方、五原、云中、定襄四郡大举筑城，郡城、县城、障、塞、亭燧等大量出现。元狩二年（公元前121年），浑邪王杀休屠王，将其众来降。汉设置河西四郡，郡县城镇随之在河西地区修建起来。

《汉书·晁错传》载，晁错守边备塞疏称："陛下幸忧边境，遣将吏发卒以治塞，甚大惠也。然令远方之卒守塞，一岁而更，不知胡人之能，不如选常居者，家室田作，且以备之。以便为之高城深堑，具蔺石，布渠答，复为一城，其内城间百五十步。要害之处，通川之道，调立城邑，毋下千家，为中周虎落。先为室屋，具田器，乃募罪人及免徒复作令居之；不足，募以丁奴婢赎罪及输奴婢欲以拜爵者；不足，乃募民之欲往者。皆赐高爵，复其家。予冬夏衣，廪食，能自给而止。"筑城、建房、屯田成为徙民实边的重要举措。在居延出土的汉简中就有屯田士卒修筑障塞的记录：

当修治凡章用积徒四万四千（E.P.T56：185）①

右堠南燧南到常固燧廿里百六十四步。其百一十五步沙不可作垣松堑；十三里百七十步可作墼，用积徒□千五百七十人，去薪塞外三里；六里百八十九步可作墼，用积徒千□百七十五人（E.P.T57：77）②

二人积墼五千五百六十 率人积二千七百八十墼③

丁巳 骑士十人 九人作墼 一人养 人作百五十 凡墼千三百五十④

墼即模制土坯，主要用来修筑城墙和房屋。居延汉简中记录有其尺寸，"墼广八寸，厚六寸，长尺八寸，一枚用土八斗，水二斗二升（187·6，187·25）"⑤。汉代一寸约合2.35厘米⑥，则居延堠南燧等所做土墼相当于长42.3、宽18.8、厚14.1厘米。修筑城障、亭燧、房屋所用土墼数量很大，刑徒每日作墼，劳役繁重。王国维先生认为："以其轻重，推其面体，当不甚小，故一人每日所做，少则六七十，多则百五十而已。"⑦

除了繁重的作墼，士卒修筑城障、房屋，还要从事涂泥、平整地面等与筑城有关的劳动。

出土汉简记载，"一人草涂（候）内屋上 广丈三尺五寸 长三丈 积四百五尺""二人第人一□□□草涂内屋 广丈三尺五寸 积四百五尺率人二二百二尺五寸""四人马夫涂□□ 长四丈九尺 广六尺 积二百九十四尺"⑧。

---

① 黄文弼：《罗布淖尔考古记》，中国西北科学考察团丛刊之一。
② 黄文弼：《罗布淖尔考古记》，中国西北科学考察团丛刊之一。
③ 罗振玉、王国维：《流沙坠简》，中华书局，1993年，第147页。
④ 罗振玉、王国维：《流沙坠简》，中华书局，1993年，第148页。
⑤ 谢桂华、李均明、朱国炤：《居延汉简释文合校》，文物出版社，1987年，第298页。
⑥ 丘光明：《中国历代度量衡考》，科学出版社，1992年。
⑦ 罗振玉、王国维：《流沙坠简》，中华书局，1993年，第149页。
⑧ 罗振玉、王国维：《流沙坠简》，中华书局，1993年，第151页。

石城子古城除采用夯筑方法外，也用土坯修筑城墙和砌筑房屋，出土土坯规格与之大体相当，与河西地区出土的土墼规格更为接近①。如城内出土的土墼就有，长26.4、宽18、厚11.6厘米（ⅣMD：26），长39、宽19、厚11.2厘米（ⅣMD：59），长39.8、宽20.4、厚11.4厘米（ⅣMD：60），长38.2、宽22.8、厚12厘米（ⅣMD：61）等数种规格，土墼均以草拌泥模制而成。这些由吏卒制作的土墼是筑城、建房的重要材料。

据考古发掘，石城子古城城墙为夯土墙，外城的西北角及东北角城墙上各有角楼1座，北城墙上对称有马面2座，城外10米处掏挖护城壕。角楼外侧墙体局部用瓦片包砌，显示墙体曾被频繁破坏，用瓦片来加固和保护墙体应是应急之策。城门位于西墙中部城门洞墙壁局部残存五层草拌泥和十层白灰墙皮，从回廊及房屋边角处的红色地脚线图来看，城门区营建和使用过程中曾多次修护。北墙东部墙体中开凿踏步1条。城内房屋墙体为土坯垒砌或夯土砌筑，墙面上抹草拌泥涂白灰，并勾绘红色地脚线和墙角线②。

考古工作者在石城子古城内城中部清理出房址26间，在内城西北部清理出房址8间。中部房址排房式布局，构筑方式地面起建式和半地穴式两种。半地穴式房址年代稍早，房址平面呈长方形，下部墙体为减地法挖成，上部夯筑，大部分房址东北角有灶，房顶上可能没有覆瓦。地面起建式房址平面呈长方形，墙体夯筑，部分为土坯垒砌。房间内很少有生活设施，屋内一角有灶，供取暖之用，房顶上覆瓦。西北部房址，分为西边5间，东边3间，墙体采用土坯垒砌和夯土砌筑两种方式，墙体表面抹一层草拌泥，上涂白灰，墙体底部及拐角处再涂红。地面上残存大量坍塌的板瓦、筒瓦等建筑材料。F1与F2之间有一条巷道。东边房屋的地面上铺有地砖，规格等级应高于西边房屋。除筑城、建房外，石城子吏卒还要从事修筑城内巷道、挖排水沟等劳动③。

据《后汉书·西域传》记载，永平十七年（公元74年）冬，骑都尉刘张出击车师获胜后，东汉始置西域都护、戊己校尉，以恭为戊己校尉，屯后王部金满城。次年三月，北单于遣左鹿蠡王二万骑击车师。耿恭遣司马将兵三百人前去营救，但半道遇敌，全部战殁。匈奴遂攻杀车师后王安得，进攻汉军驻守的金满城，但未能攻破。匈奴骑兵离去后，五月，耿恭领兵移驻疏勒城。从永平十七年冬至次年五月，正是东天山地区的寒冬季节，气候条件不适合筑城，当时又有匈奴骑兵来攻，汉军也无暇筑城，疏勒城当为前朝所筑，是对该城的重新利用。这也与石城子古城的考古发现情况相一致。

在石城子古城城门西约200米处一道低矮坡梁上，考古人员发现了古代窑址。窑属半地穴式结构，平面呈马蹄形，由操作间、窑门、窑室（火膛、窑床）、烟道等四部分组成。马蹄形窑是中原地区比较流行的一种陶窑形制，在新疆地区魏晋时期和唐代比较常见④。窑址内出土

① 甘肃考古工作队在马圈湾烽燧遗址发现的土墼为40厘米×19厘米×14厘米和在墩子湾墩烽燧发现的土墼为37厘米×18厘米×12厘米。见吴礽骧：《河西汉塞调查与研究》，文物出版社，2005年，第61、66页。

② 新疆维吾尔自治区文物考古研究所：《新疆石城子遗址（一）》，科学出版社，2022年，第14、158页。

③ 新疆维吾尔自治区文物考古研究所：《新疆石城子遗址（一）》，科学出版社，2022年，第234~237页。

④ 新疆维吾尔自治区文物考古研究所：《新疆石城子遗址（一）》，科学出版社，2022年，第319页。

板瓦、筒瓦、瓦当、青砖等建筑材料和罐、盆、豆形器等陶器残片。陶窑内出土的筒瓦、板瓦、青砖的规格和纹饰与城址内出土的同类器物相同；瓦当纹样为带"山"字间隔的云纹，与城址出土瓦当形制相同；盆的造型亦与遗址区出土的同类器相同，表明二者年代大致相同，在西汉末年至东汉初年，可以确定城内发现的大量建筑材料和生活用品均为本地烧制。

石城子古城出土有大量的板瓦、筒瓦、瓦当是筑城、建房、铺地的建筑材料。窑址的发现充分说明，在建城之初，屯戍吏卒还承担了大量的建筑材料的烧制工作，罐、盆、豆等生活用品[1]也由吏卒利用当地丰富的木材自行烧制的。

四、亭传邮驿

在先秦时期驿传制度的基础上，秦汉时期随着中央集权的强化和边地的拓展，形成了更为完备的亭传邮置通信系统。其时，以车传称"传"，以步递称"邮"，以马递称"驿"，驿传住停之站称"置"[2]。

《汉书·西域传》记载："汉兴至于孝武，事征四夷，广威德，而张骞始开西域之迹。其后骠骑将军击破匈奴右地，降浑邪、休屠王，遂空其地，始筑令居以西，初置酒泉郡，后稍发徙民充实之，分置武威、张掖、敦煌，列四郡，据两关焉。自贰师将军伐大宛之后，西域震惧，多遣使来贡献。汉使西域者益得职。于是自敦煌西至盐泽，往往起亭，而轮台、渠犁皆有田卒数百人，置使者校尉领护，以给使外国者。"可知，西汉的驿传系统已抵达轮台、渠犁一带。至征和（公元前92～前89年）中，搜粟都尉桑弘羊与丞相御史奏言，建议扩大轮台东捷枝、渠犁屯田，"张掖、酒泉遣骑假司马为斥候，属校尉，事有便宜，因骑置以闻。……稍筑列亭，连城而西，以威西国，辅乌孙，为便。臣谨遣征事臣昌分部行边，严敕太守、都尉明烽火，选士马，谨斥候，蓄茭草。"但武帝下轮台诏，未予采纳。

但随着西汉与匈奴争夺西域斗争的需要，汉在西域的驿传候望系统有了进一步的发展。特别是西汉统一西域后，为稳固统治西域，置戊己校尉屯田车师后，驿传候望系统更加完善，这在文献中有明确反映。王莽时，"时戊己校尉刀（又作刁）护病，遣史陈良屯桓且谷备匈奴寇。史终带取粮食，司马丞韩玄领诸壁，右曲候任商领诸垒，相与谋曰：'西域诸国颇背叛，匈奴欲大侵。要死。可杀校尉，将人众降匈奴。'即将数千骑至校尉府，胁诸亭令燔积薪，分告诸壁曰：'匈奴十万骑来人，吏士皆持兵，后者斩！'得三四百人，去校尉府数里止，晨火燃。校尉开门击鼓收吏士，良等随人，遂杀校尉刀护及子男四人、诸昆弟子男，独遗妇女小儿。止留戊己校尉城，遣人与匈奴南将军相闻，南将军以二千骑迎良等。良等尽胁略戊己校尉吏士男女二千余人入匈奴。""司马丞韩玄领诸壁，右曲候任商领诸垒""胁诸亭令燔积薪，

---

① 新疆维吾尔自治区文物考古研究所：《新疆石城子遗址（一）》，科学出版社，2022年，第267页。
② 王子今：《秦汉交通史稿》，中共中央党校出版社，1994年，第456页。

分告诸壁"明确记述了当时修筑的亭燧、壁垒相互联动的情形。

两汉时期，在全国各地交通线上设立邮驿机构，在西北地区广泛设置邮、亭、驿、置，所谓"列邮置于要害之路，驰命走驿，不绝于时月"①。邮是传递信息的机构名称，设有邮人、邮卒，有房舍供过往使者、行人食宿。亭既是守御组织，也是邮驿机构，负有守望御敌和传递公文的双重职责。亭燧的修建是为了守望御敌，传递情报也是重要职责。《汉书·文帝纪》注："置者，置传驿之所。"也是按照一定距离设置的邮驿机构。西北出土汉简中就有不少反映邮驿的材料出土。如居延汉简"驿卒冯斗即弛刑张东行（49·28）"、悬泉汉简"入西板檄二冥安丞印一诣乐掾治所一诣府　元始四年四月戊午县泉置佐宪受鱼离置佐陋卿　即时遣即行（Ⅱ0214①：125）""县（悬）泉亭次行……（Ⅰ0110②：24）""效谷县悬泉置啬夫光以亭行□（87-89C：1）"以及楼兰汉简"居卢訾仓以邮行"②等。

关于邮驿的交通工具，顾炎武引谢在杭《五杂俎》说："汉初尚乘传车，如郑当时、王温舒皆私具驿马，后患其不速，一概乘马矣。"③

西汉成帝时，"西域都护段会宗为乌孙兵所围，驿骑上书，愿发城郭敦煌兵以自救。"成帝下议其事，大臣商议数日不决。成帝诏陈汤入见。汤对曰："臣以为此必无可忧也。"又曰："不出五日，当有吉语闻。"居四日，军书到，言已解④。所谓"驿骑上书"就是以驿马传递紧急文书、军事情报的驿骑制度。

《后汉书·耿恭传》记，"先是恭遣军吏范羌至敦煌迎兵士寒服"，后范羌跟随王蒙军队一起返回西域营救耿恭。大概范羌是乘马东行传递信息的，只不过不像段会宗被乌孙所围，需要"驿骑上书"那么紧急而已。这也说明，在东汉初屯西域时，虽然尚没有建立起完善的驿传系统，但也采取派人传递信息的方式与中原地区保持联系，其任务由驻屯西域各地的基层士卒来承担。

敦煌马圈湾出土汉简就有反映邮驿传递文书的记录。如，"多问陈司马□司马愿数数相闻为檄欲移鄯善毋使行也（敦·46）"该简牍为私人书信，大概是汉王朝驻屯西域的司马移檄告知鄯善某事。再如，"出诏书一封　丞相府印车师后城司马　诣西域都护庭置课验行　建平三年二月己卯玉门隧长具兵□□□隧长　尹恭杂兴鄯善民□□□□□（敦·513）"，该简牍记录丞相府发往西域都护文书的传递时间和经手人，其中"鄯善民"亦参与了文书传递⑤。

① 《后汉书》卷八十八《西域传》，中华书局，1965年，第2931页。

② 胡平生、张德芳：《敦煌悬泉汉简释粹》，上海古籍出版社，第88、94页；黄文弼：《罗布淖尔考古记》，广西师范大学出版社，2023年，第253页。关于"亭""亭燧""邮亭""以邮行"的含义，可参见〔日〕富谷至著，刘恒武、孔李波译：《文书行政的汉帝国》，江苏人民出版社，2013年，第188～213页。

③ 顾炎武：《日知录》卷二十九"驿"条。悬泉置出土汉简有："元康元年癸酉朔辛卯，亭长宪敢言之，廷……白薄（簿）一编，敢言之。（Ⅱ0114③：499）""鸿嘉四年十月丁亥，临泉亭长褒敢言之，谨案，亭官牛一，黑，辖，齿八岁央（决）鼻，车一两（辆）……（Ⅰ0110①：1）"亭由亭长负责，配备牛车作交通工具。

④ 《汉书》卷七十《陈汤传》，中华书局，1962年，第3023页。

⑤ 张俊民：《西汉楼兰、鄯善简牍资料钩沉》，《鲁东大学学报》2013年第4期。

五、精 神 生 活

从已经发表的居延汉简看，汉代居延地区屯戍吏卒的精神文化生活，也是较为丰富的，这主要表现在学习国家的法律政策条文，学习实用的文化基础知识，参加宗教及各类占卜迷信活动等方面。学习国家政策法令方面，包括建汉以来的皇帝诏令、地方政府、各级屯戍官署的政策法令都是学习的内容。学习数学知识方面，居延汉简出土大量的乘法口诀简即是明证。学习历法知识方面，学"小学"，读写蒙学读本，《汉书·艺文志》所载的小学就有十五家、四十五篇，其中《仓颉篇》《急就篇》①影响最大、流传最广。社祭是汉代社会基本的全民性宗教活动，源于农业民族的土地崇拜，祈求土地神的保佑，为天下求福报功，在军队中也有社的组织和活动，从事各种占卜活动、厌胜活动②。

在和田民丰县尼雅遗址出土的一枚汉简残有"溪谷阪险丘陵故旧长缓肆延涣"13字，经专家研究，该文字是《仓颉篇》中的一段文字，蒙学识字课本《仓颉篇》的发现，有力表明屯田区的人们从事文化知识的学习。楼兰汉简中"亦欲毋加诸人子曰赐非"是出自《论语·公冶长》文字，说明传统文化典籍《论语》是人们学习的重要内容，也表明西汉黄龙元延间《论语》已传播至西域③。楼兰汉简出土有历书及法律条文简，如"及剑殴杀死以律令从事"，就是汉代刑书中的文字，说明屯戍西域的吏卒与西北地区的戍卒一样，需要学习国家政策法令和历律④。

六、周 边 交 往

两汉西域屯田以军屯为主，军队及随军人员以驻屯地为中心，形成相对独立的居住格局。但我们从石城子城址发现遗物，特别是多学科分析结果中可以看出，屯戍吏卒并非孤立地生活在该地，而是与周边人群有着交流互动，这也是吏卒屯戍生活的一个方面。

两汉西域屯田以军屯为主，其生产资料和生活资料保障除国家配置、内郡保障、士卒自产外，应该有一部分是与当地交易所得。在居延汉简中就有关于军队或屯戍吏卒与当地交易的记

---

① 日本学者富谷至认为，与初学者学习文字获得教养为目的《千字文》不同，《急就篇》是官员以撰制行政文书为目的的学习用书。见〔日〕富谷至著，刘恒武、孔李波译：《文书行政的汉帝国》，江苏人民出版社，2013年，第115页。

② 李振宏：《汉代居延屯戍吏卒的精神文化生活》，《简牍学研究》，甘肃人民出版社，2002年，第233~246页。

③ 黄文弼：《罗布淖尔考古记》，广西师范大学出版社，2023年，第271页。

④ 黄文弼：《罗布淖尔考古记》，广西师范大学出版社，2023年，第272页；邢义田：《汉代边塞吏卒的军中教育——读〈居延汉简〉札记之三》，《大陆杂志》1993年第3期。

录，如：

"出钱千二百，余四石糶黍、粟十石，多余□□□"（286·4）① （第一条）

"四月辛酉买牛肉百斤治脯付功房内毕"（269·5）② （第二条）

"永始五年闰月己巳朔丙子北乡夫总敢言之义成里崔自当自言为家私市居延谨案自当毋官"（15·19）③ （第三条）

"为家私市张掖居延 月癸巳尉史宗敢言之"（218·27）④ （第四条）

"为家私市居延 言之"（243·20）⑤ （第五条）

第一、二条汉简是买粮买肉的记录，数量较大，应该是公务交易。第三、四、五条，明确说是"为家私市"。从形式上看，戍卒所从事的商业经济活动包括为公市物和为家私市两类，表明戍卒在屯戍地区从事商业交往活动⑥。有学者对西北汉简中所见边塞居家什物进行了考释，也表明汉代边塞吏卒的日常生活器物除戍卒自产、边郡输入外，还有交易所得⑦。

对石城子古城出土羊骨骨胶原碳、氧同位素的分析结果显示，羊个体之间的差异较大。研究者认为，冬季以粟、黍收割后的秸秆饲养是造成差异的主要原因，反映出这些羊只的来源并不相同，其中的一些羊只可能是与周边交易所得。据《后汉书·耿恭传》记载，耿恭率领所部转移至疏勒城后，车师后王夫人"常私以虏情告恭，又给以粮饷。数月，食尽穷困，乃煮铠弩，食其筋革"。这是战时特殊情况下发生的事例，但从另一个方面似乎也可以提示我们，因为战争的原因，军粮生产供应会受到影响而出现不足，为保障供应不排除驻军与当地交易的可能。这种交易有可能是以物易物方式进行的，但考虑到石城子古城出土有两汉五铢⑧、新莽大泉⑨等钱币，或许也存在以货币购买的可能。

石城子遗址墓葬出土有素绢、红绢和漆器⑩、柿蒂纹铜镜等残片⑪，这些器物无疑是来自

---

① 谢桂华、李均明、朱国炤：《居延汉简释文合校》，文物出版社，1987年，第482页。

② 谢桂华、李均明、朱国炤：《居延汉简释文合校》，文物出版社，1987年，第452页。

③ 谢桂华、李均明、朱国炤：《居延汉简释文合校》，文物出版社，1987年，第24页。

④ 谢桂华、李均明、朱国炤：《居延汉简释文合校》，文物出版社，1987年，第35页。

⑤ 谢桂华、李均明、朱国炤：《居延汉简释文合校》，文物出版社，1987年，第406页。

⑥ 参见王子今：《汉代丝路贸易的一种特殊形式：论"戍卒行道贳卖衣财物"》、李振宏：《汉代居延地区屯戍吏卒的经济生活》，《简帛研究汇刊》（第1辑），中国文化大学文学院、简帛学文教基金会筹备处，2003年。

⑦ 庄小霞：《西北汉简所见汉代边塞居室什物考》，《中国国家博物馆馆刊》2017年第5期。

⑧ 新疆维吾尔自治区文物考古研究所：《新疆石城子遗址（一）》，科学出版社，2022年，第108、336页。

⑨ 奇台县文化馆：《新疆奇台境内的汉唐遗址调查》，《考古学集刊》（第5集），中国社会科学出版社，1987年。

⑩ 新疆维吾尔自治区文物考古研究所：《新疆石城子遗址（一）》，科学出版社，2022年，第299、307、321、322、326、334页。

⑪ 新疆维吾尔自治区文物考古研究所：《新疆石城子遗址（一）》，科学出版社，2022年，第299页。

于中原地区的。石城子遗址两汉墓葬中还出土了绿松石、玻璃珠[①]、海贝[②]等，这些亦非本地所产，应是交易所得。

除牲畜、粮食等物资方面的交流外，两汉西域屯田还将中原地区先进的生产工具和生产技术传入当地，促进了地方经济的发展。汉代以后，由于汉王朝在西域地区进行屯垦，各种农具及中原地区的农作物，随屯田士卒、应募农民不断进入，给新疆农业生产以重大影响[③]。

铁犁铧是适应社会经济发展而产生的重要生产工具，大中型犁铧由政府统一铸造和调拨。前往西域屯田的军队也由政府配备耕牛和犁铧。《后汉书·西域传》就记载，延光二年（公元123年），班勇将士五百人，出屯柳中，就由河西四郡供其犁牛、谷食。石城子古城内城西北存有一组8间居住房址，其中东面3间、西面5间，在西面前厅房址（编号ⅡF1a）地表，考古人员发现了残留的犁铧痕迹[④]，表明先进的农业生产工具两汉时已经传至车师后部地区。相关的考古发现在新疆其他地区也有发现，如在伊犁地区的昭苏县，相当于西汉时期的乌孙墓出土一张铁铧，舌形，中部鼓凸，铧体剖面近等腰三角形，后部有銎，銎作扁圆形。通体厚重、粗糙。这种形制，与关中礼泉、长安、陇县等地出土的西汉中晚期"舌形大铧"形制相同[⑤]。利用这种铁铧发土，效率当然会大大提高。20世纪70年代，在与吉木萨尔县相邻的木垒县新户古城出土一件舌形铁犁铧，残长22厘米，宽15厘米，厚8厘米，銎径2厘米，中部有孔，通体锈蚀严重。据学者考证，该犁铧与河南中牟出土的东汉铁犁相似，属于同一类型的中型铁铧。在木垒县英格堡古城，也出土过一件舌形汉铧，残长22厘米，宽15厘米，銎径4厘米，中部断裂，后经修复粘合，尖呈椭圆形，使用痕迹明显，锈蚀较为严重[⑥]。20世纪80年代，在与石城子古城同在东天山北麓的阜康六运古城出土两件青铜犁铧，一件长29.7厘米，宽20.1厘米，为铁锡铅青铜铸造，有椭圆形銎，两面鼓起，剖面近等腰三角形，形制与汉代关中流行的舌形铁铧相似。另一件残长28.5厘米，残损严重，材质为铅基锡铅青铜[⑦]。20世纪90年代，在哈密伊吾县前山乡三分场墓地出土一件汉代铁犁铧，残长36、宽35、厚1、高11厘米，弧形刃，中间起脊，平底，后部为三角形銎孔[⑧]。该铁铧其形制与中国农业博物馆藏陕西宝鸡出土东汉铁犁铧相同，属汉代大铁犁类型[⑨]。

汉代开始在西域地区屯田，牛耕技术同时进入西域地区。根据居延和肩水金关出土的汉简，在屯田区，对牛实行统一管理，对牛的毛色、牝牡、标识、年龄、腰围等有严格的登记，

---

① 新疆维吾尔自治区文物考古研究所：《新疆石城子遗址（一）》，科学出版社，2022年，第334、336页。

② 新疆维吾尔自治区文物考古研究所：《新疆石城子遗址（一）》，科学出版社，2022年，第312页。

③ 王炳华：《新疆农业考古概述》，《农业考古》1983年第1期。

④ 新疆维吾尔自治区文物考古研究所：《新疆石城子遗址（一）》，科学出版社，2022年，第114页。

⑤ 王炳华：《新疆农业考古概述》，《农业考古》1983年第1期。

⑥ 戴良佐：《新疆木垒出土古铁犁》，《农业考古》1999年第1期。

⑦ 昌吉回族自治州文物局：《丝绸之路天山廊道——新疆昌吉古代遗址与馆藏文物精品》，文物出版社，2014年，第325、326页。

⑧ 哈密博物馆：《哈密文物精粹》，科学出版社，2013年，第226页。

⑨ 张传玺：《两汉大铁犁研究》，《北京大学学报》1985年第1期，第76～89页。

牛主要用来耕田和挽车。对石城子遗址出土牛骨的年龄和病理研究表明，牛的死亡年龄偏大，末梢骨存在骨质增生，可能与牛被役使有关。

研究人员对石城子遗址出土炭化青稞、粟黍、小麦种子和自然植被的N同位素基准值检测比较发现，炭化粟黍种子的$\delta^{15}N$平均值最高，炭化青稞和小麦种子的次之，自然植被的最低，表明石城子遗址农作物生长的农田土壤存在氮的富集现象。造成这一现象的原因可能由于燃烧秸秆、撂荒和轮作等农田管理因素所致，也有可能是因为屯田戍卒为了获得稳定的收成提高农业产量在田间施用粪肥，提高了农田土壤肥力。阿斯塔那62号墓出土的写于《翟疆辞为共治葡萄园事二》就明确记载了翟疆为他种植的葡萄园施肥"粪十车"[①]，也表明至迟在北凉时期，吐鲁番地区的人们就已经学会了用粪肥田。高昌国时期，当地人们对粪肥的需求就十分普遍。至唐代，在西州市场上，粪肥是一种在市场上交易的常规物资。

我们认为，两汉时期西域屯戍人员与当地人们生产技术的交流很可能是双向的，放牧牛羊、种植青稞是适应当地气候环境、水土条件的因应之举，但也不排除这些来自于内地的吏卒向当地人们学习生产经验的可能。

两汉时期，东天山北麓地区城镇处于生长发育阶段。据《后汉书·西域传》记载，蒲类国，居天山西疏榆谷；移支国，随畜逐水草，不知田作；东且弥国，庐帐居，逐水草，颇田；后王居务涂谷。唯有车师前王居交河城、车师后部金满城。即便考虑到《汉书·西域传》中郑吉攻打的车师石城和《魏略·西戎传》中车师后部王庭所在的于赖城，也只有为数极少的几个城镇，这与博格达山以北水草丰美，适宜游牧有关。在这里以游牧为业的人们逐水草，居庐帐，少有筑城。

两汉经营西域，出于军事的需要陆续在交通要地修筑壁垒、城堡，开垦屯田，这些具有强烈军事性质的屯城为后来城镇的发展打下了基础。随着丝绸之路的开拓，东西方之间人员往来日益频繁，商品贸易日趋繁盛，商业贸易和人口集聚成为推动绿洲地区城镇发展的主要动力。学者研究认为："推动地域经济发展最积极的因素还应是商品经济的活跃和人员的交流、技术的传播，就后者而言，汉朝的屯田正是有力地推动西域社会经济发展之重大举措"[②]。两汉在西域的屯戍，将中原地区的筑城理念、筑城技术带入当地，不仅推动了当地的城镇兴起和发展，也加快了当地的人员聚集和商贸发展，从而促进了地域经济的发展。东汉时期，博格达山北地区的金满城还只是车师后部屯戍的戍部候城，但至唐代已发展成为集政治、军事、经济于一体的北疆地区统治中心。

石城子遗址是迄今为止新疆地区唯一一处经系统考古发掘的年代准确可靠、形制基本完整、保存状况完好、文化特征鲜明的汉代古城遗址。出土的大量汉代典型器物层位关系明确，在新疆地区考古学文化断代上具有标尺意义，对于深化新疆地区汉代考古学文化研究具有重要

① 国家文物局古文献研究室、新疆博物馆、武汉大学历史系：《吐鲁番出土文书》（第1册），文物出版社，1981年，第105页。

② 殷晴：《丝绸之路和西域经济——对新疆开发史上若干问题的思考》，《西域研究》2001年第4期。

价值。两汉时期，为与匈奴争夺西域，博格达山南北多有驻屯之城，如交河城、高昌城、柳中城、金满城等，但由于上述各城经两汉以后历代拓展扩建，其两汉时期的具体形制大多已难以弄清。就目前而言，石城子古城是较为完整保留两汉时期基本形制的古城，它的发掘揭示了两汉西域驻屯之城的一种基本形态，为我们深入认识两汉对西域的治理提供了实证。对石城子古城本身及其出土文物的分析，使我们对两汉时期西域吏卒的社会生活有了更为细致的认识。

通过石城子遗址出土文物反映的吏卒屯戍活动可以看出，两汉时期，驻守西域的汉朝军队与当地各民族一起，共同维护了国家的统一，稳定了西域的社会秩序，保障了丝绸之路的畅通；中原地区先进农业生产工具的传入，推动了当地社会经济发展；中原地区的筑城、烧窑技术的传入，推动了西域城镇的兴起和发展。在与当地各民族的交往中，大家相互学习，共同生活，促进了中原地区与西域地区各族之间交往交流交融的不断深入。

石城子遗址出土瓦当初步研究

田小红　吴　勇

（新疆维吾尔自治区文物考古研究所）

石城子遗址位于新疆奇台县半截沟镇麻沟梁村东北、河坝沿村南的麻沟梁上，平面近似长方形，南北长约380、东西宽约280米。北城墙和西城墙保存较完整，东、南以深涧为屏障。遗址地处天山山脉北麓山前丘陵地带，地势北高南低，起伏较大，最大落差可达75米。麻沟河自南而北绕城，向东经黑沟流向奇台绿洲。遗址据堑自守，易守难攻，防御色彩浓厚，是一处两汉时期的军事要塞。经过2014～2019年的调查、勘探和发掘，并结合文献记载，基本确定石城子遗址为汉代"疏勒城"旧址。

石城子遗址是目前新疆地区唯一一处年代准确、文化特征鲜明的两汉时期城址，遗址内出土大量具有汉代典型工艺风格的建筑材料。本文拟就遗址出土的瓦当类型、年代、制作工艺及文化源流等方面略作初步分析和研究。不足之处，祈请方家指正。

一、瓦当出土概况

历年来，石城子遗址共采集和出土瓦当850余件[1]，其中地表采集30余件，发掘出土823件。多数已残损，部分可以拼对复原，但有50余件当面纹饰已缺失。地表采集的瓦当现藏于各级博物馆中。奇台县博物馆藏20余件[2]，2014年，石城子遗址考古队对其中的18件瓦当进行了

---

① 石城子遗址已于2013年被列为第七批全国重点文物保护单位。但是截至目前，当地居民仍在石城子遗址本体上种植小麦，导致遗址本体遭受严重损毁，大量文物被破坏、流失。据介绍，20世纪80年代，遗址内外筒瓦、板瓦、瓦当和陶器残片等遗物随处可见，现在连瓦片都很难发现了。以前收藏于各级博物馆的瓦当均来自当地居民捐献或文物保护员拾获上缴。

② 奇台县文化馆：《新疆奇台境内的汉唐遗址调查》，《考古学集刊（5）》，中国社会科学出版社，1987年。1972年之后仍陆续出土瓦当，并藏于奇台县博物馆，但数量不详。

照相、绘图①；昌吉回族自治州博物馆藏瓦当数量不详，2014年，石城子遗址考古队对展陈的5件瓦当进行了照相、绘图②；新疆维吾尔自治区博物馆也藏有少量瓦当，但具体数量不详③；新疆文物考古研究所藏5件瓦当④。2014～2019年，新疆文物考古研究所对遗址进行考古发掘，2014年，在西城墙南段解剖面内侧的汉代地面上出土瓦当1件⑤；2016年，在内城西北部房址区出土瓦当28件⑥。需要说明的是，为了便于遗址后期展示，房址区倒塌的建筑物材料仍保留着最后倒塌的模样，没有被清理。其内部应该还有为数不少的瓦当；2017年，在西北角楼及附属建筑内出土瓦当60件⑦；2018年、2019年，城门区出土瓦当523件⑧；2018年，在城西窑址和墓葬区清理窑址1座，出土瓦当2件⑨；2019年，在内城中部房址区出土瓦当209件⑩。

二、瓦当的类型与特征

本文主要对考古发掘出土的823件瓦当进行分型研究，当面纹饰清晰可参与分型的有777件，当面纹饰不明的有46件。根据当面纹饰的不同，可以将当面纹饰清晰的777件瓦当分为几何纹和云纹两大类八型（表一）。

表一　瓦当类型统计表

第一类	I型	
		1　　　　　　　　　　　　2

---

① 新疆文物考古研究所：《2014年度奇台县石城子遗址考古发掘报告》，《新疆文物》2015年第3、4期。
② 新疆文物考古研究所：《2014年度奇台县石城子遗址考古发掘报告》，《新疆文物》2015年第3、4期。
③ 在新疆维吾尔自治区博物馆展厅陈列着2件来自石城子遗址的瓦当。
④ 王炳华：《天山东段考古调查纪行（二）》，《新疆文物》1988年第1期。在王炳华退休交接文物时，笔者在交接现场见过1件几何纹瓦当。
⑤ 新疆文物考古研究所：《2014年度奇台县石城子遗址考古发掘报告》，《新疆文物》2015年第3、4期。
⑥ 新疆文物考古研究所：《新疆奇台石城子遗址2016年发掘简报》，《文物》2018年第5期。
⑦ 新疆文物考古研究所：《2017年度奇台县石城子遗址考古发掘报告》，《新疆文物》2018年第1、2期。
⑧ 新疆文物考古研究所：《新疆奇台县石城子遗址2018年发掘简报》，《考古》2020年第12期；新疆文物考古研究所：《新疆奇台石城子遗址2019年发掘简报》，《考古》2022年第8期。
⑨ 新疆文物考古研究所：《新疆奇台县石城子遗址窑址和墓葬考古发掘简报》，《新疆考古》（第1辑），科学出版社，2021年。
⑩ 新疆文物考古研究所：《新疆奇台石城子遗址2019年发掘简报》，《考古》2022年第8期。

II型	3	4
III型 I式	5	6
III型 II式	7	8
IV型 I式	9	10
IV型 II式	11	

第二类

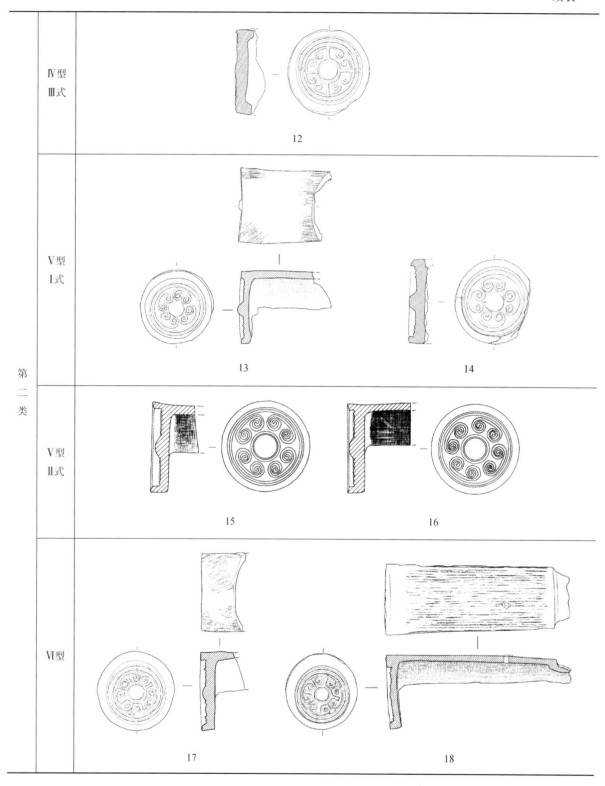

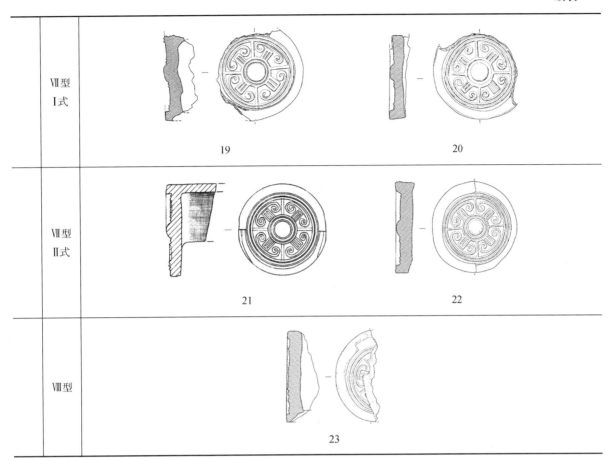

注：1. ⅥT83③：19　2. ⅢG：11　3. ⅤT112③：33　4. ⅣVG1：1　5. ⅤT102③：7　6. ⅤT112③：20　7. ⅤT102③：1　8. ⅤT112③：10　9. ⅤT94③：9　10. ⅤT83③：10　11. ⅤT106②：5　12. ⅤT80③：2　13. ⅤT112③：35　14. ⅤT78③：4　15. ⅡF1a：9　16. ⅡF1x：2　17. ⅤNSS：51　18. ⅣF4：39　19. ⅤF17：8　20. ⅤF18：1　21. ⅣF1：9　22. ⅤQ1：7　23. ⅤT114①：1

1. 第一类

几何纹瓦当，当面以圆纽为中心，周围饰不规则形几何纹和曲尺形折线纹。全边轮。部分瓦当当面涂一层白色颜料，并用红色颜料描绘纹饰。根据当面纹饰可分为二型。

Ⅰ型　不规则形几何纹瓦当。当心为尖圆纽，外饰一周凸弦纹；当面饰不规则几何纹，不规整，无规律，几何纹外饰两周凸弦纹。全边轮。

标本ⅥT83③：19，边轮残。直径13.8、残长4厘米（图一，1、2）。标本ⅢG：11，残。残径12.4、厚2.4～2.8厘米（图一，3、4）。

Ⅱ型　"申"字形瓦当。当心为尖圆纽，当面模压"申"字形纹饰，外饰两周凸弦纹。全边轮。

标本ⅤT112③：33，边轮残。当背残留部分筒瓦。当面直径12、筒瓦残长7.6厘米（图二，1、2）。标本ⅣG1：1，当纽已脱落。边轮部分缺失。当面直径13、厚2.2～3厘米（图二，3、4）。

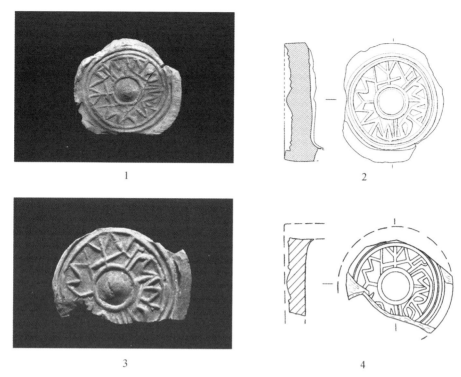

图一　Ⅰ型瓦当
1、2. VT83③：19　3、4. ⅢG：11

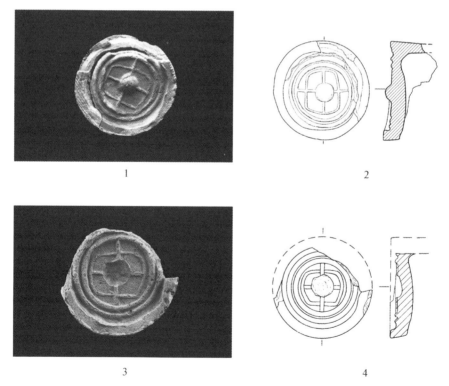

图二　Ⅱ型瓦当
1、2. VT112③：33　3、4. ⅣG1：1

2. 第二类

云纹瓦当，当心为圆纽，当面饰云纹，云纹外饰凸弦纹。多有边轮。根据纹饰及边轮形制可分为六型（Ⅲ～Ⅷ型）九式。

Ⅲ型 变形云纹瓦当。当心为圆纽，外饰一周凸弦纹。当面无界格分区，饰四朵变形云纹。云纹极其简略，不规整，彼此相连呈环状。云头消失或变形为圆圈、圆饼状。云头内各有一道凸弦纹，形似蘑菇柄。变形云纹外饰两周凸弦纹。全边轮。部分瓦当当面涂一层白色颜料，并用红色颜料描绘纹饰。根据当纽的形制可以分为二式。

Ⅰ式：当纽较小、较高，呈尖圆形。

标本VT102③：7，边轮残。当面涂一层白色颜料，并用红色颜料描绘纹饰。上面再绘红色"十"字。直径14、厚3.6厘米（图三，1、2）。标本VT112③：20，当背套接完整的筒瓦，内侧接痕明显。瓦舌为单独瓦体制成后套接而成的，连接处较粗糙，手捏痕迹明显。瓦身两边有切削痕，削痕较平整。表面两端素面、中部饰纵向绳纹，内壁饰布纹。当面直径14、筒瓦通长46厘米（图三，3、4）。

Ⅱ式：数量较少，仅4件。当纽较大、较低平，呈扁圆状。

标本VT112③：10，边轮残。直径12、残长4.6厘米（图三，5、6）。标本VT102③：1，边轮残。表面施红彩。直径12.2、残长3厘米（图三，7、8）。

Ⅳ型 简云纹瓦当。当心为圆纽，外饰一周凸弦纹。当面饰四朵简云纹。云纹较简略、宽扁，云头环绕一周。云头内多饰一道凸弦纹，形似蘑菇柄。云纹外饰两周凸弦纹。部分瓦当当面涂一层白色颜料，并用红色颜料描绘纹饰。根据云纹间界格和边轮的特征可以分为三式。

Ⅰ式：数量较多。当纽较小、较高，呈尖圆形。云纹较浅，三朵云头内各有一道凸弦纹，形似蘑菇柄，另一朵云头内不见凸弦纹。全边轮。

标本VT94③：9，边轮残。边轮表面有绳纹。当面涂一层白色颜料，并用红色颜料描绘纹饰。当背残留少量筒瓦。当面直径13.6、筒瓦残长7.6厘米（图四，1、2）。标本VT83③：10，残，不完整。表面用朱砂画"十"字涂红。当背残留少量筒瓦。当面直径14.4、筒瓦残长4.6厘米（图四，3、4）。

Ⅱ式：数量较少，仅1件。当纽较大、较低平，呈扁圆状。云纹间只有一道亚腰型界格。云纹较深，云头内均有一道凸弦纹，形似蘑菇柄。云纹外饰两周凸弦纹。全边轮。

标本VT106②：5，边轮残。当面直径14、厚4厘米（图四，5、6）。

Ⅲ式：数量较少，仅1件。当纽较大、较低平，呈扁圆状。云纹间只有一道亚腰型界格。云纹较浅，云头内均有一道凸弦纹，形似蘑菇柄。云纹外饰三周凸弦纹。无边轮。

VT80③：2，当面涂一层白色颜料，并用红色颜料描绘纹饰。直径14.6、残长5.8厘米（图四，7、8）。

Ⅴ型 卷云纹瓦当。当心为圆纽。当面无界格，饰四朵卷云纹。云纹弯曲弧度大，云头环绕两周，两个云头向内弯曲。云纹外饰凸弦纹。全边轮。根据当纽外有无凸弦纹和云纹外凸弦

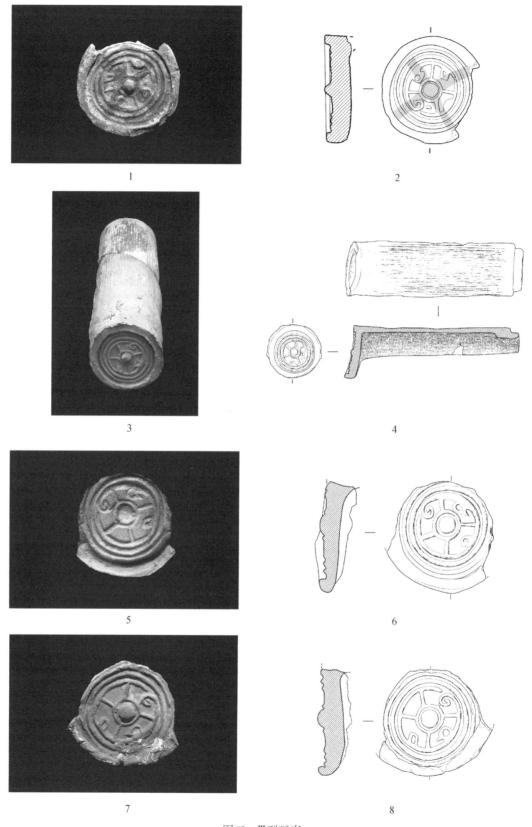

图三 Ⅲ型瓦当
1、2. Ⅰ式瓦当（VT102③：7） 3、4. Ⅰ式瓦当（VT112③：20） 5、6. Ⅱ式瓦当（VT112③：10）
7、8. Ⅱ式瓦当（VT102③：1）

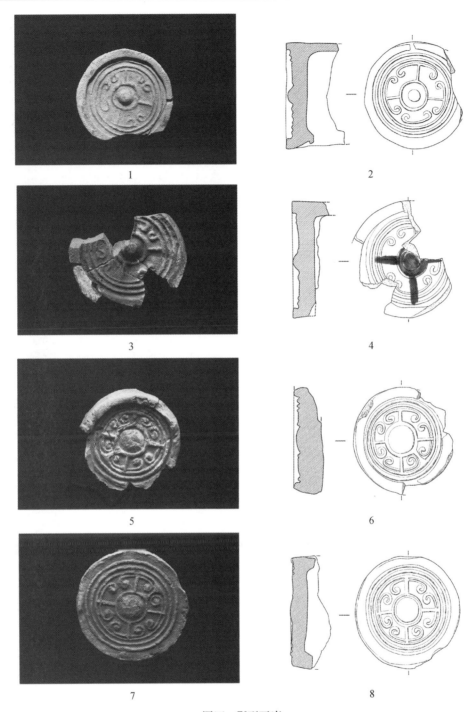

图四　Ⅳ型瓦当

1、2. Ⅰ式瓦当（VT94③：9）　3、4. Ⅰ式瓦当（VT83③：10）　5、6. Ⅱ式瓦当（VT106②：5）

7、8. Ⅲ式瓦当（VT80③：2）

纹的数量可以分为二式。

Ⅰ式：14件。当心圆纽较高，呈尖圆形，纽外无凸弦纹。云纹外饰两周凸弦纹。

标本VT112③：35，当背残留一段筒瓦，套接痕明显。边轮完整。当径15.6、残筒瓦长20.4厘米（图五，1、2）。标本VT78③：4，边轮残。直径14.8、厚3.4厘米（图五，3、4）。

Ⅱ式：12件。当心圆纽较低，呈扁圆形。纽外饰一周凸弦纹，云纹外饰一周凸弦纹。

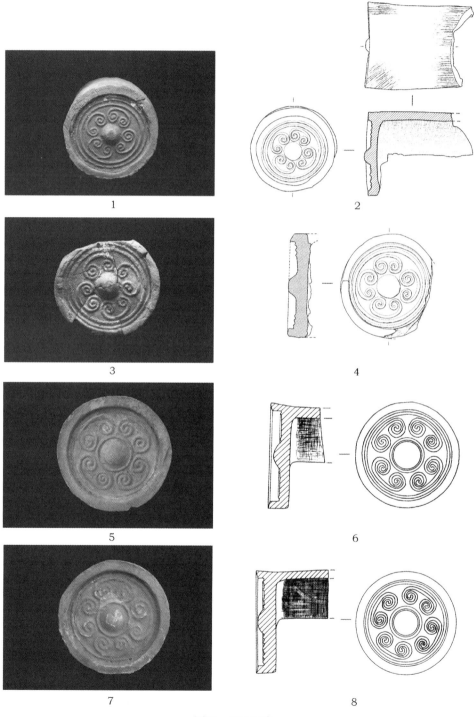

图五　V型瓦当

1、2. Ⅰ式瓦当（VT112③：35）　3、4. Ⅰ式瓦当（VT78③：4）　5、6. Ⅱ式瓦当（ⅡF1a：9）　7、8. Ⅱ式瓦当（ⅡF1x：2）

标本ⅡF1a：9，当背残留一段筒瓦。当面直径15.2、筒瓦残长8厘米（图五，5、6）。标本ⅡF1x：2，当背残留少量筒瓦。表面施白彩，纹饰涂红彩，少量脱落。当面直径15.4、厚3、郭沿宽1.2厘米，筒瓦残长11.4厘米（图五，7、8）。

Ⅵ型　"T"字形界格瓦当。当心为扁圆纽，外饰一周凸弦纹。当面用"T"字形界格分为四区。每区饰一云纹。云纹弯曲弧度大，云头环绕一周半，云纹内各饰一道亚腰形凸弦纹。云纹外饰两周凸弦纹。全边轮。当面涂一层白色颜料，并用红色颜料描绘纹饰。

标本ⅤNSS：51，当背残留少量筒瓦。当面涂白，纹样描红。边轮上有绳纹。当面直径15.3、筒瓦残长9厘米（图六，1、2）。标本ⅣF4：39，瓦当及筒瓦完整。当面涂白，纹样描红，当背有白色颜料流淌的痕迹。筒瓦瓦头素面，表面饰纵向绳纹，较规整清晰，背面饰布纹，局部有划纹。瓦舌一端有一个瓦钉孔，是在陶泥未全干时进行的穿孔。瓦当和筒瓦接痕明显，瓦舌与瓦身套接较粗糙，手捏痕迹明显。瓦身两边有切削痕，较平整。瓦当直径16、筒瓦通长40.8、瓦钉孔径1.1厘米（图六，3、4）。

Ⅶ型　"山"字形瓦当。当心为扁圆纽，外饰两周凸弦纹，当面用单凸弦纹界格分为四

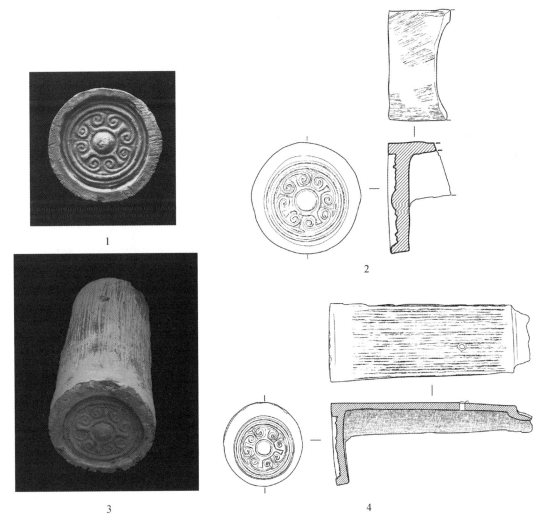

1

3

2

4

图六　Ⅵ型瓦当
1、2. ⅤNSS：51　3、4. ⅣF4：39

区。每区饰一云纹。云纹较宽扁，云头环绕一周或一周半，云纹内各饰一"山"字形图案。云纹外有两至三周凸弦纹。根据边轮形制可分二式。

Ⅰ式：全边轮。云纹外饰两周凸弦纹。

标本VF17：8，边轮残。当背残留少量筒瓦。当面直径15、筒瓦残长5.8厘米（图七，1、2）。

标本VF18：1，边轮残。直径14.2、残长3.6厘米（图七，3、4）。

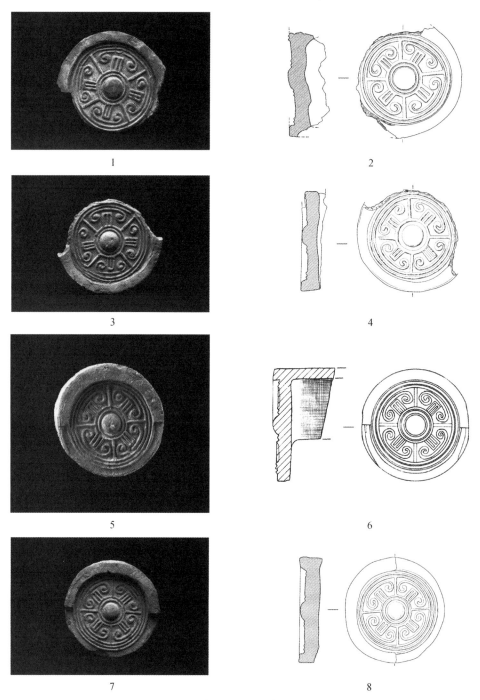

图七　Ⅶ型瓦当

1、2. Ⅰ式瓦当（VF17：8）　3、4. Ⅰ式瓦当（VF18：1）　5、6. Ⅱ式瓦当（ⅣF1：9）　7、8. Ⅱ式瓦当（VQ1：7）

Ⅱ式：半边轮。当面上部与筒瓦套接处有边轮，并饰两周凸弦纹；当面下部无边轮，饰三周凸弦纹。

标本ⅣF1：9，当面完整，当背残留少量筒瓦。套接处捏痕明显。当面涂一层白色颜料，并用红色颜料描绘纹饰。筒瓦外壁素面，有划痕，内饰布纹。当面直径14.5、筒瓦残长8.7厘米（图七，5、6）。标本ⅤQ1：7，表面施红彩。直径15、厚3.4厘米（图七，7、8）。

Ⅷ型　阴纹"山"字形瓦当。仅1件。

ⅤT114①：1，残，仅存三分之一。当面仅剩一组云纹和少部分凸弦纹，当背套接筒瓦。当纽缺失。当面纹饰为Ⅶ型"山"字形瓦当的阴纹。当面以单凹弦纹为界格，每区饰一凹云纹，云纹内饰阴纹"山"字形图案。云纹外饰两周凸弦纹。半边轮。当面涂一层白色颜料，并用红色颜料描绘纹饰。当面直径15.8、筒瓦残长5.8厘米（图八）。

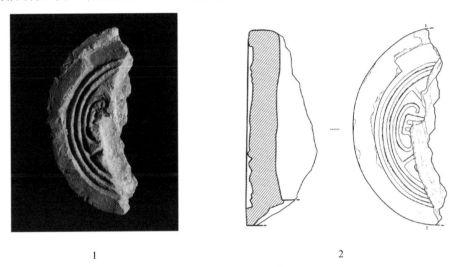

1   2

图八　Ⅷ型瓦当（ⅤT114①：1）

三、用瓦规制与瓦当使用年代

石城子遗址作为两汉之际中央王朝在天山北麓设置的一处军事要塞。始建于西汉中后期，作为西域都护府下辖的戊校尉的治所而建立，废弃于东汉中期中央王朝暂时放弃西域时，使用时间不足200年。2014～2019年发掘出土可分型的777件瓦当中，第一类几何纹瓦当（Ⅰ型和Ⅱ型）共17件，占比2.18%；第二类云纹瓦当760件，占比高达97.82%，其中Ⅲ型变形云纹瓦当48件，占比6.18%；Ⅳ型简云纹瓦当27件，占比3.47%；Ⅴ型卷云纹瓦当24件，占比3.09%；Ⅵ型"T"字形界格瓦当426件，占比达54.83%；Ⅶ型"山"字形瓦当234件，占比达30.12%；Ⅷ型阴文"山"字形瓦当1件，占比0.13%（表二）。

表二　石城子遗址发掘出土瓦当分型表

出土地点	类型								合计
	第一类		第二类						
	Ⅰ	Ⅱ	Ⅲ	Ⅳ	Ⅴ	Ⅵ	Ⅶ	Ⅷ	
外城西墙剖面							1		1
西北角楼	3	2	24			25	2		56
城门区	1	2	2		3	399	89		496
内城西北房址区			3	3	13		6		25
内城中部房址区	8	1	19	24	8	2	134	1	197
窑址							2		2
合计	12	5	48	27	24	426	234	1	777
比例（%）	1.54	0.64	6.18	3.47	3.09	54.83	30.12	0.13	100
	2.18		97.82						

从具体分布地点来看，第一类几何纹瓦当（Ⅰ型和Ⅱ型）分布于城门区、西北角楼和内城中部房址区东北部。第二类云纹瓦当在已发掘的六处地点均有出土：Ⅲ型变形云纹瓦当主要分布在西北角楼和内城中部房址区西南，在内城西北房址区及城门区也有少量分布；Ⅳ型简云纹瓦当集中分布在内城中部房址区，在内城西北房址区也有少量分布；Ⅴ型卷云纹瓦当主要分布在内城西北房址区和内城中部房址区，在城门区仅有少量分布；Ⅵ型"T"字形界格瓦当集中分布在城门区和西北角楼，内城中部房址区分布较少；Ⅶ型"山"字形瓦当在已发掘的六处地点均有分布，内城中部房址区出土数量最多，城门区次之。西城墙剖面、西北角楼、内城西北房址区和窑址四处地点分布较少。Ⅷ型阴文"山"字形瓦当仅见于内城中部房址区。

通过对比分析可以看出，石城子遗址出土各型瓦当数量相差悬殊，数量最多的是Ⅵ型"T"字形界格瓦当，占发掘出土可分型瓦当的一半，其次是Ⅶ型"山"字形瓦当，占发掘出土可分型瓦当的三分之一。二者占发掘出土可分型瓦当数量的84.95%，是石城子遗址使用最多的两类瓦当，亦是石城子遗址使用瓦当的主流类型。各型瓦当的分布区域虽有重合，但其分布相对比较集中，特别是主流的Ⅵ型"T"字形界格瓦当主要分布的城门区和西北角楼，二者均属于城墙类防御设施。Ⅶ型"山"字形瓦当则主要分布在内城房址区，属于内城房屋建筑所使用的瓦当。城门区也出土数量不少的Ⅶ型"山"字形瓦当，这部分主要出土于F1、F5及其西侧的南回廊南部区域。该区域属于城门区南部附属的门塾部分，这部分用瓦也可归属于房屋建筑用瓦之列。因此，初步推断石城子遗址在城址建筑用瓦的选择和使用上应该有较严格的规制，不同功用的建筑物使用的瓦当类型是有区别的。云纹瓦当在石城子遗址各类建筑物上得到广泛使用，作为主流的Ⅵ型"T"字形界格瓦当应属于防御建筑用瓦；Ⅶ型"山"字形瓦当应属于城内建筑用瓦。其他类型瓦当如Ⅳ型、Ⅴ型也应属于城内建筑用瓦，Ⅰ型、Ⅱ型和Ⅲ型等几何纹和变形云纹瓦当虽然在防御建筑和城内建筑上均有使用，但限于数量太少，目前尚看不出明显的用瓦规律。而Ⅷ型阴文"山"字形瓦当仅为个例。

石城子遗址出土的这批瓦当均是考古发掘所得，具有准确的地层和遗迹单位，为我们分析瓦当使用年代提供了依据。根据地层关系，我们可以将石城子遗址出土遗迹分为四期：第一期的遗迹有内城中部房址区第一期遗迹，内城西北房址区第一期遗迹，西墙南段解剖面第二期，城门门墩区F1、F2、F5和城外窑址；　第二期的遗迹有内城中部房址区第二期遗迹，内城西北房址区第二期遗迹，西北角楼和包含门道、门楼、南北回廊、南北散水、门墩区F3、F4、F6等在内的城门主体建筑；　第三期的遗迹有内城中部房址区第三期遗迹；　第四期的遗迹有内城中部房址区第四期遗迹。第三、四期房址为半地穴式结构，房顶已坍塌，结构不明。坍塌土内不见瓦一类的建筑材料。

综合上述关于石城子遗址用瓦规制的分析和各遗迹的年代分期，我们可以得出如下结论：石城子遗址早期遗迹（第三、四期）的房屋建筑结构为半地穴式，房顶不使用瓦、瓦当等建筑材料；晚期遗迹（第一、二期）的房屋建筑结构主要以地面起建式为主，房顶使用瓦、瓦当等建筑材料。其中，第一期遗迹使用瓦当以Ⅶ型"山"字形瓦当为主，还有少量Ⅳ型筒云纹瓦当和Ⅴ型卷云纹瓦当；第二期遗迹中内城中部和西北部房址多被第一期破坏，用瓦情况还有待进一步发掘研究；而城门主体建筑和西北角楼等城市防御建筑使用瓦当以Ⅵ型"T"字形界格瓦当为主。

四、瓦当的制作工艺及产地

石城子遗址瓦当的制作大致可以分为陶土筛选、制作当面与筒瓦、套接成型、髹饰彩绘四个过程。

陶土筛选。石城子遗址所在地表层土壤堆积厚3米左右，母质以黄土状物质和坡积物为主，土壤质地以砂壤为主，下部为青色山石基岩。出土瓦当均为夹细砂灰陶，质地比较均匀、致密，无较大的砂石颗粒，可以判定制作瓦当的陶土经过筛选，杂质控制比较好。

制作当面与筒瓦。当面制作采用模压法。将饧好的软硬适度的泥捏成圆饼状，压入事先制好的瓦当范内，模压出当纽和当面纹饰。也许是为防止粘手等缘故，当背垫一层比较细密的绳纹布、席一类的物品（图九，1）。从瓦当纹饰的规整度判断，瓦当范可能是由工匠或者懂得瓦当制作技术的人手工制作，纹饰精细度差距很大，风格罕有雷同，部分纹饰存在重复套范的痕迹（图九，2）。

筒瓦可能采用贴泥条或泥片的方法制作而成。先将与瓦当直径相等、可收缩折合的圆木桶放置在慢轮一类的旋转工具上。在木桶外壁贴一层细布，将泥条或泥片贴在木桶上。一边旋转一边用绳纹滚轮一类的工具纵向滚压泥坯，并在外壁上留下纵向绳纹。为使筒瓦外形规则、厚薄均匀，还需对外表及口部进行修正、刮抹。筒瓦制作完成后在筒瓦一端套接上瓦舌。套接时会将筒瓦套接端的绳纹抹去。定型后放置于阴凉处阴干，同时折合并取出圆木桶。当筒瓦具有一定硬度不变形又便于切割的时候，用锋利的工具从内壁将圆形筒瓦纵向对称切两条长口。切口深度为筒瓦厚度的一半左右。等筒瓦变硬后轻拍切口处使之分裂为两个半圆形筒瓦。因此，筒瓦两侧的切口呈现出内侧平整光滑、外侧凹凸不平的特点（图九，3）。

套接成型。将制作好的瓦当当面插入筒瓦一端，筒瓦适当伸出当面一部分形成半边轮。如果是全边轮，则在下部贴泥条制作出下半部分边轮。套接处外壁刮抹光滑，内壁另贴泥条，通过按压刮抹进行加固（图九，4）。套接这一步对筒瓦干湿度的把握十分重要，湿度过大容易造成筒瓦或瓦当边轮变形（图九，5）；湿度太小套接便不是十分牢固，套接处多存在缝隙（图九，6）。当遇到外力撞击时很容易从套接处脱落、开裂。石城子遗址的筒瓦长度一般与板瓦长度相等，长度在50厘米左右，但是也有少量筒瓦的长度仅有普通筒瓦长度的一半（图九，7）。

髹饰彩绘。瓦当干燥后在当面刷一层白色颜料。部分瓦当当背边沿或整体也涂上白色颜

图九　工艺照片

1. 背面绳纹（ⅤNSS：90）　2. 重复压模痕迹（ⅢT34④：5）　3. 先套接瓦舌后切割（ⅣF4：1）　4. 套接方法（ⅤT114③：16）
5. 未成型导致变形（ⅣT61⑨：10）　6. 套接筒瓦痕迹（ⅤNSS：90）　7. 半筒瓦（ⅡF1x：1）　8. 彩绘多气泡现象（ⅣT67⑪：47）
9. 彩绘晕染现象（ⅤF4：58）　10. 施彩绘刷痕（ⅣMD：24）

料，然后用红色颜料把瓦当当纽、当面纹饰和边轮描红。个别瓦当外侧筒瓦部分也涂红。由于瓦当当面和筒瓦套接处存在缝隙，颜料也淌进缝隙内。白色和红色颜料均为矿物颜料，其中白色颜料为白垩，红色颜料为朱砂。颗粒较粗大，导致瓦当表面残留气孔较多（图九，8）。部分瓦当存在用红色颜料描绘纹饰时，由于底层白色颜料尚未干透，导致红色颜料晕染扩散造成纹饰模糊不清的现象（图九，9）。涂抹颜料的工具可能是毛比较硬的毛刷类工具，个别红色颜料上残留有明显的拉痕（图九，10）。

瓦当的烧制是等带筒瓦的瓦当完全晾干后装窑，纵向码放于窑床上，中间留出火道。由于窑室内未见支钉一类的器物，其可能是层层码放的。从火膛遗留的燃烧物残骸分析，燃料为本地特有的松木类木材。

石城子遗址内出土大量建筑材料，完整的板瓦和筒瓦通长近50厘米，体量很大且易碎，不适宜长途运输，推测应是在本地烧造的。2016年，通过调查，在城西约200米处一道南北向低梁上发现陶窑的线索。2017年，初步探明有3座窑址。2018年，对其中的1座进行了发掘。陶窑依山坡在生土中掏挖成半地穴式。平面呈马蹄形，由操作间、窑门、窑室（含火膛、窑床）和烟道四部分组成。窑室用长方形土坯垒砌而成，表面抹一层草拌泥。窑室内有大量碎砖及窑瘤、碎瓦、木炭等。烟道位于窑床后壁，共3条，以中间烟道最大，呈底大口小的梯形；两侧烟道呈弧形向中间烟道靠拢，最后汇合为一条主烟道伸向空中。窑室内出土烧制成型的板瓦、筒瓦、瓦当及青砖等遗物（图一〇）。板瓦、筒瓦外壁饰绳纹，内壁饰布纹或者菱格纹，与城址内出土同类器物形制、纹饰相同。瓦当纹饰与第二类Ⅶ型"T"字形界格瓦当完全一致。证明石城子遗址使用的筒瓦、板瓦、瓦当及陶器等均为本地生产制造。

马蹄形窑是比较流行的一种陶窑形制，在中原地区也较常见[1]。在新疆地区魏晋时期和唐

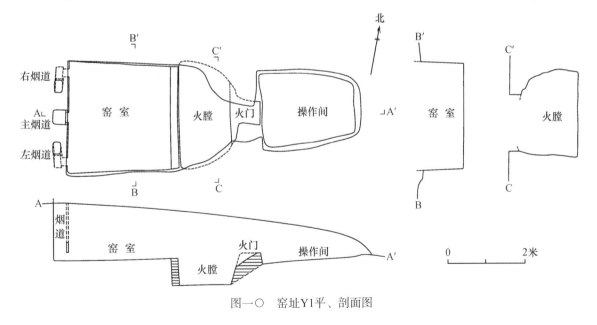

图一〇　窑址Y1平、剖面图

①　中国社会科学院考古研究所汉城队：《汉长安城窑址发掘报告》，《考古学报》1994年第1期。

代的陶窑也常采用这种形制①。

　　窑址的发掘不仅解决了城址内出土建筑材料的产地问题，而且表明从陶窑的修造、烧造技术到建筑材料，在制作技术、装饰风格上均是仿照中原传统工艺、装饰母题制作的。从一个侧面反映出中原文化在新疆地区的传播及新疆本地文化对中华文化的吸收、融合现象。

五、瓦当的文化源流

　　瓦当是集实用功能与装饰艺术于一身的建筑材料，最早出现于陕西关中地区。目前能见到的时代最早的瓦当实物资料出自西周中期扶风召陈与岐山礼村宗庙遗址②。随着秦大一统帝国的建立，瓦当的使用范围逐渐由关中推及全国各地。及至两汉，东至辽东半岛、西至塞外西域，南起广东福建、北达内蒙古长城沿线的广大地域内均有瓦当出土。甚至远在今俄罗斯南西伯利亚地区的米努辛斯科平原上也发现有汉代的瓦当③。

　　目前新疆地区出土汉代瓦当的遗址有两处：一是奇台石城子遗址，1972年以来陆续出土瓦当，2014~2019年考古发掘出土800余件；二是吐鲁番高昌故城，2006年在城东发现1件瓦当④。

　　在瓦当的发展演变过程中，其形制从半瓦当逐渐发展到圆瓦当，瓦当当面也从最初的素面发展到装饰各类写实的动植物纹饰，再到抽象的动植物图像、图案纹样、几何纹和文字四种主要纹饰类型。云纹是其中最具代表性的装饰母题。关于云纹的渊源，学界有较大争议，部分学者认为其可能是"由铜器云雷纹及回纹演变而来"⑤；也可能"是动物中的蝉纹、蝴蝶纹、饕餮、鸟纹等禽兽纹；植物中的树枝、花朵、光芒综合演变而来"⑥，或者"以战国时代的瓦当图案来看，秦国的葵纹、齐国的树纹、燕国的饕餮纹都具有派生出云纹图案的可能性，其雏形均孕育于写实的动植物或对于某些自然现象的摹写的图像之中，在长期的发展演变过程中逐渐脱离母胎，伴随着一步步的图案化、抽象化而被赋予某些特定的含义，最终作为一种全新意义上的纹饰而被固定下来。其中，秦瓦当中由葵纹演化为云纹的脉络基本清楚"⑦。一些学者认为云纹是从战国初期象征运动着的水的葵纹发展而来的。"云纹系渊源于葵纹。葵纹向云纹的

　　①　新疆文物考古研究所：《1988~1997年度民丰县尼雅遗址考古调查简报》，《新疆文物》2014年第3、4期；新疆文物考古研究所：《高昌故城第三次考古发掘报告》，《新疆文物》2011年第2期。

　　②　陕西周原考古队：《陕西岐山凤雏村西周建筑基址发掘简报》，《文物》1979年第10期；陕西周原考古队：《扶风召陈西周建筑群基址发掘简报》，《文物》1981年第3期；罗西章：《周原出土的陶制建筑材料》，《考古与文物》1987年第2期。

　　③　〔苏联〕吉谢列夫著，王博译：《南西伯利亚古代史》，新疆人民出版社，2014年；周连宽：《苏联南西伯利亚所发现的中国式宫殿遗址》，《考古学报》1956年第4期。

　　④　资料现存新疆文物考古研究所。

　　⑤　陈直：《秦汉瓦当概述》，《文物》1963年第11期。

　　⑥　陕西省考古研究所秦汉研究室：《新编秦汉瓦当图录》，三秦出版社，1986年。

　　⑦　戈父：《古代瓦当》，中国书店，1997年。

过渡发展：一是由葵纹演变为羊角形云纹，进而发展为蘑菇形云纹；二是由葵纹演化为反云纹，进而发展为云朵纹。"[1]"从洛阳城出土的汉晋云纹瓦当的蘑菇状云朵来看，与其说它像一朵朵漂浮在天空的云朵，不如说其更像是一个个汹涌腾起的水浪。因此，云纹图案象征流动着的水是毫无疑问的。"[2]

云纹就其外在表现形态来看，又可以分为卷云纹、连云纹、"S"形云纹、羊角形云纹、蘑菇形云纹等，其中最富变化的当属卷云纹和蘑菇形云纹。这两种纹饰也是两汉时期最为流行的瓦当装饰。石城子遗址出土瓦当当面图案有几何纹、变形云纹，蘑菇形云纹、卷云纹等。前三种纹饰构图简单，线条较浅。其中，第I型几何纹瓦当所使用的三角纹在陕西临潼栎阳太上皇殿出土的瓦当中可见相似图案[3]，但是构图较后者更加无规律；最富特色的卷云纹构图繁缛，立体感强，整体布局整齐，构思精巧。通过与两汉时期卷云纹瓦当对比分析，我们发现石城子遗址瓦当使用的云纹毫无疑问是直接来源于中原内地云纹瓦当的装饰母题，但是在构图及纹样组合上又具有自身的特点，特别是卷云纹搭配"T"字形界格和亚腰形柄，或卷云纹搭配短直线界格和"山"字形柄等构图方式应该是本地工匠自行发挥创作的。同时，石城子遗址出土瓦当还有一个非常明显的特征，是当面涂一层白色颜料并用红色颜料勾绘纹样。青瓦配上红色瓦当使整个建筑显得富丽堂皇又靓丽醒目，外观典雅庄重而又不失瑰丽。瓦当当面涂红的传统可以追溯到秦代[4]，在内蒙古地区出土瓦当上也可以见到[5]。石城子遗址瓦当无论是制作工艺还是当面装饰的云纹、涂红的传统，都与中原地区的瓦当如出一辙，充分说明了两汉时期中原文化对新疆地区的传播，以及新疆地区文化对中原文化的吸收和创新。

六、结 语

石城子遗址出土的这批建筑瓦当是在本地生产的，从瓦当的制作技法、当面装饰纹饰到陶窑的形制、烧造技术等均与中原地区存在密切的联系，是沿用中原地区瓦当烧造技术在本地制作的。装饰图案以云纹为大宗。在当面布局上遵循了云纹瓦当当面布局的特点，当纽为素面圆纽，当面纹饰采用四分法布局，区与区之间多用一条直凸弦纹或"T"字形界格分开。区内饰一朵云纹。云纹或舒展宽扁，或蜷曲如半圆。云头亦富于变化，根据构图需要环绕一圈或两圈。云头内多填充短直凸弦纹、亚腰形凸弦纹或"山"字形凸弦纹。界格、云纹、云头与云头内填充线组合形式多样，使当面云纹图案富有变化而又规律，在深沉中求轻盈，在力度刚劲中求活泼，显得端庄而华丽，又仿佛风卷流云，给人一种流动的美。瓦当上涂抹的白色和红色颜

---

① 刘庆柱：《战国秦汉瓦当研究》，《古代都城与帝陵考古学研究》，科学出版社，2000年。
② 钱国祥：《汉魏洛阳城出土瓦当的分期与研究》，《考古》1996年第10期。
③ 中国社会科学院考古研究所栎阳发掘队：《秦汉栎阳城遗址的勘探和试掘》，《考古学报》1985年第3期。
④ 戈父：《古代瓦当》，中国书店，1997年。
⑤ 陈永志主编：《内蒙古出土瓦当》，文物出版社，2003年，图版29。

料均为矿物颜料，其中白色颜料为白垩，红色颜料为朱砂。图案上以白色作底色，可以提亮画面，上面再饰以红色，具有强烈的对比效果，凸显出瓦当的图案色彩。

云纹作为瓦当装饰图案最初出现于东周时期，到汉代达到顶峰，魏晋时期继续使用，到南北朝时期才走向衰落并逐渐被莲花纹取代。云纹是汉代最流行的瓦当纹样之一，"它或向内卷曲，或向外卷曲，或者是二者交织在一起，显得相得益彰、活泼多样，朴素自然之中又显得变化莫测，具有非常强烈的流动翻腾之感"①。体现出浓厚的浪漫主义色彩。云纹在秦汉时期极为流行，是秦汉时期人们追求长生不老、渴望求仙升天的神仙思想的体现。"云纹瓦当从表面看来，它具有光亮、活泼的感觉，但实质上它蕴含了封建统治者要求自己的宫殿以象天汉，祥云缭绕，求仙升天的思想，反映了封建统治者粉饰太平，'永寿嘉福'的享乐意识，以及'天人感应'的哲学思想。"②两汉时期盛行黄老无为之术和神仙谶纬学说，加之社会安定，经济发展，人们便祈求长生不老、羽化升天，充满了对极乐世界的美好向往和憧憬，同时也期盼现实生活太平、安乐富足，这种积极进取的精神风貌表现在壁画、织物、铜镜及瓦当上，就是使用云纹图案作为这一理想和夙愿的文化载体。比如新疆尼雅遗址出土的"五星出东方利中国"锦护臂③。锦护臂色彩绚烂，纹样诡秘神奇。护臂中有凤凰、麒麟、白虎、黄鹄、鸾鸟、神马、神雀等瑞兽，也有五星、云纹等祥瑞符号，五星、云纹等图案，这些瑞兽和织锦中的五星、云纹等图案都寓意着福佑和吉祥，汉代瓦当上的云纹也正是这种思想意识下的产物。

石城子遗址出土的汉代瓦当制作方法、装饰风格一致，而且数量大、种类多，当面装饰内容也较为丰富。它的出现当与汉王朝在新疆地区采取的一系列政治、经济及军事等巩固边疆的政策有直接的关系。早在西汉文帝时，晁错就提出"徙民实边"的国策，促使内地民众迁徙西域以充实边防。之后，西汉王朝在新疆地区建亭障烽燧，戍守屯田。公元前60年，汉宣帝在西域置西域都护，自此"汉之号令班西域矣"，新疆地区正式纳入中央王朝的政治版图。公元前48年，复设戊己校尉于交河（今吐鲁番市交河故城）。其后戊校尉驻金满（今吉木萨尔县境），己校尉驻高昌（今吐鲁番市高昌故城），后移至柳中（今吐鲁番市鲁克沁）。中央王朝在将大量军民派遣到新疆屯田戍边的同时，中原文化和先进的手工业生产技术等也被带到了新疆地区。通过近几年的持续考古发掘，我们推断石城子遗址应是《后汉书·耿弇列传》所记载的疏勒城。高昌城和疏勒城作为两汉时期戊己校尉的驻地或下辖的重要军事重镇，其建筑规制必定符合中央王朝官署系统的标准。在按照等级规制兴建治所的过程中，瓦当作为较为重要而又特殊的建筑材料随之出现，并得到了大量使用。

［原载《西部考古》（第23辑），科学出版社，2022年］

---

①　陕西省考古研究所秦汉研究室：《新编秦汉瓦当图录》，三秦出版社，1986年。

②　陕西省考古研究所秦汉研究室：《新编秦汉瓦当图录》，三秦出版社，1986年。

③　于志勇：《新疆尼雅出土"五星出东方利中国"彩锦织文初析》，《西域研究》1996年第3期。

东汉西域都护陈睦驻地考

田小红

（新疆维吾尔自治区文物考古研究所）

陈睦，东汉历史上首位西域都护，与戊己校尉耿恭、关宠同时任命驻守西域，任期为公元74~公元75年，终被叛军攻杀。关于他的驻地史书中并未明确记载，笔者认为陈睦当时应驻守在轮台的乌垒城，也就是西汉时西域都护府所在地。不妥之处，请各位专家和老师批评指正。

自公元前206年西汉王朝建立后，经过70多年的休养生息，至汉武帝时国力大增。为断匈奴右臂，公元前138年张骞出使西域联络乌孙，公元前121年匈奴浑邪王投降，河西地界拱手相让于汉王朝，汉武帝在河西走廊设置了著名的"河西四郡"，内地民众移民实边，补充河西人口的同时也增强了汉王朝对河西地区的控制，巩固了王朝西部边境的稳定。

公元前108年汉遣大将王辉、赵破奴"虏楼兰王，遂破姑师"后，"酒泉列亭鄣至玉门矣"，李广利先后两次伐宛后"西域震惧，多遣使来贡献，……自敦煌西至盐泽往往起亭"[1]，汉朝的军事边防体系一直延伸至盐泽，也就是今天的罗布泊。为全面掌控对西域的统治，并图谋西域纵深，使大汉国威"广地万里，重九译，致殊俗，威德徧于四海"[2]，汉武帝时桑弘羊就曾建言："故轮台东捷枝、渠犁皆故国，地广，饶水草，有溉田五千顷以上，处温和，田美，可益通沟渠，种五谷，与中国同时孰。……臣愚以为可遣屯田卒诣故轮台以东，置校尉三人分护，各举图地形，通利沟渠，……稍筑列亭，连城而西，以威西国，辅乌孙，为便。"桑弘羊的提议是认为轮台及轮台东捷枝、渠犁皆土地肥沃，适宜屯田，并且在屯田基础上再"遣屯田卒诣故轮台以东，置校尉三人分护，……稍筑列亭，连城而西"，汉帝国就可"以威西国，辅乌孙"，再加之自敦煌西至盐泽的亭障烽燧，就构筑了一道坚固的军事防线，可使汉地与西域的联系更加紧密，中原王朝对西域的掌控也更加便利，则"汉之号令班西域矣"。虽然汉武帝未能采纳桑弘羊的建议，但汉昭帝时遣扜弥太子赖丹即屯田轮台、渠犁，虽未成功，但"西汉自武帝太初、天汉间开始经营的轮台、渠犁屯田在统一西域的过程中发挥了

---

① 班固：《汉书·西域传》，中华书局，1962年，第3873页。

② 司马迁：《史记·大宛列传》，中华书局，1959年，第3166页。

重要作用"①。汉宣帝时神爵二年（公元前60年）匈奴西边日逐王降汉，罢僮仆都尉，这是汉匈之争中汉廷取得的最大胜利。神爵三年（公元前59年），汉王朝在西域设置西域都护府，西域正式纳入中原王朝的政治版图，汉之政令颁行于天山南北及附近广大地区，而作为中央设在西域的最高长官——西域都护，其主要职责就在于守境安土，终西汉之世的18位西域都护为维系西域和汉帝国的政治归属起到了决定性的作用。

东汉初，鄯善、车师等西域十六国不堪匈奴重负，在光武帝"建武中，皆遣使求内属，愿请都护。光武以天下初定，未遑外事，竟不许之"②。光武帝对西域采取了较为消极的态度和政策。公元45年匈奴内乱分裂为南、北匈奴，南匈奴归降，来自王朝的主要威胁则是北匈奴，公元73年汉明帝命窦固、耿忠率军击北匈奴，取伊吾卢地，并置宜禾都尉以屯田，西域遂通。据《后汉书·西域传》记载，"自敦煌西出玉门、阳关，涉鄯善，北通伊吾千余里，自伊吾北通车师前部高昌壁千二百里，自高昌壁北通后部金满城五百里。此其西域之门户也"。可见伊吾是通往玉门关、阳关的孔道，自始至终控扼西域的门户，有着得天独厚的地理位置，且伊吾地宜种五谷、桑麻、葡萄，其北又有柳中，皆是膏腴之地，优越的自然条件对于汉军在此戍守、屯田是十分有利的，不仅可以屏障西域东北部，而且可以保障中原与西域的往来。伊吾卢地的占领和伊吾屯田的设立，是汉朝经营西域的一个重要节点，自公元48年匈奴分裂为南、北匈奴后，南匈奴归降，来自王朝的主要威胁是北匈奴，从战略形势看，汉朝击败北部匈奴呼衍王并在伊吾驻军是对北匈奴的一个沉重打击。公元74年东汉王朝复置西域都护和戊己校尉，陈睦为西域都护，耿恭和关宠分别以戊己校尉的身份驻守金蒲城和柳中城。这些军事屯城的建立维护了东汉王朝对西域的管辖和治理。

西域都护设立后，汉王朝设立一系列军镇、邮驿亭燧等军事防御系统对西域进行有效管辖，乌垒城从地理位置来看处于西域中心，因此把西域都护府置于轮台，既可起到震慑匈奴的作用，也可以切断匈奴与重要城邦诸国之间的联系，再则轮台"去阳关二千七百三十八里，与渠犁田官相近，土地肥饶"，适宜开荒耕种，积谷屯田，这些有利条件都是轮台作为西域都护府址的有利因素。

西域都护的设立是中原王朝管理西域的重要举措，有关东汉西域都护陈睦的驻地却不甚明了，在此笔者分析应在轮台，现列举以下3点理由予以详解。第一，自史书明确记载西域都护府址在轮台乌垒城后，至东汉时"和帝永元三年，班超遂定西域，固以超为都护，居龟兹"③，说明乌垒城一直是西域都护府所在地直至更为龟兹，陈睦是汉明帝时首任西域都护，因此从时间顺序来看陈睦当时应驻在轮台。第二，据《后汉书·耿弇列传》记载永平十八年，"焉耆、龟兹攻殁都护陈睦，北虏亦围关宠于柳中"。这一历史背景的发生是在明帝驾崩朝中政局混乱的时候，匈奴想趁机重新卷土重来，那么中原王朝在西域的核心——西域都护府当是首先攻击的对象，如果攻破该城，将对东汉王朝在西域的统治是个沉重的打击，但是匈奴没有

① 余太山：《西汉与西域关系述考》，《西北民族研究》1994年第1期。
② 范晔：《后汉书·西域传》，中华书局，1965年，第2909页。
③ 范晔：《后汉书·西域传》，中华书局，1965年，第2910页。

亲自进攻西域都护府，而是利诱挑唆焉耆、龟兹攻没都护陈睦，"焉耆国王居南河城，……其国四面有大山，与龟兹相连，道险厄"，且"龟兹东至都护治所乌垒城三百五十里"[①]。焉耆国"西南至都护治所四百里，南至尉犁百里"[②]，这也正好体现出轮台是位于焉耆和龟兹中间，焉耆因地近匈奴，常"恃地多险，颇剽劫中国使"[③]，且龟兹与焉耆"风俗、婚姻、丧葬、物产与焉耆略同，唯气候少温为异"[④]，北魏时被征讨后"乃奔龟兹，龟兹以其婿，厚待之"[⑤]，可见焉耆与龟兹之间有着共同的生活习性和风俗习惯，且二者之间交往甚密，关系较为亲近，二者互相联合后便可对轮台形成夹击之势。第三，据《资治通鉴》第四十八卷记载：永元三年（公元91年），"西域都护班超发龟兹、鄯善等八国兵合七万余人讨焉耆，到其城下，诱焉耆王广、尉犁王泛等于陈睦故城，斩之，传首京师"，它记述了班超征讨焉耆并斩首焉耆王为陈睦报了一箭之仇，关键在于"诱焉耆王广、尉犁王泛等于陈睦故城"这句话，当时班超是联合了龟兹、鄯善等国兵，诱焉耆王至陈睦故城，那么这个故城很可能就是轮台的乌垒城。

据《汉书·西域传》记载"王治延城，去长安七千四百八十里。户六千九百七十，口八万一千三百一十七，胜兵二万一千七十六人。大都护丞、辅国侯、安国侯、击胡侯、却胡都射、击车师都尉、左右将、左右都尉、左右骑君、左右力辅君各一人，东西南北部千长各二人，却胡君三人，译长四人。南与精绝、东南与且末、西南与扞弥、北与乌孙、西与姑墨接。能铸冶，有铅。东至都护治所乌垒城三百五十里"。是当时狭义范围内的西域大国，地位举足轻重，且东汉时龟兹王建为匈奴所立，常倚恃匈奴之威，与汉王朝对立，因此班超曾建言："若得龟兹，则西域未服者百分之一耳。"[⑥]可见，平定龟兹对于镇抚西域是至为关键。且"龟兹绿洲可以开垦面积比轮台地区大得多，各种物产也丰富得多，经济实力远比乌垒地区雄厚，是建立西域都护府最合适的地方"[⑦]。因此，在班超平复塔里木盆地南道诸国，匈奴势力基本从西域被肃清后，就将西域都护府从乌垒移至龟兹，这样做便于镇抚这个西域南北道最大的绿洲国家，也便于整个西域的管辖。

陈睦作为东汉王朝第一任西域都护，虽然在任时间很短，但作为东汉王朝重新确立对西域的统治是一个标志性的里程碑，其历史价值毋庸置疑，陈睦驻地应在乌垒城不仅表明西汉时期这里军事战略地位的重要性，同时也反映出汉朝治理西域过程中对绿洲城邦诸国地缘格局的全面掌控和权重。

（原载《新疆文物》2015年第3、4期）

① 班固：《汉书·西域传》，中华书局，1962年，第3911页。

② 班固：《汉书·西域传》，中华书局，1962年，第3918页。

③ 李延寿：《北史》卷九十七列传第八十五，中华书局，1974年，第3216页。

④ 李延寿：《北史》，中华书局，1974年，第3217页。

⑤ 魏收：《魏书·列传第九十西域传》，中华书局，1974年，第2266页。

⑥ 范晔：《后汉书》卷四十七《班梁列传》，中华书局，1965年，第1575页。

⑦ 江戊疆：《汉代西域进行都护府的位置问题》，《喀什师范学院学报》1989年第3期。

新疆奇台石城子遗址汉疏勒城今地之争

戴良佐

（新疆昌吉州党史志办公室）

1990年7月15日，随奇台县文物管理所干部，抵达了著名的石城子汉城堡遗址。

这个遗址是新疆境内已发现的汉代文化遗址之一，1978年列为奇台县文物保护单位，1994年为昌吉州级首批文物保护单位。

一、汉疏勒城今地之争

汉明帝永平十八年（公元75年）三月，戊己校尉耿恭率孤军几百，誓死坚守疏勒城，抵抗匈奴精骑2万，创造了以寡敌众，顽强不屈，团结一致，保卫边疆，最后经范羌率兵救出，只剩13人东归的光辉业绩。这一汉疏勒城的今地究竟在哪里，迄今意见分歧。仁者见仁，智者见智，令人莫衷一是。可归纳为以下四种。

（1）东大龙口遗址说。以孟凡人先生为代表。孟凡人称："据我们实地调查，在'他地道'北口，泉子街以南与头道桥之间的西边台地上有一座古城遗址。该古城控扼'他地道'北口，城西墙外不远紧临奔腾的大龙口溪水……由于该古城的位置与《后汉书·耿恭传》所记基本吻合。因此，这座古城之前身，很可能就是疏勒城的所在地。"①

此外，王仲翔也认为，耿恭坚守的疏勒城"即今吉木萨尔县南泉子街乡石剑沟故城遗址"②也正是指此。

（2）护堡子说。此说认为"耿恭发现疏勒城（今吉木萨尔护堡子）旁边有渠涧，里面有水，是年五月便移守疏勒城"，"以此固守城池，等待救兵"③。笔者认为，此说由于对当地

---

① 孟凡人：《北庭史地研究》，新疆人民出版社，1985年，第30页。

② 王仲翔：《耿恭保卫的疏勒城究竟在哪里》，《北庭文史》（第2辑），1985年，第113页。

③ 《昌吉日报》1985年5月5日。

的地理不够熟悉，以致将疏勒城和金满城混为一谈。

（3）南山脚下说。此说称："这个疏勒城，非南疆的疏勒。据考证，其地理位置，当在今吉木萨尔县城东南的山脚下。"[①]由于此说未经实地调查，所以未能也不可能指出具体方位。

（4）麻沟梁石城子说。主张此说的学者占多数。以薛宗正、柳用能先生为代表。薛宗正先生率先发表《耿恭驻守的疏勒城在哪里？——兼与才家瑞同志商榷》[②]。后又发表《务涂谷、金蒲、疏勒考》[③]。同一年，柳用能先生又发表《耿恭守卫的疏勒城考》[④]。此后，易谦同志《耿恭守卫的疏勒城今在何处》[⑤]、魏大林的《疏勒城考辨》[⑥]都持此说。

二、疏勒城方位考

笔者这次有机会在4天内到达奇台的石城子、吉木萨尔的东大龙口、小西沟等几处古城遗址实地踏看，做了观察、对比，认为东大龙口遗址虽地处要冲，扼头道桥沟口，并有间道可通吐鲁番。但地形不够险峻，占地面积小。古城中更无挖井遗迹。城内出土的夹砂、红、灰陶片和青、红砖等，其年代相当于唐至元代。

护堡子（今吉木萨尔县北庭乡）地处县城之北，又是平原地带，无险可守。和疏勒城《后汉书》所记"旁有涧水"，地势不符。以上两处，绝非汉疏勒城。而奇台县麻沟梁石城子作为耿恭驻守的疏勒城较为适合，理由如下：

（1）战略要地，相通中原。东汉时，车师后王庭分前、后二部。戊己校尉关宠屯前王柳中城（今都善、鲁克沁一带）。另耿恭为戊己校尉，屯后王部金蒲城（按：金满城之讹，今吉木萨尔县泉子街一带）。后移驻疏勒城，因为这里战略地位重要。首先有间道通都善、吐鲁番等地，和柳中城隔山相望，互为犄角。其次，和中原相通，便于接应。后来，范羌率部从柳中越过大山前来解围。这正是军事家耿恭预先所考虑到的。当今石城子的地理位置正符合上述要求。

（2）地势险要，旁有涧水。石城子三面是悬崖峭壁，地势特陡。是拒敌的天然屏障。耿恭移驻这里，凭险固守，具有战略观点。且城临深渊险谷，溪流不息。这和《后汉书》所称疏勒城"旁有涧水"，正相吻合。

（3）有典型的汉代风格的建筑材料。主要是云纹、几何纹瓦当和细绳纹板瓦等。云纹瓦当分二式。圆形，直径14.5厘米，厚3厘米。I式中心为乳状突。边郭圆圈三道。以乳丁为中心，区分四界。每区为卷云。卷云中饰山字纹饰。II式无山字纹，余均同I式。

---

① 《昌吉日报》1990年7月17日。
② 薛宗正：《耿恭驻守的疏勒城在哪里？——兼与才家瑞同志商榷》，《图书评介》1979年第4期。
③ 薛宗正：《务涂谷、金蒲、疏勒考》，《新疆文物》1988年第2期。
④ 柳用能：《耿恭守卫的疏勒城考》，《新疆日报》1979年12月9日。
⑤ 易谦：《耿恭守卫的疏勒城今在何处》，《新疆日报》1986年6月21日。
⑥ 魏大林：《疏勒城考辨》，《西部学坛》1987年第1期。

考古学家认为云纹和几何纹瓦当是两汉时中原地区流行的瓦当纹饰。唯石城子遗址的云中置山字为所未见。据《秦汉瓦当》一书中说："云纹是汉代普遍采用的瓦当纹饰。从西汉后期逐渐转向西北地区。瓦当中心由云纹和圆圈簇拥着的圆体，代表太阳。云纹后面的双线大圆圈，是指白昼。光芒四射的太阳普照大地，云与太阳之间的圆形是'人'字的变写。这样的构图是表现了汉代人民认识自然科学水平和朴素的思想。"另山字纹笔者认为其渊源于战国时期流行的四山镜。云山相间，可能表示此城筑于与云端相连的高山顶上，也是先民们异常丰富的想象力。

此外，考古工作者曾在城西表土以下1.2米处采集的朽木标本，经国家文物局文物保护科学技术研究所进行^{14}C测定的结果，为距今1854年±90年，正与耿恭守疏勒城年代东汉永平年间（公元58～75年）相当。

（4）有井口痕迹。这和《后汉书·耿恭传》所称"恭于城中穿井十五丈"是一致的。在这海拔1700多米的高山地能否打井取水。奇台县有一位干部向水利工程师请教过，由于高山地层下岩石间隙中积聚泉水，所以在石城子这样的山地打取井山水是完全可能的。

（5）从字意分析。据新疆大学历史系苏北海教授考证"疏勒"一词是古突厥语，"有水"之意[1]。这又和石城子曾有井出水，名实相符。这个地名至少是从两汉时起就留下的，因从两汉起由塔里木盆地直至天山以北，再迄东至河西走廊西部已是突厥语系民族为主。

（6）《新疆四道志·奇台县图说》记载："奇台山县城，原建孚远城，今名古城。……西南至耿戛街，距城百五里，与济木萨及吐蕃番连界。"[2]其中耿戛（jiá）的街，笔者认为可能即耿恭（gong）街，系转音传讹。"距城百五里，与济木萨及吐鲁番边界。"[3]这又和今石城子遗址的地理位置相吻合。

总之，根据石城子遗址的地理位置、周围环境、出土文物、井的遗迹、年代测定和字意分析等诸方面，笔者认为奇台石城子遗址，正是东汉耿恭驻守的疏勒城无疑。以上各点，特提出与各方学者商榷。

最后，笔者对疏勒城有新的认识。认为其前身可能是西汉车师石城兜訾城。据清李光廷《汉西域图考》称："宣帝地节二年（公元前68年），郑吉发兵击车师交河城破之。王尚在其北石城中。即今保惠城之南山也。"[4]

陶保廉《辛卯侍行记》称："武帝之世，山北皆车师国地。……其王居北境石城。……宣帝地节三年（公元前67年），郑吉自渠犁发诸国兵攻石城（郑吉传破车师兜訾城），车师王乌贵降，破其旁蒲类。金附以媚汉，顷之。乌贵奔乌孙单于。复以车师王昆弟兜莫为王，收其余民，东徙。郑吉将田卒保车师城，单于屡争之。"[5]

① 苏北海：《疏勒名称考》，《新疆大学学报》1984年第3期。
② 佚名：《新疆四道志》，"镇迪道"，第37页。
③ 李光廷：《汉西域图考》，宝善书局，1893年石印本，卷二，第60页。
④ 李光廷：《汉西域图考》，宝善书局，1893年石印本，卷二，第60页。
⑤ 陶保廉：《辛卯侍行记》，养树山房，1891年刻本，卷六，第51页。

　　查《前汉书》卷7《郑吉传》称："郑吉既破车师，降日逐，威震西域。遂并护车师以西北道，故号都护。……迎匈奴单于从兄日逐王众，击破车师兜訾城。攻效茂著，其封吉为安远侯"。[1]《前汉书》卷96下《西域传》称："地节二年（公元前68年），（郑）吉、（司马）熹发城郭诸国兵万余人、自与将田士千五百人共击车师，攻交河城破之，王尚在北石城中。……未得，会军食尽，吉等县罢兵归渠犁，田收秋毕，复发兵攻车师王于石城。"[2]

　　这一车师王所居的北石城，也即兜訾城，可能正是今奇台石城子遗址。提出这一看法的依据：首先是疏勒城是依山势而筑的石城，非用土夯成。这一地理特点，天山北路仅此一处，郑吉击破了车师石城，因此城有水，故易名疏勒。其次，郑吉发兵渠犁。这是北路的渠犁，笔者初步考定为今阜康俱六城遗址，将另文阐述，并非靠近尉犁南路的渠犁。郑吉破其旁蒲类，即今东自巴里坤西至今奇台镇一带，这又和今奇台县麻沟梁石城子遗址的地望适当。

（原载《中国边疆史地研究》1995年第4期）

---

① 《二十五史》（一），上海古籍出版社，1990年，第2780页。
② 《二十五史》（一），上海古籍出版社，1990年，第364页。

务涂谷、金蒲、疏勒考

薛宗正

（新疆社会科学院）

务涂谷乃车师后国牙庭，金蒲、疏勒乃汉朝西域屯田重镇，三者皆在天山北麓，这是没有什么疑问的，然其具体地望何在？虽有徐松[1]、李光廷[2]、丁谦[3]、藤田丰八[4]、松田寿男[5]、嶋崎昌[6]、岑仲勉[7]、孟凡人[8]等人做过考证，但人言各殊，难为定论，其中孟凡人的观点尤不敢苟同。现据实地考察，结合有关文献记载，草为斯文，以求这一问题得到澄清。

一、汉与匈奴的车师争夺

车师乃西域古族之一，它分化为车师前、后二国乃是汉与匈奴激烈争夺西域的历史产物。车师的最初译名为姑师，本居于罗布泊沿岸，与楼兰为邻，见于《史记·大宛列传》：

> 楼兰、姑师，邑有城郭，临盐泽，当孔道，攻掠汉使王恢等尤甚，而匈奴奇兵时时遮击使西国者……于是天子以故遣从骠侯破奴将属国骑及郡国兵数万，至匈河水，欲以击胡，胡皆去。其明年，击姑师，破奴与轻骑七百余先至，虏楼兰王，遂破姑师。

① 徐松：《西域水道记》《汉书西域传补注》。
② 李光廷：《汉西域图考》。
③ 丁谦：《汉书西域传地理考证》《后汉书西域传地理考证》。
④ 〔日〕藤田丰八：《西域研究》。
⑤ 〔日〕松田寿男：《古代天山的历史地理学的研究》。
⑥ 〔日〕嶋崎昌：《姑师和车师前、后王国》《匈奴统治西域和两汉经略车师》。
⑦ 岑仲勉：《汉书西域传地里校释》。
⑧ 孟凡人：《北庭史地研究》，新疆人民出版社，1985年。

姑师、车师显然是同音异译。"姑",攻乎切,见纽(k),虞韵(ü),上古入麻韵(a);"车",斤于切,见纽(k),鱼韵(o),上古亦可入麻韵(a);"师"霜夷切,穿纽(ě),支韵(ī),上古入鱼韵(o),复原其上古音值皆为kaěo,而后世车师突厥化即为哥舒,突厥儒尼碑文中作kaěa,恰可为之参证。其部本为匈奴藩属,在汉匈斗争中站在匈奴一边,故汉开西域,首须击之。"盐泽",指罗布泊,"破奴"指汉将赵破奴,参稽《资治通鉴》卷二十一,赵破奴伐楼兰、姑师之役发生于汉武帝元封二年冬十二月至元封三年正月间,即公元108年,"上遣将军赵破奴击车师。破奴与轻骑七百先至,虏楼兰王,遂破车师,因举兵威以困乌孙、大宛之属。春正月,封破奴为浞野侯,王恢佐破奴击楼兰,封恢为浩侯。于是酒泉列亭障至玉门矣。"这是汉朝对匈奴西域作战的第一次重大胜利,导致姑师离开罗布泊,举部北徙。《汉书》卷九十六《西域传》明确记载:"至宣帝时,遣卫司马,使护鄯善以西数国。及破姑师,未尽殄,分以为车师前后王及山北六国。"

据日人嶋崎昌研究,姑师北徙并分化为车师前、后二国,即始于此时[①],其徙居吐鲁番盆地者称车师前国,建都交河,仍然保持传统的定居生活习俗;其徙居天山北麓者,称为车师后国,建牙务涂谷,改事逐水草的游牧生活,并与东且弥、蒲类、卑陆等原先就在天山北麓游牧的诸部互为党援,而为之首,合称山北六国(图一)。

车师的分化有利于汉而不利于匈奴,汉朝的势力得以自南而北,次第推进,先控制车师前国,继又同匈奴展开了激烈的车师后国争夺。当然,其间经历了多次的曲折反复。

西汉时期已基本上完成了控制车师前国的战略目标。史载天汉二年(公元前99年)汉册匈奴降者介和王为开陵侯,令统楼兰国兵伐车师前部,以匈奴右贤王统骑数万来救,不利退还。征和四年(公元前89年),汉将重合侯马通率骑四万击匈奴,开陵侯因发六国兵再伐车师,为之策应,两路大军都取得了胜利,初定车师前部。然汉武帝逝世,汉昭帝即位(公元前86～前73年)以后,西域局势发生了反复,车师复降于匈奴,匈奴遣四千骑田车师,重新控制了丝绸之路北、中二道咽喉,宣帝本始三年(公元前71年)汉朝再度发起反攻,遣五将伐匈奴,西域校尉常惠又与乌孙昆弥联兵,自西策应,常惠所统西路军胜利地攻入匈奴右蠡王牙庭,战大捷,再定车师,然汉军撤回后,车师又叛,直至地节二年(公元前68年)汉将郑吉联兵西域校尉司马熹,

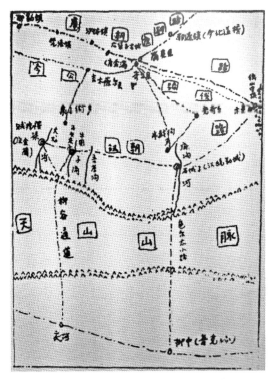

图一

---

① 〔日〕嶋崎昌:《姑师和车师前、后王国》第二节"汉分割姑师和车师前、后王国"。

猛攻车师前王于交河城，破之，其王退避其北石城，至秋，汉军又攻石城，车师前王穷蹙降汉，至此，汉朝已基本上控制了车师前国。达到了"独护南道"①的战略目的。

至于车师后国，直至西汉末年才初步归属于汉。此国位于天山北麓，与匈奴毗邻，汉朝夺取它的斗争更为艰苦。神爵三年（公元前59年）汉将郑吉利用匈奴日逐王叛单于的有利时机，进军天山北麓，占领了车师后部。时过不久，元帝初元五年（公元前44年）北匈奴郅支单于发动反攻，破车师，进而远征乌孙，附汉之车师王战殁，汉军被迫撤出天山北麓，另立车师太子军宿为王，徙国渠犁以避其锋，车师余众复降于匈奴。直到元帝建昭三年（公元前36年）汉将陈汤大破郅支单于，汉朝兵威重振，戊己校尉乘势反攻，夺回了车师前、后部，实现了并护南、北道，全面确立了汉朝的西域统治。

前、后汉嬗递之际，王莽秉政，天下大乱，一度西域尽沦，车师前、后部复没于匈奴，及东汉肇兴，建武二十一年（公元45年）车师后王与鄯善、焉耆共遣子入侍，要求重开西域，设西域都护。光武帝以中原事务为靖，无遑外略，俱遣归之，于是诸国复事匈奴。

东汉的重开西域伟业始于汉明帝时代，此后有所谓"三绝三通"，关键都在于车师的争夺。其中，同本文有关的主要是第一次争夺。这场争夺始于明帝永平十六年（公元73年），是岁春二月，汉朝遣将三道伐匈奴，其中窦固、耿忠统率的西路大军出酒泉塞，"至天山，击呼衍王，斩首千余级，追至蒲类海，取伊吾庐地，置宜禾都尉，留吏士屯田伊吾庐城"②，至是，汉朝又在西域东端重建据点，次岁（公元74年，明帝永平十七年）冬十一月，汉朝又遣奉车都尉，窦固率驸马都尉耿秉、骑都尉列张出昆仑塞，合兵万四千骑"击破白山虏于蒲类海上，遂进击车师"③。西汉时期车师前部强而后部弱，这时却正相颠倒，车师后部人丁日旺，国势日强，前部反而退居从属地位，因之耿秉力主先击车师后国，"并力根本"④，遂统兵直趋天山北麓，大破之，"斩首数千级，后王安得震怖，走出门迎秉，脱帽抱马足降，秉将以诣固，其前王亦归命，遂定车师而还"⑤，汉朝对车师后王安得厚加招抚，嫁汉女以结和亲"于是（窦）固复奏置西域都护及戊己校尉，以陈睦为都护，司马耿恭为戊校尉，屯后王部金蒲城，谒者关宠为己校尉，屯前王部柳中城，屯各置数百人，恭，况之孙也（耿况以上谷归光武，子孙多著功名）"⑥，于是车师重归于汉。

关于车师人的种族归属，史无明载，须加推测。根据现有资料判断，汉晋时期的西域人种大致可以分为剪发民族与被发民族两类，《晋书》卷九十七《四夷西戎传》"焉耆"条"其俗丈夫剪发"，"龟兹"条"男女皆剪发齐项"。据白鸟库吉研究，山北六国率多被发，而车师

①　《汉书》卷九十六《西域传》，中华书局，1962年，第3873页。
②　《资治通鉴》卷四十五明帝永平十六年、十七年，中华书局，1956年，第1459页。
③　《资治通鉴》卷四十五明帝永平十六年、十七年，中华书局，1956年，第1466页。
④　《后汉书》卷四十九《耿秉传耿恭传》，中华书局，1965年，第717页。
⑤　《后汉书》卷四十九《耿秉传耿恭传》，中华书局，1965年，第717页。
⑥　《资治通鉴》卷四十五明帝永平十七年，中华书局，1956年，第1466页。

后王则独剪发①，可见车师与焉耆、龟兹、楼兰等国民俗相同，应乃人种相近的指征，而焉耆、龟兹、楼兰等国皆操东伊兰语，属高加索种，车师人亦应归于此类。汉晋之西域高加索种细分又有塞（saka）与月氏二亚种，塞人徙自岭右，月氏则徙自河西，凡月氏人部落名称上常冠以"ka"字（其议为"大"），如龟兹（kaca）、姑臧（kazang）、居延（kaja）等，姑师、车师（kaěo）之名亦与之近似。以此推测，它似乎就是月氏的一支，至于后世的哥舒部显然是车师的胤裔，却已改操突厥语，那是西域突厥化的结果，不可遽以后世的演变逆推其先世的族属。因为汉代的月氏人所操的语言属东伊兰语而非突厥语，研究西域上古史必须有此地层学概念。

二、金蒲城即今泉子街大龙沟贼疙瘩梁古城遗址

东汉明帝永平十六年（公元73年）车师归汉以后，重置西域都护，戊己校尉，遣耿恭统兵屯田天山北麓车师后国境，旨在把它经营为西域的粮仓，进击匈奴的前沿基地，自然为匈奴所不容，汉永平十八年（公元75年）匈奴遣其左鹿蠡王联合焉耆、龟兹等南道属国向汉朝发动了猛烈的反攻，于是爆发了金蒲之战。事见于《后汉书》卷四十九《耿恭传》：

> （永平十八年，公元75年）三月，北单于遣左鹿蠡王二万骑击车师，（耿）恭遣司马将兵三百人救之，道逢匈奴，骑多，皆为所殁。匈奴遂破杀后王安得而攻金蒲城，恭乘城搏战，以毒药傅矢，传语匈奴曰"汉家箭神，其中疮者必有异"，因发强弩射之，虏中矢者，视疮皆沸，遂大惊。会天暴风雨，随雨击之，杀伤甚众，匈奴震怖。相谓曰"汉兵神，真可畏也"。遂解去。

据此，耿恭所守之城名金蒲，而同书《西域传》所记戊己校尉屯兵之城却名金满，二者显然同指一地：

> 自伊吾北通车师前部高昌壁千二百里，自高昌壁北通后部金满城五百里，此其西域之门户也。故戊己校尉更互屯焉。伊吾地宜五谷桑麻蒲陶，其北又有柳中，皆膏腴之地，故汉常与匈奴争车师、伊吾以制西域焉。

同地异名，一作金蒲，二作金满，怎能不引起后世研究者的困惑。而唐朝庭州下属有金满县，今吉木萨（济木萨）仍存此音的千古遗响，这一名称显然是从汉金满的名称一脉相承的历史延续，故《新疆图志·建置志》中指出："汉金满之名，既沿至唐，则唐亦呼今满可知，惟

---

① 白鸟库吉：《亚细亚北族的辨发》（第二回），原刊于《史学杂志》三七编三号，1926年，后收入《白鸟库存吉集》第五卷（岩波书局版）。

吐鲁番回鹘相继据有，文字不同，辗转讹伪，遂译为济木萨，此三字急读之，与金满具同。"据此，清代学者大都认为金满之名是对的，金蒲则是错的，岑仲勉却独以金蒲之名无误，指出早在西汉末期已存在着一个金附国，后为车师所灭，金蒲城名即乃承袭金附国名而来，事见《汉书·车师后城长国传》：

> 地节二年（公元前68年）汉遣侍郎郑吉，校尉司马屯田渠犁，积谷，欲以攻车师，至秋收……攻交河城，破之，王尚在其北石城中。车师旁小金附国随汉军盗车师，车师王复请击破金附。

清人钱大昕早已指出，古无轻唇音，上古时期凡轻唇音皆读为重唇，金附之"附"属轻唇非纽（f），汉代读音作滂纽（p），则金附、金蒲的音值完全相同，必为同名异译无疑，此国既可配合汉军，寇掠车师，必与之毗邻，如在天山北麓，应即位于柳谷通道的北端，与车师后部牙庭务涂谷相近，正与金蒲城地望相符。而至东汉初年，金附国名消失，金蒲城名复现，说明耿恭屯田的地区即为该国故境，并以该国都城作为戊己校尉的驻节地，《资治通鉴》卷45记述此战亦作金蒲，可见金蒲乃是汉代该城的正名，至于金满则似金蒲的音变，古汉语中唇音b、p与m之间常有互伪的现象，如《史记》中所记之魏将"武蒲"，《汉书》中已作"武满"，即为其例，至唐这种互伪的现象更为突出，如突厥语Bara明明应当译为巴贺，却被译为莫贺，磨延啜之本音乃Bayančur，不译巴颜啜，却被译作磨延啜，故汉代的金蒲，至唐已讹为金满，于阗文亦作commond，由之创置金满县，故岑仲勉说："今比以《汉书》金附，知耿恭所守之城实为金蒲，不应金满，大抵唐初所见《后汉书》已有误写为"满"者，当日考古立县，未加细勘，遂设金满，此金满一名所自起也。"[①]

必须指出的是，汉金蒲与唐金满虽有名称上的衍变关系，却关非一地。清人不审，已往往把它们混淆不分，孟凡人虽曾亲临天山北麓考察，但仍继续因袭清人的谬见，误把汉金满位置定于唐金满县所在的吉木萨尔县后堡子古城，该城位于吉木萨尔县城东北，同作为唐蒲类县所在地的今奇台县城同一纬度，城为三重，高墙深堑，占地面积极广，虽城垣大半残毁，犹可见其当年雄浑气象，可容驻兵至少万人，唐金满县与庭州及北庭大都护府同治于此，故有如此巨大规模，汉将耿恭所统士卒数量有限，与此城之规模不相适应，此乃非汉城之证一；加之后堡子古城，名扬中外，近世至此进行考古调查者已有多人，而所获标本无一汉代遗物，说明其上限犹未及汉，这绝不是偶然的，此乃非汉城之证二；东汉初年，西域初开，匈奴尚强，而作为北庭废墟的后堡子古城"孤城天北畔"[②]，距匈奴近，距汉远，耿恭一介孤军，断不会选择此地为戊己校尉的治所，此其非汉城之证三。可见孟凡人把汉金蒲定为后堡子古城的说法是不能成立的。

---

① 岑仲勉：《汉书西域传地里校释》。
② 岑参：《北庭作》引自《历代西域诗选注》，第59页。

那么，汉金蒲城的具体地望何在呢？对此，曾经亲履新疆进行过实地考察的清人徐松有一段话值得我们注意，在《汉书西域传补注》一书中他曾明确指出："今吉木萨尔城北五里有破城，为唐都护府遗址，而城南十五里入山，是今城在唐城之南，汉城又在今城之南也。"易言之，唐金满在今吉木萨尔县城北，而汉金蒲则在吉木萨尔县城南。东汉初开西域，都护陈睦驻节交河，校尉关宠驻师柳中，耿恭在山北屯田，必同山南汉军有路可通，且相距不远，方可倚为势援，进可以攻，退可以守，依此判断，汉金蒲城只能位于天山北麓傍山谷地之中。按《西州图经残卷》所记他道地："右道出交河县界，至西北向柳谷通庭州四百五十里，足水草，唯通人马。"《新唐书》卷四十《地理志》所记更为详尽："自县北八十里有龙泉馆，又北入谷百三十里，经柳谷，渡金沙岭，百六十里，经石会汉戍，至北庭都护府。"宋人王延德使北庭亦取道于此，汉之车师前、后二部联系交通亦必此路。此他道或曰柳谷通道，即今吉木萨尔县泉子街通往吐鲁番的山间大路，直至中华人民共和国成立前这条道路仍然商旅络绎、畅通无阻。就在这条大路的西侧距泉子街乡西南约12千米，泉子街牧场一队南3千米、西5千米处，与红光牧场大体同一纬度的天山北坡台地上发现古城一座，土名贼疙瘩梁，吉木萨尔县文物管理所已列入县级文物保护单位，另名之为东大龙沟遗址，属良种场七队地界，城呈不太规则的方形，长300、宽180米，城为夯制而成，残高不足1米，1959～1960年曾出土五铢钱、铁刀、灯等遗物，当地社员陶文贵还曾收到汉瓦四方，形制与奇台石城子所见相同，1987年我到该城考察时又拾到残灰陶若干，因过于破碎，已难复原其形，但可以据此推断，它是一座汉城遗址。该城东靠桦林，西临大龙沟，北近山，南临开阔的平地，具有古代军事城堡的天然形胜，由此东南行，即入天山谷道，越二道桥、天桥，翻大阪，可至吐鲁番。因此，有理由断定它就是汉金蒲城故址，耿恭以此为校尉治所，既便于沿天山北坡谷地屯田，又便于同驻师山南交河之汉西域都护陈睦所统之汉军主力相联系，以理揆之，舍此无他。唐人所谓之"石会汉戍"，亦当指此。

三、务涂谷即今吉木萨尔县吾唐沟

关于车师后国牙庭务涂谷的记载，首见于《汉书》卷九十六《西域传》下：

> 车师后国，治务涂谷，去长安八千九百五十里，户五百九十五，口四千七百七十四，胜兵千八百九十人……，西南至都护治所（乌垒）千二百三十七里。

复见于《后汉书》卷一百一十八：

> 后王居务涂谷，去长史所居五百里，去洛阳九千六百二十里，领户四千余，口万五千余，胜兵三千余人。前后部及东且弥，卑陆，蒲类、移支是为车师六国，北与

匈奴，接前部，西通焉耆北道后部，西通乌孙。

关于务涂谷之名含义，历来有种种说法，藤田丰八以为务涂即Bogdo转音，即博格达[①]，岑仲勉以为乃佛陀转音，来自梵音Buddha，即后世浮图城命名之由来[②]。这些解释都缺乏语音学根据。按古汉语有纽、有韵，纽韵相切，即可复原古代音值，务，亡遇切，中古属微纽（m）遇韵（u）涂，同都切，透纽（t′）药韵（ak）则务涂之中古汉音应为mntak，而微纽（m）与奉纽（v）可以互转，亦可书为vutak、与《波斯俄罗斯词典》第47页之لوژ（vater）及اوتار（owtarioyTap）之读音非常近似，其义为"弓"，则务涂谷者，弓形山谷之谓也。

务涂谷既为车师后国牙庭所在地，必定位于天山北麓，然其具体地望，却仍有所不明，以至唐宋时代的著作中已往往把它同唐之金满县（即可汗浮图城，庭州城，今吉木萨尔后堡子古城）或蒲类混淆在一起，如唐杜佑《通典》卷一九一《边防典》（七），"车师务涂谷"条注下云："后汉车师后王庭。"《元和郡县志》卷四十"西州"条注金蒲城云："车师后王庭也。"宋人《太平寰宇记》卷一八〇"车师国"条下注："后王国理务涂谷，即金满城。"其实，这一说法是靠不住的，《后汉书·西域传》明确记载"后王居务涂谷，去长史所居五百里"，而"自高昌壁返后部金满城五百里"，按东汉西域长史治所之柳中城（今鲁克沁）在高昌壁东五十里，可见务涂谷与金蒲绝非一地。

那么，务涂谷的具体地望究竟在哪里呢？自清代以来早已出现了种种推测，但大都与史书所记方位不符。其佼佼大者可列举以下数种。

（1）松筠在《新疆识略》中曾列举了一种说法"今巴里坤西二百五十里有务涂水塘，或以为车师后王国王所治"，此段路程大体相当于由巴里坤至木垒的中间距离，其地过于偏东，同以今吉木萨尔县为中心的车师后王部国境不合。

（2）丁谦在《汉书西域传考证》中主张："查阜康所属三台塘，其西四十里有乌尔图河（蒙古语乌尔图，长也）西图作库列图川，乌尔库图为务涂，浮屠之转名，此水从博克达山北面流出，近山处则为谷，知汉时务涂谷，唐时浮屠城均当在此河滨。"按三台，今属吉木萨尔县其西一百四十里的乌尔图河已近阜康而远吉木萨、距泉子街大路更远，方位不合，又以乌尔库图对音务涂亦属勉强，因为其中又多出一个"库"音，无从安置，则此说亦属无据。

（3）孟凡人在《北庭史地研究》一书中主张"后部王治不应在深谷中，故靠近他地道北端，又与之相通的千佛洞一带，很可能不是务涂谷的所在地"。以近山谷地为牙庭、冬窝子，这是一切游牧民族的通例，何况《汉书·西域传》清晰记载，包括车师后国在内的山北诸国牙庭皆名为谷，说明它们皆在近山谷地，孟凡人不顾这一事实，硬把务涂谷定在不是谷地、方位偏北的千佛洞一带，其主观臆测色彩何等鲜明，其说拉远了车师前、后二国之间的距离，难以解释此二国互为犄角的政治地理形势，恐怕也是难以成立的。

---

① 藤田丰八：《西域篇》，第50页。
② 岑仲勉：《汉书西域传地里校释》。

范寿金根据《后汉书·西域传》所记"后王居务涂谷，去长史所居五百里"，而东汉西域长史驻节柳中，因而在《西游录略注补》《唐庭州四现表》中正确地指出"据此，是务涂谷南在柳中，金满南在高昌、而务涂谷在金满之东矣"，易言之，务涂谷的地望应在贼疙瘩梁所在地的大龙沟之东，沿此方位实地考察。其东正有二水北流，一曰：吾唐沟，"吾唐"之名恰与务涂对音，沿河遗址，唯拾得马鞍形磨谷器一，在泉子街红光牧场场部之南一丘陵坡地上，考维吾尔语 وتان（utan）意为牲口圈，与牛圈子沟的意义亦相吻合，据我判断，汉之务涂谷应在这一带。

进而深究，西汉之务涂谷与东汉之务涂谷似非一地。丁谦在《后汉书西域传考证》中正确地指出："考前书后王国治务涂谷，至本书西域传始言后部金满城，盖前时后部游牧谷中，及是方筑为城。"这是很有见地的。车师北徙，生活习惯发生了重大变化，西汉时期的车师后国投附匈奴，逐水草穹庐而居，未必建城，故《汉书》所记之务涂谷应即今吾唐沟，其沟位于吉木萨尔泉子街乡东南，白杨河之西，牛圈子沟之东，沟水由山中流出经泉子街坊红光牧场场部北约2千米处三岔分流向北注入韩家店，该沟形状如弓，恰与波斯语 وزن（vater）[①]，弓形山谷之义相合，其音亦肖似。

至于东汉初年的车师后国似已部分地恢复了农耕，定居生活，先是匈奴至此屯田，继又汉军在此屯田，势必影响了当地人民的生活方式，又史载耿恭抗击匈奴时曾得到车师后王安得汉族夫人粮饷的接济，如果不从事农耕，何处得粮，如果不建城而居，何处贮粮，故东汉初年的务涂谷必是一座城堡，对此，我在吾唐沟考察一无所得，却在红卫九队牛圈子沟口发现一座古城废墟，土名石头庄子，又作牛圈子破城子，城略作方形，长不足百米，墙亦为夯制，高不足半米，其中残陶片尚多，率多青色，拾得青陶残片2，石锄1。这座古城正扼泉子街直入吐鲁番山中谷道的咽喉，很可能即为东汉务涂谷城所在地。汉代车师人本操东伊兰语，"务涂"的本义为弓，务涂谷城者，弓形城也，唐代车帅人已成为西突厥十姓之一的哥舒部，改操突厥语，"务涂"之名仍然延续下来，但词义已变作牲口圈（utan），至今吾唐沟，牛圈子沟一存其音，一存突厥语之义，但它们所保存的悠远古代信息却有助于我们解开务涂谷之谜。

四、疏勒城即今奇台县石城子

疏勒保卫战乃金蒲保卫战的继续，史载耿恭于金蒲初挫匈奴以后，不南撤交河，与都护陈睦所部会师，而是东退疏勒，凭险固守，原因是陈睦败殁，南下之路已被切断。事见《后汉书》卷二《明帝纪》：

六月乙未……焉耆、龟兹攻西域都护陈睦，悉没其众。

---

① 《Персицско-русский словарь》，第47页。

龟兹、焉耆此次军事行动显然是为了配合匈奴左鹿蠡王国攻金蒲之役，及金蒲围解，车师后王安得复战殁，匈奴另立新主，耿恭遂偕同安得汉夫人所统忠于汉朝的车师后国残部东退至疏勒，匈奴旋又统兵来犯，耿恭英勇奋战，击退了匈奴第二次攻势：

> （耿）恭以疏勒城傍有涧水可固，五月乃引兵据之，七月，匈奴复来攻恭，恭募先登数千人直驰之，胡骑奔走。匈奴遂于城下拥绝涧水，恭于城中穿井十五丈不得水，吏士之渴，笮马粪汁而饮之，恭仰叹曰："闻昔贰师将军拔刀刺山，飞泉涌出，今汉德神明，岂有穷哉，乃整衣服向井再拜，为吏士祷，有顷，水泉奔出，众皆称万岁，乃令吏士扬水以示虏，虏出不意，以为神明，遂解去。"[①]

汉有两疏勒，一为班超驻节的疏勒国，地在天山南麓，二为耿恭驻守的疏勒城，地在天山北麓，且必在金蒲城之东，因为陈睦已师覆于交河，耿恭东退的唯一指望只能是同驻守柳中的关宠所部会师，则此疏勒城必与柳中隔山相望，相距不远，前引史料亦足证实，该城乃依山建城，故下有涧水，而城中挖井十五丈难得水，说明其位置应在天山北坡，同金蒲务涂谷大体在同一纬度上，且相互之间有沿山道路可通。

耿恭虽于疏勒初战告捷，迫匈奴退师，但并未能与山南汉军会师，这是因为柳中关宠所部也已被围，于是战局逆转；不久匈奴又大举来犯，疏勒保卫战进行得更为艰苦：

> 时焉耆、龟兹攻殁都护陈睦，北虏亦围关宠于柳中，会显宗（按指明帝）崩，救兵不至车师复叛，与匈奴共攻恭恭厉士众，击走之。后王夫人先世汉人，常以虏情告恭，又给以粮饷，数月食尽，乃煮铠弩，食其筋，恭与士推诚共死生，故皆无二心，而稍稍死亡……[②]

这场保卫战从明帝永平十八年（公元75年）五月一直持续到建初元年（公元76年）正月，章帝即位改元以后，始派来援军，夺回柳中交河，破车师前部王，耿恭旧将范羌统别部取道山北，迎回耿恭，生还者仅10余人，生入关者则更仅数人。这场疏勒保卫战确乃光耀千古的辉煌战役，谱写了一曲气壮山河的中华民族英雄主义凯歌。

关于耿恭驻守之疏勒城的具体地望，本来我早在1979年发表的《耿恭驻守的疏勒城在哪里？——兼与才家瑞同志商榷》[③]一文中业已指出它就是今奇台县的石城子古城废墟，1987年又发表了《新疆奇台境内的汉唐遗址调查》[④]进一步论证了上述观点并补充了大量的考古学证据。对此，孟凡人同志不表赞同，并列举了4项理由反驳，归纳起来，其4项理由实只三点，今

①　《后汉书》卷四十九《耿弇传耿恭传》，中华书局，1965年，第721页。

②　孟凡人：《北庭史地研究》，新疆人民出版社，1985年。

③　薛宗正：《耿恭驻守的疏勒城在哪里？——兼与才家瑞同志商榷》，《图书评介》1979年第4期。

④　见《考古学集刊》（第5集），中国社会科学出版社，1987年。

再次申明我的看法，予以反驳的反驳。

（1）孟凡人的主要观点在于怀疑石城子乃是汉城。他说："（石城子疏勒说）其主要的也是唯一的论据便是在遗址内发现了汉砖汉瓦。"[1]但"疏勒城除耿恭固守的几个月以外，史籍不见著录，因此，石城子虽然发现汉砖汉瓦（发现情况不明）但是未在全面综合调查发掘之前，还很难定为汉城，更不能定其为疏勒"[2]。

对此，我劝孟凡人同志仔细读读我为奇台县文化馆写的调查报告，这个报告实际上是在1972年调查结束以后就已写成了，但迟至1979年才正式发表。因此有必要把这次普查始末重加说明，当时新疆维吾尔自治区下达了加强境内文物保护的文件，由县文化馆长王锡藩倡议，得到县委的支持，决定组织本县力量进行一次全县文物普查。当时我在奇台县师范学校任教，应王锡藩之邀，借调入文化馆，同馆文物专职干部徐文治一同负责此项工作，为此策瘦马骞驴巡行全县各公社、大、小队，发现了大量遗址，其成果已分别草为《新疆奇台发现的石器时代遗址与古墓》与《新疆奇台境内的汉唐遗址调查》，分别刊布于《考古学集刊》第4辑与第5辑，以奇台县文化馆名义发表，石城子遗址即为这次考察中的重大收获，"遗址地位于天山北坡丘陵地带的麻沟梁上，属奇台半截沟公社麻沟梁大队一队，在县城之南约55千米，城建于一山上，居高临下，东西两面临涧，南为天山余脉的层峦叠嶂，仅北面有一条山路可以通行，南北长138、东西194米，城墙仅存痕迹，其中北段算是保存最好的，但残高已不足半米……地形为东北高、西北低，高低之差可及半米，城西南部有一圆形凹地"[3]。其中发现了大量粗绳纹板瓦和筒瓦、素面实心砖，各式云纹瓦当，皆为典型的东汉遗物，孟凡人同志有什么理由说是"发现情况不明"呢？又有什么理由武断地说"还很难定为汉城"呢？

（2）孟凡人说："奇台县城距吉木萨尔县城九十里，这样金满城（护堡子古城）就距奇台石城子二百二十余里，试想耿恭在匈奴大兵压境受到围攻的情况下，怎么能作这样的长途跋涉呢？"[4]这 理由也是站不住脚的，原因在于孟凡人自己混淆了汉金蒲与唐金满的本质区别，硬把耿恭驻守的汉金蒲定于唐金满所在的后堡子古城，一点定错，自然满盘皆错。根据我的考证，汉金蒲、务涂谷、汉疏勒三城皆在天山北坡，而沿山道路皆可通行，五月耿恭撤离金蒲所在的贼疙瘩梁，至迟五月底六月初就可赶到疏勒所在的石城子，吉木萨尔泉子街公社与奇台半截沟公社之间仅隔着一个东湾公社，这点路程怎么算得"长途跋涉"？

（3）孟凡人又说："柳中（鲁克沁）和交河城与奇台县之间无大道相通，因此范羌迎恭和耿恭退走都成了问题。"[5]其实这个问题我早在1979年已经答复了，看来，孟凡人同志并未仔细阅读，或者仅仅引用题目而根本未看过我的文章。

为此，有必要重新引证一下我写的旧作，它列举了4项理由，足以说明并不像孟凡人同志

① 孟凡人：《车师后部史研究》，《北庭史地研究》，新疆人民出版社，1985年，第30、31页。
② 孟凡人：《车师后部史研究》，《北庭史地研究》，新疆人民出版社，1985年，第30、31页。
③ 薛宗正：《新疆奇台境内的汉唐遗址调查》。
④ 孟凡人：《车师后部史研究》，《北庭史地研究》，新疆人民出版社，1985年，第30、31页。
⑤ 孟凡人：《北庭史地研究》，新疆人民出版社，1985年。

所武断地那样"这些文章……其主要的，也是唯一的论据便是在遗址中发现了汉砖汉瓦"：①耿恭抗击匈奴先在金满，后来才移驻疏勒可见二城相距不远。据清人徐松考证，汉金满城在今吉木萨尔县南山，石城子在今奇台南山，县境毗邻，且同在天山北坡丘陵地带同一直线上。②耿恭移驻疏勒，可能便于同汉朝援军取得联系，当时关宠驻师柳中（即今鄯善鲁克沁一带，与石城子所在地，隔山相望）。③金满城所在的车师后王地与西域长史（按应改作西域都护）屯军的车师前王部古有山道相连，此路即新、旧唐书所载之柳谷通道，即今吉木萨尔县泉子街南通吐鲁番的山间道路，弃此他徙，说明此路早被切断。耿恭移师，说明疏勒城与柳中城之间亦必有山路相通，据当地居民反映，由此南入夹皮山，隔山越黑涝坎，有峡谷崖道，叫色尔太小路，恰可直通鄯善。④疏勒城'凿井十五丈不得水'而山下'有涧水可固'说明其城地形险峻，依山临涧，亦与今日石城子地貌特征相仿"。①

除此以外，今又增补一项理由："疏勒"之名亦必属古月氏语言，属东伊兰语支，《汉语—波斯语词典》第1531页有"جلسب"（solb）一词，意为硬石、坚硬的、力量，其对音正与"疏勒"会同，其第一义"硬石"，亦与今日该城的土名"石城子"完全相符。

由此足证，奇台县石城子遗址就是汉疏勒城的地望所在。

综上所述，我们不仅查清了务涂谷、金蒲、疏勒三城的具体位置，并且进一步勘明了汉代天山北麓诸城与唐代天山北麓诸城的分布存在着重大差别，唐城大部分布于今乌鲁木齐—木垒公路以北，两汉城则大部分布于公路以南，近天山的谷地上。

附记：本文照片由陈志烈拍摄。

（原载《新疆文物》1988年第2期）

---

① 薛宗正：《耿恭驻守的疏勒城在哪里？——兼与才家瑞同志商榷》，《图书评介》1979年第4期。

附　　图

贼疙瘩梁古城（东大龙沟古城）

唐金满城（后堡子）北门

柳谷通道（西，大龙沟，东，吾唐沟）

贼疙瘩梁古城出土陶片

牛圈子沟古城石器

疏勒城考辨

魏大林

（新疆奇台县文物保护管理所）

西域三疏勒，一为玉门关外的疏勒河，二是西域诸国中的疏勒国（喀什市），三是汉代车师后国的疏勒城，前两疏勒有实地可寻，车师后国的疏勒城，至今众说不一。笔者借助史籍与考古资料，对疏勒城置地作以探讨。

（一）史籍记载的疏勒城

《后汉书·耿恭传》指明了疏勒城大略方位，"（永平十七年冬）恭为戊己校尉，屯后王部金蒲城（蒲为满字之误）"。后王部为车师后王部，车师以族名冠以国名，分为车师前国在吐鲁番盆地；车师后国在天山北[①]，车师后部的四至，东界伊吾迤蒲类海，"惟汉永和二年八月，敦煌太守云中裴岑将郡兵三千人，诛呼衍王等，……克敌全师。除西域之灾，蠲四郡之害，边境艾安"[②]。巴里坤为北匈奴正西之极境，由此以西，则为车师后部东之极境。西界约至玛纳斯，"至元帝时，……是时匈奴东蒲类王兹力支将人众千七百余人降都护，都护分车师后王之西为乌贪訾离地以处之"[③]。乌贪訾离即玛纳斯，《新疆图志·建置二》"绥来（玛纳斯）汉为乌贪訾离及乌孙东境"。车师后国南隔天山与车师前国相望，北邻沙漠，整个昌吉州地区包括巴里坤哈密一带，属于车师后国地，政治中心为金满城，金满城毫无疑问是北庭故城，亦吉木萨尔县后堡子故城。"（永平十八年）恭以疏勒城傍有涧水可固，五月引兵据之，七月，匈奴后来攻恭，恭募先登数千人直驰之，胡骑散走，匈奴逐于城下拥绝涧水，恭于城中穿井十五丈不得水"[④]。耿恭永平十七年（公元74年）冬屯金满，第二年遭匈奴打击后，退据疏勒城，指明"有涧水可固"是处易守易退的堡垒，就在当年"会显宗崩，救兵不至，

① 《后汉书》卷十九，中华书局，1965年，第720页。

② 《金石草编》卷下《汉敦煌太守裴岑破北匈奴记功碑》。

③ 《汉书》卷九十六，中华书局，1962年，第3874页。

④ 《后汉书》卷十九《耿恭传》，中华书局，1965年，第721页。

车师后畔（叛）与匈奴共攻恭，恭励士众击走之，后王夫人先世汉人，常私以虏情告恭，又给以粮饷，数月，食尽穷困"[1]。车师后王的夫人无疑是居金满城内，她常悄悄地给耿恭送情报和粮饷，达数月。可见金满城距疏勒城并不远，而且有路相通[2]，建初元年（公元76年）正月，各路汉朝大军"会柳中击车师，攻交河城"之后，"乃分兵二千人与（范）羌，从山北迎恭，遇大雪丈余，军仅能至，城中夜闻兵马事，以为虏来，大惊，（范）羌乃遥呼曰：我范羌也，汉遣军迎校尉耳，城中皆称万岁"[3]。范羌越天山迎耿恭，疏勒城内的汉军，居高临下才能"夜闻兵马事"，听到"（范）羌乃遥呼"之声。可想，城址在并非一般的高坡上，并有山道通车师前王庭。东汉宦官郑众，上疏为耿恭请爵，说道："耿恭以单兵固守孤城，当匈奴之冲对数万之众，连月逾年，心力困尽凿山为井。"[4]当后王庭金满城后叛匈奴后，疏勒城真可谓孤城，它的邻近没有汉军城堡，并且这座城"当匈奴之冲"是一处交通要道上的城堡。《新唐书》又提供了线索，"自（交河）县北八十里有龙泉馆，又北入谷百三十里，经柳谷，渡金沙岭，百六十里，经石会汉戎，至北庭都护府城"[5]。查阅唐代有关史料，不曾见有"石会汉戎"这个地名，就是说"石会汉戎"是个主谓结构的名词，石会（石头筑起的城堡），汉（汉代），戎（戎所），这个由石头筑起的汉代故城，处在交河通北庭的山道间，在金沙岭（天山）北一百六十里的天山脚上，据《后汉书》记载金满城南只有疏勒城，别无他城，无疑"石会汉戎"就是疏勒城。

（二）泉子街故城辨误

考古工作者孟凡人同志指出："吉木萨尔县泉子街以南与头道桥之间的西边台地上，有座古城遗址，该古城控扼'他地道'北口，城西墙外不远紧临奔腾的大龙口溪水，该古城遗址位置较高，附近很少有井。古城遗址破坏严重，城平面略呈方形，边长不足百米。对这座古城未及仔细调查，尚不能确定其时代，但是，这座城的位置与《后汉书·耿恭传》所记基本吻合，因此，这座古城之前身（古城延续使用时间较长）很可能就是疏勒城的所在地。"[6]这结论有许多费解之处，第一，"边长不足百米"的城池，能容纳上千人的军队吗？第二，"城西墙外不远紧临奔腾的大龙口溪水"，城离溪水有段距离，"拥绝涧水"与否，对此城并未有影响。第三，"这座古城之前身（古城延续使用时间似较长）"，《后汉书》中只著录耿恭固守几个月的疏勒城，其他朝代不见著录疏勒城，此城的使用时间并不长，唐人已视为"汉戎"即汉代的军事遗址，在唐代之前就废弃，以后也再没使用过，这与泉子街古城极不相似。第四，泉子

---

① 《后汉书》卷十九《耿恭传》，中华书局，1965年，第721页。
② 李光廷《汉西域图考》卷三认为，疏勒城与金满城近。
③ 《后汉书》卷十九《耿恭传》，中华书局，1965年，第722页。
④ 《后汉书》卷十九《耿恭传》，中华书局，1965年，第723页。
⑤ 《新唐书》卷四十《地理志·河郡》，中华书局，1975年，第1046页。
⑥ 孟凡人：《北庭史地研究》，新疆人民出版社，1985年，第30页。

街古城，至今没有发现汉代的遗物，没有全面综合调查之前，还很难确定为汉代城，更不能确认为疏勒城。

（三）石城子故城简述

奇台县半截沟乡麻沟梁村的石城子遗址，即是车师后国的疏勒城①。现将石城子调查资料，提供于读者。

奇台县城在金满故址的东30千米，半截沟乡在奇台县城南40千米，乡政府处在高耸的天山脚下，从乡政府所在地向南，沿着崎岖蜿蜒的山道，爬上一座陡峭的山梁，顺着南北走向的山梁，行程6千米，就到麻沟梁村。石城子坐落在村东侧的山梁上，山梁的高度为海拔1770米。石城四周都有露出表面的巨大岩石层和坚硬的石层，这可能就是石城得名的缘由吧。石城东依悬崖峭壁，立崖之巅，往下一看，郁森森的深渊里传出水声，却不见水波的粼光，古人利用了这一线天堑，省去了东城墙；石城南面是弯转而下的麻沟河，一年四季流水不断，农民都在这河湾汲水，这河湾又是石城的天然护城河；石城西与麻沟梁相对，中间有道山谷，谷中有条山道，北通戈壁，南通萨尔迪克隘口；石城北面是条南高北地的坡地，立北城之上，顺坡地一眺，辽阔的戈壁原野尽收眼底：石城东西长200米，南北长160米，北城墙残高1.5～2.5米，东端最高处约3.5米，马面、角堡依稀可辨，西城墙筑在一道山脊上，南城墙地势低洼，常年耕作夷为平地，城内有道不太明显的土脊，估计是内城墙或高大建筑物的台基，整个城势北高南低。一位撰写新疆水利史的专家，慕名赴石城探察，笔者随同前往，专家讲道，石城下面为沙岩地层，地下水位在四五百米以下，汉代人不可能打出井。目前，石城内有块洼地，可能是"穿井十五丈不得水"的遗迹吧。这里的自然环境吻合了"傍有涧水可固"的疏勒城。

（四）石城子出土的汉代器物

石城子出土物很多，注册收藏的就有50多件，10多个品种。

瓦当是大型建筑物上遮盖椽头的建筑材料，不同时代瓦当纹饰各异。汉代以云纹为主要纹饰，"西汉晚期以后，以卷云纹为唯一的装饰图案"②，与此大略相同的瓦当，汉长安遗址也出土过③。陶钵为饮食用具，出土较多，形状大小趋于一致，属同一时代同时生产的。盆、钵、罐、盂、均为轮制，质地坚硬呈灰色没有花纹，"汉代凡属圆形灰陶器，一般没有什么花纹，基本上可以说是素面的"④。石城子所出土的都是汉代遗物，并未发现其他时代的遗物，石城子无疑是座汉代古城，确切地说，是西汉晚期至东汉末的故城。

---

① 《耿恭守卫的疏勒城考》，《新疆日报》1979年10月9日。
② 王丕忠：《略谈秦汉瓦当的时代特征》，《人文杂志》1981年第3期。
③ 王仲殊：《汉代考古学概说》，中华书局，1984年。
④ 王仲殊：《汉代考古学概说》，中华书局，1984年。

值得探讨的一件文物：炭精卧虎。汉代出现了炭精雕刻，新疆民丰县尼雅遗址出土一枚炭精司禾府印，边长2、高1.57厘米，据考证是汉代屯田时使用的印[①]。石城子出土的卧虎，与司禾府印为相同质地的炭精，工艺风采具有相同之处，卧虎腹中有一小孔，可系绳携带，从卧虎背部过双耳间分为两半。关于它的用途，假设两种可能，一为汉代屯田军长佩戴物，既表示职位的高低，又是权力的象征。徐松著《西域水道记》曰"疏勒城为车师后王庭屯田之所"，"永平十七年冬……始置西域都护、戊己校尉，乃以恭为戊己校尉，屯后王部金满城"。戊己校尉为西域屯田官，仅次于将军，这件卧虎是东汉屯田时的遗物。二为传递军令的虎符，早在汉之前，我国就出现了虎符，汉代更为流行，卧虎两半大小均等，小孔从两半边中穿过，不像自然破碎，而是人工制成，耿恭守城达7个月之久，理当带有虎符。无论这两种假设，哪种成立，都可佐证石城子为耿恭驻守过的疏勒城。

（五）他地道考证

据唐《西州图经残卷》记载，由西州通庭州行经他地道"右道出交河县界，到西北向柳谷通庭州四百五十里，足水草，唯通人马"[②]。孟凡人同志研究：从车师前王庭交河向北越博格达山至王庭，必须走他地道。他地道是前后王庭相联系的山道，山道"唯通人马"，范羌率部从交河增援耿恭，他必须行他地道至疏勒城，范羌夜至疏勒城，"城中夜闻兵马声，以为虏来，大惊，羌乃遥呼……城中皆呼万岁，开门相涕泣"，当晚没有遇到匈奴阻击，第二天耿恭"逐相随俱归、虏兵追之"，匈奴一定驻扎在城北，他地道在城南，而今，从石城子出发沿山道向南，行约50千米至萨尔迪克达坂，翻过达坂抵吐鲁番盆地[③]。笔者参加了奇台县历史地名调查，当地哈萨克牧民讲，"萨尔迪克"为蒙古语地名，其含义不知所云。笔者认为"萨尔迪克"即"他地道"的对音，目11世纪蒙古人统治大山北路后，这块傍山依水的牧场就为蒙古人世袭所有，直到清代乾隆中期，仍为准噶尔和硕特部的游牧地，沿山一带地名大多为蒙古语，"萨尔迪克"也不例外，它的产生源于"他地道"一名：萨尔，"他"字儿化；迪克，"地道"尾者轻化。这符合蒙古语发音规律。至今哈萨克牧马通行萨尔迪克，但是不能行车，牧民在山道间发现了昔日采金遗址。另有一道，从泉子街经头道桥、二道桥，翻三山口，抵吐鲁番柳中故城，此道能行马车、驴车，成群牛羊也行此道，然而，这条道是唐代开凿的，是《新唐书·地理志》卷四十中记载的"柳谷大道"，宋代王延德从高昌到北庭，亦走此道[④]。这两条山道只相距40千米，却是两个不同时代的山道。

天山北路，在古代历史上实居首要地位，而考古与历史研究大多着眼于南疆，两汉时期的车师后国研究，处于薄弱环节，此文即是抛砖引玉，也渴望达到开渠引流的目的，求得读者指正。

（原载《西部学坛》1987年第3期）

---

① 《新疆文物》1986年第1期，第27页。
② 《敦煌石室佚书》。
③ 《昌吉州行政地图》标注了这条山道，注"萨尔迪克"地名。
④ 《宋史·高昌传》，中华书局，1977年，第14110页。

耿恭守卫的疏勒城考

柳用能

（新疆美术摄影出版社）

汉代的疏勒国，就在喀什噶尔，人们往往把现在的喀什城误以为耿恭守卫的疏勒城。正好喀什城东有1座高台，台下有3眼古井，所以附合耿恭的故事，将高台名为耿恭台，又将古井称之为耿恭井，至今还有人因为缅怀这位"出于万死"保卫边疆的英雄而前往寻访和凭吊。后来一位俄罗斯人迪亚科夫，为了探寻耿恭的遗迹到处跋涉，但因弄错了方位而误把乌鲁木齐市的乌拉泊古城作为金蒲城，又把柴窝堡古城说成了疏勒城。其实，耿恭所守的疏勒城既不在喀什市，也不在乌鲁木齐，而是在天山东段北侧的一座涧水环流的山梁上，它与疏勒国都城是两回事。

东汉初年，匈奴奴隶主不仅控制着天山南北，奴役西域各族人民，而且掠夺河西走廊和华北一些农耕地区。公元73年，东汉派遣军队打击了匈奴的嚣张气焰，第二年又解决了天山以北的车师后部和吐鲁番盆地的车师前部的问题。朝廷随即任命关宠为己校尉，驻防天山以南的柳中城（今鲁克沁），又任命耿恭为戊校尉，带领几百人马进驻天山以北的金蒲城（今吉木萨尔境内）。公元75年3月，匈奴派左鹿蠡王攻破了车师后部，又西攻金蒲城。耿恭以毒药敷涂箭头，又乘雨出击，匈奴才解围而去。耿恭考虑到金蒲以东的疏勒城位居天山山区的山梁上，城旁又有山涧，利于汉军防守而不利于匈奴的骑兵驰骋，且疏勒城控扼着从吐鲁番北越天山主脉上的萨尔勒克达坂以达北疆的通路，更便于同柳中的关宠联系，所以便从金蒲城移驻于疏勒城。同年七月，匈奴果然发兵来攻，他们"于城下拥绝涧水"，企图以此困死汉军。耿恭只得在城内打井，因城在山上，打了15丈不见水出，"吏士渴乏，笮马粪汁而饮之"。耿恭亲自挽筐提土，率领士兵继续再打，终于打出了水泉。匈奴的计谋破产，又悄悄地退去。这年秋冬，西域形势急转直下，车师后王见匈奴势大，便倒向匈奴，一起来攻耿恭。耿恭临危不惧，不仅激励将士坚守，而且出奇突击，给匈奴以重大杀伤。但因围城日久，城中粮绝，只得煮马鞍和弓弩上的筋皮来充饥。加之时值严冬，士兵因冻饿而死的天天都有，剩下的不过数十人。由于耿恭"与士卒推诚同死生，故皆无二心"。匈奴单于派人招降耿恭，耿恭将来人诱到城墙上亲手杀了，以表示自己誓与边城共存亡的决心。到了公元76年春天，耿恭的部下范羌才带领两千援军，"从山北"的疏勒城将耿恭营救回朝。当年与耿恭同来保卫边疆的几百士兵，只有13人生入玉门关！

根据散见于《后汉书》《东观汉纪》《资治通鉴》的有关记载，耿恭所守的疏勒城：时间在东汉，位置在天山东段北侧，地当吐鲁番翻越天山到北疆的要道，城在易守难攻的山上，城周有城墙，城旁有涧水，城内有井，比金蒲城更便于同柳中城联系。依照这八个方面进行两次实地考察的结果，可以确认现今奇台县半截沟公社麻沟梁一队群众称之为石城子山上那座古城遗址，就是当年耿恭及其部下用鲜血和生命保卫过的疏勒城。

此城是1972年奇台县文化馆徐文治等同志在文物普查时发现的，在城中采集到一些云纹瓦当、细绳纹板瓦和筒瓦等汉代文物，并将时代定为西汉，列为该县的重点文物保护单位。今年8、10月，我和两位同志专程前往调查，见到此城正在天山北坡的山上，紧靠城下就是涧水，群众称为黑沟。城西不远处就是那条可通吐鲁番的山道，这一段今已通汽车，从此城南至天山主脉上的萨尔勒克达坂，其直线距离不过11千米，因山路萦回，骑驴要走一天。古城北面和东西两面的部分城墙清楚可见，以北墙最为完整，长283米，厚约7米，高3.4米，上面还有一处似为城楼遗迹，因城北正对来犯的匈奴，需要登高瞭望。其东、南二面靠山涧和悬岩的部分则未筑城墙。整个古城的地势，北高南低，好似一个倾斜的簸箕，几乎找不到一块平地。由于城内已开为耕地，建筑遗迹无存。城的西北部，有一处椭圆形的地区特别低凹，可能是当时水井的所在，因井已淤塞，故未见"飞泉"。城内外的砖头、瓦片、陶器残片及人骨、牛羊骨、木炭、灰烬等物随处可见，甚至成堆成片。特别是那些坚实厚重的粗绳纹大方砖、细绳纹板瓦、筒瓦、云纹瓦当、四山云纹瓦当、饰朱云纹瓦当等，更是迄今所知北疆其他古城中绝无仅有的，从其形制和纹饰使人一望而知是汉朝之物。奇台县文化馆还收藏了1件此城出土的画像陶片，表面模印有十几组四柱方亭建筑的图案，而制作画像砖和画像石则是东汉一代的时尚，且这块陶片的图案系先刻模而后印到器坯上去的，这种方法和工艺过程也与东汉制作画像砖一致。此外，我们在城西表土以下1.2米处采集的朽木标本，经送请国家文物局文物保护科学技术研究所进行^{14}C测定的结果，为距今1854年±90年之物，与耿恭守疏勒的年代完全吻合。所以，根据此城的地理环境、遗迹、遗物和年代测定的结果，可以肯定奇台石城子遗址就是耿恭守卫的疏勒城，这也是迄今所知天山以北唯一的汉代古城。

在考察中，一个未解决的问题是：从此城的垃圾坑壁看来，城内文化层厚1.5米以上，显然是人们长期居住过的地方。而文献上疏勒城仅与耿恭的事迹相联系，在耿恭以前不见疏勒城的记载，耿恭之后亦不见疏勒城的名字。而耿恭守疏勒城的时间不过10个月，以这样短的时间不可能形成这样厚的文化堆积。两汉时，天山东段以北的城，除了金蒲与疏勒外，还有兜訾城、车师后城长国城、车师都尉国城，候城，且固城，可能还有戊己校尉城和石城。这些城往往在文献上出现一下，不久又消失了，这可能是城名变来变去的结果，所以疏勒城也可能是此城若干名称中的一个名称。在此提出，以待识者。

可以指望，将来的考古发掘，必将丰富我们对此城的认识，为新疆上古史提供新的资料。但是近年在石城子挖土积肥已经开始了，而且已在城中挖出了一个垃圾坑，把汉代砖头瓦片扔得满地都是。外国人还说应为耿恭立座纪念碑，我们却把耿恭的遗迹毁掉，这就太不应该了。我们经常论证天山南北自来是我国的领土，在天山山区里都有同长安、洛阳一样的汉砖、汉瓦和汉代古城，难道还不应该特别加以保护吗？

（原载《新疆日报》1979年12月9日）

耿恭驻守的疏勒城在哪里？

——兼与才家瑞同志商榷

薛宗正

（新疆社会科学院）

汉代有两疏勒，一是天山南麓的疏勒国，二是天山北麓的疏勒城，后者是东汉名将耿恭抗击匈奴的最后据点。属戊校尉治下山北屯区重镇。其具体地望安在，必须联系耿恭东撤的历史背景，结合史书所记地理方位综合确定。

耿恭是明帝时期任命的戊校尉，总管山北屯区的边防、屯田事务。永平十八年（公元75年）北匈奴策动其西域属国焉耆、龟兹对汉朝发动了联合反攻。北匈奴也杀降汉之车师后王安得进击山北汉军。耿恭本在戊校尉治所金蒲城却敌，金蒲城南与西域都护陈睦军南北相望，又有他地道相通，何以遽然撤离，改守疏勒呢？显然同当年陈睦一军最先覆没，高昌失守，继续在吉木萨尔泉子街一带苦守无异于甘心处于北匈奴和南道焉耆、龟兹联军南北夹击之下。而同年"会显宗崩，救兵不至"①。当时唯一可以为援的只有驻守柳中的己校尉关宠一军。由此判断，耿恭弃守金蒲后撤离的方向只能是向东，旨在同柳中汉军取得接应，而不可能像大龙沟说的主张者那样南奔他地道口。易言之，耿恭退守疏勒乃陈睦战殁，关宠上书求救的历史产物，所据守之疏勒城必隔天山与柳中城南北相望。

史载："恭以疏勒城傍有涧水可固，五月，乃引兵据之。七月，匈奴复来攻恭，恭募先登数千人直驰之，胡骑散走，匈奴遂于城下拥绝涧水。"②陷耿恭于极端困难的境地，不久，柳中关宠所部也全军覆没，耿恭外无救兵，先还有后王安得夫人秘密传送情报和接济食品，"数月，食尽穷困，乃煮铠弩，食其筋革。恭与士推诚同死生，故皆无二心，而稍稍死亡，余数十人"。单于遣使招降，许以封王妻女的重赏，而耿恭守城的坚定意志仍不可夺，手刃来使。

---

①　《后汉书》卷十九，中华书局，1965年，第721页。

②　《后汉书》卷十九，中华书局，1965年，第720页。

"单于大怒，更益兵围恭，不能下"①，创造了孤军苦守的军事奇迹。一直坚持到章帝建初元年（76年），汉朝才发来救兵。派遣"征西将军耿秉屯酒泉，行太守事；遣秦彭（一说段彭）与谒者王蒙、皇甫援发张掖、酒泉、敦煌三郡及鄯善兵，合七千余人，建初元年正月，会柳中击车师，攻交河城，斩首三千八百级，获生口三千余人，驼、驴、马、牛、羊三万七千头，北虏惊走，车师复降"②。援军统帅段彭兵临高昌，发现关宠早已战殁，以为山北耿恭也遭到了同一命运，本已准备返师。

耿恭旧部范羌坚持北上营救，"乃分兵二千人与羌，从山北迎恭，遇大雪丈余，军仅能至。城中夜闻兵马声，以为虏来，大惊。羌乃遥呼曰：'我范羌也。汉遣军迎校尉耳。'城中皆称万岁。开门，共相持涕泣。明日，遂相随俱归。虏兵追之，且战且行。吏士素饥困，发疏勒时尚有二十六人，随路死没，三月至玉门，唯余十三人"③。谱写了一曲气壮山河的壮歌，被誉为"节过苏武"。

据此，我认为疏勒城就是1972年奇台县文物普查时所发现的石城子古城。当时我在奇台县工作，与当地文物专干徐文治一起主持了这次文物普查，以马、驴代步，深入南山，发现了这座古城。1973年举办了奇台县文物展览，在解说词中已提及此城就是汉疏勒城，1979年将这一观点以"耿恭驻守的疏勒城在哪里"④为题，公开发表，大约同时，已在奇台看过文物展览的自治区博物馆柳用能也发表了《耿恭所守的疏勒城考》⑤，提出了同样观点。此后我又将这次发现整理成文，陆续发表⑥。这座土名石城子的古城位于今奇台县山前地带，位于县城南37千米，半截沟镇南8千米丘陵地段的麻沟梁村一小山丘上，地在天山北麓山前地带，麻沟梁海拔1770米，古城临山而建，四周有许多露出表面的岩石层，故名石城子。南倚天山，东临悬崖，居高临下，东、西两面临涧，土名黑沟，自成天堑，沿山西行，可通戊校尉治所金蒲城，北通戈壁，南经萨尔迪克隘口，南入夹皮山，隔山越黑涝坝，有峡谷崖道，叫色尔太小路，越二达坂，沿二塘沟南下，恰可直通鄯善柳中城。或即《西州图经》所记之萨捍道。古城全以夯打而成，明显汉式建筑，位居天山余脉的层峦叠嶂之中，仅北部有一条山路可以通行，形势险胜，具有天然军事要塞的特点。地形为东北高，西南低，高低之差可及2米，呈不太规则的方形，西北两面有土墙垣，北墙长280米，西墙长155米，城墙残高近3米，墙基宽约10米。其中东端最高处约3.5米，马面角堡依稀可辨，除西南部城墙有所残毁以外，其余城墙痕迹犹存，但都已不高，其中北段算是保存最好的，残高亦不足半米（图一）。城中已被辟为麦地，禾黍

---

①　《后汉书》卷十九，中华书局，1965年，第721页。

②　《后汉书》卷十九，中华书局，1965年，第722页。

③　《后汉书》卷十九，中华书局，1965年，第722页。

④　《图书评介》1979年第4期。

⑤　《新疆日报》1979年12月9日。

⑥　奇台县文化馆：《新疆奇台县发现的石器时代遗址与古墓》，《考古学集刊》（第2集），中国社会科学出版社，1982年；奇台县文化馆：《新疆奇台境内的汉、唐遗址调查》，《考古学集刊》（第5集），中国社会科学出版社，1987年。关于石城子古城的发现经过，详见薛宗正：《奇台岁月断想》，《新疆回族文学》1999年第4期。

离离，但在禾、黍之间，触足即为古代文物。出土文物宏丰，仅县文管会注册收藏的就有50多件，10多个品种，主要有各式云纹瓦当、大型汉代青砖，大青瓦、灯、盆、瓮等，均为轮制。质地坚硬呈灰色。没有花纹，式样古老，尤其是云纹瓦当更是汉瓦的特征，是天山北麓地区罕见的典型汉代风格建筑遗存。城中出土汉钱多枚，包括半两钱5枚。分为二式，Ⅰ式：重5克，孔径0.8厘米×0.6厘米，外郭直径2.7厘米。Ⅱ式：重1.5克，孔径0.8厘米×0.8厘米，外郭直径2.4厘米。汉五铢钱25枚[①]，包括武帝五铢2枚、西汉宣和五铢8枚、东汉五铢2枚、剪轮五铢4枚、新莽时期的钱币9枚，其中包括大泉五十4枚、货泉5枚，以及东汉五铢等，无疑是天山北麓地区最早发现的汉城。此前无论是天山北麓或是天山南麓从来没有发现过如此典型的汉城。

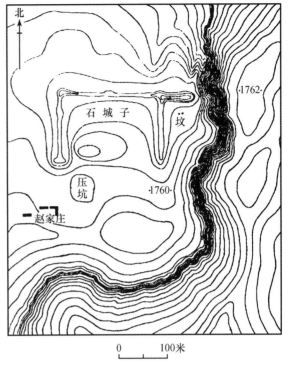

图一　奇台石城子平面示意图

　　参稽上述史料，我之所以确定这座古城就是汉疏勒城除了其建筑形制、出土文物都可印证这是一座汉城之外，还有以下理由。

　　（1）《后汉书·耿恭传》及《资治通鉴·汉纪》都明确记载耿恭苦守的疏勒城既是一座据山傍涧的军事要塞，又是宜于农耕的屯田胜地。奇台石城子古城恰乃据麻沟梁，临黑沟，地形高峻，土地肥沃，至今麦黍离离，若相符契。

　　（2）汉军建城山顶，石质坚硬，故有石城子之称，下为砂岩层，地下水位在四五百米以下[②]，天山北麓东段地属古塞人山北六国故境，塞人所操语言属印欧语系的东伊朗语支，疏勒之名应属这种语言，《汉语—波斯语词典》第1531页有"solb"一词，意为硬石、坚硬的、力量，其对音与疏勒相近，其第一义"硬石"亦与"石城子"之名的含义相吻合。

　　（3）耿恭一军初驻戊校尉治所金蒲城，本倚车师古道（即唐他地道）南与驻节高昌的汉军主力西域都护陈睦一军互为势援，及永平十八年（公元75年）匈奴率其属国大举反攻，耿恭虽以毒箭挫败了北匈奴的首轮进攻，山南高昌却最先失陷，陈睦战殁，全局大变。固守金蒲无异坐以待毙，必须东向转移，继续同山南汉军保持联系。

　　（4）耿恭移驻之山北最后据点疏勒城所在的奇台石城子古城南隔天山，与鄯善的柳中城相望，且有山中谷道相通。柳中即今鄯善县鲁克沁古城，时有汉军关宠驻守，成为耿恭唯一可

①　薛宗正：《新疆奇台县出土的中原古钱》，《新疆文物》1987年第1期。
②　魏大林：《疏勒城考辨》，《西部学坛》1987年第3期。

以为援的武装力量，东通敦煌，可进可退。参稽《西州图经》道中的移摩道、萨捍道、突波道、花谷道皆可通向奇台，当地居民反映，由石城子出发，南入夹皮山，隔山越黑涝坝，有峡谷崖道，叫色尔太小路，恰可直通鄯善。据此判断，疏勒城的地望应在金蒲之东，柳中的正北，正属奇台石城子古城所在位置。

笔者的文章发表后，在学术界立即发出了广泛回响，先后撰文参加讨论的学者有柳用能[①]、魏大林[②]、王炳华[③]、戴良佐[④]、王秉诚等人，他们都支持疏勒即石城子说。其中，王炳华文中对于此说还做了重要补充，兹引录如下："汉代的疏勒城，一个很重要的特点是它傍依深涧，可藉涧水而固。山涧溪水为涧。麻沟梁傍的东南深沟，是十分险阻的山涧。这一记录，可以说与目前所见麻沟梁上的石城子地理形势完全切合。《资治通鉴》在说明疏勒形势时，不及其他，而只强调'疏勒城傍有涧水可固'，必有明确的资料根据。应该说，这条资料是非常值得注意，可作为疏勒城结论的一个重要证据的。疏勒城，从《后汉书·耿恭传》及《资治通鉴》有关记录分析，这是地处金满与柳中之间的一座军事要隘。金满，目前史学界的一般结论是地在今吉木萨尔。而柳中，则是今天鄯善县的鲁克沁。联系柳中与金满之间的通道，既可以通过吉木萨尔北堡子古城南向泉子街、卡子湾、越天山达坂到交河、高昌，最后到柳中，也可以东向半截沟，翻越萨尔勒克达坂，直接南下柳中。这条路，地势更险，但却较为近便。笔者在半截沟调查时，曾询及当地群众及测绘部门曾在这片地区工作过的同志，据称自麻沟梁古城沿河谷南行，一路草深林茂。经东沟、直沟，翻3800多米的萨尔勒克达坂，入吐鲁番界。沿加干苏、库乌克、鲁克群霍腊、坚霍腊，到哈让古勒。至此南下可到七泉湖；向东折南，可到胜金台；更东，下二塘沟，可到鲁克沁，即柳中，东汉王朝政府经营西域的主要军镇中心。金满，是汉王朝政府与匈奴接触的前哨。麻汉梁上的石城子，则正好是金满与柳中联系路上的关键山隘。东汉王朝为了保卫通往天山以北的隘道，保卫柳中的安全，在这里屯兵戍守是肯定的。联系当年耿恭在金满失守以后，固守疏勒，最后又在疏勒得汉军之援的战役过程看，说麻沟梁上的石城子，是疏勒城故址，自然是相当合理的。"

汉疏勒城定点于奇台石城子的唯一令人费解之处乃是史书中有关耿恭挖井取水的记载："匈奴遂于城下拥绝涧水。恭于城中穿井十五丈不得水，吏士渴乏，笮马粪汁而饮之。恭仰叹曰：'闻昔贰师将军拔佩刀刺山，飞泉涌出；今汉德神明，岂有穷哉。'乃整衣服向井再拜，为吏士祷。有顷，水泉奔出，众皆称万岁。乃令吏士扬水以示虏。虏出不意，以为神明，遂引去。"[⑤]

对于《后汉书》中这一记载，王炳华做了透辟的分析："石城子，终汉之世，已经废弃。揆其原委，建危城于山梁之上，水源则在山下溪涧之中，在军事防御上是有很大弱点的。大家比较熟悉的马谡失街亭就是一个相似的战例，地势虽极重要，但不是理想的置城地点，一旦敌

① 柳用能：《耿恭守卫的疏勒城考》，《新疆日报》1979年12月9日。
② 魏大林：《疏勒城考辨》，《西部学坛》1987年第3期。
③ 王炳华：《天山东段考古调查纪行（二）》，《新疆文物》1988年第1期。
④ 戴良佐：《奇台麻沟梁石城子遗址踏勘记——兼论耿恭驻守的疏勒城方位》，《新疆文物》1992年第1期。
⑤ 《后汉书》卷十九，中华书局，1965年，第721页。

军切断水源，即可能置守军于死地。石城子很快被废弃，大概有这一层军事上的关系。也因为这一废弃，而且再没有在其上重建新城，倒为我们保留下来一区难得的汉代军事戍守遗址点。"这说明耿恭军事上的失利很可能与此有关，进而一针见血地指出，正史所记挖井取水未必是事实，很可能乃是"耿恭苦守苦战、破围而还的事迹中衍生出来的神话"。这是我在旧作中有所忽略的，考虑到汉文史中所留记载，夸耀战功之事，屡见不鲜[1]，王炳华文所说甚是，应予补充。

学术界存在不同意见的争论是正常的，有学者曾对疏勒城定点于奇台石城子提出了两点质疑：一是耿恭所守疏勒城曾得到车师后王安得夫人的粮食供应，其城必距车师后部牙庭不远，如果位于奇台石城子必难于实现[2]。二是认定范羌援军乃是汉军攻占交河城以后事，必取路他地道，而此道所通地非奇台而是吉木萨尔[3]。有必要予以答复。

（1）关于曾向疏勒驻军供粮的后王安得夫人驻地问题，绝非作为车师后部牙庭的务涂谷，而是就在疏勒城附近的汉军屯区。史书中明确记载："后王夫人先世汉人，常私以虏情告恭，又给以粮饷。"[4]按车师后王安得降汉乃东汉永平十七年（公元74年）[5]，此女出嫁安得亦必此年，这显然是一种政治联姻，乃汉朝招抚车师后部的重要手段，具有和亲性质，依此，这位出身"先世汉人"的车师后王安得夫人必定享有类似和亲公主、郡主"自为部落"特权。而至十八年（公元75年）安得已被匈奴所杀，涿鞮继为后王，投倚匈奴，参加反汉行列，在此情况下，安得夫人绝不可能仍在泉子街一带逗留，必已率部避徙他地。其牧地很可能距耿恭驻守的疏勒城不远，故能及时供应"粮饷"，而所谓"粮饷"，未必是真的粮食，很可能就是所牧羊群。

（2）关于范羌驰救山北的取道问题，也绝非孟先生所言必走他地道，而是另择他路。《后汉书·耿恭传》有清晰地记载："初，关宠上书求救……帝然之。乃遣征西将军耿秉屯酒泉，行太守事；遣秦彭与谒者王蒙、皇甫援发张掖、酒泉、敦煌三郡及鄯善兵，合七千余人，建初元年正月，会柳中击车师，攻交河城……北虏惊走，车师复降。会关宠已殁，蒙等闻之，便欲引兵还。先是，恭遣军史范羌至敦煌迎士寒服，羌因随王蒙军俱出塞。羌固请迎恭，诸将不敢前，乃分兵二千人与羌，从山北迎恭，遇大雪丈余，军仅能至。城中夜闻兵马声，以为虏

————————

① 例如据突厥儒尼文《暾欲谷碑》《毗伽可汗碑》，圣历年前突厥犯唐之役，连陷山东诸州，兵临大海而归，其兵力仅三千人，而《旧唐书》《新唐书》中所记数字为"突厥十万众"，耿恭所率汉兵数不过千，而《资治通鉴》所记匈奴来犯兵力则为"北单于遣左鹿蠡王率二万骑"，数字明显有所夸大。依我判断，来攻耿恭的匈奴兵力至多千人，也许数字与汉兵相当，更足确证耿恭危城取水，是为了掩饰据危城却敌致败而编造出来的"突围神话"。

② 孟凡人：《车师后史研究·疏勒城的方位》，《北庭史地研究》，新疆人民出版社，1985年。

③ 孟凡人：《车师后史研究·疏勒城的方位》，《北庭史地研究》，新疆人民出版社，1985年。

④ 《后汉书》卷十九，中华书局，1965年，第721页。

⑤ 《后汉书》卷十九："十七年夏，诏秉与固合兵万四千骑，复出白山击车师……厉声曰：'受降如受敌。'遂驰赴之。安得惶恐，走出门，脱帽抱马足降。秉将以诣固。其前王亦归命，遂定车师而还。"（中华书局，1965年，第721页）

来，大惊。羌乃遥呼曰：'我范羌也。汉遣军迎校尉耳。'城中皆称万岁。开门，共相持涕泣。明日，遂相随俱归。"据此可知，范羌援军绝非取路他地道而是另择他途。在这段文字中值得注意的是两次提到关宠，一次提到关宠驻守的柳中："初，关宠上书求救，""会关宠已殁，蒙等闻之，便欲引兵还"。另一次提到柳中，也同关宠有关："建初元年正月，会柳中击车师，攻交河城"，可见这次救兵是驻守柳中的己校尉关宠上书的政治、军事回应，其上书中早已奏报陈睦战殁、高昌失守的事件，解关宠柳中之围才是此次军事行动的主要动机，柳中才是此次解救行动的目标，说明范羌并非取交河所出的他地道。参稽《西州图经》自西州至山北除了取道吉木萨尔泉子街的他地道之外，还有多条翻越天山的通道，诸如自柳中取道今木垒的花谷道，移摩道，自蒲昌直通奇台的萨捍道、突波道，都可通向奇台石城子古城。

其中，花谷道"右道出蒲昌县界，西合柳中，向庭州，丰水草，通人马"。此路实不经柳中，经日人松田寿男等考证，《西州图经》中之"柳中"实乃"柳谷"之误。具体路线为鄯善之东的台子北行，沿克尔其河，北越达匪，复据《新唐书》卷四十《地理志》："自罗护守捉西北上乏驴岭，百二十里至赤谷；又出谷口，经长泉、龙泉，百八十里有独山守捉；又经蒲类，百六十里至北庭都护府。"据此，此路所经非柳谷，而是赤谷。则赤谷在《西州图经》中也被混称为柳谷，即连接罗护与独山的山道，越此谷即唐蒲类县界，亦即今奇台县境，独山守捉即木垒油库古城，20世纪末出土了汉代的青铜虎符，长5.5、高6.5厘米，有可能就是范羌驰救耿恭时佩带之物，掩护东返时，曾经血战，耿恭一军东返后已所余人数无多，故兵符遗落途中。以此判断，范羌率兵迎接耿恭所选择的道路既非迂远的他地道，也非便捷的萨捍道，而是途经木垒的花谷道，即吐鲁番出土文书中的挎谷道。

综上所述，耿恭驻守的疏勒城无疑就是奇台石城子古城。

（原载《图书评介》1979年第4期）

下　编
科技考古

新疆奇台县石城子遗址考古勘探工作报告

新疆维吾尔自治区文物考古研究所　西安博古文物勘探服务有限公司

一、概　　况

（一）地理位置

新疆奇台县石城子位于奇台县东南约64千米处的半截沟镇麻沟梁村，地处天山北坡的丘陵地带，此处地势北高南低，东南部为沟壑，西北部为缓坡可耕地。地理坐标为北纬43°37′00″，东经89°45′45″，海拔1770米。古城依地势而建，北高南低，起伏较大。平面为长方形，东西长约280米、南北长约380米，总面积约110000平方米。其中北城墙和西城墙保存较完整，东、南部临深涧，涧底有麻沟河向东绕北经黑沟流向新户梁。

古城东北为制高点，城东、城南为绝壁临深涧，涧底麻沟河向东北蜿蜒与黑沟汇合，水源丰富。石城子古城居天险，易守难攻，附近又宜于农耕屯田，极利于军事防守。

（二）历史沿革

西汉武帝前，该地域为车师后国，属西域都护府管辖，为丝绸之路北道的交通枢纽和重要商埠，与移摩道、萨捍道、突波道、花谷道等多条军事古道连通。东汉时期，戊校尉耿恭屯守此城抗击北匈奴，保障柳中城及通往天山以北的各隘道的通畅。

了解新疆的人一定会由此想到喀什地区的疏勒县。但史书中记载的疏勒城，并非现在的疏勒县城。那么，史书中记载的抗击匈奴的疏勒城到底在哪里呢？

2014年9～10月，新疆维吾尔自治区文物考古研究所的考古人员来到距现在疏勒县城2000千米以外的昌吉回族自治州奇台县半截沟镇麻沟梁村东北，一座被当地人称作"石城子"的地方进行考古发掘。"通过考古发掘出的遗迹遗物，证实奇台县半截沟镇麻沟梁村东北的石城子就是汉代的疏勒城。"

疏勒城在历史上之所以著名，是因为耿恭率军在抗击匈奴的战斗中曾在这里立下过不朽功绩，以极少的兵力抗击百倍于己的匈奴，击败了敌方长达7个多月的围攻。汉代将士之英勇，战斗之惨烈，让后人铭记，最终创造了我国历史上以弱胜强、孤军获胜的战例奇迹，为疏勒城在平定西域的史书上写下了浓墨重彩的一笔。

史料显示，疏勒城历经汉、魏、晋、隋、唐诸朝代。考古人员曾在城内地表采集到筒瓦、板瓦、方砖及大量的夹砂灰陶片，器形有罐、盆、瓮、钵等，并且还有煤精虎饰和完整陶器，这些器物都具有较为典型的汉代风格。

史料记载，疏勒城历经汉、魏、晋、隋、唐诸朝代，历史上著名的疏勒城保卫战就发生在这里。古城依崖体而建，城内依托北面和西面城墙建了一个子城，城东、城南临深涧，城外环绕壕沟，这种边城形制与汉文帝时晁错倡议的"复为一城，其内城间百五十步"十分相符，军事防御功能十分明显。汉代疏勒城遗址也科学地揭示了新疆与祖国内地的密切联系，揭示了历代中央政府对新疆实施的有效管理。

（三）保存现状

纵观整个地形地貌，石城子背靠天山，三面临峡谷，极为险峻。目前城内大部分已被辟为耕地，由于经年的水土流失，城址东南部损毁严重，仅残存西、北两段墙体。

之前的调查资料显示，古城内表层已被破坏，南边被辟为大片耕地。地表散落有筒瓦、板瓦、方砖等建筑材料以及陶器残片等遗物，可分辨的器类主要有罐、盆、瓮、钵等。

相关遗迹有墙体、柱洞、散水和门道等，墙体有土坯垒砌和夯土砌筑两种方式，其中夯土砌筑的墙体左右两侧用土坯和方砖抵护。墙体表面均有一层草拌泥，上面涂白灰，墙体拐角和底部白灰面上再涂红色颜料。土坯垒砌的墙体一般宽约0.7米，夯土砌筑的墙体一般宽约1米。墙体上等距离分布有柱洞，洞内残留有朽木。遗物主要为板瓦、筒瓦、瓦当等建筑材料，另有少量残陶器，金属器罕见。

（四）工作缘起

1949年之后，石城子遗址保护逐渐得到重视，石城子古城遗址于1972年首次发现，1988年全国第二次文物普查和2009年全国第三次文物普查时均对遗址进行了详细调查，1999年被公布为自治区级文物保护单位，2013年被国务院核定公布为全国重点文物保护单位。

2014年经国家文物局批准，新疆维吾尔自治区文物考古研究所派遣考古队员对该遗址进行了试掘，发掘地点位于西墙南段及城内西北部，发掘面积约300平方米，发现了清、汉两个时期的遗存，清理出房址2座、城墙遗迹1处、护城壕遗迹1条、灰坑3个、柱洞5个、车辙10条。出土遗物较为丰富，包括板瓦、筒瓦、瓦当、残陶器、釉陶器、瓷器、铁器、钱币等。

2015年对该城进行了调查，在城西发现了陶窑和墓葬。

2016年在城内西北部继续布方发掘，总计发掘面积640平方米，清理出房屋共计8间房，其中西边一组房屋形制布局较为清楚，有大厅1间，房子4间，东边房屋目前可辨有3间房，东边房屋的地面上铺有地砖，规格等级应高于西边房屋。屋内残存大量坍塌的瓦片，瓦片下有红烧土、炭粒、灰烬等火烧痕迹，推测古城应毁于火灾。

2017年受新疆维吾尔自治区文物考古研究所委托，西安博古文物勘探服务有限公司对新疆奇台县石城子遗址进行了大面积全面细致的考古勘探工作。

二、勘探目的、工作经过及方法

（一）勘探目的

2017年4～6月，我们对石城子遗址进行的全面勘探，目的是全面了解城内建筑、道路布局；了解城垣宽度、现存高度；马面位置、规模及现存高度；城门位置、规格及保存状况。为石城子的全面研究及国家大遗址保护项目等提供较为准确的基础资料。

（二）工作经过

受新疆维吾尔自治区文物考古研究所的委托，西安博古文物勘探服务有限公司由郭周虎、王锐锋、张建成、张建波、李发社、郭磊、许伟、李小民、王虎世、徐明等10人组成新疆石城子考古勘探队，于2017年4月27日至2017年6月28日，历时63天，对石城子遗址内部及四周城墙马面等进行了大面积全面细致的考古勘探，总勘探面积约110000平方米；对城址外进行调查性勘探，面积约87850平方米（分二个区域：南北420米、东西100～120米；东西595米、南北50～90米）。

（三）工作方法

考古勘探工作遵循《中华人民共和国文物保护法》等相关法律、法规规定，按照《田野考古操作规程》中的有关规程，做到计划布孔、认真勘探、仔细观察、严格管理、责任落实、尽可能全面记录各种信息，并提取科学完整的勘探资料。

经实地考察，该城址西、北墙地面可见鱼脊形土梁，总体地势为北高南低坡状，按照以往工作经验，结合石城子所处地理、地貌及遗迹特点等因素，与项目方相关商定具体工作内容如下。

1. 技术路径

本次勘探计划采用传统洛阳铲勘探方法，对城墙以内进行全面勘探，目的在于了解城墙的

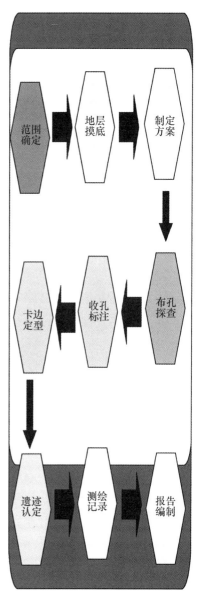

图一　勘探工作程序示意图

宽度、埋藏的深度、城墙结构及城门位置、形状、结构、有无马面及城内其他建筑遗存设施布局等。

资料提取采用文字记录、照片、GPS定位、RTK测图等技术手段。

2. 工作流程

计划先对城内进行全面普探，以了解城内的地层堆积情况和遗迹的分布情况，并对发现遗迹现象的部位加孔详探，为掌握城址的总体范围、布局、保存情况提供资料，也为进一步试图弄清其功能区域获取资料（图一）。

最后在城址外选择有效区域进行调查性勘探寻找与遗址相关的墓葬和作坊。

3. 实施细则

（1）对城墙详探，具体为先以西北角为基点对暴露迹象部位向东、向南分别每30米横截面以2米孔距探查，卡边孔距0.5米，确定墙体宽度、高度、基础埋深等，并根据探孔记录作出剖面图。弄清墙体宽度后，纵向以孔距2米布孔，探寻城门、马面及墙体保存状况。

然后对城墙未有遗迹现象暴露部位采用追踪法，横向延伸探查，发现夯土后再卡边，孔距1米、0.5米。了解宽度后，以孔距2米纵向追踪，直至弄清整个城墙的平面布局，城门的位置，以及马面的布设，内外壕沟等情况。关注重点，城门位置结构、墙体墙基结构，有无壕沟、马面等。

（2）对城内全面普探，孔距2米，发现迹象部位再加孔详探，直至弄清其形状、埋深及保存情况，每个遗迹单位均制作平、剖面图，并在总平面草图上标出，综合分析判断其关联性，并有目的性加孔详探，为最终弄清域内布局、功能区域提供实际资料。城内勘探关注重点为夯土、路土、遗物堆积区、踩踏面、灰坑等，特别关注打破、叠压、互通互连之关系。

4. 资料提取

（1）测图

假设或引渡基点，用RTK实地测量绘制遗存总平面图，包括地形遗迹现象，并分别以彩色图层分别呈现。

（2）绘图

对单体遗迹手绘平、剖面图，分别编号与文字记录表对应。

（3）影像

分别对地形地貌、工作现场摄影、照相，对遗迹现象卡探清楚、用标线标示后，照相留存。

（4）文字

工地有工作总日志，记录每天的工作进度、工作安排、重要发现、人员流动等。资料员对设定的地层控制探孔，剖面孔填写地层探孔记录表，将遗迹现象填入遗迹登记表，分别编号与图纸资料对应。

5. 报告编制

在野外工作进行到过半时，即开始报告的编制。报告内容由文字、图表、照片构成。具体包括：

（1）总体分布平面图；

（2）单体遗迹平、剖面图；

（3）遗迹登记表；

（4）控制地层探孔记录表；

（5）文字记录；

（6）工作照；

（7）遗迹照；

（8）特殊土层土样照片；

（9）遗物照片；

（10）其他。

6. 成果提交

在勘探过程中，随时向新疆维吾尔自治区文物考古研究所项目负责人通报勘探进展情况，并提供阶段性勘探成果资料；项目结束后提供完整的考古勘探工作报告（包括文字资料、勘探平面图、照片、遗迹登记表及重要遗迹的单体平、剖面图探孔记录等资料）。

三、勘 探 成 果

本次对石城子遗址的考古勘探，基本摸清了石城子古城城墙长度、宽度、深度及马面的数量，摸清了城内建筑基址、瓦块堆积、灰坑或活土坑等遗迹的位置①（图二；图版一）。

---

① 本附录的内容如与报告正文有出入，均以报告正文为准。

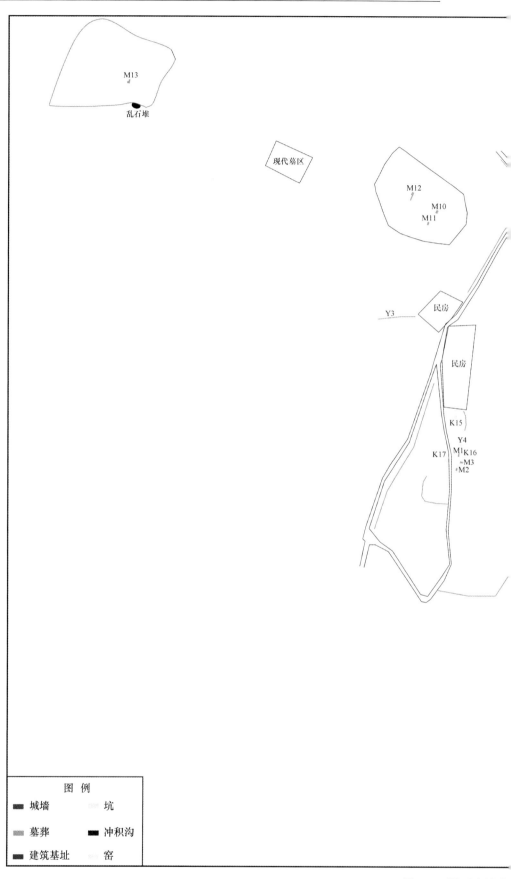

图二　石城子古城遗

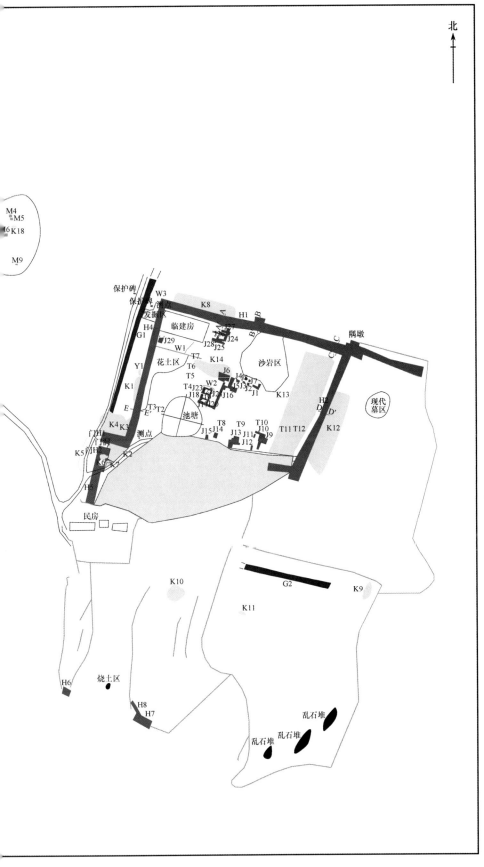

北

M4
M5
K18
M9

保护碑
W3
保护碑·测点
发掘区
K8
A
H1
B
临建房
H4
J27
J24
隔墩
G1
J28
J25
B
W1
K14
沙岩区
C
Y1
花土区
T7
C
T6
J6
J4
J8
T5
J5
J7
K13
T4
W2
J23
J3 J2 J1
K1
J18
J22 J16
H2
E
E
T3 T2
池塘
D
D
现代墓区
K4 K3
测点
T8
T9
T10
K12
门H4
J15 J14
J13 J11 J9
门H3
J12
T11 T12
K5
H2
K2
K6 K7
H5

民房

K10

G2
K9

K11

H6

烧土区

H8
H7

乱石堆

乱石堆
乱石堆

古勘探平面图

经勘探，区域内地层堆积大致可分三层：

第1层：表土层，0~0.3米，褐色，土质较虚，含植物根、灰星、个别孔有瓦片。

第2层：覆盖层，厚0.3~2.8米，土质较虚，内含草木灰、砖瓦块、骨块、木炭渣、朽木等。

第3层：生土层，地表下0.6~3.2米见。

本次工作的重点是对石城子遗址内进行全面考古勘探，对遗址外进行调查性勘探；城地区共发现各类遗迹66处，其中城墙夯土基址5处，编号为Q1~Q5；夯土遗迹3处，编号为H1~H3；门址有门H1、门H2、门洞；北墙马面1个；隅墩1个；建筑基址四组，含建筑夯土29处，编号为J1~J29；瓦片堆积区3处，编号为W1~W3；各种活土坑14处，编号为K1~K14；围沟2条，编号为G1~G2；窑址2座，编号为Y1~Y2；烧土区1处；石块区1处；扰花土区1处；池塘1处。现就以上各类遗迹勘探情况分别叙述。

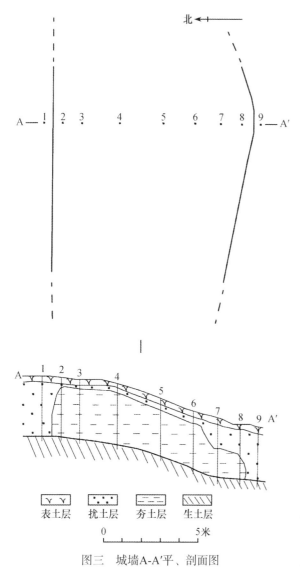

图三　城墙A-A'平、剖面图

（一）城墙夯土基址

通过本次对新疆奇台县石城子古城遗址的全面勘探，进一步明确了古城址的保存现状，即古城北面和西面城墙保存尚好，东面和南面毁坏殆尽（图三~图七）。本次勘探发现城墙夯土遗迹5处，编号为Q1~Q5，除Q1~Q4、门H1~门H2与Q5相互连接外，其余夯土遗迹H1~H3各为一体，分布零散。

1. 北墙

Q1：位于石城子北部，此处地势较高，呈东西向鱼脊状。东西长262.5米、南北宽5.5~9.8米、深2~3.4米，地表下0.4~1.6米见夯土，夯土由黄粉土、褐色土构成，土质较硬，夯土厚1.3~2.5米。

2. 东墙

Q2：位于北墙中东部（即由西向东约184.5米）向南，呈长方形，南北长133米、东西宽5~11米、深0.6~2米，地表下0.3~1米见夯土，夯土由黄粉土、褐色土构成，土质较硬，夯土厚0.3~1.1米。

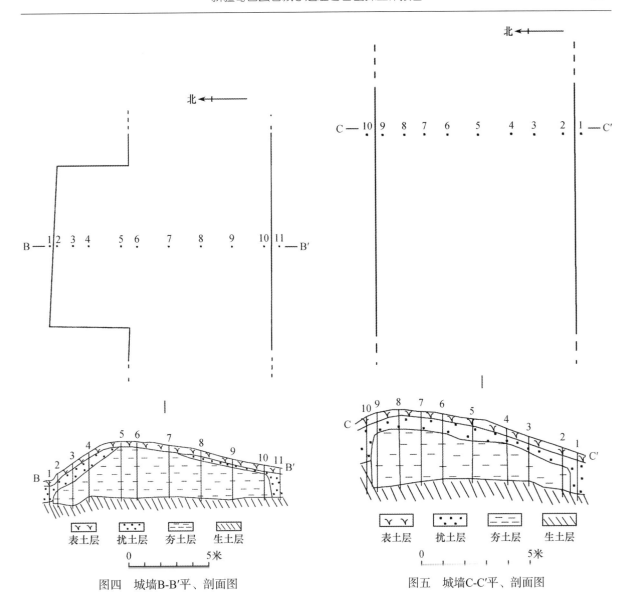

图四　城墙B-B′平、剖面图

图五　城墙C-C′平、剖面图

Q3：位于H2南端向西，呈长方形，东西长23米、南北宽6～7米、深1.9米，地表下0.8～1米见夯土，厚0.9～1.1米，夯土由黄粉土、褐色土粒构成，土质较硬。

3. 西墙

Q4：位于石城子西北部，北接H1，南邻西门址，地势呈北高南低，城墙南北长140米、东西宽6.5米、深0.5～1.9米，地表下0.3～0.7米见夯土，厚0.2～1.8米，夯土由黄粉土、褐色土、少量红土粒构成，土质较硬。

Q5：位于石城子西门址南侧，平面呈不规则长方形，地势较平坦，城墙南北长47.5米、东西宽7～9.3米、深1.2～1.8米，地表下0.3～0.7米见夯土，厚0.5～1.2米，夯土由黄粉土、褐色土、少量红土粒构成，土质较硬。

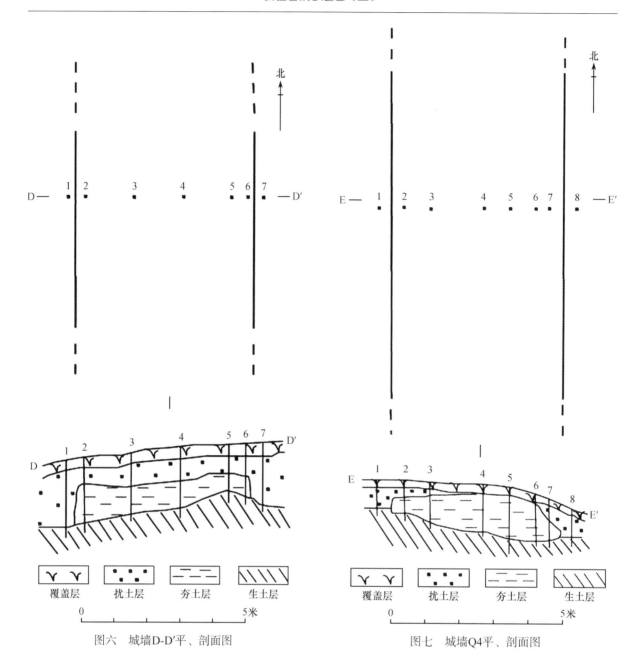

图六　城墙D-D'平、剖面图　　　　　图七　城墙Q4平、剖面图

4. 夯土遗迹

H1：位于Q5南约178米的石峁上，地势呈北高南低，东西两侧为沟道，平面呈长方形，东西长8.3米、南北宽6.6米、深1.3～1.6米，地表下0.9～1米见夯土，厚0.4～0.6米，夯土由黄粉土、褐色土、少量红土粒构成，土质较硬。

H2：位于H1东南约100米的石峁上，地势呈北高南低，东侧为沟道，西侧为缓坡地，平面呈长方形，东西长16米、南北宽10米、深1.4～2.3米，地表下0.4～0.9米见夯土，厚1～1.5米，夯土由黄粉土、褐色土构成，土质硬。

H3：位于H2西北侧，与H2相连，呈西北至东南向曲尺形，长19～22米、宽3米、深1.5～2.4米，地表下0.9～1米见夯土，厚0.6～1.4米，夯土由黄粉土、褐色土构成，土质硬。

（二）马面

北墙马面1：位于北墙中段，长10米、宽5米、深1.9～3.5米，土质较硬，夯土由黄粉土、褐色土、红土粒构成。

（三）隅墩

位于北墙与东墙交接处，平面呈不规则多边形，东西长11～18米、南北宽10～13.5米、深1.2～2.8米，土质硬，由黄粉土、褐色夯土构成。

（四）门址

西门址位于石城子西城墙Q4与Q5之间，总体平面呈南北长34米、东西宽23.5米，由两处夯土（门H1、门H2）及一个门道组成。

门H1：位于Q4南端，门道北，呈长方形，东西长23.5米、南北宽7.5～10.5米、深0.9～2.7米，土质较硬，由黄粉土、褐色土构成。

门H2：位于门道南，北距门H1夯土遗迹5米，平面呈多边不规则形状，南北长18米、东西宽12～20米、深0.7～2米，土质较硬，夯土由黄粉土、褐色土构成。该遗迹被Y2、K6、K7扰动（图八）。

门道：位于门H1与门H2之间，平面呈东西向长方形，东西长11.5米、南北宽5～7米、深2.9米，土质较硬，含砖瓦块、木炭、较多烧土，见多层踩踏层。

（五）围沟

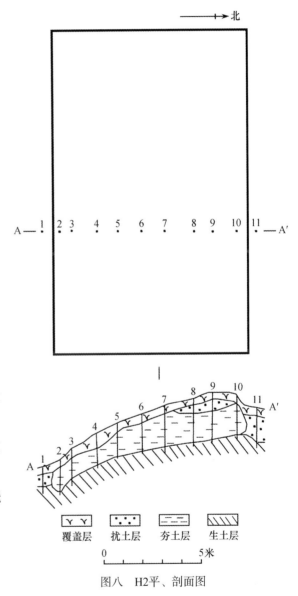

图八　H2平、剖面图

G1：东距西墙夯基15米，地势北高南低，南北长138米、东西宽3.1～3.8米、深0.8～1.3米，土质较虚，为褐色土，下部含风化沙石（图九）。

G2：位于Q2南85米处，地势东高西低，东西87米、南北5.4米、深1.2～1.4米，土质较虚，为褐色土（图一〇）。

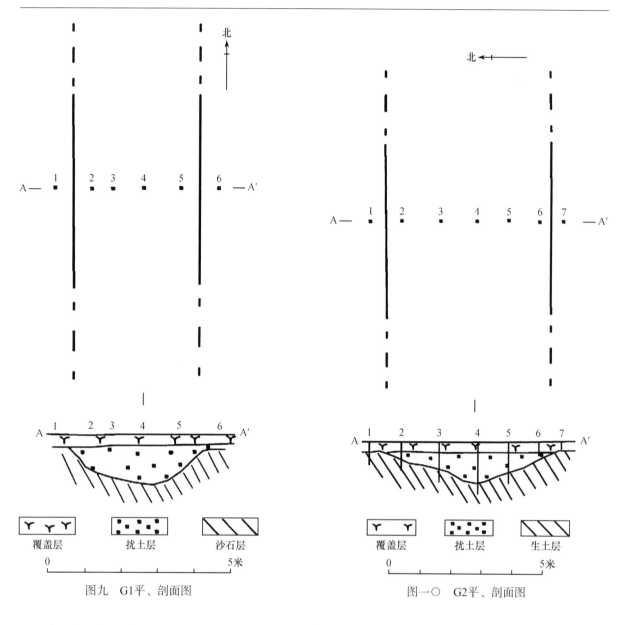

图九　G1平、剖面图　　　　　　　　　　图一〇　G2平、剖面图

（六）建筑基址

基于石城子遗址的勘探结果，该城址内遗存的建筑夯土基址根据其分布情况，总体可分为四组：

第一组：位于石城子北墙南约42米、西墙东60米，为单体分布，相互没有关联，由J1～J8夯土遗迹组成。

J1：位于临建房东南约40米处，北距沙岩区1.5米，呈曲尺形，东西3～6.8米、南北1.8～6米、深0.6～1.6米，地表下0.3～0.4米见夯土，厚0.3～1.2米，由黄粉土、褐色土构成，土质较硬。

J2：位于J1西3.2米处，呈梯形，南北2.2～2.8米、东西2米、深1.3米，地表下0.4米见夯土，厚0.9米，由黄粉土、褐色土构成，土质较硬。

J3：位于J2西2.3米处，呈长方形，长2.3米、宽1.2米、深1.4米，地表下0.5米见夯土，厚0.9米，由黄粉土、褐色土构成，土质较硬。

J4：位于J3西3米处，呈梯形，东西2.6～4米、南北2.2～3.2米、深1.7米，地表下0.5米见夯土，厚1.2米，由黄粉土、少量褐色土粒构成，土质较硬。

J5：位于J4西1米处，呈多边形，东西4～10米、南北3.5～11米、深2.2米，地表下0.5～1.8米见夯土，厚0.2～1.3米，由黄粉土、褐色土、少量红粒构成，土质较硬。

J6：位于J5西1.5米处，呈多边形，东西4～11.2米、南北1.8～8米、深2.4米，地表下0.4米见夯土，厚2.0米，上部由黄粉土、褐色土构成，下部含红土粒，土质较硬。

J7：位于J2北1米处，呈长方形，长2.2米、宽1.5米、深1.1米，地表下0.9米见夯土，厚0.2米，由黄粉土、少量褐色土构成，见朽木立柱，土质较硬。

J8：位于J7西2.5米处，南距J3约2.1米，呈长方形，长2米、宽1.5米、深1.4米，地表下0.5米见夯土，厚0.9米，由黄粉土、褐色土粒构成，土质硬。

第二组：位于第一组东南约40米，为单体分布，相互没有关联，由J9～J15夯土遗迹组成（图一一、图一二）。

J9：位于Q3西北约40米处，南距土路2米，呈多边形，东西1.7～8.5米、南北5～16米、深1.7米，地表下0.6～1米见夯土，厚0.3～1.1米，由黄粉土、褐色土粒构成，土质较硬。

J10：位于J9北部西侧，呈长方形，长5米、宽1.5米、深3.2米，地表下1米见夯土，厚2.2米，由黄粉土、褐色土构成，土质较硬。

J11：位于J9西侧3.5米处，北距J10约1米，呈长方形，长3.4米、宽1.2米、深1.5米，地表下1.2米见夯土，厚0.3米，由黄粉土、褐色土构成，土质较硬。下部见朽木立柱。

J12：位于J9南部西侧5米处，呈长方形，长4.4米、宽1.2～1.5米、深1.7米，地表下1.2米见夯土，厚0.5米，由黄粉土、褐色土构成，土质较硬。

J13：位于J12西10.5米处，呈多边形，东西5.4～10.7米、南北7.2～11米、深1.2～3.2米，地表下0.7～1米见夯土，厚0.5～2.2米，由黄粉土、褐色土构成，土质硬。

J14：位于J13西12.5米处，呈梯形，长5～5.6米、宽3.4～4.4米、深2米，地表下1.6米见夯土，厚0.4米，由黄粉土、褐色土粒构成，土质较硬。

J15：位于J14西5米处，呈梯形，南北4.4米、东西2～3米、深2.1米，地表下1.3米见花土，厚0.8米，由黄粉土、褐色土粒构成，土质虚。

第三组：西北紧邻第一组，该组基址为石城子遗址考古勘探发现的建筑基址中保存最好的一组，布局分明，互为一体，由J16～J23夯土遗迹组成。

J16：位于J5、J6南侧，呈多边形，东西2～5.8米、南北4.6～28.6米、深1.6～4.4米，地表下0.7～3米见夯土，厚0.5～1.8米，由黄粉土、褐色土构成，土质坚硬。

J17：位于J16南部西侧，呈长方形，长16.2米、宽2～2.3米、深1.2～1.6米，地表下0.4～0.7米见夯土，厚0.8～1.1米，由黄粉土、褐色土构成，土质较硬。

J18：位于J17西边北侧，呈长方形，长7米、宽1.5米、深1.4～1.8米，地表下0.6～1米见夯

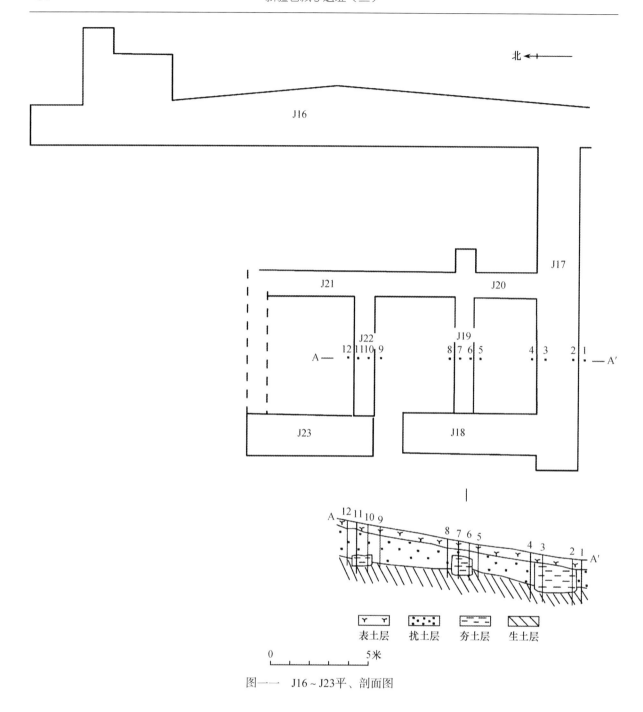

图一一　J16～J23平、剖面图

土，厚0.7～1米，由黄粉土、褐色土构成，土质较硬。

　　J19：位于J18中部东侧，呈长方形，长10.5米、宽1米、深1.5～1.6米，地表下0.9～1米见夯土，厚0.6～1米，由黄粉土、褐色土构成，土质较硬。

　　J20：位于J17中部北侧、J19东部南侧，呈长方形，长3.5米、宽1米、深1.2米，地表下0.9米见夯土，厚0.3米，由黄粉土、褐色土构成，土质较硬。

　　J21：位于J19中东部北侧，呈长方形，长14.5米、宽1米、深1.6～2.1米，地表下1～1.4米见夯土，厚0.4～0.8米，由黄粉土、褐色土构成，土质较硬。

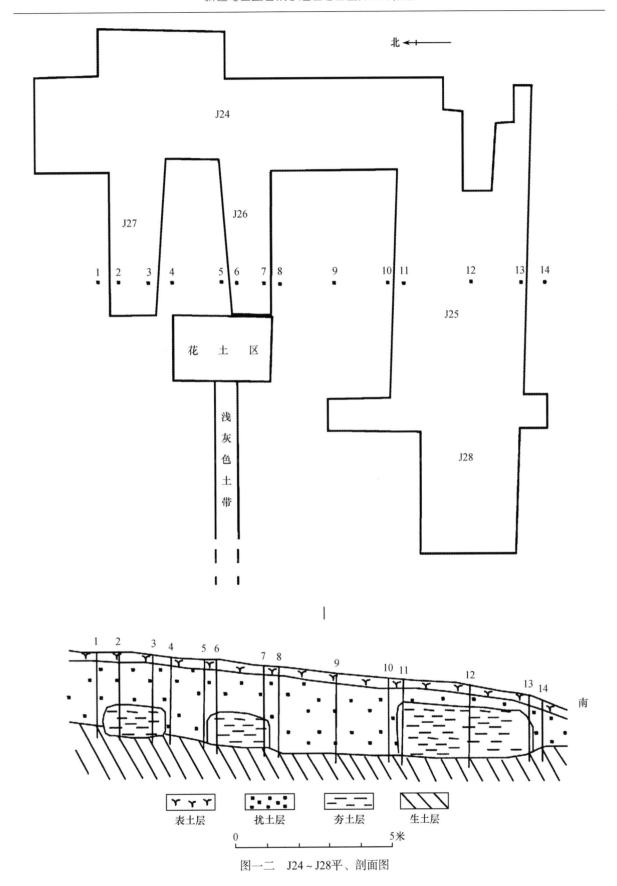

图一二　J24~J28平、剖面图

J22：位于J21中东部西侧，呈长方形，长6.5米、宽1米、深2米，地表下1.5米见夯土，厚0.5米，由黄粉土、褐色土构成，土质较硬。

J23：位于J22西部北侧，呈长方形，长6.5米、宽1米、深2.2～2.6米，地表下0.7～1米见夯土，厚1.5～1.6米，由黄粉土、褐色土构成，土质较硬。

第四组：位于第一组北约27米，北紧邻北城墙，该组基址保存较好，布局分明，互为一体，由J24～J29夯土遗迹组成。

J24：位于临建房东13米处，呈多边形，东西3～4.5米、南北4～13.5米、深2.3米，地表下1～1.5米见夯土，厚0.8～1.3米，由黄粉土、褐色土、红土粒构成，土质坚硬。

J25：位于J24南部西侧，呈多边形，长5.5～8米、宽3.8米、深1.9～2.2米，地表下0.3～0.8米见夯土，厚1.4～1.6米，由黄粉土、褐色土、少量红土粒构成，土质坚硬。

J26：位于J24中部西侧，呈长方形，长4.5米、宽1.3米、深2.6米，地表下1.2米见夯土，厚1.4米，由黄粉土、褐色土、少量红土粒构成，土质较硬。

J27：位于J24北部西侧，呈长方形，长5米、宽1.6米、深2.6米，地表下1.4～1.8米见夯土，厚0.8～1.2米，由黄粉土、褐色土、少量红土粒构成，土质较硬。

J28：位于J25西侧，呈多边形，东西1～5.5米、南北2.8～11.5米、深0.4～0.5米，地表下0.3米见夯土，厚0.1～0.2米，由黄粉土、褐色土构成，土质坚硬。

J29：位于临建房南与西墙夹角处，呈U形，东边：南北长7.4米、宽0.8～1米、深2.2米，地表下1.2米见夯土，厚1米；南边：东西长3.3米、宽0.7～1米、深1.8米，地表下0.4米见夯土，厚1.4米；西边：南北3.8米、东西0.6～0.8米、深2.2米，地表下1米见夯土，厚1.2米（北部有树木、堆放杂物，无法勘探）。

（七）池塘

位于第二组建筑基址西，东距J15约6.5米，第三组建筑基址西南约11米；平面呈椭圆形，东西长35米、南北宽32米、深1.9～5米，扰土及粉土回填，土质较软（图一三）。

（八）城址区其他遗迹

1. 窑址

Y1（疑似窑址）：位于Q4中段西侧，呈不规则形，此处地势北高南低，南北长5.8米、东西宽1.7～2.6米、深1.8～1.9米，土质较虚，含烧土、木炭、草木灰、陶器残片。

Y2：位于西门址南邻，呈椭圆形，窑道长6米、宽2.3米、深1.7～2.8米，窑室位于窑道西北端，窑室长6.5米、宽5米、深1.7～3米，土质较硬，含烧土、木炭渣、草木灰、瓦块。

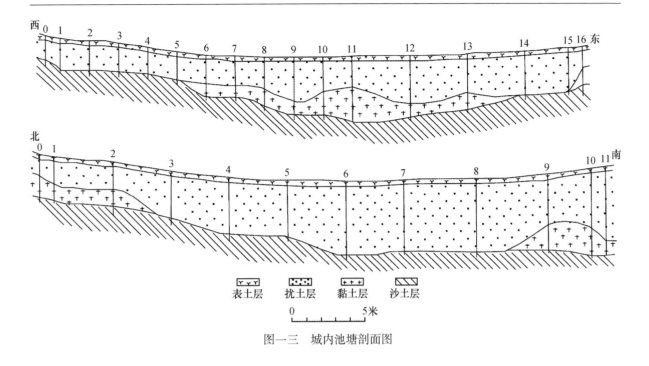

表土层　　扰土层　　黏土层　　沙土层

0　　　　5米

图一三　城内池塘剖面图

2. 瓦块区

W1：位于临建房南边西部，呈不规则形，东西33米、南北10～13.5米、深2.7～3米，地表下0.6～2.3米见瓦块，土质较虚，含砖瓦块、石块、少量木炭渣。

W2：位于J21、J23北侧，呈长方形，长14米、宽2.8～3.5米、深2.5～3米，地表下0.7～1.3米见瓦块，土质较虚，含砖瓦块、石块、草木灰。

W3：位于城墙西北角墙外，呈长方形，长12.4～16.7米、宽6～7米、深1.5米，地表下0.5～0.6米见瓦块，土质较虚，含砖瓦块、烧土块、朽木（现已发掘）。

3. 石块区

S1位于西门址东北约20米，池塘南7米，东西向，长29.5米、宽7～8米、地表下2～2.7米见石块。

4. 烧土区

位于H1与H3之间沟道内，呈椭圆形，长6.3米、宽4.2米、深0.8米（见砖）。土质较硬，含烧土、砖块、草木灰。

5. 活土坑或灰坑

K1：活土坑，位于西墙北段西侧，对西墙夯土有扰动，南北28米、东西3～4米、深1.2～1.7米，土质较虚，含红土粒。

K2：活土坑，位于西门址、门道东，东西18.5米、南北5～17.5米、深1.2～2米，地表下0.8～1.8米分别见踩踏层，含瓦块。

K3：活土坑，位于西门址与西墙拐角处，长19.6米、宽4.4米、深2～3米，土质较虚，朽木较多，含少量瓦块、红土粒。

K4：活土坑，位于K4西，西门址北侧，呈不规则形，长9.5～26米、宽12.5～20.8米、深1.2～1.8米，土质较虚，含少量风化石块、褐红土粒。

K5：活土坑，位于西门址西，东西7.4～11.5米、南北36.6米、深1.6～2.2米，土质较虚，花土。

K6：活土坑，位于Y2南侧，呈不规则形，东西5.7米、南北6～6.5米、深1.8～2.4米，土质较硬，含木炭、草木灰、白灰墙皮、红色墙皮、烧土块、朽木。

K7：活土坑，位于K7东南1米处，呈不规则形，东西2.4～5米、南北5～10米、深0.9～2米，土质较虚，含木炭渣、白灰墙皮、红色墙皮、烧土粒、瓦块。

K8：活土坑，位于北墙马面西19米处，西邻W3，东西长59.5～63米、南北宽7.5～11.5米、深1.3～2米，土质较虚，含瓦块、石块、草木灰、褐色土块、褐红土粒。

K9：灰土坑，位于Q2东南98米处，西距G2约32米，呈椭圆形，南北长20米、东西宽10米、深0.9～1.3米，土质较虚，含草木灰、少量瓦块。

K10：活土坑，位于H1东北约142米，呈椭圆形，此处地势东高西低，为斜坡地，东西22米、南北17米、深1.2～1.3米，土质虚，褐色土，含木炭渣。

K11：活土坑，位于K10东偏南约72米处，呈椭圆形，此处地势东高西低，为斜坡地，东西8.3米、南北5.1米、深1.2～1.4米，土质较虚，含石块、朽木。

K12：灰土坑，位于Q2墙基东侧，呈不规则形，东西17.6～23米、南北82米、深1.5～2.8米，土质较虚，含瓦块、草木灰。

K13：灰土坑，位于Q2墙基以西，Q5墙基以东，西南—东北向，呈不规则形，此处地势东北高西南低，为斜坡地，长205米、宽45～150米、深1.8～3.7米，土质较虚，含草木灰、石块、瓦块、烧土粒、骨块、朽木等。

K14：活土坑，位于J6西侧，呈不规则形，长41.5米、宽7.5～16米、深2.3～2.8米，土质较虚，含红土粒。

6. 花土区

位于Q4中东部临建房南断坎处，西至西墙内侧，南北长12～60米、东西宽3.5～41米、深1.8～3.4米，地表下0.5～1.8米见花土，厚1～1.5米，夯土由黄粉土、褐色土、红土粒构成，土质较硬。

（九）城址外区勘探

根据石城子遗址所处地形地貌特征，本次着重对城址以西区域约87850平方米范围内进行了调查性的考古勘探，共发现各类遗迹19处，其中窑址2座，编号Y3、Y4；活土坑4处，编号K15～K18；墓葬13座，编号M1～M13。

1. 窑址

Y3：位于城址西约230米的断坎处，呈圆形，直径5米、深1～3米，内填土较虚，有烧土及蓝色烧结面，都有砖瓦块（窑址南部，村民埋水管对窑址有破坏）。

Y4：位于K16西北3.5米处，呈椭圆形，窑道长6.7米、宽4米，土质较硬，地表下1米见红烧土及蓝色烧结面（探铲未穿过，深度不详）。

2. 活土坑或灰坑

K15：灰土坑，位于城址西约250米，Y4西北约23米，平面呈椭圆形，南北长4米、东西宽3.5米、深1.5～2.4米，土质较虚，含草木灰、朽木。

K16：灰土坑，位于K15东南17米处，距西边土路3米，呈椭圆形，长6米、宽2～3米、深1.3～1.7米，土质较虚，含草木灰、朽木。

K17：灰土坑，位于K16西南约7米处，呈椭圆形，长7.5米、宽4.7米、深1.3～1.5米，土质较虚，含石块、朽木。

K18：活土坑，位于城址外西端山峁上，北距M5约6米，呈长条形，长5米、宽1～1.8米、深1.4～1.7米，地表下0.3～0.5米见踩踏层，土质较虚，含零星草木灰、朽木。

3. 墓葬

M1：竖穴式墓，位于Y4南6米处，东距K16约2.6米，南北向，长2.8米、宽1米、深1米，花土回填，见朽木，底部为石层。

M2：竖穴式墓，位于M1南10米处，南北向，长2.4米、宽1.2米、深1.2米，花土回填，见朽木、人骨。

M3：竖穴式墓，位于M1、K16南4米处，东西向，长2.5米、宽1.2～1.5米、深1.6米，花土回填，见骨沫（图一四）。

M4：竖穴式墓，位于城址西第一圆峁上，G3北9米，北距断坎17.5米，东西向，长3.4米、宽2.1米、深2.6米，花土回填，见朽木、骨沫。

M5：竖穴式墓，位于M4东1.2米处，东距K19约5.6米，东西向，长2.5米、宽2米、深2.6米，花土回填，见朽木。

M6：斜坡墓道刀形墓，位于K18南6米、偏西3米，东西向，墓道长3米、宽1.1米、深

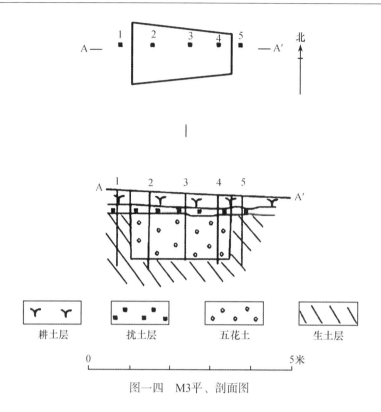

图一四　M3平、剖面图

耕土层　　扰土层　　五花土　　生土层

0　　　　　　　　　　　　5米

1.6～1.8米，甬道位于墓道东，长1.5米、宽1.1米、深2米、地表下1米见洞顶；墓室位于甬道东，长2.7米、宽2.5米、深2～2.2米，见朽木（图一五）（墓室为花土回填）。

M7：竖穴墓道土洞室墓，位于M6南3.4米处，东西向，墓道长3.6米、宽0.8～1.2米、深2米，墓室位于墓道东，墓室长3米、宽1.2～1.4米、深2.5～2.6米，地表下1.2米见墓室顶，底见朽木、骨沫。

M8：竖穴式墓，位于M6、M7西，距M6约4米，距M7约2米，南北向，长3～3.4米、宽1.9～2.2米、深1.7米，花土回填，见朽木、骨。

M9：竖穴式墓，位于M2南19米、偏东17米处，东西向，长2.1米、宽1米、深1米，花土回填，见朽木。

M10：竖穴式墓，位于城址西第二圆埠上、M8西130米、偏南2米处，东西向，长2.8米、宽1.8米、深1米，花土回填，见朽木、骨沫。

M11：竖穴式墓，位于M10南8米、偏西3米处，南北向，长2.6米、宽1.6米、深1.5米，花土回填，土质虚，见朽木、残骨（被盗）。

M12：斜坡墓道刀形洞室墓，位于M10西26米、偏北2米处，南北向，墓道长5米、宽0.9米、深1.2～2米，墓室位于墓道北端，长2.8米、宽2.2米、深2米，地表下0.8～1.2米见洞顶，底见朽木（图一六）。

M13：曲尺形墓，位于城址西第三圆埠上、石堆北20米处，墓道东西向，长2.2米、宽1.8米、深2米，墓室南北向，位于墓道东部北端，长2米、宽1.2米、深2米，花土回填，见朽木、骨块。

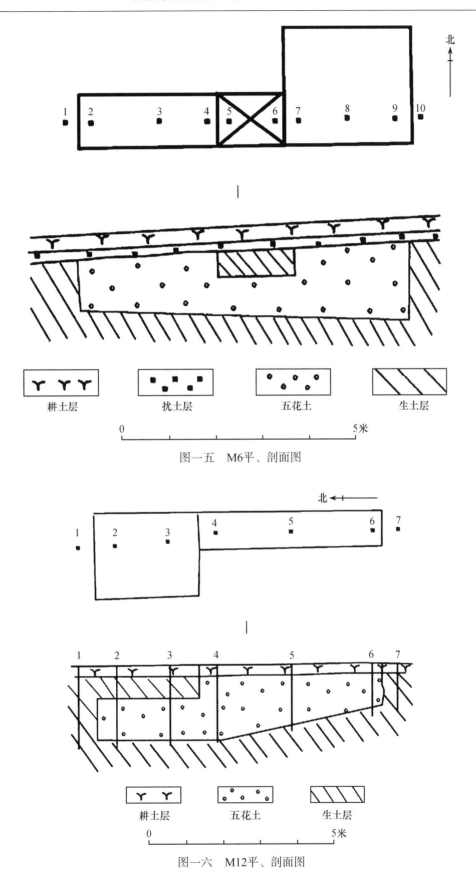

北

1 2 3 4 5 6 7 8 9 10

耕土层　　　扰土层　　　五花土　　　生土层

0　　　　　　　　　　　　　　5米

图一五　M6平、剖面图

北

1 2 3 4 5 6 7

1 2 3 4 5 6 7

耕土层　　　五花土　　　生土层

0　　　　　　　　　　　　　　5米

图一六　M12平、剖面图

四、结　语

对新疆奇台县石城子遗址的考古勘探基本探明了区域内的遗迹分布情况和保存状况。主要收获如下：

（1）石城子遗址城墙的勘探已基本明确了北城墙、东城墙部分、西城墙部分基址的范围、保存厚度，经勘探城墙墙基底宽5~11米，保存厚度（高度）0.3~4米，夯层厚0.08~0.13米，质硬；而西城墙夯土遗址的勘探结果表明不论是城墙夯土基址的宽度、保存厚度、夯土质量等均远远超过东城墙，一般宽度在10~14米，保存厚度（高度）为0.7~4米，夯层厚0.08~0.15米，土质坚硬。

（2）经勘探，北城墙中东段发现有马面、隔墩保存，此与其他地区马面较多且等距离分布的情况有异，当与地形、设置有关。

（3）西城墙勘探时在距北墙约140米向南发现疑似西门址，由于受活土坑、窑址等扰动，无法勘探完整范围及结构。但基本可以确定门址的大体位置。

（4）遗址内部勘探发现了夯土建筑基址29处，遗迹分布具有一定的规律性，根据勘探结果，该城址内遗存的建筑夯土基址总体可分为四组，保存好的为第三组，应是一处相对比较完整的重要遗存。同时保存较好的还有第四组。此种情况可能说明城址内主要建筑分布不限于城址西北隅。

（5）围沟G1位于西城墙以西14~19米，比较规整，构筑讲究，是有意而为，G2则位于城内中东部，呈东西走向，其是否为城内排水或建筑区域的分界，还有待于以后更进一步的工作来确认。

（6）城内道路在勘探中没有明显发现，仅有多处疑似点，但没有连接贯通。

（7）城内勘探还发现有池塘一处，石块分布区一处，均位于西门内东北侧，石块分布区呈东西向长方形，北距池塘仅约5米，应互有关联，并具有特殊的功能。

（8）石城子遗址除北墙、西墙所处地势较高外，其余大部向南顺势而下，高差2~4米；此次勘探所采用的布孔及资料获取方法采用以各城墙墙体轴线为基线，再向内、外设置两排错位孔的布孔方法寻找城墙、马面、门址等夯土遗迹。

（9）本次对石城子遗址城西区域进行了调查性的考古勘探，共发现各类遗迹19处，其中窑址2座，活土坑或灰坑4处，墓葬13座，这为日后进一步的考古工作提供了线索和依据。

总之，对石城子遗址的考古勘探，我们结合统万城遗址考古勘探的实践经验，通过了解、摸索不断总结逐步提高，特别是在新疆维吾尔自治区文物考古研究所主任吴勇、考古队队长田小红等专家的现场指导下，对石城子遗址有了进一步的认识，我们也衷心感谢和希望得到各位专家更多的指导，以便在以后的工作中不断改进提高。

项目单位：新疆维吾尔自治区文物考古研究所

勘探单位：西安博古文物勘探服务有限公司

项目负责：田小红

组织协调：吴　勇

技术顾问：张在明

勘探领队：郭周虎

现场负责：张建成

考古测量：郭　磊　张建菠

资料整理：王锐锋　张建成

审　　核：范培松

二〇一七年七月三十日

附表一　石城子建筑夯土遗迹登记表　　　　　　　（单位：米）

编号	名称	形状	长	宽	深	地层堆积、厚度、包含物	备注
J1	夯基	曲尺形	3~6.8	1.8~6	0.6~1.6	夯土由黄粉土、褐色土构成，夯土厚0.3~1.2米，土质较硬	
J2	夯基	梯形	2.2~2.8	2	1.3	夯土由黄粉土、褐色土粒构成，夯土厚0.9米，土质较硬	
J3	夯基	长方形	2.3	1.2	1.4	夯土由黄粉土、少量褐色土粒构成，夯土厚0.9米，土质较硬	
J4	夯基	梯形	2.6~4	2.2~3.2	1.7	夯土由黄粉土、褐色土、红土粒构成，夯土厚1.2米，土质较硬	
J5	夯基	多边形	3.5~11	4~10	2.2	夯土由黄粉土、褐色土、红土粒构成，夯土厚0.2~1.3米，土质较硬	
J6	夯基	多边形	4~11.2	1.8~8	2.4	夯土由黄粉土、褐色土粒构成，夯土厚2米，土质较硬	
J7	夯基	长方形	2.2	1.5	1.1	夯土由黄粉土、少量褐色土粒构成，夯土厚0.2米，土质较硬	
J8	夯基	长方形	2	1.5	1.4	夯土由黄粉土、褐色土粒构成，夯土厚0.9米，土质硬	
J9	夯基	多边形	5~16	1.7~8.5	1.7	夯土由黄粉土、褐色土粒构成，夯土厚0.3~1.1米，土质较硬	
J10	夯基	长方形	5	1.5	3.2	夯土由黄粉土、褐色土构成，夯土厚2.2米，土质较硬	
J11	夯基	长方形	3.4	1.2	1.5	夯土由黄粉土、褐色土构成，夯土厚0.3米，土质较硬	
J12	夯基	长方形	4.4	1.2~1.5	1.7	夯土由黄粉土、褐色土构成，夯土厚0.5米，土质较硬	
J13	夯基	多边形	5.4~10.7	7.2~11	1.2~3.2	夯土由黄粉土、褐色土构成，夯土厚0.5~2.2米，土质硬	
J14	夯基	梯形	5~5.6	3.4~4.4	2	夯土由黄粉土、褐色土粒构成，夯土厚0.4米，土质较硬	
J15	夯基	梯形	4.4	2~3	2.1	花土由黄粉土、褐色土粒构成，花土厚0.8米，土质虚	
J16	夯基	多边形	4.6~28.6	2~5.8	1.6~4.4	夯土由黄粉土、褐色土构成，夯土厚0.5~1.8米，土质坚硬	
J17	夯基	长方形	16.2	2~2.3	1.2~1.6	夯土由黄粉土、褐色土构成，夯土厚0.8~1.1米，土质较硬	
J18	夯基	长方形	7	1.5	1.4~1.8	夯土由黄粉土、褐色土构成，夯土厚0.7~1米，土质较硬	
J19	夯基	长方形	10.5	1	1.5~1.6	夯土由黄粉土、褐色土构成，夯土厚0.6~1米，土质较硬	
J20	夯基	长方形	3.5	1	1.2	夯土由黄粉土、褐色土构成，夯土厚0.3米，土质较硬	
J21	夯基	长方形	14.5	1	1.6~2.1	夯土由黄粉土、褐色土构成，夯土厚0.4~0.8米，土质较硬	
J22	夯基	长方形	6.5	1	2	夯土由黄粉土、褐色土构成，夯土厚0.5米，土质较硬	
J23	夯基	长方形	6.5	1	2.2~2.6	夯土由黄粉土、褐色土构成，夯土厚1.5~1.6米，土质较硬	
J24	夯基	多边形	4~13.5	3~4.5	2.3	夯土由黄粉土、褐色土、少量红土粒构成，夯土厚0.8~1.3米，土质较硬	
J25	夯基	多边形	5.5~8	3.8	1.9~2.2	夯土由黄粉土、褐色土构成，夯土厚1.4~1.6米，土质坚硬	
J26	夯基	长方形	4.5	1.3	2.6	夯土由黄粉土、褐色土构成，夯土厚1.4米，土质较硬	
J27	夯基	长方形	5	1.6	2.6	夯土由黄粉土、褐色土构成，夯土厚0.8~1.2米，土质较硬	
J28	夯基	多边形	2.8~11.5	1~5.5	0.4~0.5	夯土由黄粉土、褐色土构成，夯土厚0.1~0.2米，土质坚硬	
J29	夯基	U形	东边：7.4	0.8~1	2.2	夯土由黄粉土、褐色土构成，夯土厚1米，土质较硬	
			南边：3.3	0.7~1	1.8	夯土由黄粉土、褐色土构成，夯土厚1.4米，土质较硬	
			西边：3.8	0.6~0.8	2.2	夯土由黄粉土、褐色土构成，夯土厚1.2米，土质较硬	

附表二 石城子城墙、马面、隔墩等遗迹登记表 （单位：米）

编号	形状	长	宽	深	地层堆积、厚度、包含物	备注
城墙Q1	长条形	262.5	5.5～9.8	2～3.4	地表下0.4～1.6米夯土，厚1.3～2.5米，由黄粉土、褐色土构成，土质较硬	
马面		10	5	1.9～3.5	地表下0.4～0.8米见夯土，厚0.6～2.8米，由黄粉土、褐色土、少量红土粒，土质较硬	
城墙Q2	长条形	133	5～11	0.6～2	地表下0.3～1米见夯土，厚0.3～1.1米，由黄粉土、褐色土构成，土质较硬	
城墙Q3	长方形	23	6～7	1.9	地表下0.8～1米见夯土，厚0.9～1.1米，由黄粉土、褐色土粒构成，土质较硬	
城墙Q4	长条形	140	6.5	0.5～1.9	地表下0.3～0.7米见夯土，厚0.2～1.8米，由黄粉土、褐色土、少量红土粒构成，土质较硬	
城墙Q5	长条形	47.5	7～9.3	1.2～1.8	地表下0.3～0.7米见夯土，厚0.5～1.2米，由黄粉土、褐色土、少量红土粒构成，土质较硬	
门H1	曲尺形	东西23.5米	南北7.5～10.5	0.9～2.7	土质硬，由黄粉土、褐色土构成	
门H2	曲尺形	东西12～20	南北18	0.7～2	土质硬，由黄粉土、褐色土构成	
门道		11.5	5～7	2.9	土质较硬，含砖瓦块、木炭、烧土块较多	
隔墩	多边形	东西11～18	南北10～13.5	1.2～2.8	土质硬，由黄粉土、褐色土构成	
H1	长方形	8.3	6.6	1.3～1.6	地表下0.9～1米见夯土，厚0.4～0.6米，由黄粉土、褐色土、少量红土粒构成，土质较硬	
H2	长方形	16	10	1.4～2.3	地表下0.4～0.9米见夯土，厚1～1.5米，由黄粉土、褐色土构成，土质硬	
H3	长条形	19～22	3	1.5～2.4	地表下0.9～1米见夯土，厚0.6～1.4米，由黄粉土、褐色土构成，土质硬	

附表三 石城子城内其他遗迹登记表 （单位：米）

编号	名称	形状	长	宽	深	土质包含物	备注
K1	活土坑	长条形	28	3～4	1.2～1.7	土质较虚，含红土粒	
K2	活土坑	不规则形	18.5	5～17.5	1.2～2	地表下0.8～1.8米分别见踩踏层，含烧土块、砖瓦块	
K3	活土坑	长条形	19.6	4.4	2～3	土质较虚，含红土粒、朽木较多	
K4	活土坑	不规则形	9.5～26	12.5～20.8	1.2～1.8	土质较虚，含红土粒、风化石等	
K5	活土坑	不规则形	36.6	7.4～11.5	1.6～2.2	土质较硬，褐黄色，含褐色土、红土粒	
K6	活土坑	不规则形	6～6.5	5.7	1.8～2.4	土质较硬，含木炭、草木灰、白灰墙皮、红墙皮、烧土块、朽木等	
K7	活土坑	不规则形	5～10	2.4～5	0.9～2	土质较硬，含白灰墙皮、红墙皮、烧土粒	
K8	活土坑	长条形	59.5～63	7.5～11.5	1.3～2	土质较虚，含瓦块、石块、草木灰、褐色土块、红土粒	
K9	灰土坑	椭圆形	20	10	0.9～1.3	土质较虚，含草木灰、少量瓦块	
K10	活土坑	椭圆形	22	17	1.2～1.3	土质虚，含褐色土、木炭渣	
K11	活土坑	椭圆形	8.3	5.1	1.2～1.4	土质较虚，含石块、朽木	

续表

编号	名称	形状	长	宽	深	土质包含物	备注
K12	灰土坑	不规则形	82	17.6~23	1.5~2.8	土质虚，含草木灰、瓦块	
K13	灰土坑	不规则形	205	45~150	1.8~3.7	土质较虚，含草木灰、瓦块、烧土粒、骨块、朽木、石块	
K14	活土坑	不规则形	41.5	7.5~16	2.3~2.8	土质较虚，含红土粒	
G1	围沟	长条形	138	3.1~3.8	0.8~1.3	土质较虚，褐色土含风化沙石	继续向北延伸
G2	围沟	长条形	87	5.4	1.2~1.4	土质虚，褐色土、含少量瓦块	
Y1	窑址	不规则形	5.8	1.7~2.6	1.8~1.9	土质较虚，含烧土、木炭、陶器残片	
Y2	窑道	长方形	6	2.3	1.7~2.8		
	窑室	椭圆形	6.5	5	1.7~3	土质较硬，含烧土、草木灰、瓦块、木炭渣	
W1	瓦片堆积	不规则形	33	10~13.5	2.7~3	土质较虚，含瓦块、石块	发掘堆土厚1~1.5米
W2	瓦片堆积	长条形	14	2.8~3.5	2.5~3	土质较虚，含瓦块、草木灰、石块	
W3	瓦片堆积	长方形	12.4~16.7	6~7	1.5	土质较虚，含砖瓦块、烧土块、朽木	
S1	石块区	长条形	29.5	7~8	2~2.7米	见石	
	烧土区	椭圆形	6.3	4.2	0.8米见砖	土质较硬，含烧土	
	花土区	不规则形	12~60	3.5~41	1.8~3.4	地表下0.5~1.8米见花土，土质较硬	
	池塘	椭圆形	35	32	1.9~5	扰土厚1.7~3.4米，浅褐色，含草木灰、砖瓦块、石块、骨块等，土质较虚，下部见水	

附表四　石城子城外墓葬登记表　　　　　　（单位：米）

编号	形制	时代	墓道			墓室			其他			包含物	备注
			长	宽	深	长	宽	深	长	宽	深		
M1	竖穴式墓	古				2.8	1	1				朽木	
M2	竖穴式墓	古				2.4	1.2	1.2				朽木、骨	
M3	竖穴式墓	古				2.5	1.2~1.5	1.6				骨沫	
M4	竖穴式墓	古				3.4	2.1	2.6				朽木、骨沫	
M5	竖穴式墓	古				2.5	2	2.6				朽木	
M6	斜坡墓道刀形墓	古	3	1.1	1.6~1.8	2.7	2.5	2~2.2	甬道1.5	1.1	2	朽木	
M7	竖穴墓道土洞室墓	近	3.6	0.8~1.2	2	3	1.2~1.4	2.5~2.6				骨沫、朽木	
M8	竖穴式墓	古				3~3.4	1.9~2.2	1.7				朽木、骨	
M9	竖穴式墓	古				2.1	1	1				朽木	
M10	竖穴式墓	古				2.8	1.8	1				朽木、骨沫	

续表

编号	形制	时代	墓道			墓室			其他			包含物	备注
			长	宽	深	长	宽	深	长	宽	深		
M11	竖穴式墓	古				2.6	1.6	1.5				朽木、骨沫	被盗
M12	斜坡墓道刀形洞室墓	古	5	0.9	1.2~2	2.8	2.2	2				地表下0.8~1.2米转活，2米见朽木	
M13	曲尺形墓	古	2.2	1.8	2	2	1.2	2				朽木、骨块	墓室花土回填

附表五　石城子城外其他遗迹登记表　　　　（单位：米）

编号	名称	形状	长	宽	深	地层堆积、厚度、包含物	备注
K15	活土坑	椭圆形	4	3.5	1.5~2.4	土质较虚，含朽木、草木灰	
K16	灰土坑	椭圆形	6	2~3	1.3~1.7	土质较虚，含朽木、草木灰	
K17	灰土坑	椭圆形	7.5	4.7	1.3~1.5	土质较硬，石块	
K18	活土坑	长条形	5	1~1.8	1.4~1.7	土质较虚，含零星草木灰、朽木	
Y3	窑址	圆形	5	5	1~3	土质较虚，含烧土、中部有砖瓦块	南部村民埋水管扰动
Y4	窑址	椭圆形	6.7	4	1米见砖	土质较虚，含烧土、砖块	

注：编号接城内

附表六　石城子建筑夯土剖面探孔记录表

J16-23：　　　　　　　　　　　　　　　　　　　　　（单位：米）

探孔编号	地层堆积：土质、厚度、深度、包含物
1	①表土层：0~0.5米，褐色，土质较虚，含植物根 ②扰土层：0.5~1.4米，浅褐色，土质虚，含草木灰 ③生土层：地表下1.4米见，黄粉土，纯净
2	①表土层：0~0.5米，褐色，土质较虚，含植物根 ②夯土层：0.5~1.7米，土质硬，夯土由黄粉土、褐色土构成，厚1.2米 ③生土层：地表下1.7米见，黄粉土，纯净
3	①表土层：0~0.4米，褐色，土质较虚，含植物根 ②夯土层：0.4~1.8米，土质硬，夯土由黄粉土、褐色土构成，厚1.4米 ③生土层：地表下1.8米见，黄粉土，纯净
4	①表土层：0~0.5米，褐色，土质较虚，含瓦块、植物根 ②扰土层：0.5~1.6米，浅褐色，土质较虚，含瓦块、草木灰 ③生土层：地表下1.6米见，黄粉土，纯净
5	①表土层：0~0.4米，褐色，土质较虚，含植物根 ②扰土层：0.4~1.4米，浅褐色，土质较虚，含木炭渣、草木灰 ③生土层：地表下1.4米见，黄粉土，纯净

探孔编号	地层堆积：土质、厚度、深度、包含物
6	①表土层：0～0.4米，褐色，土质较虚，含植物根 ②扰土层：0.4～0.7米，浅灰色，土质虚 ③夯土层：0.7～1.6米，土质硬，夯土由黄粉土、褐色土粒构成，厚0.9米 ④生土层：地表下1.6米见，黄粉土，纯净
7	①表土层：0～0.4米，褐色，土质较虚，含植物根 ②扰土层：0.4～0.7米，浅灰色，土质虚，含砖瓦渣 ③夯土层：0.7～1.7米，土质硬，夯土由黄粉土、褐色土粒构成，厚1米 ④生土层：地表下1.7米见，黄粉土，纯净
8	①表土层：0～0.5米，褐色，土质较虚，含瓦块、植物根 ②扰土层：0.5～1.5米，浅褐色，土质虚，含瓦块、草木灰 ③生土层：地表下1.5米见，黄粉土，纯净
9	①表土层：0～0.4米，褐色，土质较虚，含植物根 ②扰土层：0.4～1.8米，浅褐色，土质较虚，含瓦块、木炭渣 ③生土层：地表下1.8米见，黄粉土，纯净
10	①表土层：0～0.4米，褐色，土质较虚，含植物根 ②扰土层：0.4～1.5米，浅褐色，土质虚，含草木灰 ③夯土层：1.5～2.1米，土质硬，夯土由黄粉土、褐色土构成，厚0.6米 ④生土层：地表下2.1米见，黄粉土，纯净
11	①表土层：0～0.3米，褐色，土质较虚，含植物根 ②扰土层：0.3～1.6米，浅灰色，土质虚，含瓦块 ③夯土层：1.6～2.1米，土质硬，夯土由黄粉土、褐色土构成，厚0.5米 ④生土层：地表下2.1米见，黄粉土，纯净
12	①表土层：0～0.3米，褐色，土质较虚，含植物根 ②扰土层：0.3～1.8米，浅褐色，土质较虚，含瓦块、草木灰 ③生土层：地表下1.8米见，黄粉土，纯净

J24-J26：　　　　　　　　　　　　　　　　　　　　　　　　　　　　　（单位：米）

探孔编号	地层堆积：土质、厚度、深度、包含物
1	①表土层：0～0.3米，褐色，土质较虚，含植物根 ②扰土层：0.3～2.2米，浅褐色，土质较虚，含瓦块、草木灰 ③生土层：地表下2.2米见，黄粉土，纯净
2	①表土层：0～0.3米，褐色，土质较虚，含植物根 ②扰土层：0.3～1.6米，浅褐色，土质较虚，含瓦块、草木灰 ③夯土层：1.6～2.6米，土质硬，夯土由黄粉土、褐色土、红土粒构成，厚1米 ④生土层：地表下2.6米见，黄粉土，纯净
3	①表土层：0～0.3米，褐色，土质较虚，含植物根 ②扰土层：0.3～1.6米，浅褐色，土质较虚，含瓦块 ③夯土层：1.6～2.5米，土质硬，夯土由黄粉土、褐色土、红土粒构成，厚0.9米 ④生土层：地表下2.5米见，黄粉土、纯净

探孔编号	地层堆积：土质、厚度、深度、包含物
4	①表土层：0~0.3米，褐色，土质较虚，含植物根 ②扰土层：0.3~2.4米，浅褐色，土质较虚，含瓦块、草木灰、红土粒 ③生土层：地表下2.4米见，黄粉土，纯净
5	①表土层：0~0.3米，褐色，土质较虚，含植物根 ②扰土层：0.3~2.6米，浅褐色，土质较虚，含瓦块、木炭渣 ③生土层：地表下2.6米见，黄粉土，纯净
6	①表土层：0~0.3米，褐色，土质较虚，含植物根 ②扰土层：0.3~1.7米，浅褐色，土质较虚，含草木灰、木炭渣 ③夯土层：1.7~2.7米，土质硬，夯土由黄粉土、褐色土、红土粒构成，厚1米 ④生土层：地表下2.7米见，黄粉土、纯净
7	①表土层：0~0.3米，褐色，土质较虚，含植物根 ②扰土层：0.3~1.6米，浅褐色，土质较虚，含瓦块、木炭渣 ③夯土层：1.6~2.6米，土质硬，夯土由黄粉土、褐色土、红土粒构成，厚1米 ④生土层：地表下2.6米见，黄粉土、纯净
8	①表土层：0~0.3米，褐色，土质较虚，含植物根 ②扰土层：0.3~2.7米，浅褐色，土质较虚，含瓦块、草木灰 ③生土层：地表下2.7米见，黄粉土，纯净
9	①表土层：0~0.3米，褐色，土质较虚，含植物根 ②扰土层：0.3~2.5米，浅褐色，土质较虚，含瓦块 ③生土层：地表下2.5米见，黄粉土，纯净
10	①表土层：0~0.3米，褐色，土质较虚，含植物根 ②扰土层：0.3~2.4米，浅褐色，土质较虚，含瓦块、木炭渣 ③生土层：地表下2.4米见，黄粉土，纯净
11	①表土层：0~0.3米，褐色，土质较虚，含植物根 ②扰土层：0.3~0.7米，浅褐色，土质较虚，含草木灰、砖瓦渣 ③夯土层：0.7~2.4米，土质硬，夯土由黄粉土、褐色土、红土粒构成，厚0.7米 ④生土层：地表下2.4米见，黄粉土、纯净
12	①表土层：0~0.3米，褐色，土质较虚，含植物根 ②扰土层：0.3~0.7米，浅褐色，土质虚 ③夯土层：0.7~2.2米，土质硬，夯土由黄粉土、褐色土、红土粒构成，厚1.5米 ④生土层：地表下2.2米见，黄粉土、纯净
13	①表土层：0~0.3米，褐色，土质较虚，含植物根 ②扰土层：0.3~0.8米，浅褐色，土质虚 ③夯土层：0.8~1.7米，土质硬，夯土由黄粉土、褐色土、红土粒构成，厚0.9米 ④生土层：地表下1.7米见，黄粉土、纯净
14	①表土层：0~0.3米，褐色，土质较虚，含植物根 ②扰土层：0.3~1.5米，浅褐色，土质较虚，含瓦块、木炭渣 ③生土层：地表下1.5米见，黄粉土，纯净

附表七　石城子城墙、马面夯土剖面探孔记录登记表

城墙A-A′　　　　　　　　　　　　　　　　　　　　　　　　　　　　　　　（单位：米）

探孔编号	地层堆积、厚度、土质、包含物
1	①表土层：0~0.3米，褐色，土质较虚，含植物根 ②扰土层：0.3~3.1米，浅褐色，土质虚，含草木灰、陶片、瓦块、烧土块 ③生土层：地表下3.1米见，黄粉土，纯净
2	①表土层：0~0.3米，褐色，土质较虚，含瓦块、植物根 ②扰土层：0.3~0.5米，浅褐色，土质虚，含灰星 ③夯土层：0.5~3米，土质坚硬，夯土由黄粉土、褐色土粒、红土粒构成，厚2.5米 ④生土层：地表下3米见，黄粉土，土质较硬，底部见石
3	①表土层：0~0.3米，褐色，土质较虚，含植物根 ②扰土层：0.3~0.5米，浅褐色，土质虚，含灰星 ③夯土层：0.5~3.1米，土质坚硬，夯土由黄粉土、褐色土、红土粒构成，厚2.6米 ④生土层：地表下3.1米见，黄粉土，纯净
4	①表土层：0~0.3米，褐色，土质较虚，含瓦块、植物根 ②扰土层：0.3~0.6米，浅褐色，土质虚，含灰星、砖瓦渣 ③夯土层：0.6~3.1米，土质坚硬，夯土由黄粉土、褐色土、红土粒构成，厚2.5米 ④生土层：地表下3.1米见，黄粉土，纯净
5	①表土层：0~0.3米，褐色，土质较虚，含瓦块、植物根 ②扰土层：0.3~0.6米，浅褐色，土质虚，含灰星 ③夯土层：0.6~2.9米，土质坚硬，夯土由黄粉土、褐色土构成，厚2.3米 ④生土层：地表下2.9米见，黄粉土，纯净
6	①表土层：0~0.3米，褐色，土质较虚，含瓦块、植物根 ②扰土层：0.3~0.6米，浅褐色，土质虚 ③夯土层：0.6~2.9米，土质坚硬，夯土由黄粉土、褐色土构成，厚2.3米 ④生土层：地表下2.9米见，黄粉土，纯净
7	①表土层：0~0.3米，褐色，土质较虚，含瓦块、植物根 ②扰土层：0.3~1.6米，浅褐色，土质虚，含砖瓦渣、灰星 ③夯土层：1.6~3，土质坚硬，夯土由黄粉土、褐色土、红土粒构成，厚2.4米 ④生土层：地表下3米见，黄粉土，纯净
8	①表土层：0~0.3米，褐色，土质较虚，含瓦块、植物根 ②扰土层：0.3~1.6米，浅褐色，土质虚，含瓦块 ③夯土层：1.6~2.8米，土质坚硬，夯土由黄粉土、褐色土、红土粒构成，厚2.2米 ④生土层：地表下2.8米见，黄粉土，纯净
9	①表土层：0~0.3米，褐色，土质较虚，含植物根 ②扰土层：0.3~2.8米，浅褐色，土质虚，含瓦块、朽木 ③生土层：地表下2.8米见，黄粉土，纯净

续表

城墙B-B′

（单位：米）

探孔编号	地层堆积、厚度、土质、包含物
1	①表土层：厚0.3米，褐色，土质较虚，含植物根 ②扰土层：0.3～1.3米，浅褐色，土质虚，含灰星 ③生土层：地表下1.3米见，红垆土
2	①表土层：0～0.3米，褐色，土质较虚，含植物根 ②扰土层：0.3～1米，浅褐色，土质虚，含砖瓦渣、灰星 ③夯土层：1～1.9米，土质硬，夯土由黄粉土、褐色土粒、红土粒构成，厚0.9米 ④生土层：地表下1.9米见，土质较硬，红垆土
3	①表土层：0～0.3米，褐色，土质虚，含植物根 ②扰土层：0.3～1.1米，浅褐色，土质虚，含灰星 ③夯土层：1.1～2.6米，土质硬，夯土由黄粉土、褐色土构成，厚1.5米 ④生土层：地表下2.6米见，土质较硬，红垆土
4	①表土层：0～0.3米，褐色，土质较虚，含植物根 ②扰土层：0.3～1.1米，浅褐色，土质虚 ③夯土层：1.1～2.8米，土质硬，夯土由黄粉土、褐色土构成，厚1.7米 ④生土层：地表下2.8米见，土质较硬，红垆土
5	①表土层：0～0.3米，褐色，土质较虚，含植物根 ②夯土层：0.3～3.5米，土质硬，夯土由黄粉土、褐色土、红土粒构成，厚3.2米 ③生土层：地表下3.5米见，土质较硬，红垆土
6	①表土层：0～0.3米，褐色，土质较虚，含植物根 ②夯土层：0.3～3.5米，土质硬，夯土由黄粉土、褐色土、红土粒构成，厚3.2米 ③生土层：地表下3.5米见，土质较硬，红垆土
7	①表土层：0～0.3米，褐色，土质较虚，含植物根 ②夯土层：0.3～3.2米，土质硬，夯土由黄粉土、褐色土、红土粒构成，厚2.9米 ③生土层：地表下3.2米见，土质较硬，红垆土
8	①表土层：0～0.4米，褐色，土质较虚，含植物根 ②扰土层：0.4～0.6米，浅褐色，土质虚 ③夯土层：0.6～3米，土质硬，夯土由黄粉土、褐色土粒、红土粒构成，厚2.4米 ④生土层：地表下3米见，土质较硬，红垆土
9	①表土层：0～0.3米，褐色，土质较虚，含植物根 ②扰土层：0.3～0.5米，浅褐色，土质虚 ③夯土层：0.5～2.4米，土质硬，夯土由黄粉土、褐色土粒、红土粒构成，厚1.9米 ④生土层：地表下2.4米见，土质较硬，红垆土
10	①表土层：0～0.3米，褐色，土质较虚，含植物根 ②扰土层：0.3～0.6米，浅褐色，土质虚 ③夯土层：0.6～2米，土质硬，夯土由黄粉土、褐色土粒、红土粒构成，厚1.4米 ④生土层：地表下2米见，土质较硬，红垆土
11	①表土层：厚0.3米，褐色，土质较虚，含植物根 ②扰土层：0.3～1.8米，浅褐色，土质虚，含烧土、草木灰、瓦块、朽木等 ③生土层：地表下1.8米见，红垆土

城墙C-C′

探孔编号	地层堆积、厚度、土质、包含物
1	①表土层：0～0.3米，褐色，土质较虚，含植物根 ②扰土层：0.3～1.9米，浅褐色，土质虚 ③生土层：地表下1.9米见，黄粉土，纯净
2	①表土层：0～0.3米，褐色，土质较虚，含瓦块、植物根 ②扰土层：0.3～0.8米，浅褐色，土质虚 ③夯土层：0.8～2，土质硬，夯土由黄粉土、褐色土粒构成，厚1.2米 ④生土层：地表下2米见，黄粉土，纯净
3	①表土层：0～0.3米，褐色，土质较虚，含瓦块、植物根 ②扰土层：0.3～0.7米，浅褐色，土质虚 ③夯土层：0.7～2米，土质硬，夯土由黄粉土、褐色土粒构成，厚1.3米 ④生土层：地表下2米见，黄粉土，纯净
4	①表土层：0～0.3米，褐色，土质较虚，含瓦块、植物根 ②扰土层：0.3～0.6米，浅褐色，土质虚，含灰星 ③夯土层：0.6～2.3米，土质硬，夯土由黄粉土、褐色土构成，厚1.7米 ④生土层：地表下2.3米见，黄粉土，纯净
5	①表土层：0～0.3米，褐色，土质较虚，含瓦块、植物根 ②扰土层：0.3～1米，浅褐色，土质虚 ③夯土层：1～2.5米，土质硬，夯土由黄粉土、褐色土构成，厚1.5米 ④生土层：地表下2.5米见，黄粉土，纯净
6	①表土层：0～0.3米，褐色，土质较虚，含瓦块、植物根 ②扰土层：0.3～0.9米，浅褐色，土质虚 ③夯土层：0.9～2.9米，土质硬，夯土由黄粉土、褐色土构成，厚2米 ④生土层：地表下2.9米见，黄粉土，纯净
7	①表土层：0～0.3米，褐色，土质较虚，含瓦块、植物根 ②扰土层：0.3～0.8米，浅褐色，土质虚 ③夯土层：0.8～3.1米，土质硬，夯土由黄粉土、褐色土构成，厚2.3米 ④生土层：地表下3.1米见，黄粉土，纯净
8	①表土层：0～0.3米，褐色，土质较虚，含瓦块、植物根 ②扰土层：0.3～0.9米，浅褐色，土质虚，含灰星、砖瓦渣 ③夯土层：0.9～3.3米，土质硬，夯土由黄粉土、褐色土粒构成，厚2.4米 ④生土层：地表下3.3米见，黄粉土，纯净
9	①表土层：0～0.3米，褐色，土质较虚，含瓦块、植物根 ②扰土层：0.3～0.9米，浅褐色，土质虚 ③夯土层：0.9～3.4米，土质硬，夯土由黄粉土、褐色土粒构成，厚2.5米 ④生土层：地表下3.4米见，黄粉土，纯净
10	①表土层：0～0.3米，褐色，土质较虚，含植物根 ②扰土层：0.3～2米，浅褐色，土质虚，含瓦块 ③生土层：地表下2米见，黄粉土，纯净

续表

城墙D-D′ （单位：米）

探孔编号	地层堆积、厚度、土质、包含物
1	①表土层：0~0.3米，褐色，土质较虚，含植物根 ②扰土层：0.3~2米，浅褐色，土质虚，含瓦块 ③生土层：地表下2米见，黄粉土，纯净
2	①表土层：0~0.3米，褐色，土质较虚，含植物根 ②扰土层：0.3~0.8米，浅褐色，土质虚 ③夯土层：0.8~2米，土质硬，夯土由黄粉土、褐色土粒构成，厚1.2米 ④生土层：地表下2米见，黄粉土，纯净
3	①表土层：0~0.3米，褐色，土质较虚，含植物根 ②扰土层：0.3~1米，浅褐色，土质虚 ③夯土层：1~1.9米，土质硬，夯土由黄粉土、褐色土构成，厚0.9米 ④生土层：地表下1.9米见，黄粉土，纯净
4	①表土层：0~0.3米，褐色，土质较虚，含植物根 ②扰土层：0.3~1米，浅褐色，土质虚 ③夯土层：1~1.8米，土质硬，夯土由黄粉土、褐色土构成，厚0.8米 ④生土层：地表下1.8米见，黄粉土，纯净
5	①表土层：0~0.3米，褐色，土质较虚，含植物根 ②扰土层：0.3~0.9米，浅褐色，土质虚 ③夯土层：0.9~1.4米，土质硬，夯土由黄粉土、褐色土构成，厚0.5米 ④生土层：地表下1.4米见，黄粉土，纯净
6	①表土层：0~0.3米，褐色，土质较虚，含植物根 ②扰土层：0.3~1米，浅褐色，土质虚，含瓦块 ③夯土层：1~1.6米，土质硬，夯土由黄粉土、褐色土构成，厚0.6米 ④生土层：地表下1.6米见，黄粉土，纯净
7	①表土层：0~0.3米，褐色，土质较虚，含植物根 ②扰土层：0.3~1.9米，浅褐色，土质虚，含褐色土颗粒 ③生土层：地表下1.9米见，黄粉土，纯净

城墙E-E′ （单位：米）

探孔编号	地层堆积、厚度、土质、包含物
1	①表土层：0~0.3米，浅褐色，土质虚，含红土粒、植物根 ②扰土层：0.3~1米，浅褐色，土质虚，含红土粒、黄粉土 ③生土层：地表下1米见，黄粉土，纯净
2	①表土层：0~0.3米，褐色，土质较虚，含植物根 ②扰土层：0.3~0.6米，浅褐色，土质虚，含红土粒 ③夯土层：0.6~1.1米，土质较硬，夯土由黄粉土、褐色土、红土粒构成，厚0.5米 ④生土层：地表下1.1米见，黄粉土，纯净
3	①表土层：0~0.3米，褐色，土质较虚，含植物根 ②扰土层：0.3~0.5米，浅褐色，土质虚 ③夯土层：0.5~1.5米，土质硬，夯土由黄粉土、褐色土粒构成，厚1米 ④生土层：地表下1.5米见，黄粉土，纯净

探孔编号	地层堆积、厚度、土质、包含物
4	①表土层：0～0.3米，褐色，土质较虚，含植物根 ②夯土层：0.3～1.7米，土质硬，夯土由黄粉土、褐色土构成，厚1.4米 ③生土层：地表下1.7米见，土质较硬，红垆土
5	①表土层：0～0.3米，褐色，土质较虚，含植物根 ②夯土层：0.3～1.9米，土质硬，夯土由黄粉土、褐色土构成，厚1.6米 ③生土层：地表下1.9米见，土质较硬，红垆土
6	①表土层：0～0.3米，褐色，土质较虚，含植物根 ②扰土层：0.3～0.5米，浅褐色，土质虚 ③夯土层：0.5～1.8米，土质硬，夯土由黄粉土、褐色土构成，厚1.3米 ④生土层：地表下1.8米见，黄粉土，纯净
7	①表土层：0～0.3米，褐色，土质较虚，含植物根 ②扰土层：0.3～0.6米，浅褐色，土质虚 ③夯土层：0.6～1.8米，土质硬，夯土由黄粉土、褐色土构成，厚1.2米 ④生土层：地表下1.8米见，黄粉土，纯净
8	①表土层：0～0.3米，褐色，土质较虚，含植物根 ②扰土层：0.3～1.1米，浅褐色，土质虚，含木炭渣、灰星 ③生土层：地表下1.1米见，黄粉土，纯净

H2　　　　　　　　　　　　　　　（南北向）　　　　　　　　　　　　（单位：米）

探孔编号	地层堆积、厚度、土质、包含物
1	①表土层：0～0.4米，褐黄色，土质较虚，含红土粒、植物根 ②扰土层：0.4～1米，褐黄色，土质虚，含褐色土粒 ③沙石层：地表下1米见
2	①表土层：0～0.4米，褐黄色，土质较虚，含植物根 ②夯土层：0.4～1.6米，土质坚硬，夯土由黄粉土、褐色土粒构成，厚1.2米 ③沙石层：地表下1.6米见
3	①表土层：0～0.4米，褐黄色，土质较虚，含植物根 ②夯土层：0.4～1.4米，土质坚硬，夯土由黄粉土、褐色土粒构成，厚1米 ③沙石层：地表下1.4米见
4	①表土层：0～0.8米，褐色，土质虚，含植物根 ②夯土层：0.8～1.5米，土质坚硬，夯土由黄粉土、褐色土构成，厚0.7米 ③生土层：地表下1.5米见
5	①表土层：0～0.4米，褐色，土质较虚，含植物根 ②夯土层：0.4～1.6米，土质坚硬，夯土由黄粉土、褐色土构成，厚1.2米 ③沙石层：地表下1.6米见
6	①表土层：0～0.4米，褐色，土质较虚，含植物根 ②夯土层：0.4～1.8米，土质坚硬，夯土由黄粉土、褐色土构成，厚1.4米 ③沙石层：地表下1.8米见
7	①表土层：0～0.4米，褐色，土质较虚，含植物根 ②夯土层：0.4～2米，土质坚硬，夯土由黄粉土、褐色土构成，厚1.6米 ③沙石层：地表下2米见

续表

探孔编号	地层堆积、厚度、土质、包含物
8	①表土层：0～0.3米，褐色，土质较虚，含植物根 ②扰土层：0.3～0.7米，浅灰色，土质较虚 ③夯土层：0.7～2.2米，土质坚硬，夯土由黄粉土、褐色土构成，厚1.5米 ④沙石层：地表下2.2米见
9	①表土层：0～0.3米，褐色，土质较虚，含植物根 ②扰土层：0.3～0.9米，浅灰色，土质较虚 ③夯土层：0.9～2.3米，土质坚硬，夯土由黄粉土、褐色土构成，厚1.4米 ④沙石层：地表下2.3米见
10	①表土层：0～0.3米，褐色，土质较虚，含植物根 ②夯土层：0.3～2米，土质坚硬，夯土由黄粉土、褐色土构成，厚1.7米 ③沙石层：地表下2米见
11	①表土层：0～0.4米，褐色，土质较虚，含植物根 ②扰土层：0.4～1.7米，浅灰色，土质虚，花点土 ③沙石层：地表下1.7米见

<h3 align="center">附表八　石城子围沟剖面探孔记录登记表</h3>

G1

（单位：米）

探孔编号	地层堆积、厚度、土质、包含物
1	①表土层：0～0.3米，褐色，土质虚，含石子、植物根 ②沙石层：地表下0.3米见
2	①表土层：0～0.3米，褐色，土质虚，含植物根 ②扰土层：0.3～0.9米，褐色，土质虚 ③沙石层：地表下0.9米见
3	①表土层：0～0.3米，褐色，土质虚，含植物根 ②扰土层：0.3～1.2米，褐色，土质虚，含腐殖质 ③沙石层：地表下1.2米见
4	①表土层：0～0.3米，褐色，土质虚，含植物根 ②扰土层：0.3～1.3米，褐色，土质虚，含腐殖质 ③沙石层：地表下1.3米见
5	①表土层：0～0.3米，褐色，土质虚，含植物根 ②扰土层：0.3～0.8米，褐色，土质虚，含腐殖质 ③沙石层：地表下0.8米见
6	①表土层：0～0.3米，褐色，土质虚，含植物根 ②扰土层：0.3～0.4米，褐色，土质虚 ③沙石层：地表下0.4米见

续表

G2

（单位：米）

探孔编号	地层堆积、厚度、土质、包含物
1	①表土层：0～0.3米，褐色，土质虚，含植物根 ②生土层：地表下0.3米见，黄粉土，纯净
2	①表土层：0～0.3米，褐色，土质虚，含植物根 ②扰土层：0.3～0.5米，褐色，土质虚，含腐殖质 ③生土层：地表下0.5米见，黄粉土，纯净
3	①表土层：0～0.3米，褐色，土质虚，含植物根 ②扰土层：0.3～0.8米，褐色，土质虚，含腐殖质 ③生土层：地表下0.8米见，黄粉土、纯净
4	①表土层：0～0.3米，褐色，土质虚，含植物根 ②扰土层：0.3～1.3米，褐色，土质虚，含腐殖质 ③生土层：地表下1.3米见，黄粉土，纯净
5	①表土层：0～0.3米，褐色，土质虚，含植物根 ②扰土层：0.3～0.9米，褐色，土质虚，含腐殖质 ③生土层：地表下0.9米见，黄粉土，纯净
6	①表土层：0～0.3米，褐色，土质虚，含植物根 ②扰土层：0.3～0.5米，褐色，土质虚，含腐殖质 ③生土层：地表下0.5米见，黄粉土，纯净
7	①表土层：0～0.3米，褐色，土质虚，含石子、植物根 ②生土层：地表下0.3米见，黄粉土，纯净

附表九　石城子城内池塘剖面探孔记录登记表

（南北向）

探孔编号	地层堆积、厚度、土质、包含物
1	①表土层：0～0.3米，褐色，土质较虚，含瓦块、植物根 ②扰土层：0.3～1.4米，浅褐色，土质虚，含草木灰，1.4～2.9米，黄粉土，纯净，下部含石子 ③沙石层：地表下2.9米见
2	①表土层：0～0.3米，褐色，土质较虚，含植物根 ②扰土层：0.3～1.2米，浅褐色，土质虚，含灰星，1.2～1.9米，浅褐色，土质虚，含草木灰、瓦块，1.9～3.1米，黄粉土，纯净 ③沙石层：地表下3.1米见
3	①表土层：0～0.3米，褐色，土质较虚，含植物根 ②扰土层：0.3～1.2米，浅褐色，土质虚，含草木灰，1.2～2.1米，褐黄土，土质虚，2.1～3.1米，含少量草木灰、烧土粒 ③沙石层：地表下3.1米见
4	①表土层：0～0.3米，褐色，土质较虚，含植物根 ②扰土层：0.3～1米，浅褐色，土质虚，1～2.8米，褐黄色，土质较虚，含砖瓦渣、烧土粒，2.8～3.2米，浅灰色，含石块 ③沙石层：地表下3.2米见

探孔编号	地层堆积、厚度、土质、包含物
5	①表土层：0～0.3米，褐色，土质较虚，含植物根 ②扰土层：0.3～1.2米，浅褐色，土质虚，含砖瓦渣、烧土粒，1.2～2.5米，褐黄色，土质虚，含木炭渣，2.5～3.9米，浅褐色，土质虚 ③沙石层：地表下3.9米见
6	①表土层：0～0.3米，褐色，土质较虚，含植物根 ②扰土层：0.3～1米，浅褐色，土质虚，1～2米，褐黄色，土质虚，含少量木炭渣，2～3.1米，浅褐色，土质虚，含草木灰，3.1～3.8米，水浸土，含水锈 ③沙石层：地表下3.8米见
7	①表土层：0～0.3米，褐色，土质较虚，含植物根 ②扰土层：0.3～1.2米，浅褐色，土质虚，1.2～2.7米，浅褐色，含水量大，2.7～5米，水浸土，含水锈 ③沙石层：地表下5米见
8	①表土层：0～0.3米，褐色，土质较虚，含瓦块、植物根 ②扰土层：0.3～2.8米，浅褐色，土质虚，含石块，2.8～4.8米，水浸土，底部褐红土，见水 ③沙石层：地表下4.8米见
9	①表土层：0～0.3米，褐色，土质较虚，含植物根 ②扰土层：0.3～2.5米，浅褐色，土质虚，含水量大，2.5～5米，水浸土，含水锈，石子（4.8米见水） ③沙石层：地表下5米见
10	①表土层：0～0.3米，褐色，土质较虚，含植物根 ②扰土层：0.3～1.2米，浅褐色，土质虚，1.2～2米，土质虚，含灰星，2～3.3米，含水量大，含木炭渣、烧土粒，3.3～5.1米，黄粉土，含水锈 ③沙石层：地表下5.1米见
11	①表土层：0～0.3米，褐色，土质较虚，含植物根 ②扰土层：0.3～1米，褐色，土质虚，1～2.4米，浅褐色，土质虚，含木炭渣、烧土粒，2.4～4米，花土，质虚，4～5米，黄粉土，土质较硬，5～5.9米，含水量大 ③沙石层：地表下5.9米见
12	①表土层：0～0.3米，褐色，土质较虚，含植物根 ②扰土层：0.3～1米，浅褐色，土质较虚，含砖瓦渣，1米见踩踏层，厚0.5米，1.5～4.1米，花土，土质虚，含烧土粒，4.1～5.8米，黄粉土，纯净 ③沙石层：地表下5.8米见

（东西向）

探孔编号	地层堆积、厚度、土质、包含物
1	①表土层：0～0.3米，褐色，土质较虚，含瓦块、植物根 ②扰土层：0.3～1.7米，浅褐色，土质虚，含草木灰、烧土粒 ③沙石层：地表下1.7米见
2	①表土层：0～0.3米，褐色，土质较虚，含植物根 ②扰土层：0.3～1.7米，浅褐色，土质虚，含草木灰、烧土粒，1.7～2.2米，土质较硬，含褐白土 ③沙石层：地表下2.2米见
3	①表土层：0～0.3米，褐色，土质较虚，含植物根 ②扰土层：0.3～1.8米，浅褐色，土质虚，含草木灰，1.8～2.1米，土质较硬，含灰沙石 ③沙石层：地表下2.1米见

探孔编号	地层堆积、厚度、土质、包含物
4	①表土层：0~0.3米，褐色，土质较虚，含植物根 ②扰土层：0.3~1.2米，浅褐色，土质虚，含黑灰星，1.2~2米，土质较硬，含石块 ③沙石层：地表下2米见
5	①表土层：0~0.3米，褐色，土质较虚，含瓦块、植物根 ②扰土层：0.3~1.9米，浅褐色，土质虚，含石块、灰星 ③沙石层：地表下1.9米见
6	①表土层：0~0.3米，褐色，土质较虚，含植物根 ②扰土层：0.3~1.3米，浅褐色，土质虚，含石块、灰星，1.3~1.9米，浅褐色，1.9~2米，黄粉土，纯净 ③沙石层：地表下2米见
7	①表土层：0~0.3米，褐色，土质较虚，含植物根 ②扰土层：0.3~1.2米，褐色，土质虚，含石块、灰星，1.2~2米，浅褐色，含水量大，2~2.7米，黄粉土，纯净 ③沙石层：地表下2.7米见
8	①表土层：0~0.3米，褐色，土质较虚，含植物根 ②扰土层：0.3~1.2米，浅褐色，土质虚，含灰星，1.2~2米，含石块、灰星，水分大，2~2.7米，水分大 ③沙石层：地表下2.7米见
9	①表土层：0~0.3米，褐色，土质较虚，含植物根 ②扰土层：0.3~1.3米，浅褐色，土质虚，含灰星，1.3~2.1米，浅褐色，土质虚，含水量大，2.1~3.3米，水浸土，含水锈 ③沙石层：地表下3.3米见
10	①表土层：0~0.3米，褐色，土质较虚，含植物根 ②扰土层：0.3~1.3米，褐色，土质虚，含灰星，1.3~3米，浅褐色，含水量大，3~3.9米，水浸土，含水锈 ③沙石层：地表下3.9米见
11	①表土层：0~0.3米，褐色，土质较虚，含植物根 ②扰土层：0.3~1.3米，浅褐色，土质虚，含灰星，1.3~1.7米，浅褐色，含石块，1.7~2.3米，褐黄，含水量大，2.3~3.4米，水浸土，3.4~3.9米，纯净 ③沙石层：地表下3.9米见
12	①表土层：0~0.3米，褐色，土质较虚，含植物根 ②扰土层：0.3~1.7米，褐色，土质虚，含灰星，1.7~2米，浅褐色，含草木灰，2~3.6米，黄粉土，含水量大，3.6~4.5米，水浸土，含石子 ③沙石层：地表下4.5米见
13	①表土层：0~0.3米，褐色，土质较虚，含植物根 ②扰土层：0.3~2.8米，褐色，土质虚，含灰星，2.8~3.2米，水浸土含水锈，3.2~4.1米，黄粉土，含石子 ③沙石层：地表下4.1米见
14	①表土层：0~0.3米，褐色，土质较虚，含植物根 ②扰土层：0.3~1.7米，浅褐色，土质虚，含烧土粒，1.7~2.1米，土质较硬，2.1~2.6米，浅褐色，2.6~3.7米，黄粉土，含水锈 ③沙石层：地表下3.7米见
15	①表土层：0~0.3米，褐色，土质较虚，含瓦块、植物根 ②扰土层：0.3~1.3米，褐色，土质虚，含腐殖物，1.3~3米，水浸土，含草木灰，石子 ③沙石层：地表下3米见

续表

探孔编号	地层堆积、厚度、土质、包含物
16	①表土层：0~0.3米，褐色，土质较虚，含植物根 ②扰土层：0.3~1.2米，褐色，土质虚，含草木灰、石块，1.2~3米，水浸土，含石块 ③沙石层：地表下3米见
17	①表土层：0~0.3米，褐色，土质较虚，含植物根 ②扰土层：0.3~1.4米，褐色，土质虚，含灰星、石块，1.4~2.8米，黄粉土，纯净 ③沙石层：地表下2.8米见

附表一〇　石城子城内地层探孔记录登记表

探孔编号	地层堆积、厚度、土质、包含物
T1	①耕土层：0~0.3米，浅褐色，土质虚，含植物根 ②扰土层：0.3~1.3米，浅褐色，土质较虚，含黑灰星、少量烧土粒，1.3~2.7米，褐黄色，土质虚，地表下2.7米见石
T2	①表土层：0~0.3米，褐色，土质较虚，含植物根 ②扰土层：0.3~1.3米，浅褐色，土质虚，含草木灰 ③生土层：地表下1.3米见，黄粉土，纯净
T3	①表土层：0~0.3米，褐色，土质较虚，含植物根 ②扰土层：0.3~1.2米，浅褐色，土质虚，含草木灰、砖瓦渣 ③生土层：地表下1.2米见，黄粉土，纯净
T4	①表土层：0~0.3米，浅褐色，土质较虚，含植物根 ②扰土层：0.3~1.8米，褐色，土质较硬，含砖瓦块、木炭渣、烧土，1.8~2.8米，褐黄色，土质较硬 ③生土层：地表下2.8米见，黄粉土，纯净
T5	①表土层：0~0.3米，褐色，土质较虚，含植物根 ②扰土层：0.3~2.4米，浅褐色，土质虚，含瓦块、木炭渣、白灰渣 ③生土层：地表下2.4米见，黄粉土，纯净
T6	①表土层：0~0.3米，褐色，土质较虚，含植物根 ②扰土层：0.3~2.4米，浅褐色，土质较硬，含瓦块、烧土块 ③生土层：地表下2.4米见，黄粉土，纯净
T7	①表土层：0~0.3米，褐色，土质较虚，含植物根 ②扰土层：0.3~1.2米，浅褐色，含烧土粒，1.2~2米，花土 ③生土层：地表下1.2米见，黄粉土，纯净
T8	①表土层：0~0.3米，褐色，土质较虚，含植物根 ②扰土层：0.3~1.4米，浅褐色，土质虚 ③生土层：地表下1.4米见，黄粉土，纯净
T9	①表土层：0~0.3米，褐色，土质较虚，含植物根 ②扰土层：0.3~1米，浅褐色，土质较虚，含少量瓦块 ③生土层：地表下1米见，黄粉土，纯净
T10	①表土层：0~0.3米，褐色，土质较虚，含砖瓦渣、植物根 ②扰土层：0.3~2.3米，浅褐色，土质虚，含草木灰 ③生土层：地表下2.3米见，黄粉土，纯净

探孔编号	地层堆积、厚度、土质、包含物
T11	①表土层：0～0.3米，褐色，土质较虚，含植物根 ②扰土层：0.3～2.2米，浅褐色，土质虚，含瓦块、烧土粒、朽木 ③生土层：地表下2.2米见，黄粉土，纯净
T12	①表土层：0～0.3米，褐色，土质较虚，含植物根 ②扰土层：0.3～2.1米，浅褐色，土质虚，含瓦块、朽木 ③生土层：地表下2.1米见，黄粉土，纯净

附表一一　石城子城外墓葬剖面探孔记录登记表

M3 　　　　　　　　　　　　　　　　　　　　　（单位：米）

探孔编号	地层堆积、厚度、土质、包含物
1	①耕土层：0～0.4米，浅褐色，土质虚，含植物根 ②扰土层：0.4～0.6米，浅褐色，土质虚 ③生土层：0.6米，黄粉土，纯净
2	①耕土层：0～0.3米，浅褐色，土质虚，含植物根 ②扰土层：0.3～0.6米，浅褐色，土质虚 ③五花土：0.6～1.6米，土质较硬，为黄粉土、褐色土 ④生土层：地表下1.6米见，黄粉土，纯净
3	①耕土层：0～0.3米，浅褐色，土质虚，含植物根 ②扰土层：0.3～0.6米，浅褐色，土质虚 ③五花土：0.6～1.6米，土质较硬，为黄粉土、褐色土 ④生土层：地表下1.6米见，黄粉土，纯净
4	①耕土层：0～0.3米，浅褐色，土质虚，含植物根 ②扰土层：0.3～0.6米，浅褐色，土质虚 ③五花土：0.6～1.5米，土质较硬，为黄粉土、褐色土 ④生土层：地表下1.5米见，黄粉土，纯净
5	①耕土层：0～0.3米，浅褐色，土质虚，含植物根 ②扰土层：0.3～0.5米，浅褐色，土质虚 ③生土层：0.5米，黄粉土，纯净

M6 　　　　　　　　　　　　　　　　　　　　　（单位：米）

探孔编号	地层堆积、厚度、土质、包含物
1	①耕土层：0～0.3米，浅褐色，土质虚，含植物根 ②扰土层：0.3～0.5米，浅褐色，土质虚 ③生土层：0.5米，黄粉土，纯净
2	①耕土层：0～0.3米，浅褐色，土质虚，含植物根 ②扰土层：0.3～0.5米，浅褐色，土质虚 ③五花土：0.5～1.6米，土质较虚，为黄粉土、褐色土、石子 ④生土层：地表下1.6米见，黄粉土，纯净

探孔编号	地层堆积、厚度、土质、包含物
3	①耕土层：0～0.3米，浅褐色，土质虚，含植物根 ②扰土层：0.3～0.5米，浅褐色，土质虚 ③五花土：0.5～1.7米，土质较虚，为黄粉土、褐土 ④生土层：地表下1.7米见，黄粉土，纯净
4	①耕土层：0～0.3米，浅褐色，土质虚，含植物根 ②扰土层：0.3～0.5米，浅褐色，土质虚 ③五花土：0.5～1.8米，土质较虚，为黄粉土、褐色土 ④生土层：地表下1.8米见，黄粉土，纯净
5	①耕土层：0～0.3米，浅褐色，土质虚，含植物根 ②扰土层：0.3～0.5米，浅褐色，土质虚 ③生土层：0.5～1米，为黄粉土，纯净 ④五花土：1～1.8米，土质虚，为黄粉土、褐色土粒 ⑤生土层：地表下1.8米见，为黄粉土，纯净
6	①耕土层：0～0.3米，浅褐色，土质虚，含植物根 ②扰土层：0.3～0.5米，浅褐色，土质虚 ③生土层：0.5～1.1米，黄粉土，纯净 ④五花土：1.1～1.9米，土质较虚，为黄粉土、褐色土粒 ⑤生土层：地表下1.9米见，黄粉土，纯净
7	①耕土层：0～0.3米，浅褐色，土质虚，含植物根 ②扰土层：0.3～0.5米，浅褐色，土质虚 ③五花土：0.5～2米，土质较虚，为黄粉土、褐色土 ④生土层：地表下2米见，黄粉土，纯净
8	①耕土层：0～0.3米，浅褐色，土质虚，含植物根 ②扰土层：0.3～0.5米，浅褐色，土质虚 ③五花土：0.5～2米，土质较虚，为黄粉土、褐色土 ④生土层：地表下2米见，黄粉土，纯净
9	①耕土层：0～0.3米，浅褐色，土质虚，含植物根 ②扰土层：0.3～0.5米，浅褐色，土质虚 ③五花土：0.5～2.1米，土质较虚，为黄粉土、褐色土 ④生土层：地表下2.1米见，黄粉土，纯净
10	①耕土层：0～0.3米，浅褐色，土质虚，含植物根 ②扰土层：0.3～0.5米，浅褐色，土质虚 ③生土层：0.5米，黄粉土，纯净

续表

M12

（单位：米）

探孔编号	地层堆积、厚度、土质、包含物
1	①耕土层：0～0.3米，褐黄色，土质虚，含植物根 ②生土层：地表下0.3米见，米，黄粉土，纯净
2	①耕土层：0～0.3米，浅褐色，土质虚，含植物根 ②生土层：0.3～0.9米，黄粉土 ③五花土：0.9～2米，土质较虚，为黄粉土、褐色土、红土粒 ④生土层：地表下2米见，黄粉土，纯净
3	①耕土层：0～0.3米，浅褐色，土质虚，含植物根 ②生土层：0.3～0.9米，黄粉土 ③五花土：0.9～2米，土质较虚，为黄粉土、褐色土、红土粒 ④生土层：地表下2米见，黄粉土，纯净
4	①耕土层：0～0.3米，浅褐色，土质虚，含植物根 ②五花土：0.3～2米，土质较硬，为黄粉土、褐色土、红土粒 ③生土层：地表下2米见，黄粉土，纯净
5	①耕土层：0～0.3米，浅褐色，土质虚，含植物根 ②五花土：0.3～1.6米，土质较硬，为黄粉土、褐色土、红土粒 ③生土层：地表下1.6米见，黄粉土，纯净
6	①耕土层：0～0.3米，浅褐色，土质虚，含植物根 ②五花土：0.3～1.1米，土质较硬，为黄粉土、褐色土、红土粒 ③生土层：地表下1.1米见，黄粉土，纯净
7	①耕土层：0～0.3米，浅褐色，土质虚，含植物根 ②生土层：0.3米，黄粉土，纯净

附　图

石城子遗址保护碑正面

石城子遗址保护碑背面

地理地貌

勘探工作现场

遗迹勘探

现场记录

遗迹标注

探孔土样

探孔土样

采集标本

采集标本

采集标本

建筑夯土遗迹

建筑夯土遗迹

城墙夯土遗迹

城墙夯土遗迹

城墙夯土遗迹

城墙夯土遗迹

城墙夯土遗迹

城墙夯土遗迹

城墙夯土遗迹

城墙夯土遗迹

烧土区

灰土坑

城外发现墓葬

城外发现墓葬

城外发现灰土坑

城外发现灰土坑

城外发现灰土坑

城外发现窑址

城外发现灰土坑

现场测量

现场测量

现场测绘

新疆奇台县石城子遗址遥感物探调查报告

新疆维吾尔自治区文物考古研究所　中国科学院空天信息创新研究院
遥感考古联合实验室

一、遗址区简介

石城子遗址位于新疆奇台县半截沟镇麻沟梁村东北、河坝沿村南的麻沟梁上，地处天山前山丘陵地带。古城的地势起伏较大，城东与城南紧邻深涧，城北为陡坡，仅有城西地势比较低缓。遗址西北为大面积的农田。石城子遗址是通连天山南北的重要通道之一。经过考古和历史学家的论证，推断其为汉代的"疏勒城"。遗址的平面近似长方形，东西长约280米、南北长约380米，总面积约110000平方米，现场的局部情况如图一所示。其中北城墙和西城墙保存较完整。项目实施时，遗址内城的南城墙位置尚无法确定，遗址的内部格局以及内城、外城的地下埋藏情况还没有清晰的认识，是考古探测中需要重点解决的问题之一。

图一　石城子遗址发掘现场

二、调 查 方 法

　　遥感与地球物理考古，具有快速、高效无损的特点，是考古调查的有效方法。为进一步探测遗址区内部的未知遗迹，深入分析古城遗址的形制与规模，并为后期遗址发掘与考古研究提供参考数据，本项目采用多源遥感数据进行地表及浅地表的考古信息提取，并结合地球物理勘探手段对遗址重点区域进行局部勘测，提取遗址区地表以下的埋藏特征。

1. 多源光学影像分析

　　在遥感探测中，选取中分辨与高分辨率数据，从不同观测尺度分别开展环境信息与遗址本体信息的提取。使用中分辨率Landsat-8卫星数据进行地理环境分析，能够获取中等观测尺度下的遗址区地理环境信息，可用于宏观分析。

　　使用高分辨率的影像对遗址进行地表细微的异常信息提取，经过全色与多光谱融合后的影像具有高分辨率以及多光谱信息，能够为遗址区异常探测提供更丰富的细节。

2. 雷达后向散射信息提取

　　由于微波具有穿透性，能探测到地下遗址的异常信息，故而可使用雷达波后向散射强度来探测遗址区地下异常信息，反映地下介质的物理特征。采用的Radarsat-2卫星C波段雷达数据。对初始SLC级数据进行滤波、地理编码与辐射校正，生成雷达后向散射强度图。在遥感应用当中，多用散射系数作为表示雷达截面积中平均散射截面的参数，把表示入射方向上的散射强度或目标每单位面积的平均雷达截面，称为后向散射系数，它是入射电磁波与地面目标相互作用结果的度量[1]。与后向散射有关的影响因素有复介电常数、几何外形、地表粗糙度、雷达波照射的方位、入射波的波长等。通过雷达图像上的回波强度，可提取地表和浅地表的遗迹特征。

3. 高密度电法测量

　　高密度电法测量是一种针对地下遗址含水量不同从而引起导电性差异的物性测量装置，具有工作适用性强，测量范围大，工作环境约束小等特点。高密度电法是在同一条多芯电缆上布置连接电极，使其自动组成多个垂向测深点或多个不同探测深度的探测剖面。根据控制系统对电极进行相应的排列组合，按照测深点位置的排列顺序逐层探测，实现自动布点、跑极、供电、观测、记录、计算、存储[2]。本次高密度电法测量中，根据遗址的地面形态特征与可能的地下遗址规模与结构，采用了集中式的温纳和施伦贝谢尔两种测量装置，单条测线长度60米，

---

① 舒宁：《微波遥感原理》，武汉大学出版社，2003年，第16～20页。
② 靳立宁：《高密度电法在寻找地下管线中的应用》，《露天采矿技术》2011年第5期，第78～80页。

电极间距2米。结合Trimble Geo XM 2008（亚米级手持GPS），对测线起始点进行经纬度定点测量，其精度为0.5~1米。根据两种装置获取的实测数据，反映出的特征基本相同，施伦贝谢尔测量装置的异常特征相对明显，将其作为主要的测量方式，同时以温纳测量结果作为参考。测量设备与现场测线布设如图二与图三所示。

此次勘测采用WGMD-9超级高密度电法系统。该设备是在各种野外复杂环境下能更好地工

图二　位于古城西墙的南门处测量现场

图三　探方剖面对比（左）与疑似"耿恭井"勘测验证（右）

作，可广泛应用于野外与城市考古[1]。高密度电法数据处理采用RES2DINV高密度电阻率数据二维反演软件对原始数据进行多次地形改正，最大程度降低了地形的影响，迭代次数3-5次，RMS＜10[2]。其大致处理流程为：原始数据编辑整理、选取参数进行反演、反演数据地形改正，最终得到电阻率剖面图。

4. 宽频带电磁测量

电磁法又称电磁感应法，是以介质的电磁性差异为物质基础，通过观测和研究人工或天然的交变电磁场随空间分布规律或随时间的变化规律，达到勘查目的的一类电法勘探方法（图四）。

图四　宽频带电磁感应探测仪[3]

此次勘测采用GEM-2宽频带电磁勘探仪，其特点是应用简单，适用于浅层考古勘探和环境调查。GEM-2的发射和接收线圈固定在一个配有背带的条形平板中，包含所有电子元件的机匣可以嵌入平板上，掌中电脑（PDA）粘贴在机匣上作为用户界面和显示，可以复杂环境下很方便地进行实时勘测，该设备具有以下特点[4]：

---

① 黄彩荣：《高密度电法在金矿普查中的应用》，《城市建设理论研究（电子版）》2014年第4卷第21期，第2976～2977页。

② 戴田宇、谢尚平：《高密度电阻率法在葬墓考古的应用》，《地球物理学进展》2015年第30卷第6期，2885～2891页。

③ 劳雷工业公司：《多频电磁感应探测仪系列-GEM说明书》，第1页。

④ 劳雷工业公司：《多频电磁感应探测仪系列-GEM说明书》，第2页。

（1）可编程宽频带操作，适用于不同深度目标体的探测。

（2）仪器轻便，非常适合野外工作，手持式测量。

（3）实时绘图，可实现测量结果的快速评估。

电磁测量的频率介于几百KHz到几百MHz范围内，具有其频率可变的特点，使得电磁法既可以用于深部探测，也可以用于浅层考古目标的探测。利用较宽的探测频带，不仅能够穿透低阻覆盖层，加大探测深度，而且能有效降低频散现象，提高探测精度，准确反映电导率值与土壤含水量之间的关系，提高地下遗址识别的准确性。该方法可获取地下异常的平面信息，相对于探地雷达的测线剖面数据，更易解读与应用，从而提高野外考古的工作效率[1]。因此，宽频带电磁测量方法具有重要的考古应用价值。

通过遥感与物探多种方法的综合，提取出多类型的异常信息（如表一所示），并进行信息复合与交叉验证，可推测得到遗址的地表与地下异常分布情况，为进一步的考古发掘提供参考数据，也为现代考古勘探开辟了一条新途径。

表一　石城子遗址遥感物探方法获取的数据特征

探测数据/方法	探测深度	探测信息	数据类型	敏感因素
中分辨率光学影像	地表	光谱反射率	栅格数据	色调、大小、形状、纹理、阴影、组合关系
高分辨率光学影像	地表	光谱反射率	栅格数据	色调、大小、形状、纹理、阴影、组合关系
雷达影像	数厘米至数米	后向散射系数	栅格数据	介电常数、地形坡度、地表粗糙度、雷达波长
电法	11米	电阻率	剖面数据	导电离子浓度、含水量、土质、温度、致密性
电磁法	8米	电导率	插值后生成栅格数据	地下土壤水分、盐分、温度、有机质含量和质地结构

三、工作情况

本项目野外工作主要分为两个阶段实施。第一阶段，遥感数据处理与分析，野外工作时间为2016年9月；第二阶段为电磁测量，野外工作时间为2017年6月。同时，内业工作贯穿始终，具体包括遥感数据获取与预处理、遗址区后向散射系数反演、考古目标综合解译、高密度电法数据分析、电磁测量结果分析、异常目标综合分析。2018年1月，完成了遗址区内城和外城全部野外勘测与内业分析工作。

根据遗址现场的地形环境与野外工作条件，进行了方案的优化，利用高分辨率数据、雷达数据进行全部遗址区的遥感分析，采用高密度电法测量、电磁测量进行重点区域的地球物理勘探。经过综合分析与整理，对遗址区的内城、外城进行了详细的调查，为后期考古发掘与考古研究提供了基础数据（表二）。

---

[1]　于丽君、聂跃平、杨林、朱建峰、孙雨、刘芳、高华光：《新疆轮台奎玉克协海尔古城空间考古综合研究》，《遥感技术与应用》2020年第35卷第1期，第255~266页。

表二　石城子遗址探测结果对照表

探测方法	探测结果	完成情况
中分辨率光学影像解译分析	地理环境	已完成
高分辨率光学影像解译分析	建筑遗迹、城墙、建筑基址	已完成
雷达影像分析	建筑基址、地面遗迹、城墙、壕沟	已完成
高密度电法	城墙、壕沟、建筑基址、地下遗迹、道路、古井	已完成
宽带电磁法	城墙、壕沟、道路、建筑基址、古井	已完成

四、结果分析

1. 多源光学影像遥感信息提取

采用中空间分辨率的Landsat-8卫星影像进行宏观分析，该数据成像时间为2017年4月19日。在图五上可见石城子遗址位于山区丘陵地带，且遗址东、南均为山涧，北侧也有山涧阻

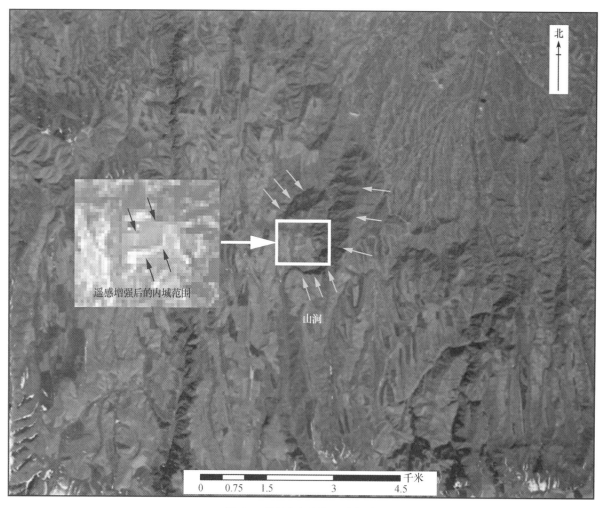

图五　石城子遗址位置示意图

隔，构成较为封闭的地理空间（图中箭头指示位置），仅有西面地势平坦，有南北向狭长的通道可供交通运输，是军事防御的重点地段。整个遗址区凭据天险，易守难攻，是绝佳的军事防御地点，与历史上的"疏勒城"的记载极为吻合。根据以上影像上的解译分析表明，对从宏观视角下理解遗址存在的历史环境与空间特征具有较好效果。

通过2003年9月成像的高分辨率影像进行信息提取，可得到早期的遗址地表情况，消除了近年来人为活动的干扰，同时能够提供遗址区的光谱细节特征，通过进一步信息增强与提取处理，可获取考古目标的有效信息。经过多种方法对比，采取主成分分析法生成互不相关的输出波段，从而隔离噪声去除影像中的冗余信息。在此基础上，进行直方图拉伸与均方根增强变换，实现考古目标的特征提取。经遥感探测发现当时内城城墙多数保存完好，南墙位置由于耕地遭到破坏，其具体位置尚待确认。内城的西北方位有大量的建筑遗迹，主要分成两排，呈西北—东南走向，为方形或不规则多边形，内城东南角落也发现建筑遗迹（如图六～图九）。经影像增强后得到的遗址区异常分布如图一〇所示。外城区域现为耕地破坏，地表条件不利于影像解译分析，选取卫星雷达作为补充对浅地表土壤介质中的异常进行分析。

图六　遗址区范围解译

（箭头为解译的城墙位置，可大致判断古城范围）

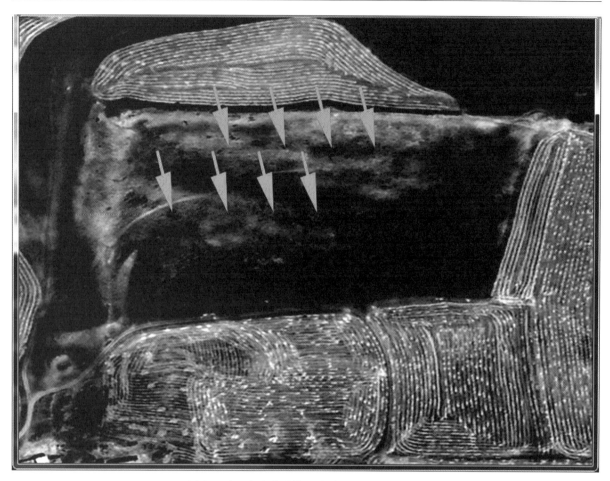

图七　遗址主成分影像经滤波增强处理后结果
（箭头为提取出的异常遗迹现象）

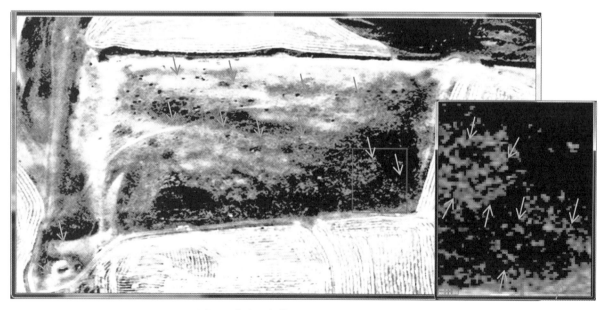

图八　直方图拉伸法对PCA影像增强分析
（箭头为提取出的异常遗迹现象）

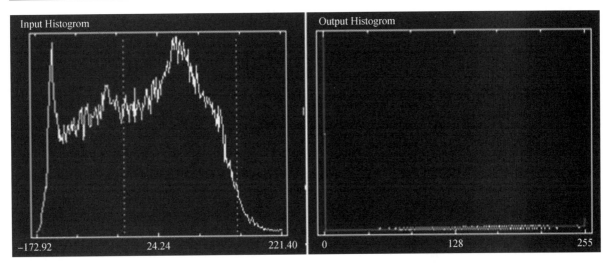

图九　直方图拉伸前后对比

图一〇　遗址区地表及地下遗迹解译图

2. 雷达影像异常信息提取

雷达信号对地表具有一定的穿透性，不仅可以反映地表情况，还可以一定程度上反映出地下的土壤介质信息，是一种重要的遥感考古数据。不过，其高昂的价格成本使得其应用范围受到较大限制。在雷达图像的处理过程中，首先对初始的SLC数据进行多视处理，初步实现数据的斑点噪声抑制，同时生成雷达强度图像。在地理编码与辐射定标过程中，采用多普勒算法，进行非线性畸变的校正；利用雷达方程，实现雷达辐射归一化与局部入射角校正，消除地形起伏造成的叠掩与透视收缩的影响。在此基础上，可根据不同类型考古目标的后向散射特性，进行雷达图像解译与异常信息的提取。

在微波雷达遥感中，用"趋肤深度"来描述不同土壤介质中雷达信号穿透深度的能力，具体是指雷达信号功率从地表衰减到1/e倍时所到达的地下深度[1]。在实际情况当中，雷达信号的穿透深度与地下介质（土壤）的介电常数成反比，与雷达波长成正比。介电常数也是决定穿透深度的重要因素，随着土壤含水量的减小，其介电常数减小，穿透深度明显增加。因此，观察高穿透能力的最佳条件是在干旱地区用长波段的雷达系统。Radarsat-2传感器采用波长中等的C波段（3.8~7.5厘米），兼顾了穿透能力与信号强度。在新疆干旱/半干旱地区能够有效探测地下遗迹。

表面粗糙度对雷达回波有明显反映[2]。地表起伏低的表面可视为光滑的镜面，因而在雷达图像上可舍去一些细节与地表矮小植被的干扰，起伏度高的表面被视为粗糙表面，如城墙、地表建筑遗迹、耕作的农田等，在雷达图像上回波加强。

通过分析雷达后向散射图（图一一），建筑基址等遗迹因复介电常数小，表现为低反射，在图上内城区域可见多个雷达后向散射的低值区域（红黄色区域）。沟渠等遗迹的土壤含水量高，介电常数高，雷达信号穿透的深度小，后向散射强。道路、田埂、城墙边界等线性地物因二面角反射在图像上形成高亮度值。在内城以外的农田区，因微地形起伏造成的地表粗糙度差异，以及地下介质的介电常数等物性特征的区别，表现出后向散射强度的变化，以此作为遗址异常信息提取的依据。结合遗址环境特征与现场调研结果，推测雷达回波的异常区域可能对应的遗迹类型如图一二所示。

3. 高密度电法结果分析

高密度电法考古的主要优势体现在对地表以下的考古目标进行探测，可获取地层中考古埋藏的深度信息，且探测深度大，分辨率高，限制条件少，是一种重要的物探考古方法。此次勘测中，根据现场踏勘与初步分析，将工作重点放在古城南墙与城内地下遗迹的探寻，进一步厘清古城的内部结构与遗址范围。采取30组电极构成的60米长度测线，保证了沿剖面方向获得足

---

① 赵英时：《遥感应用分析原理与方法》，科学出版社，2003年，第148页。
② 赵英时：《遥感应用分析原理与方法》，科学出版社，2003年，第142~144页。

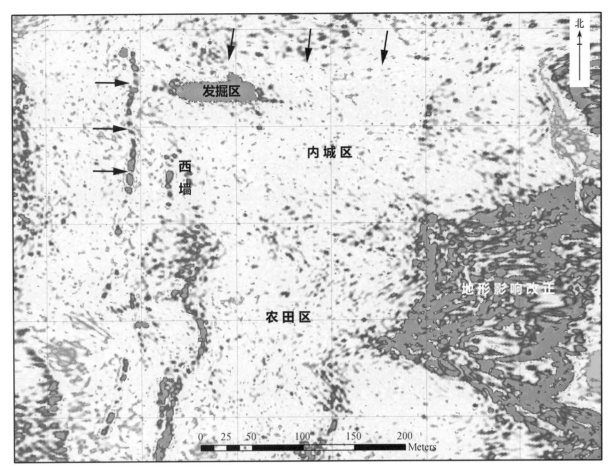

图一一　石城子遗址雷达后向散射图解译

（箭头所指为城墙边界与壕沟位置）

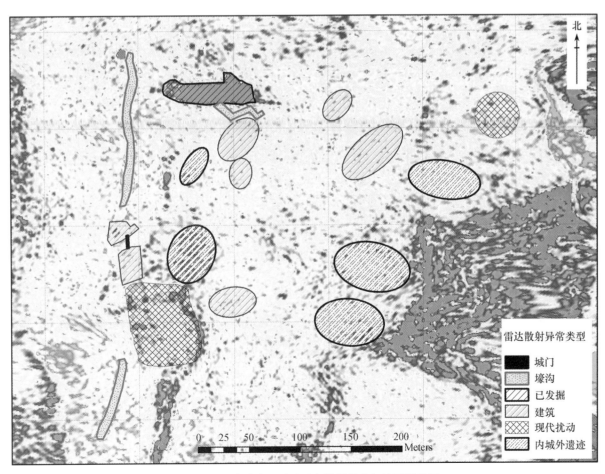

图一二　石城子遗址雷达后向散射地表与地下异常区

够的探测深度。电极间距为2米，经过插值处理可达到1米的探测间距，全部测线布设方案如图
一三所示。

（1）内城南城墙探测（图一四～图二七）。

S11-12电法测线反演结果表明，内城南城墙位置位于测线27～30米处，其电阻率值明显异
于两侧，图中可以看出在0～2米深度下，其宽度较大，为4～5米，可能是城墙遭到破坏或自然
坍塌而散落周边造成，而在深度2～4米可以看到城墙的真实宽度约为2米。

S13-14电法测线反演结果表明，在0～2米深度可见3层明显的层状差异。图中可以看出，
城墙位于测线32～40米处，其电阻率值异于两侧。深度2～3米时城墙宽度约为8米，可能是城
墙遭到多次破坏向两侧倒塌造成，而在深度3～4米可以看到城墙的真实宽度约为4米。

S15-16电法测线反演结果表明，城墙位置位于测线26～32米处，其电阻率值异于两侧，图
中可以看出，此测线段在0～3米深可见2～3层明显的层状差异。此处城墙略有倾斜，左浅右深
（南浅北深），应该是地下轻微塌陷引起的。深度2～3米范围城墙宽度约为6米，其原因是城
墙遭到破坏而倒塌之故。而在深度3～4米可以看到城墙的真实宽约3米。这与S35-36测线结果
相吻合。

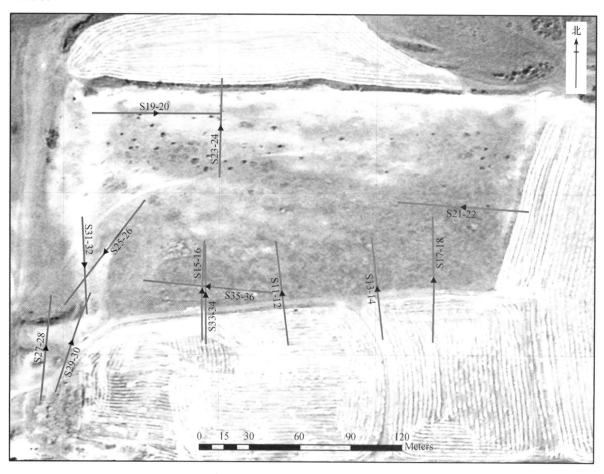

图一三　石城子遗址电法测线布设图

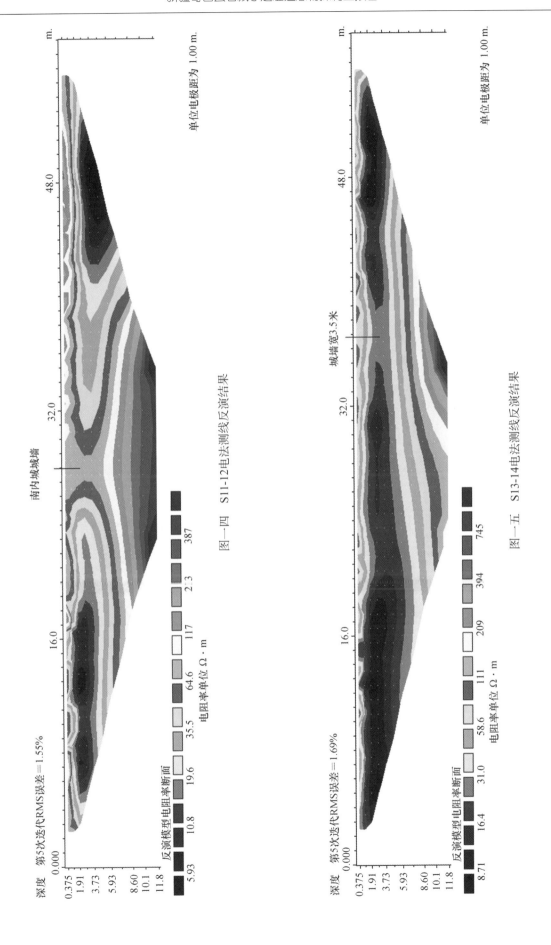

图一四 S11-12电法测线反演结果

图一五 S13-14电法测线反演结果

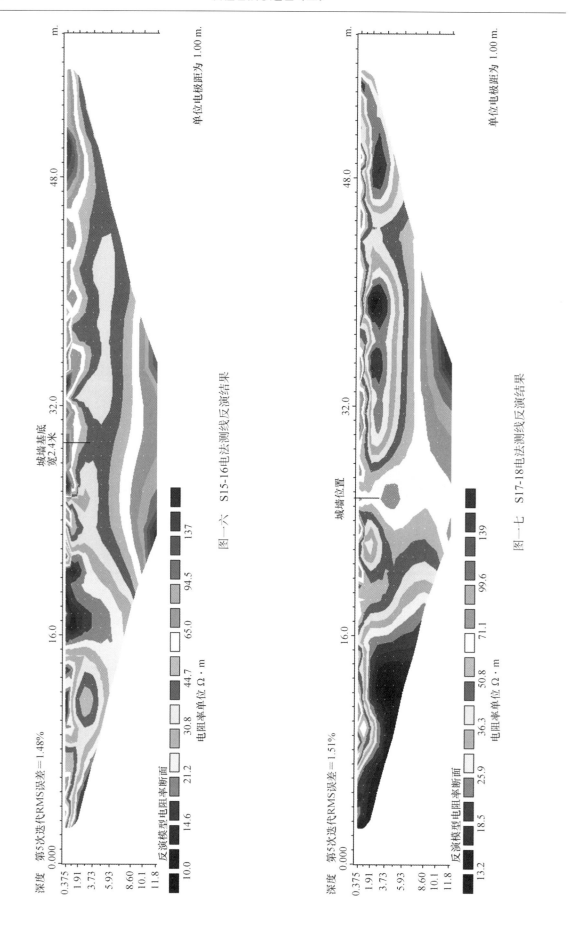

图一六 S15-16电法测线反演结果

图一七 S17-18电法测线反演结果

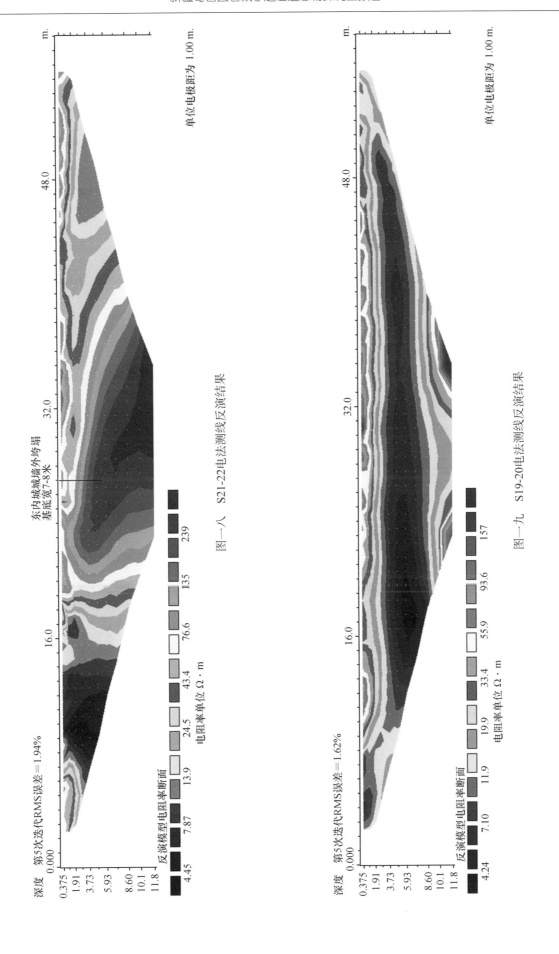

图一八　S21-22电法测线反演结果

图一九　S19-20电法测线反演结果

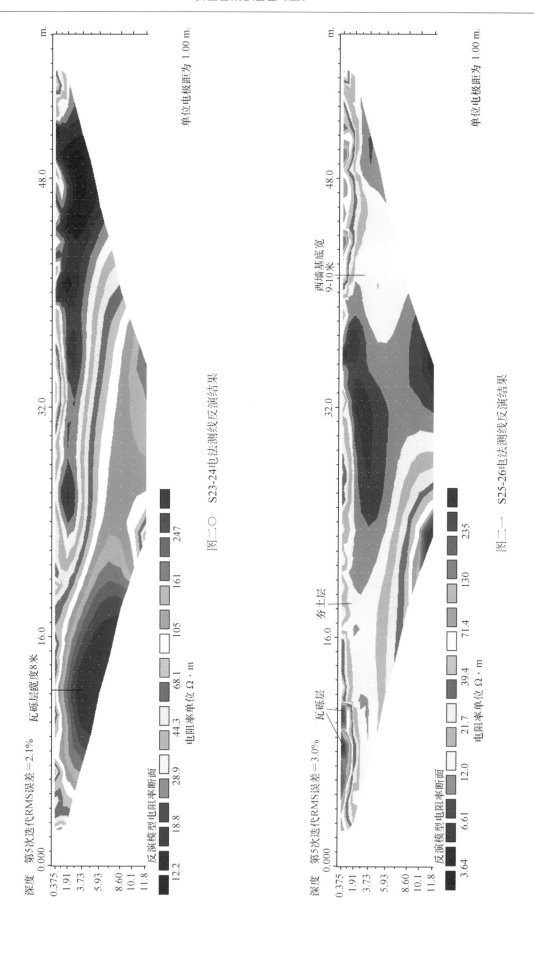

图二○　S23-24电法测线反演结果

图二一　S25-26电法测线反演结果

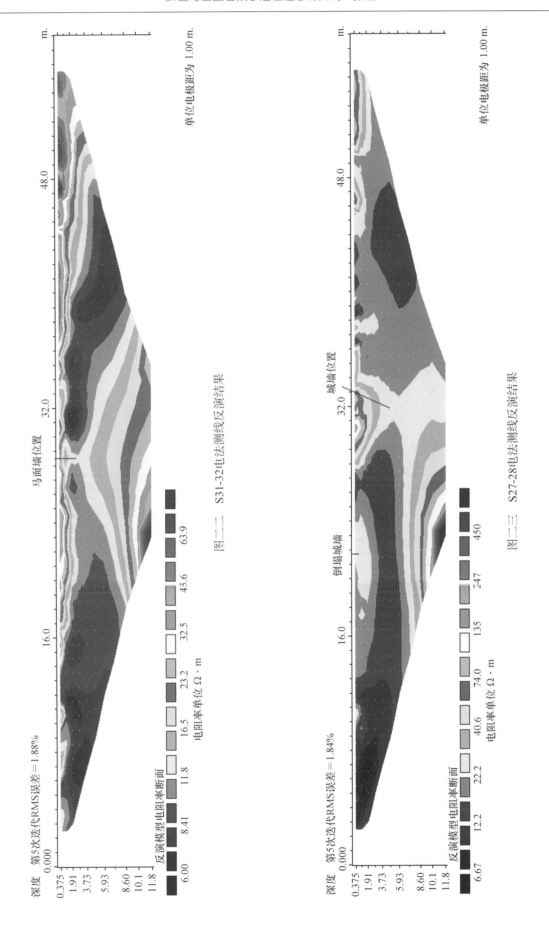

图二二 S31-32电法测线反演结果

图二三 S27-28电法测线反演结果

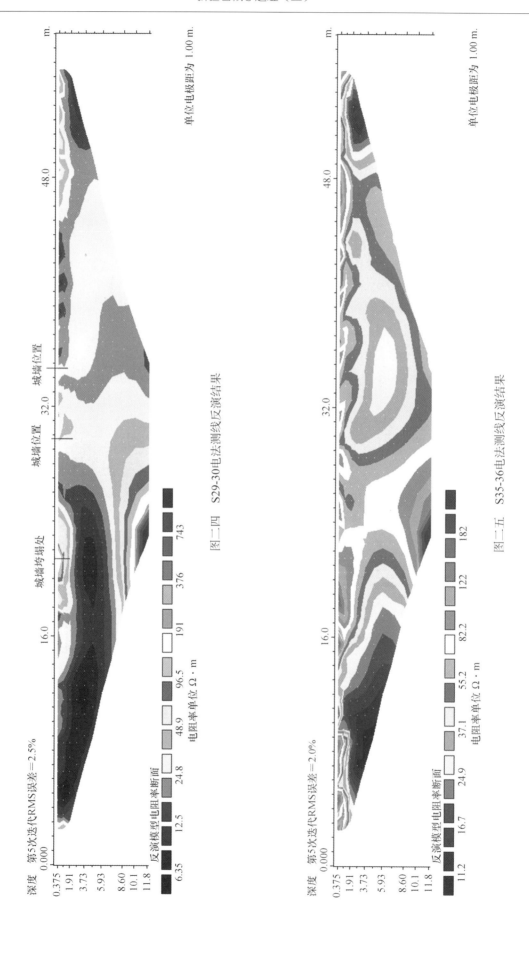

图二四　S29-30电法测线反演结果

图二五　S35-36电法测线反演结果

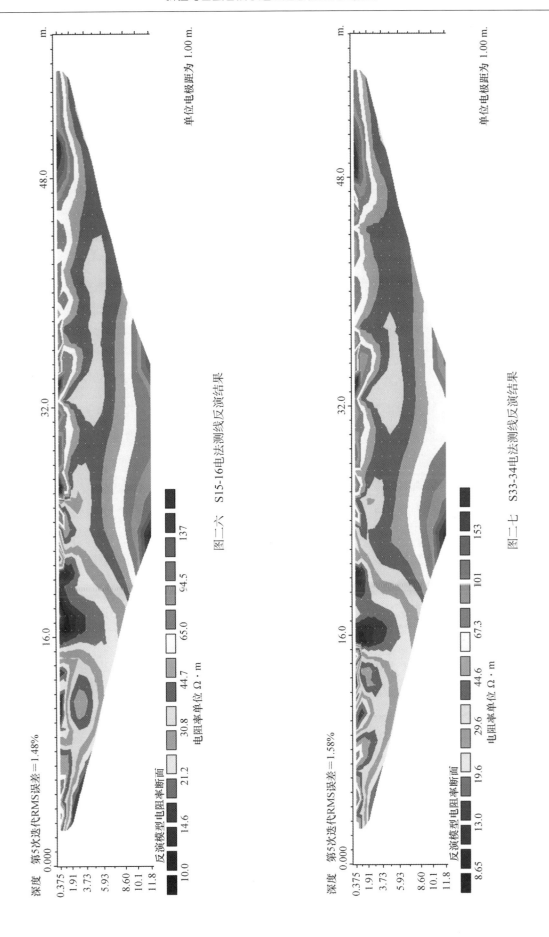

图二六　S15-16电法测线反演结果

图二七　S33-34电法测线反演结果

S17-18电法测线反演结果表明，位于测线20～25米处，深度0.5～4米位置有高阻异常，推测为城外农田中田埂。城墙位于测线25～26米处，其电阻率值异于两侧，图中可以看出此测线段城墙的真实宽度约为1米。在测线42～46米处电阻率值也异于两侧，推测是城内某建筑遗址，其地基宽度约2.5米，深度分布于1～3米。

（2）内城东城墙探测

S21-22电法测线反演结果表明，测线9～14米处的异常对应为东城墙位置，测线25～31米处有高阻值异常，图中可以看出此测异常区域跨度约6米，推测为古代建筑基址，向南侧倒塌。

（3）探方周边

S19-20电法测线反演结果表明，整条测线除去表面零散沉积物外，地下层状分布比较统一，有4层较为明显的电性差异层。

S23-24电法测线反演结果表明，在测线9～18米处电阻率存在明显高值异常，推测为建筑基址或瓦砾层，测线44～50米处的电阻异常代表城墙，城墙与建筑基址之间部分可能为人为扰动的遗迹。

（4）西城墙探测

S25-26电法测线反演结果表明，测线3～11米处存在高电阻率异常，推测可能为人为扰动遗迹或者为瓦砾层，测线中部24～38米处有较为致密的夯土，可能为建筑遗迹，因其位置与城墙相连，可视为城墙的一部分。在测线39米后显示出西城墙基底，其跨度为9～10米。

S31-32电法测线反演结果表明，测线15～25米处地下层状分布比较统一，有4～5层较为明显的电性差异，为表面扰动层。27～30米处电阻率异常的位置，对应深度0～3米，宽度为1～3米，该处城墙被打断，测线36米后城墙本体埋藏深度增加。

（5）西城门探测

S27-28电法测线反演结果表明，测线19～24米处，深度0～2.5米处有部分建筑遗迹，可能为建筑倒塌后形成。在测线28～34米处是城墙边建筑基址，此段深度0～3.5米是建筑垮塌散落形成的浅地表遗迹，其跨度约为7米，在3.5～6米深处建筑的真实宽度约为2米。测线36～44米段为城墙建筑的位置。

S29-30电法测线反演结果表明，测线13～25米处，深度0～2米有高阻值异常，表明表面土层致密，为道路遗迹。测线29～35米处是建筑基址的位置，在图中有很明确的显示。测线35米以后区域为城墙位置。

（6）"耿恭井"疑似位置探测

S35-36电法测线反演结果表明，测线24～40米处，深度0～3米有断续扰动的迹象，在剖面中的分布形态呈三个弧形段，其中的28～39米处，地表下4～9米深有低阻值异常，可能为深井或沟渠。测线23～27米与45～50米处，深度0～3米下，可见明显层状差异，推测为人工建筑基址，或与古代水井有关，在深度2～4米可以看到其真实厚度约宽3米，这与S15-16测线结果相吻合。

S15-16电法测线反演结果表明，城墙位于测线26～32米处，其电阻率值异于两侧，此测线段在0～3米深可见2～3层明显的层状差异，此处应是城墙遗址塌陷引起的。深度2～3米范围城墙宽度约为6米，而在深度3～4米处可以看到城墙的真实宽约3米。此外，在测线10～15米处，深度1～4米地下高阻值异常应为农田边的田埂，地下16～21米处的地下低阻值异常区可能为内城外侧壕沟。另外，在测线32～42米段为地表凹陷的土坑，也就是疑似"耿恭井"的位置，从地表以下形成了多层沉积，在4～8米深的范围内显示出均一的沉积地层，推测可能为古井。

S33-34电法测线反演结果表明，城墙位于测线27～30米处，其电阻率值异于两侧，图中可以看出该区地下浅层0～3米深有2～3层明显层状差异，且左浅右深（南浅北深），为地下轻微塌陷引起的。深度2～3米其宽度可达6米左右，可能是城墙坍塌或沉陷时造成的墙基变宽。而在深度3～4米可以看到城墙的真实宽度约为3米，这与S15～16测线结果相吻合。此外，在测线10～15米处为田埂的高阻值异常，测线15～21米处为低阻值异常，可能为城外的壕沟。测线30～37米处的异常可能为古井的位置。

根据电法反演结果的分析，将推测的遗迹位置与类型进行汇总，结果如图二八所示。在东、西、北三面城墙遗迹尚存，通过电法测线可探测出具体位置与地下的宽度，并得到遥感分析的验证。而内城南侧的城墙位置是经电阻率异常值推测得到，因该处与农田相接，地下遗迹被破坏的可能性较大，该推测结果的准确性尚需考古验证。对于疑似的"耿恭井"位置，由于地面现存较大的凹陷，地下容易造成电阻率的相对低值，但周边地下存在人工建筑的异常痕迹，故而推测该位置可能是古井，最深位置达9米左右。西南城墙位置可能存在角楼等建筑基

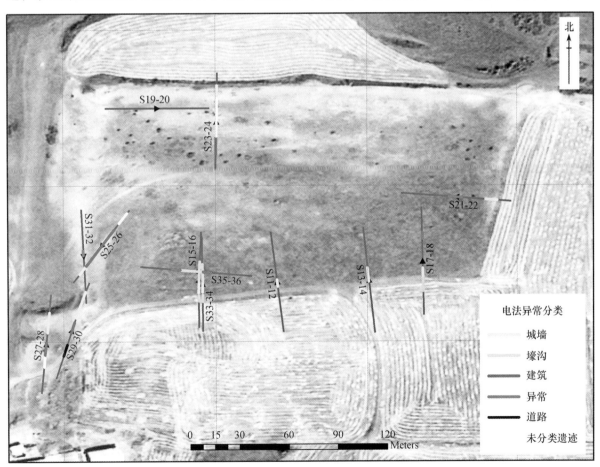

图二八　电法测量获得地下异常分布

址的痕迹，构成遗址防御功能的一部分，可通过地下电阻率差异获取到相关信息。此外，南墙外的壕沟，是经部分电法测线的电阻率低值分析得到，另有部分测线未发现壕沟遗迹，推测与农耕活动的破坏有关。

　　通过对内城关键位置的电法勘测，基本探明的内城的范围与四周城墙位置，结果需要与其他方法提取的遗址地表与地下信息进行综合分析与检验。此外，开展多阶段的高密度电法勘探可对本次结果进一步验证和完善。

4. 电磁法结果分析

　　电磁法通过地下土壤介质的导电率来反映遗迹的异常分布，测量结果直观且判读性强，便于特征解译与考古分析。考虑到外城农田区勘测条件的限制，在野外勘测过程中，将工作重点调整至内城区域，加大了野外勘测的密度。在遥感分析与电法测量结果基础上，对内城的主要区域进行重点勘测，基本覆盖了遥感与电法的异常区，形成对遥感和电法测量的有效补充与验证。实际勘测中，使用宽带数字电磁仪器，采用5个电磁工作频率，分别为3025HZ、6325HZ、13175HZ、27525HZ和57525HZ，探测了土壤的电导率，测线间距为1～2米。经插值后得到土壤电导率反演结果如图二九～图三一。

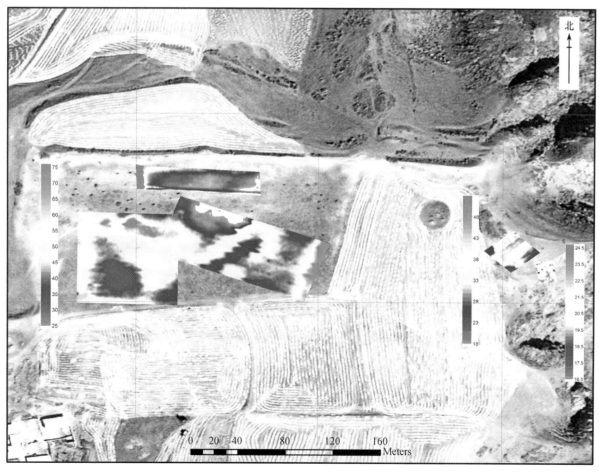

图二九　电磁法反演土壤电导率

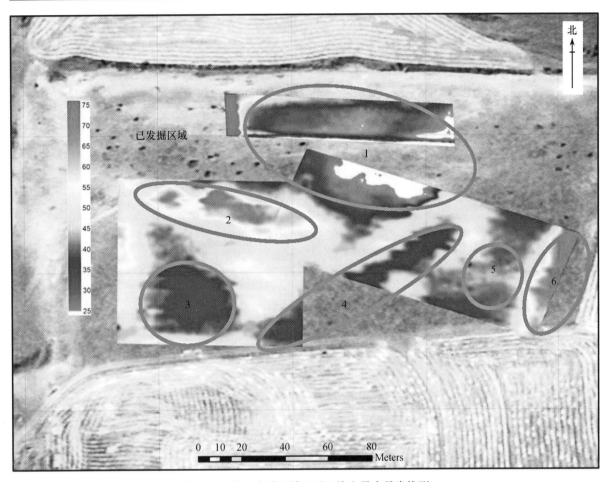

图三〇　遗址内城区域地下土壤电导率异常推测

异常区域1：低电导区域，地下含水量较低，疑似为夯土建筑的基址。

异常区域2：高电导区域，土壤含水量高，可能是地表坡降造成地下水分聚集，在区域2存在结构致密的建筑基址，故而形成明显的高电导率异常。推测该区域为古代建筑基址。

异常区域3：低电导区域，对应为地表陷坑。因松散沉积的地下土壤密度较低，同时受到土壤水分与有机质含量的共同影响，造成地下土壤电导率值低于周围区域。推测该处为井渠遗址，长期沉积造成古井被填埋，但土壤自然沉积造成密度较低。该结果与高密度电法测量结果吻合。

异常区域4：形成电导率值较低的条状低洼地带，疑似为古代道路。

异常区域5：该区域具有比周边高的电导率值，推测周边存在多处类似建筑遗迹，建筑之间的过渡地带具有较高的土壤水分含量。该结果与雷达图像的后向散射系数，以及高分辨率影像上的遗迹现象吻合。

异常区域6：该区域具有高电导率值，可能是两侧存在的建筑基址或墙体包围形成的土壤水分高值地带，或者该高值区域为内城的排水沟渠系统。结合雷达与高分辨率影像分析结果，认为该区域周边存在建筑基址的可能性更高。

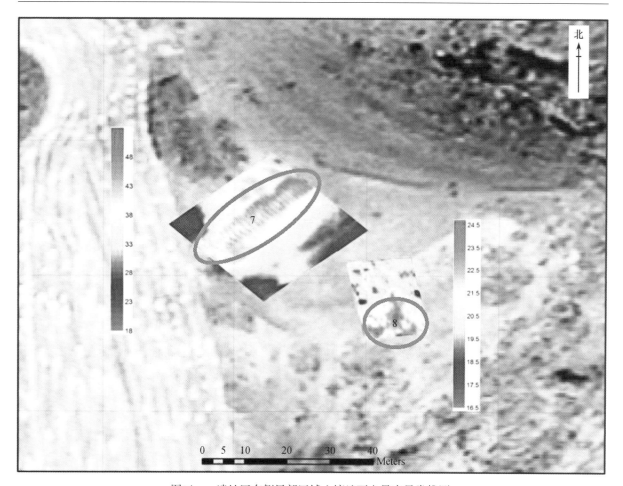

图三一　遗址区东侧局部区域土壤地下电导率异常推测

异常区域7：具有较高电导率，土壤含水量较高，可能为沟渠遗迹，或者是自然条件形成的坡度洼地，使得地下土壤中的水分汇集形成高电导率现象。

异常区域8：具有高电导率的异常区域，基本可以确认为地表坡度造成的地下水量分布不均。此处未发现异常目标。

5. 异常信息综合分析

遗址异常分析过程中需要对不同方法的探测结果进行对比与检验。中分辨率卫星影像对于遗址的宏观分析有效，提取出的遗址区与城墙位置可通过其他更高分辨率影像得到验证。高分辨率影像在探测地表遗迹的细节特征具有很大优势，经过增强处理后，可发现有规律排列的疑似建筑基址。解译结果在电法测量的部分反演结果中得到了验证。雷达影像对于城墙、壕沟等线状遗迹具有很高的辨识率，同时可以发现城内的部分建筑遗迹。在外城的农田区，因多年来反复耕种对土壤结构及地层的破坏，遥感与物探的识别难度很大，探测结果需要结合考古手段进行检验。高密度电法勘测对建筑、城墙、壕沟等遗迹较为有效，该方法探测深度大，同时对地层信息有较好的反映，是较为有效的物探考古方法之一。电法测量获取的数据为地下剖面信息，与其他数据类型不同，还可作为其他方法的验证数据。在电磁法测量中，内城的建筑遗迹得到进一步的验证，城内凹陷坑勘测结果与电法结果相互吻合，可识别出自然堆积层中的异常。

　　多源遥感与物探手段相结合，通过空间叠置分析，能够从多角度提取浅埋藏目标的信息，使得多种信息互为补充和检验。将探测结果进行综合处理，剔除单一方法探测到的少量而孤立的异常信息，只保留经过验证后的地表与地下的异常特征，以降低测量与解译中的误差，保证探测结果总体的一致性。综合分析的结果在一定程度上会受到浅地表人为扰动与物探数据多解性的影响，需要考古发掘进行验证。利用中分辨率影像获取遗址区环境信息，再综合高分辨率影像解译、卫星雷达后向散射、高密度电法、宽带电磁测量等结果，对遗址区考古目标在地表与地下的分布进行了推测，如图三二（图版六）所示。由于目前掌握的考古资料的局限性，以上对遗迹分布的推断尚需进一步完善。遥感物探技术的综合应用为地下遗迹的无损探测提供了可能，可对遗址空间布局与形制方面的认识形成补充。

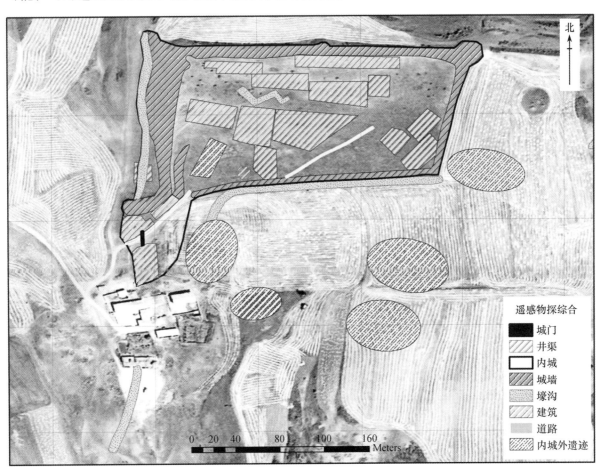

图三二　遗址区遥感物探方法推测的地表及地下遗迹

新疆石城子遗址综合地球物理考古研究报告

新疆维吾尔自治区文物考古研究所　中国科学院空天信息创新研究院

一、研 究 背 景

石城子遗址位于奇台县城东南，直线距离50千米，地处天山北坡的山区，隶属半截沟镇麻沟梁村。该遗址地处前山丘陵地带，坐落在麻沟河沿上，其城址东依悬崖峭壁，南有麻沟河向东绕北泽黑沟流向新户梁，北为南高北低的坡地，西面低缓的丘陵与麻沟河、新户河相接，地势险要是该城的地理环境特色。因城内有露出地表的岩石，俗称"石城子"。1972年8月29日，奇台县人民政府批准其为第一批县级重点文物保护单位；1999年新政办发〔1999〕91号文件将其定为自治区级文物保护单位；2015年3月被列为国家第七批重点文物保护单位。

石城子遗址呈不规则状，位于山坡上，北高南低，东西长240米，南北长200米，古城东面为麻沟河（绝壁深渊），另三面筑城墙，宽一丈，有角楼、马面，城内有一洼地，据考证是人工挖掘的类似于"井"的工程。该城只有西、北两面墙，北墙中段有一条南北向土墙。北、西两面土墙相对高度不过3米，其中北墙残高1.5~2米，东端最高处约3.5米。城中西南有一圆形凹地，直径约6米，实际测量，北墙东西长280米，西墙南北长155米。北墙中部偏东土墙长140米，墙基宽约10米。由于墙内墙外均已成麦地，当年建筑布局或建筑基址相对集中的处所已难辨别。但城内外，尤其是西南随处都可发现不少具有明显汉代文物特征的灰陶片、板瓦、云纹瓦当、筒瓦残片。城内散布的残片以灰陶为主，红陶较少，陶器多褶，底小、平、有耳，砖瓦残片较多。

据《汉书》记载，疏勒城边有洞水，城中有井，四周宜农耕，依山通交河古城，石城子出土绳纹板瓦、云纹瓦当等典型汉代文物。因此，史学界断定石城子为汉疏勒城。疏勒城与楼兰同等重要，是楼兰古城的姊妹城。据考证，此城属汉代疏勒城（属车师国，不在疏勒国境内），历经魏、晋、隋、唐诸朝代，是新疆迄今发现的唯一的汉代风格建筑遗址，历史上的疏勒城保卫战就发生在此城之地。

永平十八年（公元75年）三月，匈奴北单于以两万骑兵，出击处在汉与匈奴之间的西域部族车师，车师王被杀。匈奴乘胜将锋芒指向金蒲城。与匈奴搏杀中，实力单薄的耿恭依靠一种神秘武器——弩机，取得了战术优势。这种弩机射程远，杀伤力强（据说箭头浸有毒药），使"匈奴震怖"，有效地滞缓了匈奴的突击。五月，耿恭放弃了孤立无援的金蒲城，向东北转移到另一个屯戍地疏勒城。疏勒城傍临深涧，可以倚险固守，特别是与友军（柳中城驻军）更贴近，声气相应。匈奴将疏勒城死死围困，并将深涧的水源截断，开出了极为优厚的条件，逼耿恭投降。失去水源，耿恭不得不在疏勒城中挖井，直到十五丈深，也没挖到水脉，吏士渴乏已极，不得不"笮马粪汁而饮之"。耿恭重整衣冠，向枯井虔诚再拜，"为吏士祷"。转眼工夫，井中竟水泉涌出，大家齐呼"万岁"。他们在城上扬水示威，匈奴只得退去。

因此，本次探测中寻找"耿恭井"是重要任务之一。在遗址内，井的痕迹难寻，只能见到城下低洼处有一个明显的深坑，这到底是不是"耿恭井"的位置、井的深度、容量等信息如何判定？面对这些问题，地球物理考古方法大显身手！

自从无损地球物理方法应用到考古领域以来，因其无损、高效、可重复观测等优点在考古勘探工作中得到越来越广泛的应用。为了满足考古工作日益科学化、系统化、精细化的要求，各种地球物理探测方法都得到了充分的应用和有机的结合，在国内外均取得了丰硕的成果，为考古工作提供了先验基础和重要支撑。各种地球物理方法在考古领域的应用也越来越多，其中磁法、探地雷达等方法都成为较为有效的考古探测手段，受到考古学家的高度重视。地球物理方法考古已经逐渐成为一门新的应用学科。另外，通过多学科交叉融合，将地球物理学与遥感考古进行学科集成，充分利用多属性方法间相互补充、相互验证，是系统研究地下埋藏物的主要手段。

当前，几乎世界各地都有进行地球物理考古的应用研究，特别是欧美等一些国家。从近年的研究成果来看，综合地球物理方法考古是当前地球物理考古的关键研究课题。

地球物理方法考古在中国起步相对较晚，直到20世纪80年代开始得到重视。目前，地球物理方法已经逐渐应用于古墓、古城址、古河道、古窑址等古遗存的探测。但是，这些探测往往只是针对目标对象的单一方法勘查，缺乏对遗址的多方法地球物理考古探测研究。2002年，我国首次将地球物理考古工作纳入国家"863项目"，利用地球物理和遥感技术对秦始皇陵地下文物的调查，集中了重力、磁法、电法、地震、探地雷达等多种地球物理方法，对各种方法进行有效性试验，并取得了一批有价值的成果。但其成果还不能十分有效地推广到我国其他古遗址的地球物理考古中。

从目前国外考古物探方法的应用及效果来看，大概除了钻孔（地下）物探和测井方法之外，几乎所有的物探方法在一定程度上均被用于考古调查，经过对汉疏勒城的前期勘查与研究，选择探地雷达方法和高密度电阻率法是比较适合于石城子遗址探测的地球物理方法。这两种方法基本特征分述如下。

1. 探地雷达方法

在过去的10年中，考古物探技术上最重要的一次革新莫过于探地雷达的使用。探地雷达作为一种新方法，20世纪70年代中后期最先用于工程地质调查，随后被引用到考古探测中。该方法适合于低电导覆盖的地区，可比较准确、连续地反映出地下图像，并且具有很高的分辨能力，可直接探测极小的考古特征（尺寸小到分米甚至厘米级）。该方法的局限性在于受地表良导覆盖（如黏土层）的影响较大。另外，仪器也较昂贵，数据解释也较复杂。近年来，地面探测雷达用于考古探测已屡见不鲜，并卓有成效地为考古解决了许多难题。

2. 高密度电阻率法

电法的分支甚多，但考古调查中最常用的方法有电阻率法、电磁法和地面探测雷达。激发极化法和自电方法也时有应用。

高密度电阻率法是最早（20世纪40年代末）用于考古探测的物探方法，它的应用标志着物探的一个新的应用领域——地球物理考古的出现。几十年来，经过技术上的不断改进和完善，它已成为考古物探中最常规的手段之一，占有相当重要的地位。电阻率法探测的对象与磁测大致相同，但它是基于被探测对象与周围介质的电性差异。另外，由于古人类活动引起的土壤压实、土壤温度、溶解盐和其他因素的变化也往往会反映在电阻率异常中。目前，该方法在欧洲、中东和北美地区的考古调查中得到广泛地使用并取得良好的效果，已成为常规的方法之一。

本次勘查的目标任务是采用探地雷达和高密度电阻率法对石城子遗址以及城外墓穴测区进行综合地球物理考古探测，并圈定出异常区域的准确范围、长度、宽度和地下埋藏厚度等重要信息。

二、探地雷达方法考古研究

（一）方法原理

探地雷达方法基于电磁波在不同介质中的传播特性。电磁波的传播取决于介质的电性，介质的电性主要有电导率μ和介电常数ε，前者主要影响电磁波的穿透（探测）深度，在电导率适中的情况下，后者决定电磁波在该物体中的传播速度，因此，所谓电性界面也就是电磁波传播的速度界面。不同的地质体（物体）具有不同的电性，因此，在不同电性的地质体的分界面上，都会产生回波。基本目标体探测原理见图一。

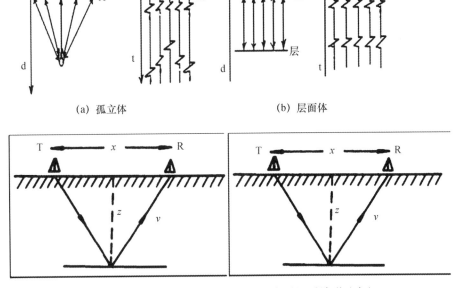

(a) 孤立体　　　　　　　　　(b) 层面体

图一　电磁波在地下的传播路径（左）及记录波形（右）

（二）仪器设备

本次探测采用LTD-2100型探地雷达主机。LTD探地雷达由一体化主机、天线及相关配件组成（图二）。相对于探地雷达所用的高频电磁脉冲而言，通常工程勘探和检测中所遇到的介质都是以位移电流为主的低损耗介质。在这类介质中，反射系数和波速主要取决于介质的介电常数ε，空气的相对介电常数为1，最小；水的相对介电常数为81，最大。雷达工作时，向地下介质发射一定强度的高频电磁脉冲（几十兆赫至上千兆赫），电磁脉冲遇到不同电性介质的分界面时即产生反射或散射，探地雷达接收并记录这些信号，再通过进一步的信号处理和解释即可了解地下介质的情况。

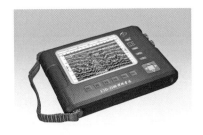

1. 探地雷达系列　　　　2. LTD-2100型探地雷达主机　　　　3. GC100MHz配套屏蔽天线

图二　仪器设备

（三）数据采集

针对石城子遗址地球物理考古探测，探地雷达现场工作方式采用剖面法和多次覆盖法（图三、图四）。

图三　石城子遗址探地雷达探测现场（1）

图四　石城子遗址探地雷达探测现场（2）

1. 工作现场

在石城子遗址地下地球物理探测过程中得到了新疆维吾尔自治区文物考古研究所吴勇研究员的协助，在此表示感谢。

2. 测线位置测量

采用Trimble Geo XM 2008（亚米级手持GPS），对测线起始点进行经纬度定点测量，其精度为0.5~1米。

3. 测线布设和规划

为了得到石城子遗址地下地球物理探测结果，首先需要对石城子遗址探测区域进行测线规划，石城子遗址内城遗址探地雷达测区，共计测线34条，测线长度小计2023米（图五；表一）；石城子遗址城外墓穴探地雷达测区，共计测线6条，测线长度小计352米（图六；表二）；合计探地雷达测线40条，总计长度2375米。

表一 石城子遗址内城测区探地雷达数据文件列表

测线号	文件名	测线类型	测线名称	测线GPS文件名	测线方向	测线长度（m）
1	LtdFile1.LTE	探地雷达测线	T1	SL-T1	S-N	44
2	LtdFile2.LTE	探地雷达测线	T2	SL-T2	N-S	40
3	LtdFile3.LTE	探地雷达测线	T3	SL-T3	S-N	40
4	LtdFile4.LTE	探地雷达测线	T4	SL-T4	N-S	41
5	LtdFile5.LTE	探地雷达测线	T5	SL-T5	S-N	41
6	LtdFile6.LTE	探地雷达测线	T6	SL-T6	N-S	40
7	LtdFile7.LTE	探地雷达测线	T7	SL-T7	S-N	41
8	LtdFile8.LTE	探地雷达测线	T8	SL-T8	N-S	41
9	LtdFile9.LTE	探地雷达测线	T9	SL-T9	S-N	41
10	LtdFile10.LTE	探地雷达测线	T10	SL-T10	N-S	41
11	LtdFile11.LTE	探地雷达测线	T11	SL-T11	S-N	43
12	LtdFile12.LTE	探地雷达测线	T12	SL-T12	N-S	40
13	LtdFile13.LTE	探地雷达测线	T13	SL-T13	S-N	40
14	LtdFile14.LTE	探地雷达测线	T14	SL-T14	N-S	40
15	LtdFile15.LTE	探地雷达测线	T15	SL-T15	S-N	41
16	LtdFile16.LTE	探地雷达测线	T16	SL-T16	N-S	39
17	LtdFile17.LTE	探地雷达测线	T17	SL-T17	S-N	38
18	LtdFile18.LTE	探地雷达测线	T18	SL-T18	N-S	35
19	LtdFile19.LTE	探地雷达测线	T19	SL-T19	S-N	37
20	LtdFile20.LTE	探地雷达测线	T20	SL-T20	N-S	40
21	LtdFile21.LTE	探地雷达测线	T21	SL-T21	S-N	38
22	LtdFile22.LTE	探地雷达测线	T22	SL-T22	N-S	38
23	LtdFile23.LTE	探地雷达测线	T23	SL-T23	S-N	37
24	LtdFile24.LTE	探地雷达测线	T24	SL-T24	N-S	37
25	LtdFile25.LTE	探地雷达测线	T25	SL-T25	—	—
26	LtdFile26.LTE	探地雷达测线	T26	SL-T26	E-W	165
27	LtdFile27.LTE	探地雷达测线	T27	SL-T27	W-E	169
28	LtdFile28.LTE	探地雷达测线	T28	SL-T28	E-W	171
29	LtdFile29.LTE	探地雷达测线	T29	SL-T29	W-E	168
30	LtdFile30.LTE	探地雷达测线	T30	SL-T30	W-E	85
31	LtdFile31.LTE	探地雷达测线	T31	SL-T31	E-W	85
32	LtdFile32.LTE	探地雷达测线	T32	SL-T32	W-E	89
33	LtdFile33.LTE	探地雷达测线	T33	SL-T33	E-W	63
34	LtdFile34.LTE	探地雷达测线	T34	SL-T34	W-E	39
35	LtdFile35.LTE	探地雷达测线	T35	SL-T35	W-E	36

表二　石城子遗址城外墓穴测区探地雷达数据文件列表

测线号	文件名	测线类型	测线名称	测线GPS文件名	测线方向	测线长度（m）
1	LtdFile1.LTE	探地雷达测线	TT1	SL-TT1	N-S	81
2	LtdFile2.LTE	探地雷达测线	TT2	SL-TT2	S-N	79
3	LtdFile3.LTE	探地雷达测线	TT3	SL-TT3	N-S	83
4	LtdFile4.LTE	探地雷达测线	TT4	SL-TT4	S-N	83
5	LtdFile5.LTE	探地雷达测线	TT5	SL-TT5	E-W	12
6	LtdFile6.LTE	探地雷达测线	TT6	SL-TT6	W-E	14

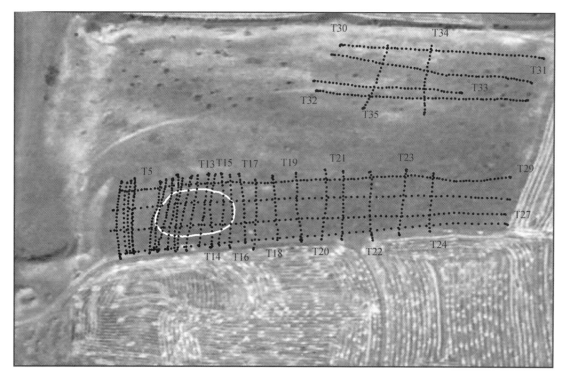

图五　石城子遗址内城测区探地雷达剖面位置图

（四）数据预处理

1. 数据处理

　　探地雷达数据处理包括预处理（标记和桩号校正，添加标题、标识等）和处理分析，其处理流程如图七所示，其目的在于压制规则和随机干扰，以尽可能高的分辨率在探地雷达图像剖面上显示反射波，突出有用的异常信息（包括电磁波速度、振幅和波形等）来帮助解释。

　　探地雷达所接收的是来自地下不同电性界面的反射波，其正确解释取决于检测参数选择合理、数据处理得当、模拟实验类比和读图经验等因素。

　　雷达数据的采集是分析解释的基础，数据处理则是提高信噪比，将异常突出化的过程。将现场采集的探地雷达数据传输至计算机中，应用配套的探地雷达处理软件进行处理。

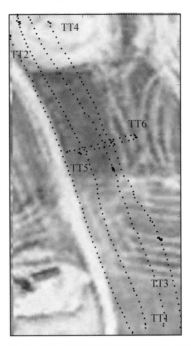

图六　石城子遗址城外墓穴测区探地雷达剖面位置图

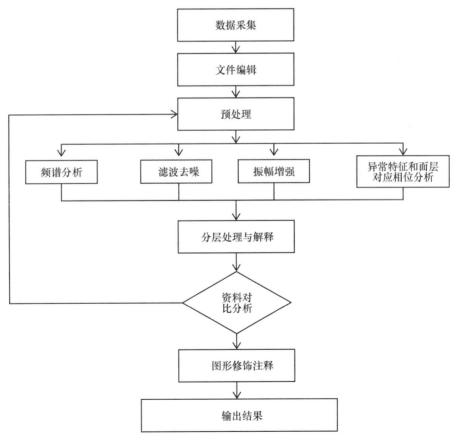

图七　探地雷达数据处理流程图

2. 地球物理推断与解译

探地雷达图像的分析有定性和定量两种，定性分析主要表现在对空洞、异常、产状的判断上，定量分析主要在异常深度及长度的判定上。异常深度的判定可由电磁波从地面到异常体的双程走时来确定，由于异常体与周围介质存在一定的电性差异，特别是有空洞、空隙存在时，泥土、空气与围岩三者之间存在较大差异，在该界面位置出现强反射，电磁波能量显著增强，形成强反射界面，但当土壤含水量较高时会严重吸收电磁波能量使得反应地下深层的信号强度大大减小；电磁波波速则是根据土壤的成分及含水量等因素确定，电磁波在土壤中的相对介电常数 ε_r，然后利用以下公式即可计算出异常体埋深。

$$r = \frac{\sqrt{\varepsilon_1} - \sqrt{\varepsilon_2}}{\sqrt{\varepsilon_1} + \sqrt{\varepsilon_2}} \qquad v = \frac{c}{\sqrt{\varepsilon}}$$

对于地下异常体的判读方法，这主要根据电磁波波形、振幅大小及电磁波同相轴连续性的好坏来进行判断。当地下土壤较为均一，不存在裂缝及空洞时，雷达图像上表现为雷达波同相轴连续性较好；反之在雷达图像上会表现为反射能量强、同相轴连续性较差，甚至产生双曲线形态等异常现象（图八）。

另外，原始探测数据可能因为场地潮湿、地形起伏、地表障碍物干扰等原因，异常显示有些区域干扰较为明显（图九），不利于异常目标的判别，所以需要对其进行一系列处理后得到最终结果（如图一〇所示），所得结果层面清晰、异常突出，有利于进一步地分析与解释工作。

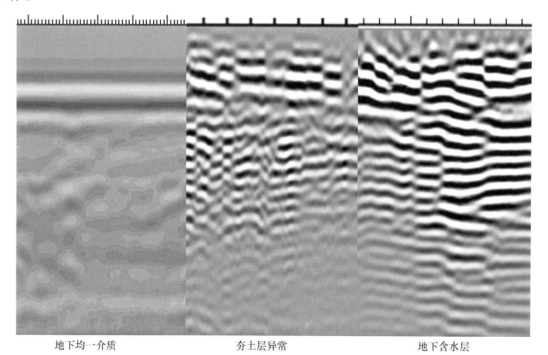

地下均一介质　　　　　　　夯土层异常　　　　　　　地下含水层

图八　不同地下异常体探地雷达结果对比图

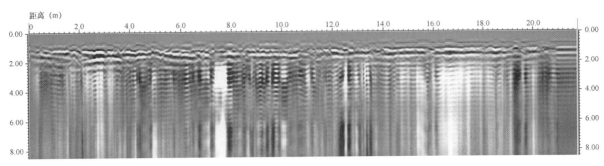

图九　探地雷达剖面（T13）原始数据

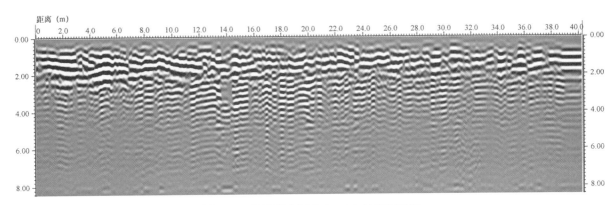

图一〇　探地雷达剖面（T13）处理后数据

（五）探地雷达探测结果分析与解释

本次探地雷达考古探测共计分为两个测区（图一一），分别为石城子遗址城内测区（红色测线）和石城子遗址城外测区（黄色测线）。部分结果见图一二～图二六。

1. 石城子遗址城内测区

石城子遗址城内测区共计分为两个区域，遗址北侧和南侧。解译的异常特征主要包括高含水异常区、夯土遗留异常区和坍塌空洞区。

（1）石城子遗址高含水异常区

以探地雷达测线T2、T7、T8和T12为例（测线位置和方向见图五）。测线中灰色多边形闭合线是城内高含水异常区，表现为高反射信号特征，推测城内耿恭井的位置极大可能是在高反射含水异常区域内。

（2）夯土遗留异常区

以探地雷达测线T3、T5和T6为例（测线位置和方向见图五）。测线中黑色矩形框是残留夯土层异常区，表现为层状连续同相轴分布特征，推测这些夯土是南城墙坍塌或者城内建筑遗留。

图一一　石城子遗址探地雷达探测区域测线分布图

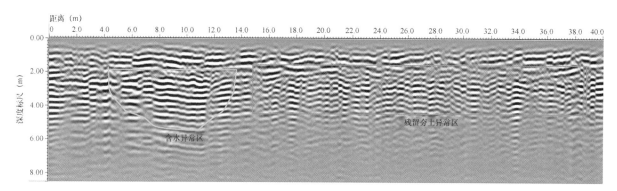

图一二　石城子遗址探地雷达测线T2

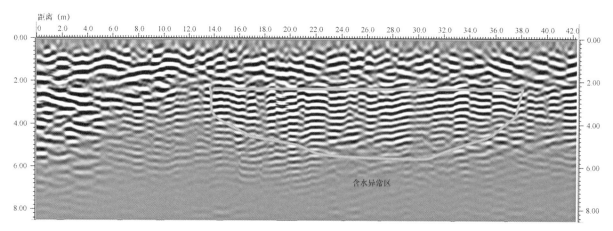

图一三　石城子遗址探地雷达测线T7

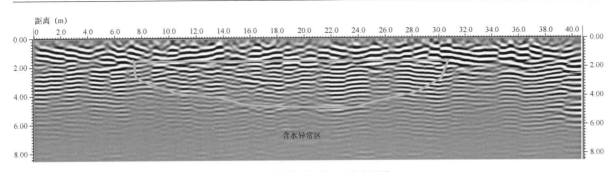

图一四　石城子遗址探地雷达测线T8

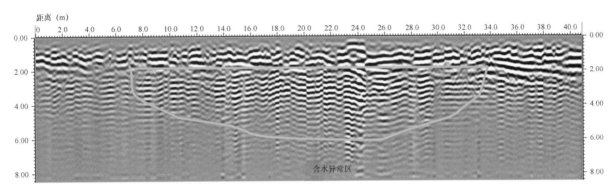

图一五　石城子遗址探地雷达测线T12

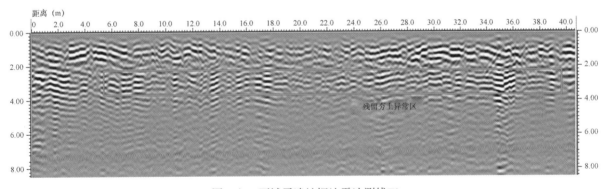

图一六　石城子遗址探地雷达测线T3

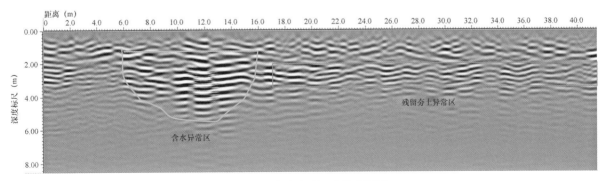

图一七　石城子遗址探地雷达测线T5

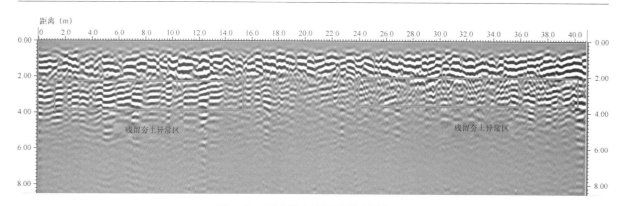

图一八　石城子遗址探地雷达测线T6

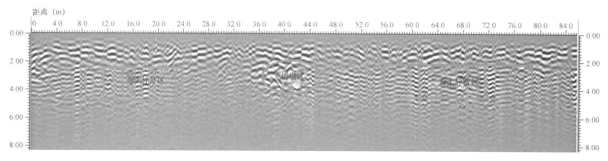

图一九　石城子遗址探地雷达测线T31

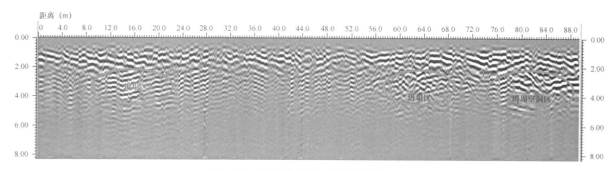

图二○　石城子遗址探地雷达测线T32

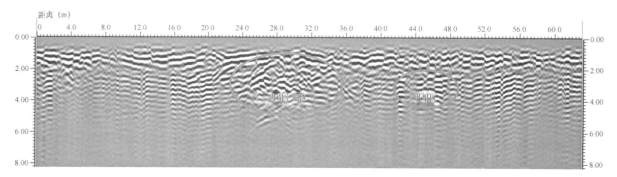

图二一　石城子遗址探地雷达测线T33

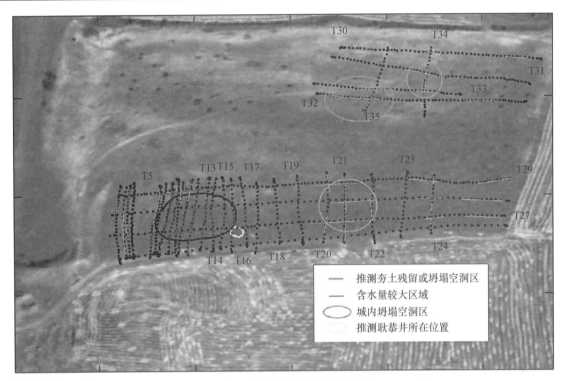

图二二 石城子遗址城内探地雷达解译结果（T1～T35）

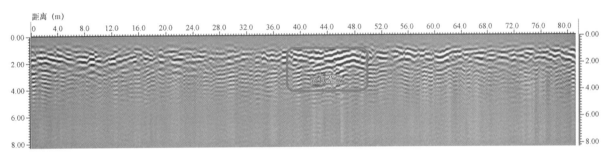

图二三 石城子遗址城外探地雷达测线TT1

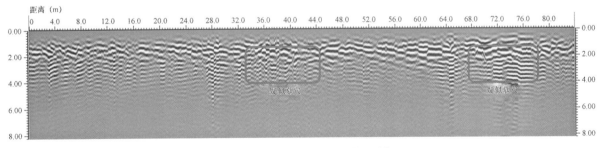

图二四 石城子遗址城外探地雷达测线TT4

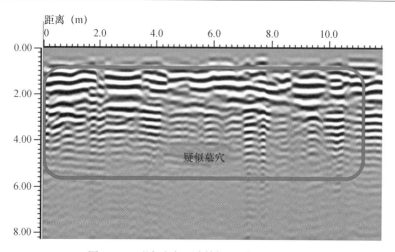

图二五　石城子遗址城外探地雷达测线TT5

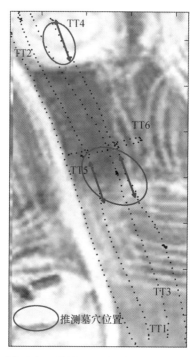

图二六　石城子遗址城外探地雷达解译结果（TT1～TT6）

（3）坍塌空洞区异常区

以探地雷达测线T31～T33为例（测线位置和方向见图五），测线中黑色椭圆框是坍塌空洞异常区，表现为松散堆积杂乱反射分布特征，推测这些坍塌空洞是城内建筑坍塌造成的。

针对以上三种（高含水异常区、夯土遗留异常区和坍塌空洞区）特征异常，本次报告进行一一圈定，图二二为石城子遗址城内探地雷达解译结果。

石城子遗址城内探地雷达解译结果表明：①区域内黑色椭圆范围为城内坍塌建筑空洞区，此异常区域比较明显，根据物性差异，呈现明显的同相轴错断、杂乱的特征；②区域内灰色直线标注为城内高含水异常区，此异常区域比较明显，根据物性差异，呈现高亮的强反射特征，且以图中浅蓝色椭圆区域最为显著，推测该区域极大可能是耿恭井所在位置。

2. 石城子遗址城外墓穴测区

石城子遗址城外墓穴测区位于石城子遗址以西约240米，测区主要异常特征为小型墓穴。

以探地雷达测线TT1、TT4和TT5为例（测线位置和方向见图六），其中测线TT5与测线TT1和TT4近乎垂直交叉。测线中黑色矩形框是疑似墓穴异常区，表现为地下目标体呈现松散堆积的特征，埋藏深度1~3米。

石城子遗址城外探地雷达解译结果表明：测区范围内存在两个疑似墓穴区域，第一个墓穴在测区中间位置，其大小约为10米×10米，第二个墓穴位于测区北侧，其大小约为6米×4米。

三、高密度电阻率法考古研究

（一）方法原理

高密度电阻率法是通过对地下半空间中传导电流的分布规律进行研究，获取地下介质电阻率，从而进行目标体的探测，许多的考古目标和周围介质都存在着电阻率差异，如古城墙、古河道、墓室、墓道，根据不同的电阻率值判断不同的考古目标。高密度电法数据采集时，通过程序的控制，每次选择电极阵中四个电极作为A、B供电电极和M、N测量电极，仪器自动测量AB间的供电电流I和MN间的测量电位ΔV。根据下列公式计算出视电阻率为：

$$\rho_s = k \frac{\Delta V}{I}$$

其中k为装置系数，由A、B、M、N电极的位置和装置类型所决定，高密度电阻率法用于考古时，根据地表和探测目标的深度、大小、产状等因素，选取最适合的电极排列的类型探测，主要的野外考古时比较常用的有温纳α排列、温纳β排列和温纳γ排列。图二七为三种排列示意图，温纳α排列即普通的温纳排列，两个测量电极M、N位于两个供电电极A、B之间，并且AM=MN=NB。温纳β排列又叫双偶极排列，事实是轴向偶极排列即四个电极按A、B、M、N的顺序排列，且AB=BM=MN，温纳γ排列中的电位电极A、B和测量电极M、N交替排列，且AM=MB=BN，从而得出视电阻率关系式，即：

$$\rho_s^a = \frac{1}{3}\rho_s^b + \frac{2}{3}\rho_s^\gamma$$

式中ρ_s^a、ρ_s^b、ρ_s^γ分别为α、β、γ三种电极排列测量所得的视电阻率，当已知其中任意两种排列的视电阻率值时，通过上面的公式便可计算第三种排列的视电阻率值（图二七）。

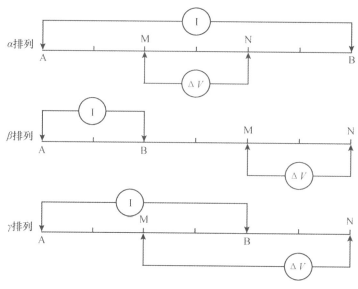

图二七 三种排列示意图

（二）仪器设备

采用国产WGMD-9超级高密度电法系统，该系统以WDA-1超级数字直流电法仪为测控主机，可通过选配WDZJ-4多路电极转换器、集中式高密度电缆、电极，实现集中式二维高密度电阻率测量，系统具体测量功能及构成如下表三：

表三　WGMD-9超级高密度电法系统功能及构成

系统构成 测量功能	主机	转换器或 适配器	直流高压电源	电缆、电极
集中式二维 高密度电阻率测量	WDA-1	WDZJ-4或WDZJ-120多路 电极转换器	外接	集中式高密度电缆、电极
	WDA-1B		内置200V，或外接	
	WDA-1B		内置200V，或外接	

WGMD-9超级高密度电法系统是集全中文掌上电脑、蓝牙、24位A/D、大功率控制等当今最新电子技术研制的新一代高密度电法系统，仪器的体积和重量均显著缩小，主要技术指标及功能领先于当前国内外同类仪器，在各种野外复杂环境下能更好地工作，可广泛应用于金属与非金属矿产资源勘探、野外与城市考古、城市物探、铁道桥梁勘探等方面，亦用于寻找地下水、确定水库坝基和防洪大堤隐患位置等水文、工程地质勘探中，还能用于地热勘探。

（三）数据采集

电阻率法是以研究地壳中各种岩石、矿石电学性质之间的差异为基础，利用电场空间分布规律来解决地质构造或寻找有用矿产的一类地球物理勘探方法。高密度电阻率法的基本理论与传统的电阻率法完全相同，该方法把很多电极同时排列在测线上，通过对电极自动转换器的控制，实现电阻率法中不同装置、不同极距的自动组合，从而一次布极可测得多种装置、多种极距情况下多种视电阻率参数的方法，兼具电剖面法和电测深法特点。

图二八为高密度电法集中式野外测定工作布置图，在地面上以一定的极距布置电极网络进行测定，可获得不同方向上的电阻率图像，从而形成对目标体位置和形状的认识。对比常规电阻率法，它具有以下特点：①电极布设是一次完成的，这不仅减少了因电极设置而引起的故障和干扰，而且为野外数据的快速和自动测量奠定了基础；②能有效地进行多种电极排列方式的扫描测量，因而可以获得较丰富的关于地电断面结构特征的地质信息；③野外数据采集实现了自动化或半自动化，不仅采集速度快（大约每一测点需2～5s），而且避免了由于手工操作所出现的错误；④与传统的电阻率法相比，成本低，效率高，信息丰富，解释方便。

针对古城遗址地球物理探测，高密度电阻率法采用分布式野外测量方式进行数据采集。

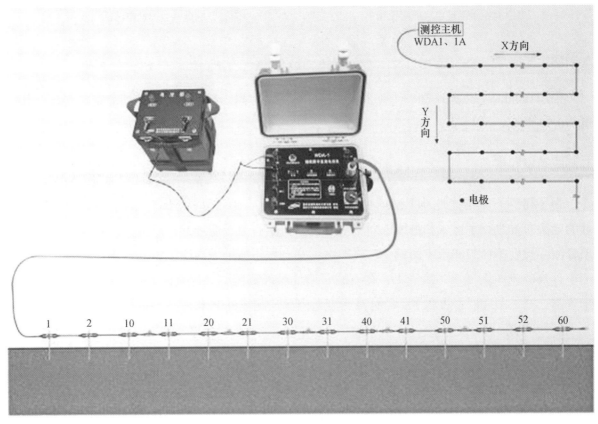

图二八　高密度电法集中式野外测量示意图

1. 工作现场（图二九、图三〇）

图二九　石城子遗址电法探测现场（1）　　　　图三〇　石城子遗址电法探测现场（2）

2. 测线位置测量

　　采用Trimble Geo XM 2008（亚米级手持GPS），对测线起始点进行经纬度定点测量，其精度为0.5~1米。

3. 测线布设和规划

　　为了得到石城子遗址地下地球物理探测结果，在探地雷达探测结构的基础上对石城子遗址的电法布设进行了区域和测线规划。主要包括：①石城子遗址2016年电法测线，共计测线18条，测线长度小计2760米（图三一；表四）；②石城子遗址城内测区，共计测线14条，测线长度小计2608米（图三二；表五）；③石城子遗址城外测区，共计测线8条，测线长度小计1440米（图三三、图三四；表六）；总计高密度电阻率法测线6808米。

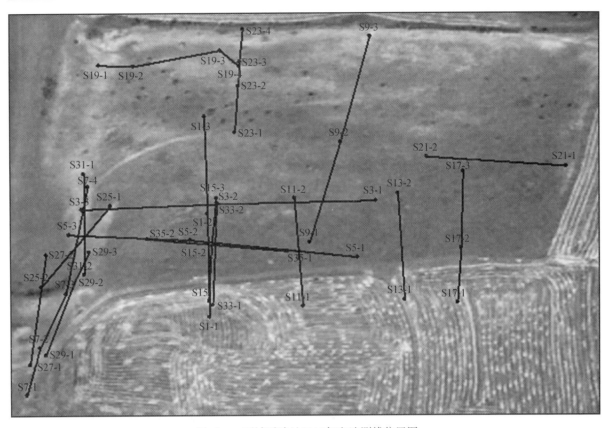

图三一　石城子遗址2016年电法测线位置图

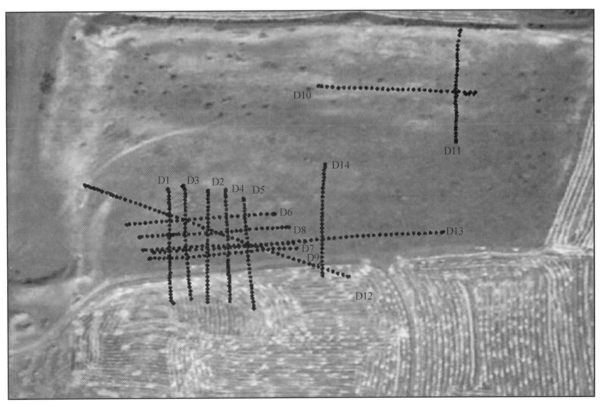

图三二　石城子遗址城内测区测线位置图（D1～D14）

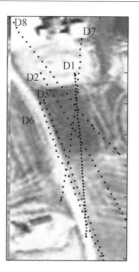

图三三　石城子遗址城外电法测线位置图（1）（DD1～DD8）

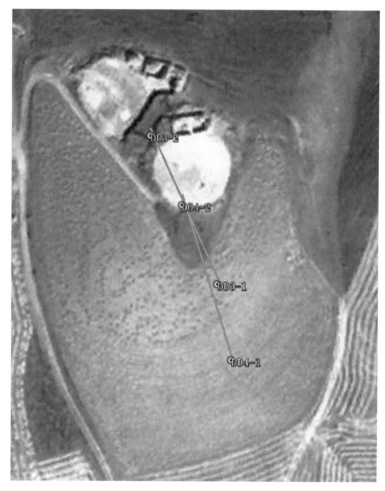

图三四　石城子遗址城外电法测线位置图（2）（DD3～DD4）

表四 石城子遗址2016年电法测线数据文件列表

测线号	文件名	测线类型	测线名称	测线GPS文件名	测线方向	测线长度（m）
1	S1-2	电法测线	S1-2	S1-2	S-N	120
	S1-2-1	电法测线	S1-2	S1-2	S-N	120
2	S3-4	电法测线	S3-4	S3-4	E-W	120
	S3-4-1	电法测线	S3-4	S3-4	E-W	120
3	S5-6	电法测线	S5-6	S5-6	E-W	120
	S5-6-1	电法测线	S5-6	S5-6	E-W	120
4	S7-8	电法测线	S7-8	S7-8	S-N	120
	S7-8-1	电法测线	S7-8	S7-8	S-N	120
5	S9-10	电法测线	S9-10	S9-10	S-N	120
	S9-10-1	电法测线	S9-10	S9-10	S-N	120
6	S11-12	电法测线	S11-12	S11-12	S-N	60
	S11-12-1	电法测线	S11-12	S11-12	S-N	60
7	S13-14	电法测线	S13-14	S13-14	S-N	60
	S13-14-1	电法测线	S13-14	S13-14	S-N	60
8	S15-16	电法测线	S15-16	S15-16	S-N	60
	S15-16-1	电法测线	S15-16	S15-16	S-N	60
9	S17-18	电法测线	S17-18	S17-18	S-N	60
	S17-18-1	电法测线	S17-18	S17-18	S-N	60
10	S19-20	电法测线	S19-20	S19-20	W-E	60
	S19-20-1	电法测线	S19-20	S19-20	W-E	60
11	S21-22	电法测线	S21-22	S21-22	E-W	60
	S21-22-1	电法测线	S21-22	S21-22	E-W	60
12	S23-24	电法测线	S23-24	S23-24	S-N	60
	S23-24-1	电法测线	S23-24	S23-24	S-N	60
13	S25-26	电法测线	S25-26	S25-26	N-S	60
	S25-26-1	电法测线	S25-26	S25-26	N-S	60
14	S27-28	电法测线	S27-28	S27-28	S-N	60
	S27-28-1	电法测线	S27-28	S27-28	S-N	60
15	S29-30	电法测线	S29-30	S29-30	S-N	60
	S29-30-1	电法测线	S29-30	S29-30	S-N	60
16	S31-32	电法测线	S31-32	S31-32	N-S	60
	S31-32-1	电法测线	S31-32	S31-32	N-S	60
17	S33-34	电法测线	S33-34	S33-34	S-N	60
	S33-34-1	电法测线	S33-34	S33-34	S-N	60
18	S35-36	电法测线	S35-36	S35-36	E-W	60
	S35-36-1	电法测线	S35-36	S35-36	E-W	60

表五　石城子遗址内城测区数据文件列表

测线号	文件名	测线类型	测线名称	测线GPS文件名	测线方向	测线长度（m）
1	SL-D1-ab	电法测线	D1	SL-D1	S-N	60
	SL-D1-b	电法测线	D1	SL-D1	S-N	60
2	SL-D1-s	电法测线	D1	SL-D1	S-N	60
	SL-D2-ab	电法测线	D2	SL-D2	S-N	60
	SL-D2-b	电法测线	D2	SL-D2	S-N	60
	SL-D2-s	电法测线	D2	SL-D2	S-N	60
3	SL-D3-ab	电法测线	D3	SL-D3	S-N	60
	SL-D3-b	电法测线	D3	SL-D3	S-N	60
	SL-D3-s	电法测线	D3	SL-D3	S-N	60
4	SL-D4-ab	电法测线	D4	SL-D4	S-N	60
	SL-D4-b	电法测线	D4	SL-D4	S-N	60
	SL-D4-s	电法测线	D4	SL-D4	S-N	60
5	SL-D5-ab	电法测线	D5	SL-D5	S-N	60
	SL-D5-b	电法测线	D5	SL-D5	S-N	60
	SL-D5-s	电法测线	D5	SL-D5	S-N	60
6	SL-D6-ab	电法测线	D6	SL-D6	W-E	60
	SL-D6-b	电法测线	D6	SL-D6	W-E	60
	SL-D6-s	电法测线	D6	SL-D6	W-E	60
7	SL-D7-ab	电法测线	D7	SL-D7	W-E	60
	SL-D7-b	电法测线	D7	SL-D7	W-E	60
	SL-D7-s	电法测线	D7	SL-D7	W-E	60
8	SL-D8-ab	电法测线	D8	SL-D8	W-E	60
	SL-D8-b	电法测线	D8	SL-D8	W-E	60
	SL-D8-s	电法测线	D8	SL-D8	W-E	60
9	SL-D9-ab	电法测线	D9	SL-D9	W-E	60
	SL-D9-b	电法测线	D9	SL-D9	W-E	60
	SL-D9-s	电法测线	D9	SL-D9	W-E	60
10	SL-D10-ab	电法测线	D10	SL-D10	E-W	60
	SL-D10-b	电法测线	D10	SL-D10	E-W	60
	SL-D10-s	电法测线	D10	SL-D10	E-W	60
11	SL-D11-ab	电法测线	D11	SL-D11	N-S	60
	SL-D11-b	电法测线	D11	SL-D11	N-S	60
	SL-D11-s	电法测线	D11	SL-D11	N-S	60
12	SL-D12-ab	电法测线	D12	SL-D12	NW-SE	112
	SL-D12-b	电法测线	D12	SL-D12	NW-SE	112

测线号	文件名	测线类型	测线名称	测线GPS文件名	测线方向	测线长度（m）
13	SL-D13-ab	电法测线	D13	SL-D13	W-E	112
	SL-D13-b	电法测线	D13	SL-D13	W-E	112
14	SL-D14-ab	电法测线	D14	SL-D14	N-S	60
	SL-D14-b	电法测线	D14	SL-D14	N-S	60
	SL-D14-s	电法测线	D14	SL-D14	N-S	60

表六 石城子遗址城外墓穴测区数据文件列表

测线号	文件名	测线类型	测线名称	测线GPS文件名	测线方向	测线长度（m）
1	SL-DD1-ab	电法测线	DD1	SL-DD1	S-N	60
	SL-DD1-b	电法测线	DD1	SL-DD1	S-N	60
	SL-DD1-s	电法测线	DD1	SL-DD1	S-N	60
2	SL-DD2-ab	电法测线	DD2	SL-DD2	S-N	60
	SL-DD2-b	电法测线	DD2	SL-DD2	S-N	60
	SL-DD2-s	电法测线	DD2	SL-DD2	S-N	60
3	SL-DD3-ab	电法测线	DD3	SL-DD3	S-N	60
	SL-DD3-b	电法测线	DD3	SL-DD3	S-N	60
	SL-DD3-s	电法测线	DD3	SL-DD3	S-N	60
4	SL-DD4-ab	电法测线	DD4	SL-DD4	S-N	60
	SL-DD4-b	电法测线	DD4	SL-DD4	S-N	60
	SL-DD4-s	电法测线	DD4	SL-DD4	S-N	60
5	SL-DD5-ab	电法测线	DD5	SL-DD5	S-N	60
	SL-DD5-b	电法测线	DD5	SL-DD5	S-N	60
	SL-DD5-s	电法测线	DD5	SL-DD5	S-N	60
6	SL-DD6-ab	电法测线	DD6	SL-DD6	S-N	60
	SL-DD6-b	电法测线	DD6	SL-DD6	S-N	60
	SL-DD6-s	电法测线	DD6	SL-DD6	S-N	60
7	SL-DD7-ab	电法测线	DD7	SL-DD7	S-N	60
	SL-DD7-b	电法测线	DD7	SL-DD7	S-N	60
	SL-DD7-s	电法测线	DD7	SL-DD7	S-N	60
8	SL-DD8-ab	电法测线	DD8	SL-DD8	S-N	60
	SL-DD8-b	电法测线	DD8	SL-DD8	S-N	60
	SL-DD8-s	电法测线	DD8	SL-DD8	S-N	60

（四）数据处理

高密度电法资料处理采用RES2DINV高密度电阻率数据二维反演软件反演数据，反演采用最小二乘反演技术，此软件是用地面上测得的电阻率数据绘制地下的二维模型，它的处理过程是全自动化的，不需要提供初始模型。该软件通过对原始数据进行多次地形改正，最大程度降低了地形的影响。预处理阶段是对数据进行数据质量优化，主要采用剔除突变值、校正畸变点等方法对由电极连接失败、电极接触不良等情况引起的坏数据点进行剔除，然后进行线性插值；采用数滑动平均消除在测量过程中引起的一些随机干扰。为了突出异常的相对变化，引入比值参数，分解复合异常，分别突出高、低阻异常。在数据反演迭代成像时通过交替使用常规高斯-牛顿法和拟牛顿技巧来加快反演速度，一般迭代3~5次，RMS＜10即可得到较为满意的反演结果。其大致处理流程为三步：第一步，原始数据编辑和整理；第二步，选取合理的反演参数进行反演；第三步，提取反演数据进行地形改正，最终得到反演电阻率剖面图。

1. 原始数据编辑和整理

首先读取采集文件（图三五），然后选择精细模型（图三六），使得模型子块宽度等于1/2电极距，提高横向分辨率（图三七、图三八）。

图三五　读取数据文件

2. 数据反演

选取合理的反演参数进行反演，包括层深、层厚、阻尼系数、子块宽度、圆滑约束、组合反演等（图三九~图四二；图版二）。

高密度电阻率法（multi-electrode resistivity method）是一种阵列勘探方法，它以目标体和周围土壤层的导电性的差异为基础，通过人工施加稳定电流场的作用下地中传导电流分布规律，从而对取得的多种参数进行相应程序的处理和自动反演成像，可快速、准确地给出所测地

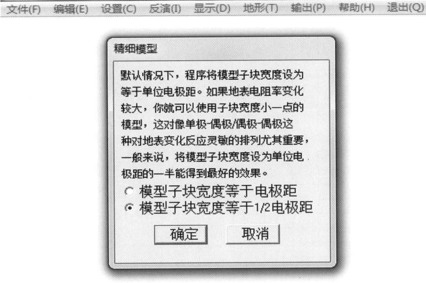

图三六　精细模型选择

电断面的地质解释图件，从而提高了电阻率方法的效果和工作效率。在条件适当时，此方法对工程物探以及探测遗址、探测古墓墓穴等有较好的效果。

高密度电阻率法的电极布设是一次完成的，野外数据的采集自动、快速测量，能获得较丰富的关于地电断面结构特征的地质信息。另外该方法成本低，效率高，信息丰富，易于解释，是较为有效、适用于古遗址探测的重要方法之一。

（五）高密度电阻率法探测结果分析与解译

1. 石城子遗址2016年探测结果

2016年8～9月，课题组即在石城子遗址进行了电法的探测，其探测数据文件和测线位置见图3.5和表3-2。测线覆盖范围包含城门、城墙、城内建筑等。

（1）南城墙

S11-12电法测线反演结果表明南内城城墙位置位于测线27～30米处，其电阻率值明显异于两侧，图中可以看出在0～2米深度其分布厚度较大，为4～5米，原因应该是城墙遭到多次破坏，散落周边，而在深度2～4米处可以看到城墙的墙基残余厚度约2米（图四三）。

（2）西城门探测

S27-28电法测线反演结果表明测线19～24米处，深0～2.5米处有部分倒塌的城墙，测线28～34米处是城墙的位置，此段深0～3.5米处城墙垮塌散落基底，其跨度约为7米，地下深度3.5～6米处显示此处城墙的墙基真实厚度约为2米（图四四）。

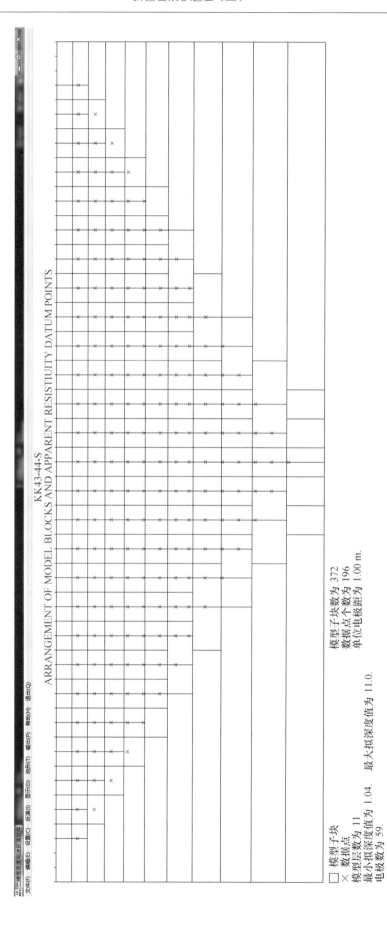

KK43-44-S

ARRANGEMENT OF MODEL BLOCKS AND APPARENT RESISTIVITY DATUM POINTS

□ 模型子块
× 数据点
模型层数为 11
最小拟深度值为 1.04.　最大拟深度值为 11.0.
电极数为 59.

模型子块数为 372
数据点个数为 196
单位电极距为 1.00 m.

图三七　显示模型子块

KK43-44-S
ARRANGEMENT OF MODEL BLOCKS AND APPARENT RESISTIUITY DATUM POINTS

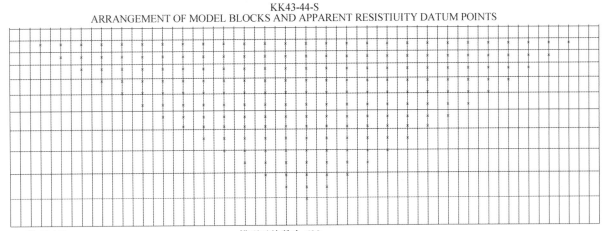

□ 模型子块
× 数据点
模型层数为 11
最小拟深度值为 1.04.　　最大拟深度为 11.0.
电极数为 59.

模型子块数为 638
数据点个数为 196
单位电极距为 1.00 m.

图三八　显示扩展模型子块

（3）东内城墙探测

S21-22电法测线反演结果表明城墙位置位于测线2～6米处，图中可以看出此测线段，东内城城墙垮塌散落，基底跨度约4米，破坏较为严重（图四五）。

（4）耿恭井探测

S35-36电法测线（E—W）反演结果表明测线24～40米处，深度0～3米处有断续倒塌的遗址，相对破坏严重，其分布形态呈三个弧形段，测线45～50米处是城墙的位置，此段在0～2米深度可见明显层状差异，在深度2～4米处可以看到城墙的墙基真实厚度约为3米，这与S15-16测线结果相吻合（图四六）。

2016年度探测结果因为城内草木茂盛，无法在城内低洼地区进行详细探测，所以所得信息有限，无法完全确定耿恭井的位置。其他测线反映结果详见附件4，探测解译结果如图四七所示。

2. 石城子遗址城内测区

在2016年电法探测的基础上，2018年度探测重点为寻找"耿恭井"的位置和深度。在遗址内，井的痕迹难寻，只能见到城下低洼处有一个明显的深坑，为确定"耿恭井"的位置、深度、容量等信息，本次探测采用加密测量，以防遗漏任何有用信息。

石城子遗址城内测区共计分为两个区域——城内低洼测区和城内北测区。同探地雷达测线一样，解译的异常特征主要包括高含水异常区、夯土遗留异常区和坍塌空洞区。

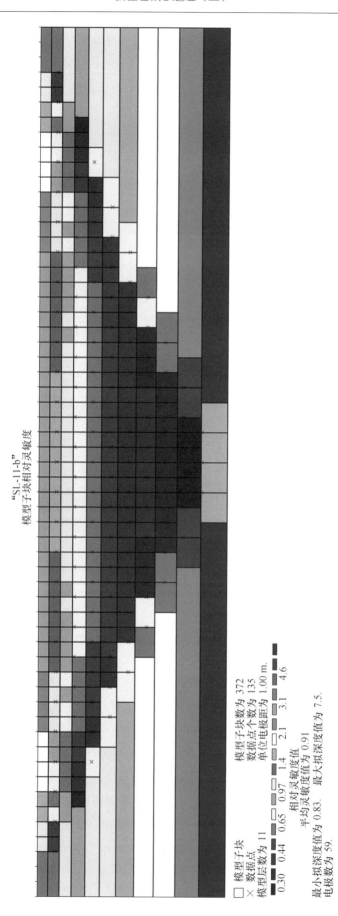

图三九　模型子块相对灵敏度

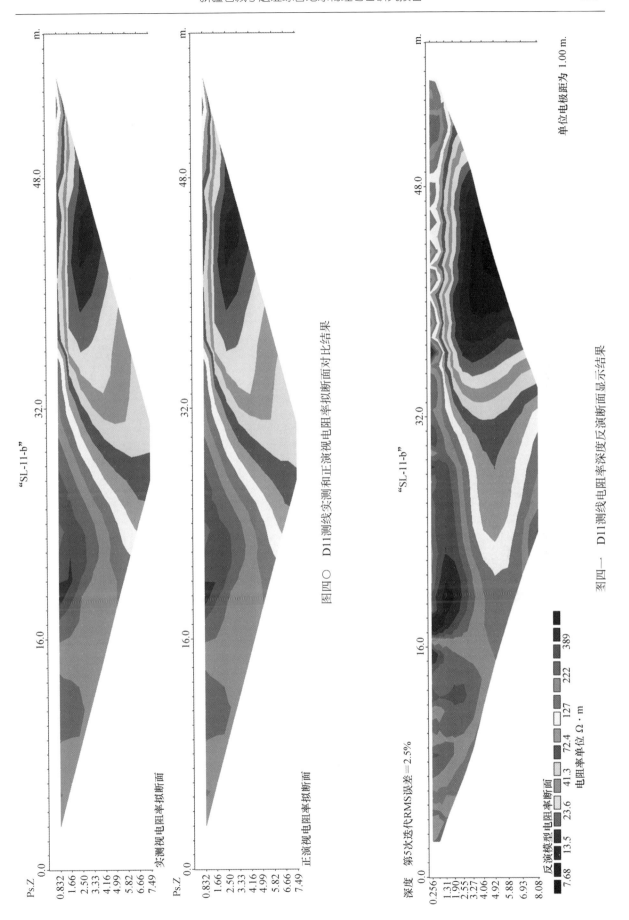

图四〇　D11测线实测和正演视电阻率拟断面对比结果

图四一　D11测线电阻率深度反演断面显示结果

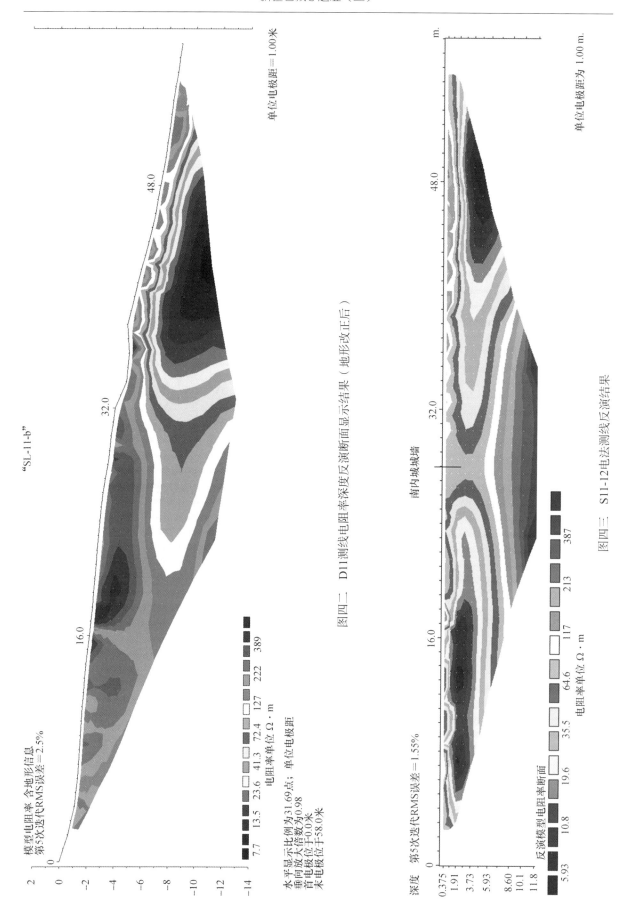

"SL-11-b"

模型电阻率 含地形信息
第5次迭代RMS误差＝2.5%

7.7　13.5　23.6　41.3　72.4　127　222　389
电阻率单位 Ω·m

水平显示比例为31.69点；单位电极距
垂向放大倍数为0.98
首电极位于0.0米
末电极位于58.0米

图四二　D11测线电阻率深度反演断面显示结果（地形改正后）

单位电极距＝1.00米

南内城城墙

反演模型电阻率断面

5.93　10.8　19.6　35.5　64.6　117　213　387
电阻率单位 Ω·m

深度　第5次迭代RMS误差　1.55%

图四三　S11-12电法测线反演结果

单位电极距为 1.00 m.

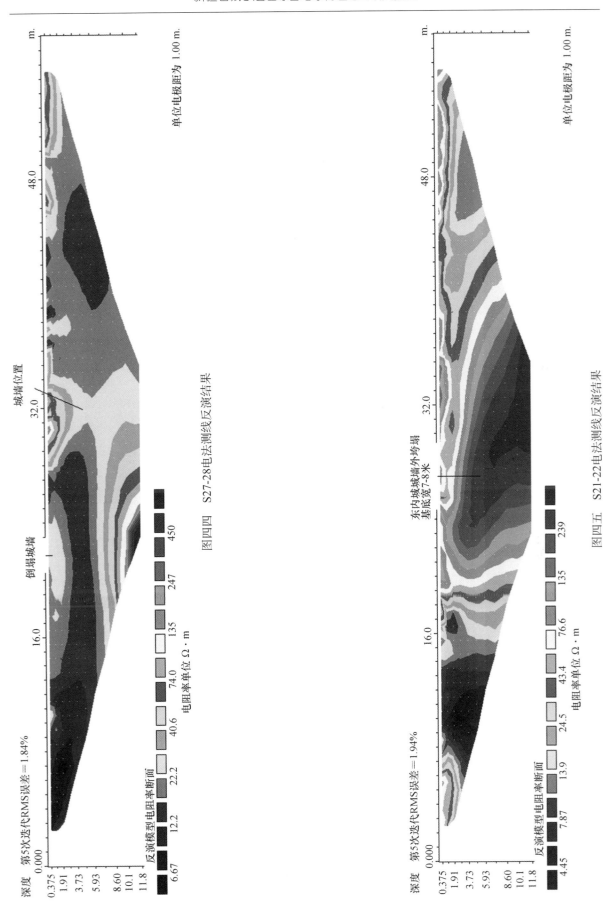

图四四　S27-28电法测线反演结果

图四五　S21-22电法测线反演结果

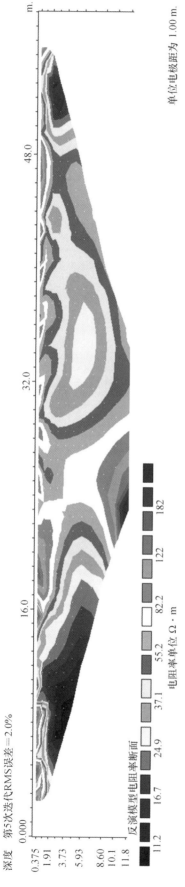

图四六　S35-36电法测线反演结果

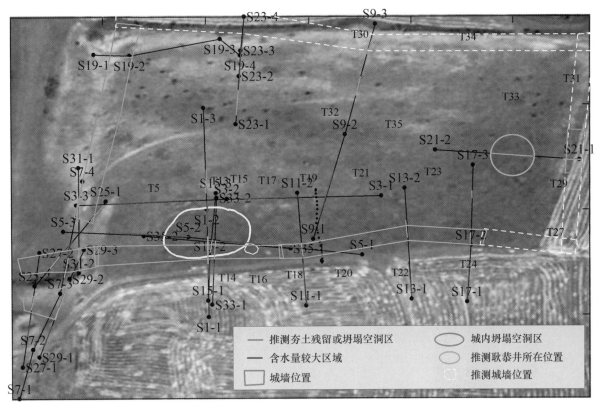

图四七　2016年度电法测线探测结果解译图

（1）南城墙残留夯土异常

电法测线D1和D3（图四八、图四九）反演结果表明测线方向从南到北，长度60米。测线前段0～20米呈现低电阻率异常，推测是人工修筑壕沟，测线20～27米段（图中黑色矩形框）推测是城墙遗留痕迹，埋藏深度1.5～4米。

（2）高含水异常区

电法测线D7和D8（图五○、图五一；图版三）反演结果表明测线方向从西到东，长度60米。测线东段40～60米呈现低电阻率异常（图中黑色矩形框），且深度较大，说明该区域是有一定深度的高含水地区推测极大可能是耿恭井所在位置。

电法测线D13（图五二）反演结果表明测线方向从西到东，长度120米。测线0～55米段呈现低电阻率异常（图中黑色矩形框），且深度较大，最深处至少可达15米，推测这一位置极大可能是耿恭井所在处。

（3）坍塌空洞区

电法测线D4（图五三）反演结果表明测线方向从南到北，长度60米。测线32～48米段呈现高电阻率异常（图中红色矩形框），埋藏深度0～3米，推测这一位置可能是建筑坍塌而形成的结果。

电法测线D10（图五四）反演结果表明测线方向从东到西，长度60米。测线0～30米段呈现高电阻率异常（图中红色矩形框），埋藏深度0～8米，推测这一位置可能是较大型的建筑坍塌而形成的结果。

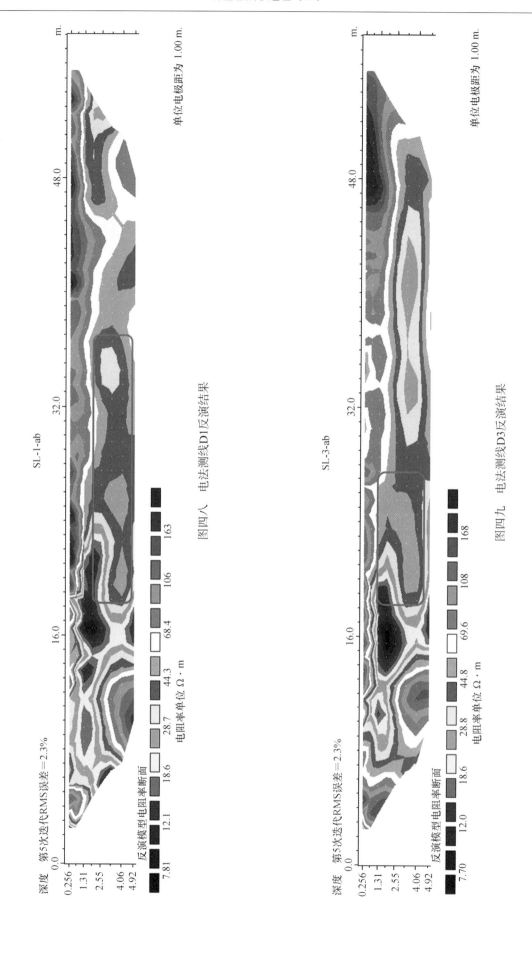

图四八　电法测线D1反演结果

图四九　电法测线D3反演结果

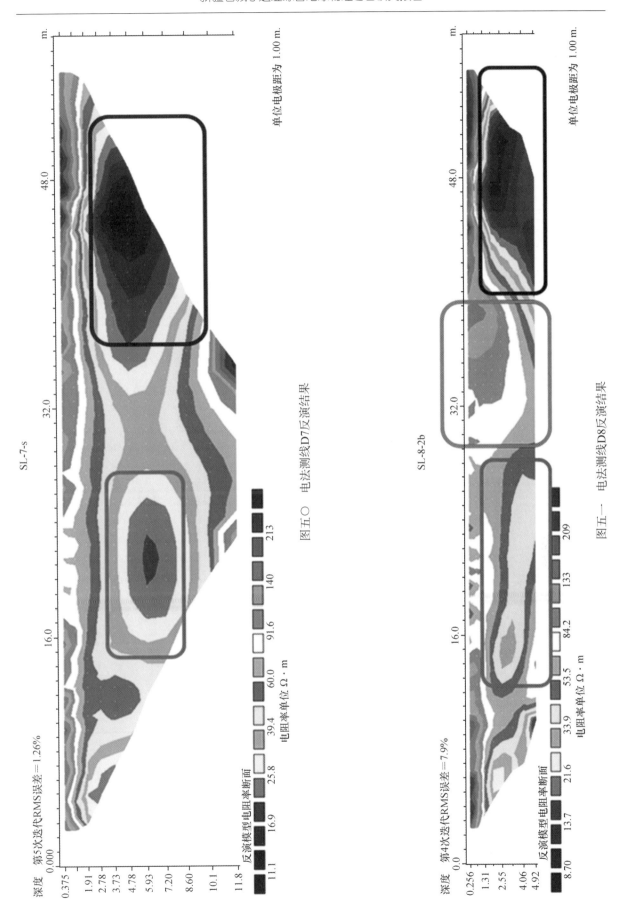

图五〇 电法测线D7反演结果

图五一 电法测线D8反演结果

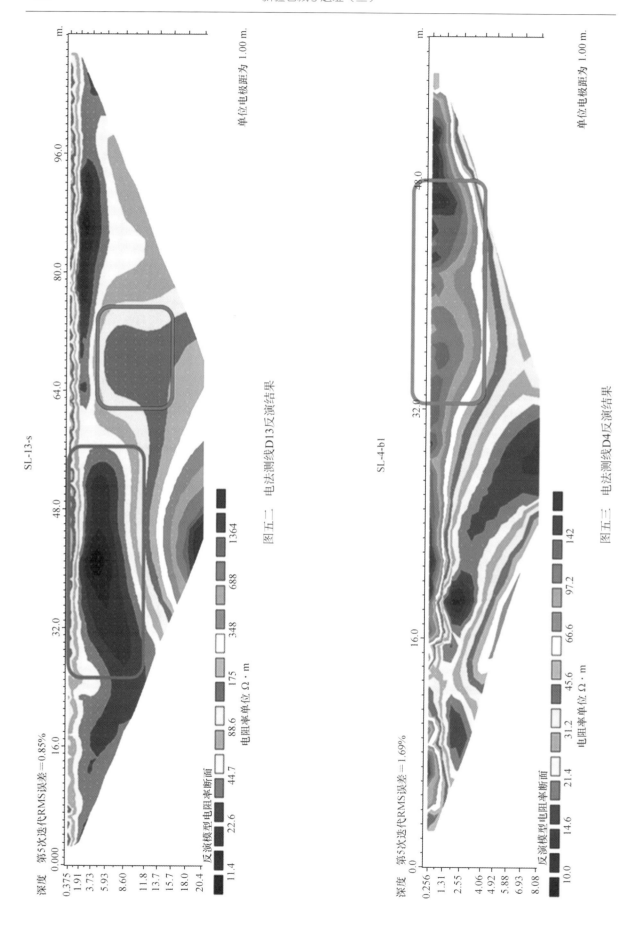

图五二　电法测线D13反演结果

图五三　电法测线D4反演结果

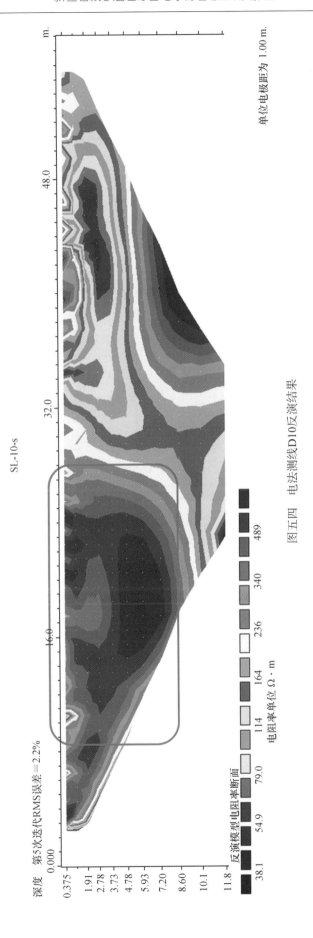

图五四　电法测线D10反演结果

石城子遗址城内测区电法解译结果（图五五、图五六）表明：①内城存在大范围的建筑坍塌遗迹，图中用红色矩形框、椭圆和多边形进行圈注；②城内低洼区域（图中白色椭圆框）南侧推测是城墙的位置；其宽度（南北向）为5~6米；③推测耿恭井的位置可能不在城内低洼处，而是在低洼处（图中白色椭圆框）东南侧，位于测线D4、D7、D12、D13交汇处（图中黑色小椭圆框），其最大深度可达15米。

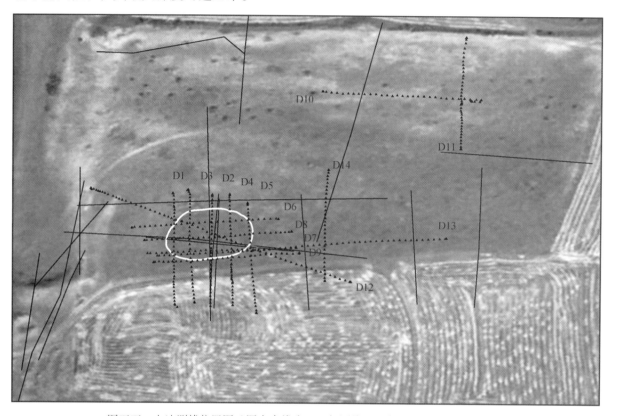

图五五　电法测线位置图（图中直线为2016年测线，三角测线是2018年测线）

3. 石城子遗址外墓穴测区

石城子遗址城外墓穴测区位于石城子遗址以西约240米，测区主要异常特征为小型墓穴和人为填坑。其中墓穴呈现相对高电阻率异常，人为填坑呈现相对低电阻率异常。

其中测线DD1、DD4和DD7（图五七~图六〇；图版四）的反演结果中，灰色矩形框表示人为填坑异常，黑色矩形框代表墓穴异常。

四、结　　论

2018年9月，在新疆维吾尔自治区文物考古研究所的帮助和配合下，按照新疆维吾尔自治区文物考古研究所提出的目标和要求，我单位立刻组织相关专业技术人员赶赴现场开展工作，在自

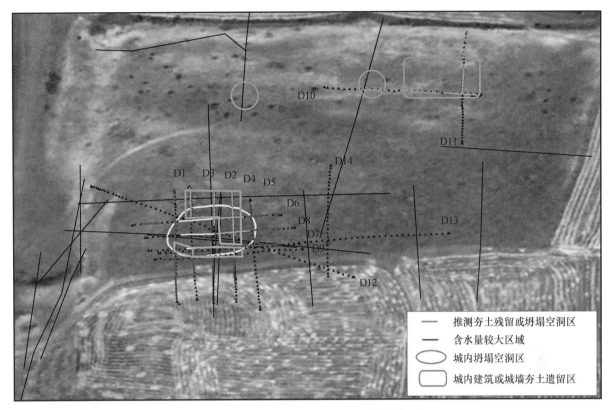

图五六　石城子遗址城内测区电法解译结果

治区文物考古研究所前期相应的考古调查后，开展了对石城子遗址的地球物理考古勘探工作。

本次地球物理勘探工作实际共计完成探地雷达测线35条，共计2376米。石城子遗址高密度电阻率法测线40条，共计6808米。

（一）石城子遗址内城测区

通过石城子遗址地球物理解译结果（图六一、图六二；图版五），我们得到了以下结论：

（1）图中红色轮廓线和黄色虚轮廓线圈出的石城子遗址城墙范围，其东西向约185米，南北向110～115米；

（2）城中存在多处建筑坍塌形成的高电阻率异常区（红色椭圆或者矩形框圈出区域），范围最大的区域直径可达30余米；

（3）石城子遗址内低洼区呈现相对中等电阻率异常，推测耿恭井可能并不是位于低洼区域，而是位于低洼区域的东南侧，其最大深度可达15米；

（4）石城子遗址西门位置存在一段夯土城墙，其宽度约6米（南北向），长度约14米（东西向）。

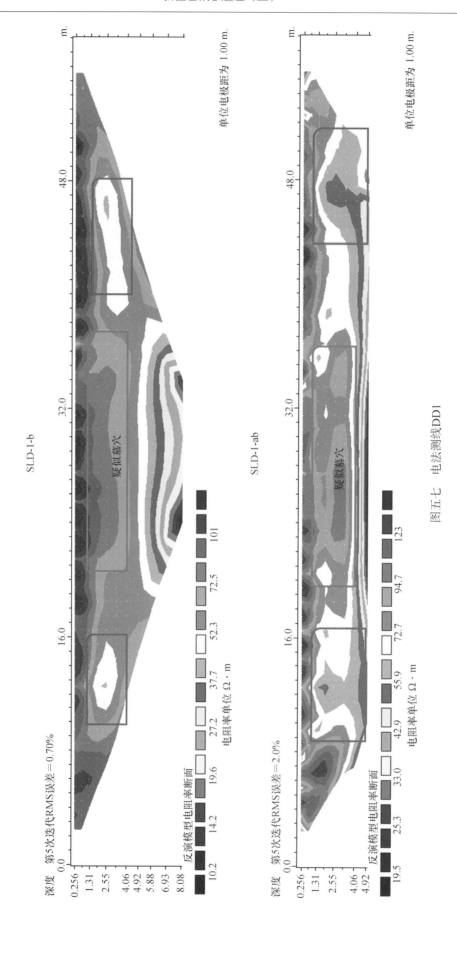

图五七　电法测线DD1

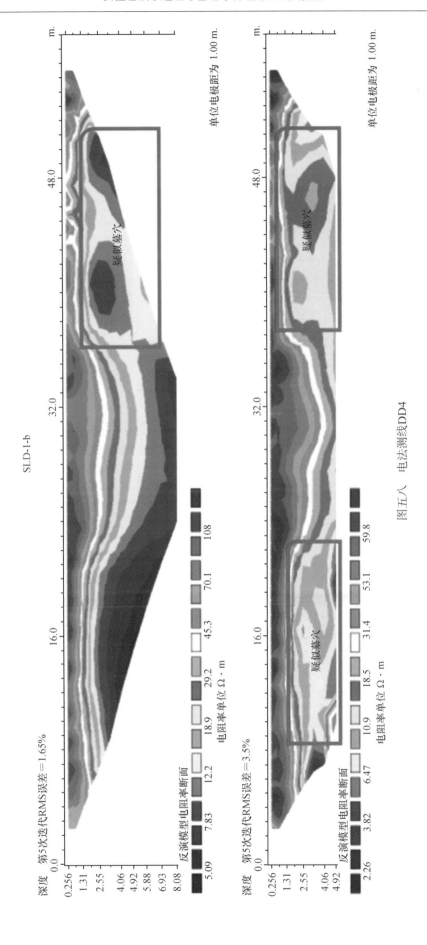

图五八　电法测线DD4

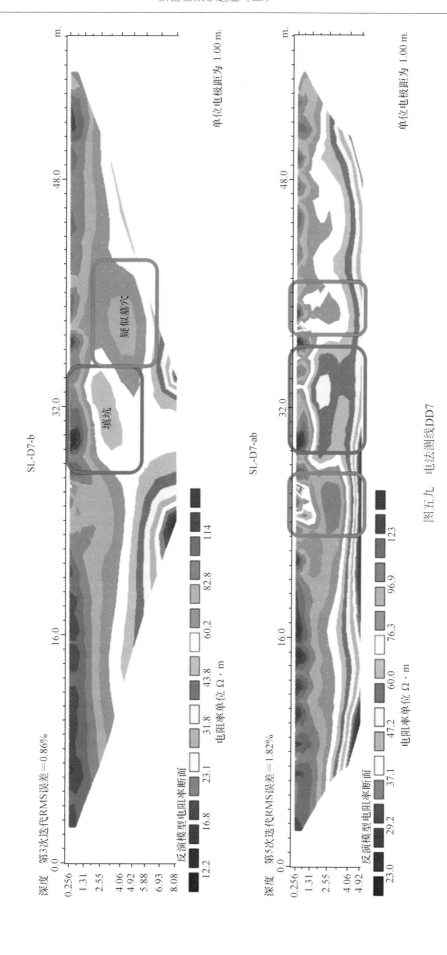

图五九　电法测线DD7

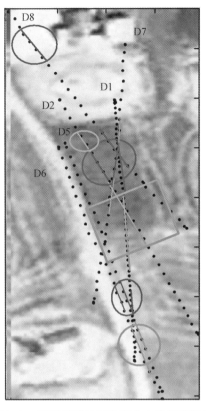

图六〇 石城子遗址城外墓穴电法解译结果

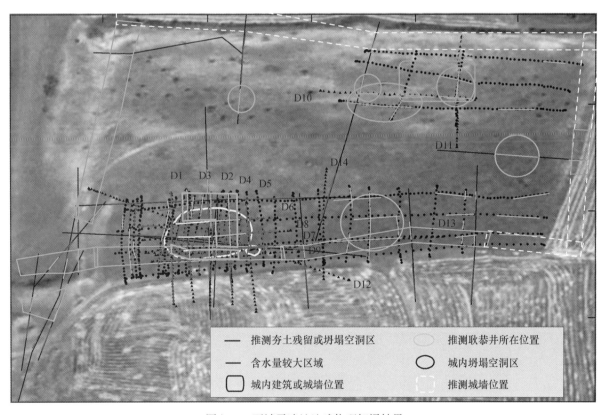

图六一 石城子遗址地球物理解译结果

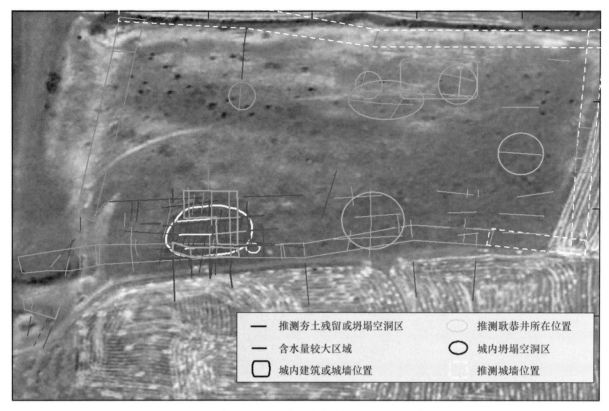

——	推测夯土残留或坍塌空洞区	⬭	推测耿恭井所在位置
——	含水量较大区域	⬯	城内坍塌空洞区
⬜	城内建筑或城墙位置	⬚	推测城墙位置

图六二　石城子遗址地球物理解译结果（只标注异常区）

（二）石城子遗址外城测区

通过对石城子遗址外城墓穴测区的地球物理解译结果（图六三、图六四），我们得到了以下结论：

（1）图中灰色椭圆或者矩形框圈出的是城外墓穴的位置和尺度；

（2）图中黑色椭圆圈出的是城外人为填土造成的低电阻率异常区的位置和尺度；

最后，感谢新疆维吾尔自治区文物考古研究所田小红、吴勇等老师，在他们的帮助下本次工作才能顺利进行，在此表示诚挚的感谢。

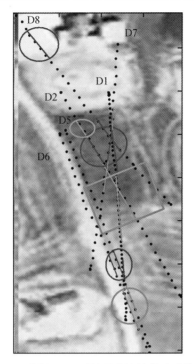

图六三　石城子遗址城外地球物理解译结果（1）

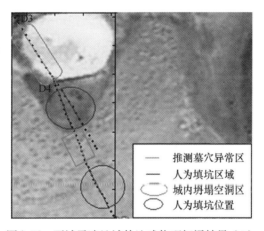

图六四　石城子遗址城外地球物理解译结果（2）

石城子遗址考古发掘信息化建设的探究与实践

新疆维吾尔自治区文物考古研究所　建设综合勘察研究设计院有限公司

一、引　　言

石城子遗址位于新疆维吾尔自治区昌吉回族自治州奇台县半截沟镇麻沟梁村东、河坝沿村南，地处天山山脉北麓山前丘陵地带，北通奇台、吉木萨尔等绿洲，南越天山可至吐鲁番盆地，为通连天山南北的重要通道之一。古城依地势而建，北高南低，起伏较大，形态呈长方形，南北长约380米，东西宽约280米，总面积约110000平方米。

遗址北城墙和西城墙保存较完整，东、南部临深涧（因东侧山涧边有大量巨岩，故被当地群众称作"石城子"），涧底有麻沟河向东绕北经黑沟流向新户梁，经现场系统调查及综合勘探确认，遗址主要由城址、手工业作坊和墓地等三部分构成。遗址构成布局见图一。

石城子遗址于1972年奇台县第一次全县文物普查时首次发现；1988年全国第二次文物普查及2009年全国第三次文物普查时均对遗址进行了相应调查；1999年被公布为自治区级文物保护单位；2013年被公布为第七批全国重点文物保护单位。2018年，新疆奇台县石城子遗址考古发掘荣获2016~2017年度田野考古奖二等奖；2020年入选2019年度全国十大考古新发现。

鉴于石城子遗址的特殊性和重要性，其考古研究工作受到了各级政府和文物管理部门的高度重视。经国家文物局批准，新疆维吾尔自治区文物考古研究所（以下简称自治区考古所）于2014~2019年对石城子遗址进行了科学而系统的考古调查、勘探及发掘工作，取得了一系列完整且丰硕的成果。作为协作单位，建设综合勘察研究设计院有限公司（以下简称我院）完成了2014、2016、2017、2018及2019年共5个年度的考古发掘数字化工作，对历年考古发掘前、中、后各个关键节点进行完整的数字化信息采集与成果表达，并以现场跟踪协作的方式对考古发掘的全过程进行实时记录。同时，在自治区考古所的主导下，通过与其他相关单位的协作和不断实践，共同完成了石城子遗址考古发掘完善且持续的信息化工作，总结探索出一套考古发掘信息化建设的技术流程与方法，为考古发掘信息化建设的理论与实践提供了切实可行的方向与思路。

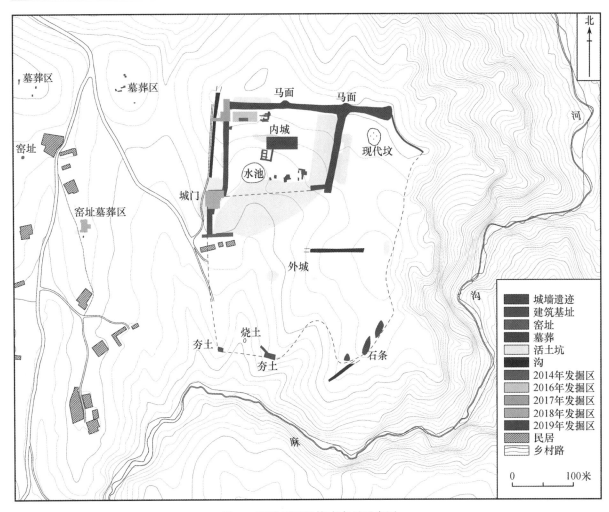

图一 石城子遗址构成布局示意图

二、信息化建设背景及主要内容

随着科学技术水平及考古学学科自身的不断发展，考古学已经从单纯的以分期编年为主的物质文化史研究过渡到以全面探究古代社会为目标的社会发展史研究的新阶段，而田野考古作为考古学的基础，也随着信息技术的爆发式发展迎来新的历史变革。

国家文物局颁布的《田野考古工作规程》中明确规定了测绘、发掘、采样、记录、管理协同运作，共同组成田野考古的技术体系。基于此，贯穿于整个田野工作过程中的各种信息的数字化采集、加工处理、科学系统存储管理与展示、空间时间属性统计与分析、数据的多层次多学科多方向应用等，构成了信息化建设的逻辑体系及主要内容。

考古发掘的信息化建设是一项系统性工程，是全方位、全生命周期的空间信息技术、计算机技术、网络技术、通信技术及其他相关技术在考古发掘中的综合应用。石城子遗址考古发掘的信息化建设主要包括以下几个方面：

（1）考古发掘信息的采集与加工处理

对石城子遗址考古发掘前、中、后各个时期的关键节点进行全方位的文物基础信息采集，以多手段融合的技术体系和多类型互补的成果构成进行考古遗址空间信息采集技术路线和成果架构的设计。以石城子遗址考古队为指导，以考古发掘具体需求为导向，在已有资料收集整理及利用的基础上，综合运用卫星遥感测绘、控制测量、航空摄影测量、数字地形测绘、三维激光扫描、近景摄影测量、虚拟仿真建模、考古制图表达、地空全景漫游、延时鸟瞰影音记录、现状调查等技术手段，以大区域卫星影像图、航空影像图、遗址及其赋存环境的三维实景模型、数字正射影像图、数字高程模型、文物专题图、发掘区文物本体的三维数字模型、各类考古图件、地空全景漫游包、全景鸟瞰图、延时摄影、现状调查与摄影记录等多种形式，对石城子遗址考古发掘的整个过程进行全方位、全时段的文物基础信息采集，在建立石城子遗址完整数字档案的基础上，为考古研究、展示利用乃至虚拟复原等提供全面的基础资料支持。

（2）海量多源异构数据的融合与存储

对石城子遗址现有的历史资料（包括文本、影像、视频、模型及图件等）及考古发掘整个过程中所产生的海量、多源、异构（不同种类、不同版本、不同结构）数据，按照时间序列及发掘关键节点进行有机融合，并对该海量数据进行分布式处理与存储，构建考古资源管理数据库（部分工作由其他协作单位完成），从而为数据协调、有序管理与利用奠定基础。

（3）基于地理信息系统的田野考古工作平台应用

基于石城子遗址考古发掘全生命周期及空间信息采集所获取的海量多源异构数据的管理及展示需求，石城子遗址自2018年引入基于地理信息系统的田野考古工作平台，该平台能够有效整合石城子遗址相关数据的时间、空间和其他相关属性；可全面存储文物基础信息采集及处理所获取的成果数据，并可对数据进行可视化、分析、检索、统计、删除、添加等基本操作，从而实现对整个考古发掘全生命周期的信息化管理与展示。

（4）基于互联网环境的多终端、多工种协同作业

以BS端的田野考古工作平台为软件基础，以互联网环境下的不同终端（PAD及PC）及数字采集设备（如无人机、三维扫描仪、GPS、全站仪及单反相机等）为硬件基础，配以标签打印系统，通过考古发掘人员、测绘人员及后台系统维护及管理人员的协同配合，实时将现场获取及留存的信息进行初步的数据整理及数据录入，实现信息的快捷获取与处理，进一步提升石城子遗址考古发掘及数据采集与处理的工作效率。

（5）数据的多层次、多学科、多方向应用

石城子遗址考古发掘工作中十分重视多学科合作，基于环境考古、电（磁）法物探、遥感、动植物、土壤等专题进行的深入探索及研究，均取得了较为丰硕的成果，如提取植物和动物标本，还原古代社会的自然生态环境，以对遗址的年代分析提供佐证，提取墓葬中的人骨标本做体质人类学分析，全面了解古代人群的生活习性等。

同时，基于遗址历史资料及考古发掘成果，对石城子遗址的城门、角楼、城内结构乃至整

城进行了虚拟复原（部分工作由其他协作单位完成）。对相关数据进行多层次、多学科、多方向的深层次挖掘、探索与应用，初步构建起完整、立体的石城子遗址全景风貌。

三、信息化建设技术细则

石城子遗址考古发掘的信息化建设自2014年延续至今，其以考古发掘需求为根本，以全生命周期的文物基础信息采集为基础，以田野考古工作平台为载体，以移动互联网为背景的多平台软硬件集成协作为实现途径，以数据的多层次、多学科、多方向挖掘与应用为落脚点，共同构成石城子遗址数字化、信息化乃至智慧化的建设体系。

（一）控制测量

石城子遗址控制网自2014年建立以来一直沿用至今，并定期对控制点进行检测，以满足控制网精度的可靠性。控制网的建立是为了满足文物本体及其赋存环境空间信息采集及制图的需要，并为考古调查、勘探、发掘、展示利用与虚拟复原等提供控制基准。

1. 控制网建立的原则

根据石城子遗址特点和条件，其测量控制网遵循以下原则予以建立：

（1）为了实现文物信息的资源共享，便于文物空间信息与区域基础地理信息和其他相关信息（如土地利用现状调查、地籍调查等）的数据对接，避免数据矛盾，并满足保护规划编制、大遗址一张图以及地方城乡建设和土地管理等方面的需求，本项目采用"1980西安坐标系+1985国家高程基准"进行控制网建立。后续如有需要，可通过一定的技术方法转换为"2000国家大地坐标系+1985国家高程基准"。

（2）考虑到长期保存和后期应用，采用永久性标志进行控制网点埋设。

（3）因远离城镇，遗址及其周围缺乏必要的起算点，故采用"长时段GPS静态观测及其与国家连续运行基准站并网解算"的方案获得基本控制点的三维坐标（基本控制点由自然资源部大地测量数据处理中心解算），并以四等水准的要求进行控制点水准联测，以此作为起算数据进行后续的测绘作业（包括控制测量和碎部测量等）。

2. 控制网布设

（1）控制网布设

控制测量分为平面控制测量和高程控制测量，采用E级GPS和四等水准测量精度进行平面和高程控制测量观测和解算。在充分顾及网形结构合理性的前提下，在遗址周围交通便利、便于保存、便于使用之处布设6个控制点作为本项目的首级控制网（其中4个为前文所述的基本控制点，其余2点为加密点）。

（2）选点及埋石

选点：控制点选择在基础持续稳定、便于观测、便于使用、易于长期保存之处。选点时按照相关规范要求进行并注意下列事项：

1）地面基础稳定，不易被破坏和影响，便于长期保存。

2）至少一对点通视，利于其他测量手段扩展和联测。

3）点位离开遗址区30~50米（避免对地下可能埋藏文物造成破坏），杜绝在文物本体上埋设测量标石。

4）便于GPS接收机安置和操作，视野开阔，视场内障碍物的高度角不宜超过15°，远离卫星信号干扰源，距大功率无线电发射源的距离大于200米，离高压线的距离和微波无线电信号传送通道大于50米。

5）附近无强烈反射卫星信号的物体（如大片水域等），以避免产生多路径效应。

埋设：选点工作完成后进行控制点埋设。首级控制网点一律采用永久性标志，埋设方法及标志种类视点位所处位置地面状况具体确定。

1）铺装路面采用直接钉桩方式，钢钉直径20毫米，长300毫米，桩头镶嵌铜心标志。

2）自然地面采用埋设混凝土标石方式，标石规格：桩顶120毫米×120毫米，桩底200毫米×200毫米，桩长600毫米，桩顶镶嵌专用测量标志头。

标石埋设完毕后，在适当位置标注点号，并结合影像图或地形图成果进行点之记绘制，以便后期利用。

3. 控制测量

控制测量是测绘项目的基础性工作，控制点精度的优劣直接影响到整个测绘项目的工作质量。因此，保证控制测量的精度是确保测绘工作质量的重要前提。

（1）基本控制点的控制测量

基本控制点观测时采用双频GPS接收机（中海达双星GPS-RTK V30）静态观测4小时，并委托自然资源部大地测量数据处理中心进行坐标解算，获得其1980西安坐标系和1985国家高程基准高程（该测量方案至少满足E级GPS测量精度要求），以此作为石城子遗址平面和高程测量的起算数据。

【解算方法简介】

解算成果为石城子遗址1980西安坐标系坐标成果。坐标成果主要是利用2000国家大地坐标系与1980西安坐标系的重合点，采用平面四参数转换模型，通过转换的方法得到。转换总点数为4点。

【坐标转换模型】

平面四参数坐标转换模型

$$\begin{bmatrix} x_2 \\ y_2 \end{bmatrix} = \begin{bmatrix} x_0 \\ y_0 \end{bmatrix} + (1+m)\begin{bmatrix} \cos\alpha & -\sin\alpha \\ \sin\alpha & \cos\alpha \end{bmatrix}\begin{bmatrix} x_1 \\ y_1 \end{bmatrix}$$

其中，包含2个平移参数x_0、y_0，1个旋转参数α和1个尺度因子m。

【重合点确定及坐标转换精度】

重合点选取的原则是尽量选取足够的高等级、高精度且分布均匀的点作为坐标转换的重合点。为提高坐标转换精度，必须使重合点的数量足够且分布均匀、合理，同时还要经过大量的试算与分析剔除一些变化大的重合点（粗差点），从而确定最终用于求取转换参数的重合点。

本次坐标转换主要利用的是同时具有2000国家大地坐标系（我国天文大地网与高精度GPS 2000网联合平差点）与1980西安坐标系坐标的国家级三角点作为重合点。坐标转换的精度是通过求取转换参数的重合点的残差中误差体现的，坐标转换的精度与采用重合点数见表一。

表一　坐标转换残差中误差与采用重合点统计表

转换关系	平面坐标 x中误差（m）	平面坐标 y中误差（m）	平面位置 残差中误差（m）	采用重合 点数（个）
2000系→80系	±0.003	±0.003	±0.004	3

（2）加密控制测量

基于基本控制点，采用静态GPS测量方式（同步观测时间不少于45分钟，有效利用时间不少于30分钟），以E级GPS测量精度，使用中海达双星GPS-RTK V30接收机，按照相关规范的要求进行平面控制测量。

观测工作结束后及时进行数据下载，并采用GPS数据处理软件进行基线解算和平差。

平差时，先采用WGS84世界大地坐标系椭球参数进行求解，并进行同步环和异步环闭合差计算，当其精度符合《全球定位系统（GPS）测量规范》的要求后，再输入已知控制点，利用当地坐标系椭球参数进行坐标转换，并进行二维约束平差，从而获得加密点的平面坐标。

（3）高程控制测量

为了保证控制网的高程相对精度，采用四等水准测量（或四等三角高程测量）方法对控制网进行高程检测，以检验GPS测量的高程精度情况。

检测时采用闭合水准路线形式进行（并进行闭合差配赋），以高差较差作为检验参数，并视较差情况确定高程取值方式，有效解决GPS高程可能存在的精度不稳定问题。

其中，当较差较小时（≤1/2限差），说明GPS高程精度良好，原则上无须进行闭合差配赋；当较差较大时（＞1/2或接近限差），则以某个基本控制点的GPS高程为准进行其他控制点高程解算；当较差超限时应分析原因，必要时进行GPS重测。

高差较差限差=$\pm 20\sqrt{L}$mm（式中L为路线长度，以千米为单位）。

通过现场检测，本项目的高程相对精度（以及边长校核）情况良好。

【控制测量经验总结】

"长时段GPS静态观测及其与国家连续运行基准站并网解算"是解决偏远地区国家控制点稀少的有效方法，已在多个项目中得到成功应用。实践证明，随着国家连续运行基准站网建设和似大地水准面精化工作的完成，基于连续运行基准站网的点观测模式已经达到了相当高的水平，完全满足本项目控制测量精度需要。

4. 控制测量成果编制

控制测量外业和内业工作完成，测量精度满足规范要求后，及时编制控制测量成果表和控制点点之记，以便为后续的测绘工作以及控制点的后期利用提供完整的控制资料（石城子遗址GPS控制点分布示意图见图二，控制点点之记示意图见图三）。

（二）整体区域航空摄影测量

近年来，随着低空空域的开放和无人机技术的日臻成熟，促使航空倾斜摄影测量技术在文物保护领域得到进一步的应用，目前已广泛应用于正射影像图制作、地形图测绘、全景鸟瞰图拍摄、视频录制、空中全景、大场景三维实景模型构建与虚拟展示以及遗址动态监测等多个方面，进一步完善了文物保护的技术和产品体系。

针对考古遗址而言，利用高分辨率航空影像，基于视角的提升和视野的拓展，考古工作者可以通过地表植被的变化、地面起伏等异常现象或出露遗迹的判识进行历史遗迹的寻找和确认，显著提高考古调查的工作效率，特别是对于大范围和人迹罕至地区，其技术优势尤为突出。同时，航空影像对遗址布局、保存现状与周边环境的形象化描述本身就是对线划地图的优化和补充，为提高人们对文化遗产的认知程度提供了极大帮助。

随着对石城子遗址认识的不断提升，在石城子遗址考古队的指导下，分别于2014年、2017年及2018年完成了石城子遗址及周围环境大场景三维实景模型及正射影像图制作，航空摄影测量整体技术流程如图四所示。

1. 航空摄影的基本原则

鉴于石城子遗址的重要性和特殊性，其航空摄影遵循以下基本原则：

（1）多角度、高重叠、高分辨率

石城子遗址航空摄影的目的在于遗址空间分布、保存状况及其赋存环境的精细化表达，以便为考古研究、数字化展示、保护方案设计、历史资料积累以及后续可期的遗产监测等提供数据支持。

倾斜摄影技术是国际测绘领域近些年发展起来的一项高新技术，它突破了以往正射影像只

图二　石城子遗址GPS控制点分布示意图

能从垂直角度拍摄的局限，通过在同一飞行平台上搭载多台相机，同时从五个（一个垂直、四个倾斜）不同角度采集影像，或者一台相机五个摄影姿态来采集更多的物体侧面纹理，将用户引入符合人眼视觉的真实直观世界。倾斜摄影测量技术以大范围、高精度、高清晰的方式全面感知复杂场景，通过高效的数据采集设备及专业的数据处理流程生成的数据成果直观反映地物的外观、位置、高度等属性，为真实效果和测绘级精度提供保证。同时有效提升模型的生产效率，大大降低了三维模型数据采集的经济代价和时间代价。目前，在文物现状记录中已得到较

控 制 点 点 之 记

日期： 　　2014年10月 　　　　记录者：苑静飞 　　　绘图者：郑康 　　　　　校对者：徐丰

编号：

项 目 名 称	石城子遗址测量项目		
坐 落	奇台县半截沟乡麻沟梁村东石城子遗址		
点 号	D	标石类型	刻石

点 位 略 图

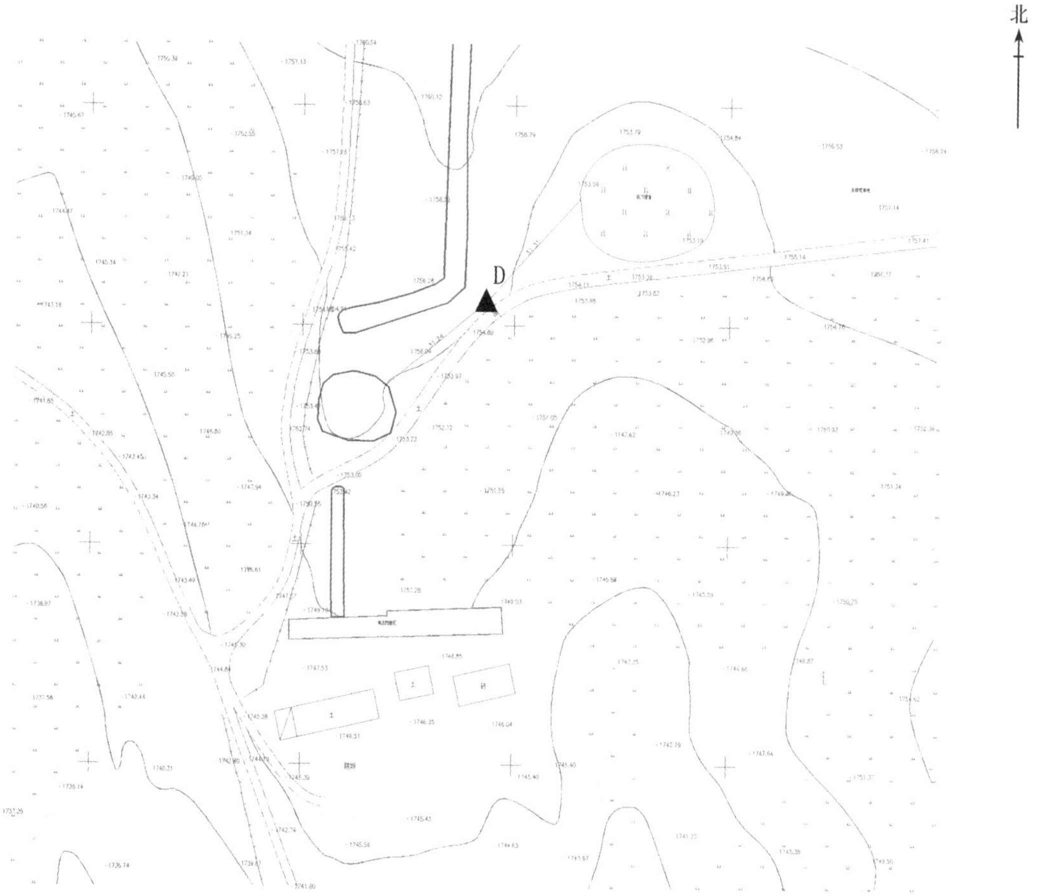

备 注			坐 标	X	
				Y	
				H	

图三　控制点点之记示意图

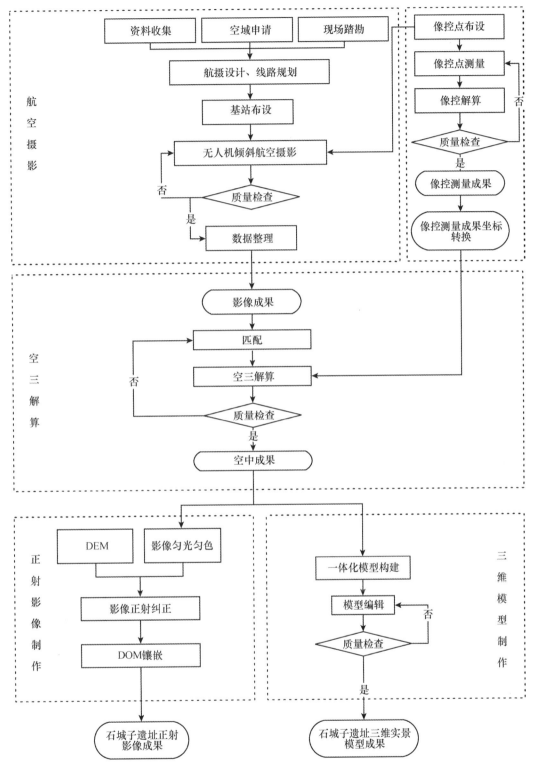

图四　航空摄影整体技术路线图

为广泛的应用。

另外，石城子遗址航空影像对地面分辨率有着更高的要求，按优于2厘米（核心区域）与优于5厘米（整体区域）的精度指标进行影像地面分辨率设计，以获得与对象相适宜的航空影像数据，为高分辨率正射影像图制作和大场景地形实景建模提供良好的原始影像数据。

（2）满足制图要求

航空影像不但应满足展示、观察、分析之需要，还应同时满足大比例尺正射影像图制作、大比例尺数字线划图绘制和三维实景建模的需要。因此石城子遗址的航摄工作，应在航高设计与控制、航向与旁向重叠、像偏角、像点位移、像控测量、内业处理等方面严格按照规范的有关规定进行。

2. 像控点布设与像控测量

（1）像控点布设

根据石城子遗址地形特点和航空影像制图技术要求，飞行前在整个制图区域内布设了相应的像片控制点（简称像控点）。其中，在建筑物及人类活动较为密集的场所，选取相应的固定地物点或者喷漆作为像控点；在地物相对较少地区，则使用提前预制的像控标志点。依据相关规范，像控点宜不小于相应地面分辨率十个像素。因此，针对核心区域2厘米地面分辨率采用50厘米×50厘米的像控点标志，针对大场景5厘米地面分辨率采用100厘米×100厘米的像控点标志。像控点样式见图五。

【像控点布设原则】

1）像控点选择在线状地物的交点或地物拐角上，交角必须良好。弧形及不固定的地物不得作为刺点目标。

2）地标点布设（或像控点选择）在高程变化不大之处，避开狭沟、尖山头或其他高程急剧变化的斜坡。

3）地标点布设（或像控点选择）在GPS接收机便于安置和方便操作之处，对空视野开阔，周围无较大遮挡，附近无强烈干扰卫星信号接收的物体（远离大功率无线电发射台，其距离不宜小于200米；远离高压输电线，其距离不宜小于50米）。

4）地标点布设（或像控点选择）后及时绘制布点示意图以供内业加密和存档使用，并在布点后及时采用GPS-RTK测量方式进行像控点三维坐标测定。

像控点布测作业流程如图六所示。

石城子遗址航空摄影测量像控点布设情况见图七。

（2）像控点测量

基于2014年布设的测量控制网，采用GPS-RTK测量方式进行像控点的实地测量，获取其统一坐标高程系下的三维坐标，并编制像控点测量成果表，为空三加密、数字正射影像图制作和三维实景建模等提供控制依据。

图五　像控点样式示意图

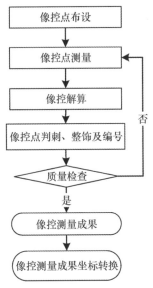

图六　像控点布测作业流程

图七　石城子遗址航空摄影测量像控点布设位置示意图

3. 航空摄影

像控点布设完毕后，进行航空影像的获取，其整体技术流程见图八。

（1）机型选择

根据石城子遗址考古发掘要求及现场实际情况，选择蜻蜓5S型四旋翼无人机倾斜摄影系统进行大场景航空摄影（图九）。该款无人机搭载五镜头倾斜摄影系统，其具有以下特点：长航时双系统，具备45分钟的续航时间，能够自由装配3600万像素全画幅单反相机或1.8亿像素倾斜相机，在完成任务规划后，一键即可完成全部航摄工作，飞机可以自主起飞与降落，基本无起降场地要求，完全符合本项目航空摄影的技术要求。

（2）航空摄影

为了获得良好的制图效果，根据石城子遗址的具体情况，对核心区域按优于2厘米进行影像地面分辨率设计，对整体区域按优于5厘米进行影像地面分辨率设计，对遗址核心区域及赋存环境进行航空倾斜摄影。

选择蜻蜓5S型多旋翼无人机搭载索尼a7r相机进行航空影像获取。根据本项目影像分辨率要求，其航高按照下列公式计算：

航高H＝（$GSD \times f$）/像素大小

其中：GSD为设计的地面分辨率，以毫米为单位。

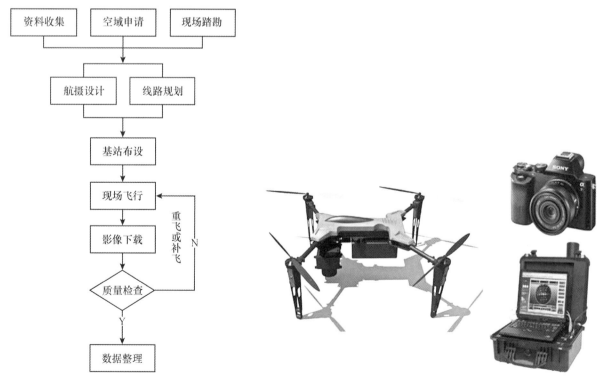

图八　航空影像获取技术流程　　　　　　　图九　蜻蜓5s四旋翼无人机系统

f为焦距，索尼a7r镜头焦距（=35毫米）

像素大小为a7r相机的像素实际尺寸（=0.004865毫米/像素）

据此得到核心区域2厘米地面分辨率的航高设计值为143.4米，实际飞行时，按100米进行

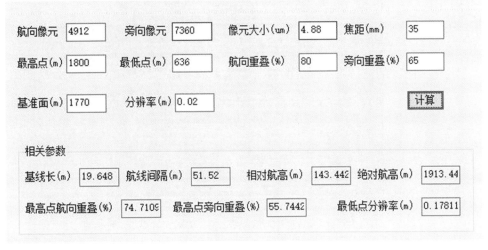

图一〇　2厘米地面分辨率航摄参数设计

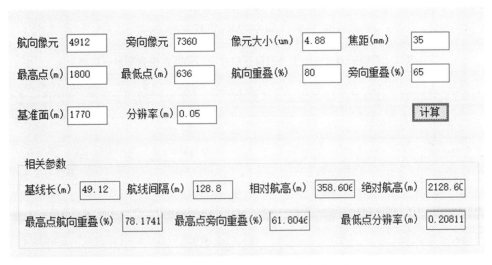

图一一　5厘米地面分辨率航摄参数设计

航高控制；得到整体区域5厘米地面分辨率的航高设计值为358.6米，实际飞行时，按300米进行航高控制。具体航摄参数设计见图一〇和图一一。

（3）摄区划定与航飞

按照图一二所示范围进行石城子遗址核心区（蓝框区域）及整体区域航摄区域划定，并按照东西方向进行航线布置，核心区域面积约0.7平方千米，整体区域航摄面积约2平方千米。

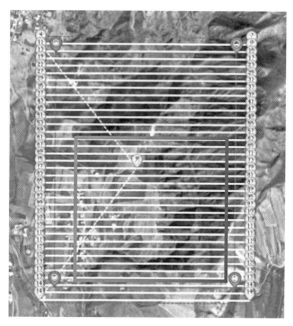

图一二　石城子遗址核心区域及整体区域航空摄影航线布置示意图

通过航摄规划和室内准备，在天气符合飞行条件的前提下（天气晴朗、能见度高、风力低于3级等）进行航空影像获取。石城子遗址航空摄影的基本情况见表二。

表二　石城子遗址核心区及整体区域航空摄影基本摄影要素一览表

摄区名称	核心区域	摄区代号	SCZ-HXQY-航摄时间（年）
航摄面积（m²）	700000	摄影方式	倾斜摄影
相对航高（m）	100	地面标高（m）	1770
地面分辨率（mm）	20	航线敷设	西—东
摄区名称	整体区域	摄区代号	SCZ-DCJ-航摄时间（年）
航摄面积（m²）	2000000	摄影方式	倾斜摄影
相对航高（m）	300	地面标高（m）	1770
地面分辨率（mm）	50	航线敷设	西—东
航向重叠	80%	旁向重叠	60%
航摄仪类型	索尼a7r	航速（m/s）	6
焦距（mm）	35	飞机类型	青蜓5S型多旋翼无人机
航摄范围覆盖	航向超出摄区范围3条基线以上，旁向超出摄区30%像幅		

4. 真数字正射影像图与数字高程模型制作

基于上述所获得的航空影像和像控点坐标，采用Smart3D及PhotoScan摄影测量软件进行石城子遗址考古发掘现场及周边环境数字正射影像图及数字高程模型制作。其整体技术流程见图一三，主要工作内容为：以原始影像数据为数据来源，以空三加密及DEM数据成果为纠正依

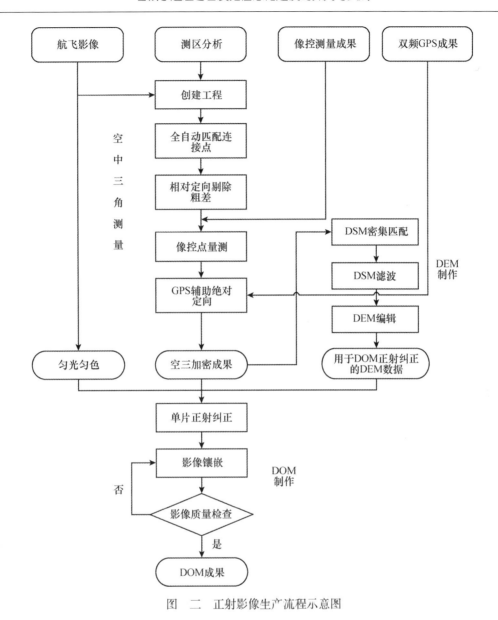

图　二　正射影像生产流程示意图

据，通过匀光匀色、单片正射纠正、镶嵌、影像色彩均衡等一系列处理，完成最终成果的制作。

真数字正射影像图与数字高程模型成果见图一四～图一八（图版七、图版八）。

5. 大场景实景模型构建

基于上述所获得的高清晰、多重叠、多视角航空影像和像控点坐标，采用Context Capture软件平台进行石城子遗址考古现场大场景实景模型构建。其具体流程见图一九。

航测建模的实质，就是多视图像摄影建模技术（Image-Based Modeling and Rendering，简称IBMR）的具体应用，即通过对"像对"图像的数字化处理获得拍摄物体的立体模型。该技

北 ←

0　　　　　　400米

图一四　石城子遗址及周边环境2018年正射影像图及数字高程模型

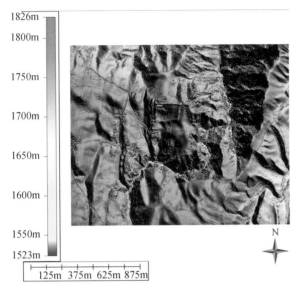

图一五　石城子遗址核心区域2017年数字高程模型

图一六　石城子遗址2019年发掘区域数字高程模型

图一七　石城子遗址核心区域2017年正射影像图

图一八　石城子遗址历年发掘成果整合正射影像
（2014～2019年）

图一九　大场景实景三维建模技术流程

术是利用双目立体视觉原理，对成"像对"的影像重叠部分进行计算，形成点云后构建曲面并生成模型，再通过软件自动匹配将采集的影像纹理附着在曲面模型上，从而形成具有真实感的三维实景模型。

三维模型的检查与整饰主要包括几何及纹理两个方面。通过自动化建模软件获取的数据虽然能够满足基本的建模要求，但对于一些重点区域来讲，在模型细节及精度上仍然不能满足需求。此处，对三维建模数据进行了进一步的检查和精修处理，精修采用Geomagic、3Ds Max、

图二〇　石城子遗址2018年考古现场及周边环境三维实景模型

ModelFun及SVSMeshEditor等，首先将需要精修的部分独立出来，再通过算法计算、人工干预、第三方软件干预、补拍影像的方法对不够精细的数据模型进行更进一步完善。石城子遗址考古现场及周边环境三维实景模型见图二〇（图版九）。

（三）整体区域文物专题图测绘

文物专题图是指在各种比例尺地形图上附着"文物专题信息"后所形成的、面向文物保护的专题地形图数据，着重"文物目标（含文物遗存、散落遗迹和遗存可能分布范围）、保护工程设施（含防护围栏、保护标识等）、主要病害现象及其他文物要素（如保护范围和建控地带等）的详细测绘与合理表达"和"文物基本属性信息的全面调查与适度的图面表述"，并通

过"平面图与地形图信息融合"的方式获得，旨在突破传统地形图的概念（主要体现文物细节取舍和表现等方面），通过"文物一张图"工程，实现对遗址文物目标空间分布、保存状况、地形地貌及周边环境的总体描述，最大限度地满足文物保护专业对地形数据的应用需求。实践中，文物专题图测绘包括三方面内容：

（1）遗址周边地区地形测绘（1∶500或1∶1000）。

（2）遗址区（或文物本体及其周围）平面图测绘（1∶50或1∶100）。

（3）文物专题图编绘：平面图数据缩编及其与地形图数据融合。

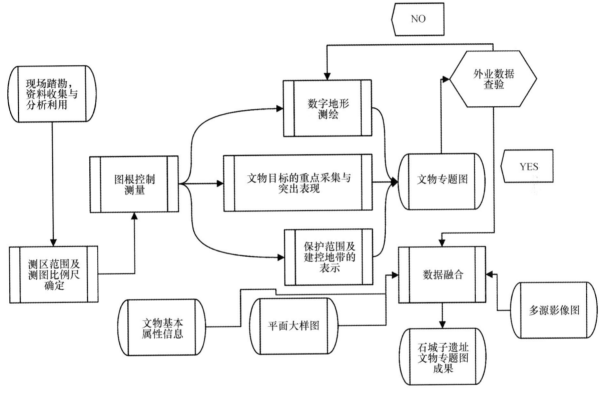

图二一　文物专题图测绘整体流程示意图

参考相关文物和测量技术标准并结合多年工作经验，初步形成了一套较为完善的文物专题图测绘标准，极大地丰富了地形图的信息内容，有效拓展了成果的应用空间，为文物保护提供了良好的空间信息支持。自2014年始，项目组测绘并编制了初版石城子遗址文物专题图，以后各年根据考古发掘区域的扩展而逐步更新。文物专题图整体测绘流程见图二一。

1. 图根控制测量

基于首级控制网控制点，使用全站仪或GPS-RTK，在充分满足测图需要的前提下进行图根控制点加密。

（1）图根控制点一般采用临时性标志（木桩、水泥钉等）进行点位埋设。

（2）图根点可以采用支导线方式敷设，但连续支点不得超过3次，并进行左右角观测，确保支点正确无误。

2. 遗址周边区域1：500全要素数字地形测绘

基于各级控制点，使用GPS-RTK，采用全野外数字地形测绘与裸眼三维测图相结合的方法，测绘石城子遗址周边地区约0.5平方千米范围1：500比例尺全要素数字地形图，并根据逐年考古发掘区域进行逐步更新。

（1）测图方法

采用全野外数字地形测绘与裸眼三维测图相结合的方法，按照《工程测量规范》和《1：500　1：1000　1：2000地形图图式》的有关要求进行遗址周边区域1：500全要素数字地形测绘，具体测图方法如下：

1）使用GPS-RTK，经基准站安置后，按照1：500地形测绘的技术要求，使用流动站逐点采集并储存各地形地物特征点的地形数据。

2）根据野外测点情况现场绘制作业草图，以保证测点数据与实地点位的对应关系。

3）内业成图时，将GPS-RTK的测量数据传输至计算机，经检查无误后，采用南方CASS数字化成图软件进行地形图的编辑与处理（含编图、网格注记、图幅整饰等）。

4）测图工作初步完成后绘制检查图，及时进行内外业检查、校对和修改，确认无误后形成最终的数字地形图成果。

需要说明的是，在地形测绘过程中，强调了对遗址周围，特别是位于保护范围内的影响场地稳定性的不良地质现象（如不稳定性边坡等）或对遗址可能造成破坏作用的地形地貌（如道路、河流、集水坑、水沟和季节性冲沟等）的采集与表达（遗址区平面图测绘时更是如此），以便为后续的环境病害调查与图形化描述提供信息支持。

（2）成图细则

根据规范要求，石城子遗址按照下列要求进行地形图绘制：

1）地形图上展绘各级控制点，并按照《地形图图式》规定的符号予以表示。

2）各类建筑物、构筑物及其主要附属设施均加以测绘。其中，建筑物、构筑物轮廓凸凹在图上小于0.5毫米时，用直线连接。独立地物能按比例尺表示的实测外廓，填绘符号；不能按比例尺表示的，准确表示其定位点或定位线。

3）地貌以等高线表示，明显的特征地貌以符号表示。山顶、鞍部、山脊、凹地、谷底及倾斜变换处，均测注高程点。

4）公路在图上每约3厘米及坡度变化处均测注高程点。

5）水系及其附属物按实际形状测绘，河流测出河底高程并标明水流方向。

6）植被的测绘按其经济价值和面积大小适当进行取舍。路边的行树、植被均进行了详细表示，特别是行树两头均进行了实测表示。地类界与线状地物重合时，按线状地物测绘。

7）居民地、山岭和河流等，按现有的名称进行注记。

8）电杆、电塔均实测其位置，并标明线路方向。

9）未说明的参照《工程测量规范》及《1∶500　1∶1000　1∶1000地形图图式》执行。

3. 遗址区1∶100平面图测绘

平面大样图获取是文物专题图测绘的关键环节和核心内容。鉴于石城子遗址文物保存状况的特殊性（多坍塌成土垄状，城墙遗存的特征点现场难以判断），本项目采用全野外数字测图和三维激光扫描相结合的方式测绘遗址区及其周围约115500平方米范围1∶100比例尺平面大样图，并根据逐年调查、勘探、发掘与研究成果进行逐步更新。

受采样点密度、测量精度、图面荷载，特别是采集内容和表达方式的限制，常规意义上的地形图仅仅是文物专题图的基础数据，往往由于对文物信息描述深度不够而无法满足文物保护的专业需要，只有通过对文物信息的重点采集和合理表达，才能更好地为文物研究与保护提供良好的空间信息支持。

文物本体及赋存环境专题性制图表示的核心部分就是将传统所称的平面图测绘进行一定的范围和内容扩充（包括文物本体特征部位高程信息采集及等高线绘制等），为表述方便在此仍沿称"平面图"。实际工程中应根据文物遗存的类型和表示特征选择适宜的平面图测绘方式，并在平面图完成的基础上，通过编绘等制图手段与周围区域的大比例尺地形图结合起来形成文物专题信息图成果。因此，平面图测绘是文物专题图测绘的核心内容。

（1）平面图测绘的基本原则

1）着重对文物遗存的位置、范围、相对标高、材质、名称或编号，以及散落遗迹和其他遗存可能分布范围的测绘与调查，全面或基本摸清文物目标的空间分布和具体内容，并通过制图手段予以突出表现，强化文物遗存和遗迹现象的显示性，为考古调查与发掘提供核心数据支持。

2）对保护工程设施与主要病害现象（坍塌、淘蚀、裂隙、孔洞等）及其周边微地貌进行合理采集与表达。

3）初步成果形成后，在考古人员的指导下，对遗址中的文物遗存信息和病害信息进行确认（包括补充完善和必要的疑似信息剔除），尽量保证文物专题信息的完整性和正确性，为数据的后续分析利用提供便利条件，实现信息采集与保护管理、展示利用的有效衔接。

4）实时获取各种文物遗存的属性信息（包括名称、材质、建造方式等），为平面图绘制和文物专题图生成提供辅助信息支持。

5）采用不同的线型、图例及分层分色管理等技术手段，对实测信息和参考资料（遗存可能分布范围或疑似遗存等）加以区分。

（2）平面图测绘的技术方法

以三维激光扫描建模技术为主，并辅以全野外数字测图手段进行石城子遗址区1∶100平面图绘制。

基于精细化三维数字模型，通过模型安置（依据标靶点坐标将模型安置到测区统一坐标高程系统）及其加工处理（包括特征点线的跟踪测量、等高线的自动生成与编辑处理、特征点高程提取与注记等），并结合点状地物（包括保护标志牌、保护界桩和保护说明牌、电杆等）和线状地物（如防护围栏、道路等）的野外补充采集进行遗址区1∶100平面图绘制。

实践证明，三维激光扫描是考古遗址现状测绘（包括平、立、剖测绘等）的最佳手段之一。三维激光扫描与建模为我们开展文物测绘开辟了一个新的途径。对于土遗址因残损所致而形成的复杂形态，传统的地形测绘方式难以达到准确表达的地步，而三维扫描数据中密集的空间点（点间距在10毫米以下）保证了对遗址形态的精准表达。故此，对于因风雨剥蚀而形成沟壑遍布、形态各异的土质遗存，可采用点云数据生成等高线等技术手段来进行测绘对象的强化和准确性表达，以形成全面可靠的制图表达效果。同时，数据的快速获取、部分制图工作的自动化作业（如等高线的自动生成）以及文物本体的精细化表达是其主要特点，也是提升文物专题制图水平的重要基础。

4. 文物专题图编绘

（1）文物专题图编绘的方法

在分别获得周边区域1∶500地形图和文物本体及其周围1∶100平面图后，采用信息融合技术，将平面图通过缩编处理后融入地形图中（并叠加文物遗存的基本属性信息），最终生成石城子遗址整体区域的1∶500文物专题图。

在进行缩编处理时，由于测图比例尺存在较大差异（1∶100→1∶500），按照"既反映文物细节、又保持图面整洁"的原则对平面图进行适当取舍。

作为信息表达的两种形式，平面图一方面实现了对文物空间分布及保存现状信息的详细描述，可作为现状记录单独使用；另一方面又为文物专题图编绘提供了核心数据支撑，是文物专题图不可或缺的数据源。

文物专题图的完成，实现了在一张图上对文物资源进行总体描述的功能，全面提高了地形图的信息含量和使用价值，为文物部门的日常管理提供了便捷的工具，为各项文物保护工作提供了更为友好的信息支持，同时也为一处遗址的文物信息管理提供了良好的系统索引。文物专题图对遗址文物信息采集与表达具有十分重要的现实意义。

（2）两种比例尺图件的异同简述

按照地形图成果序列，1∶500以上比例尺的图件称为平面图。如前所述，这里所谓的平面图又对传统文物测绘所谓的平面图进行了高程（包括等高线）方面的内容扩展，实质上是一种特大比例尺地形图成果。

石城子遗址采用三维激光扫描与全野外测图相结合的方法，对文物本体及其周围进行了详细的1∶100平面图测绘，旨在全面获取文物遗存及其赋存环境的保存与保护现状信息和微地貌特征，并采用0.25米的基本等高距进行地貌表现，以求能较好地反映出文物遗存的竖向特征。

平面图更多应用于现状记录和保护方案设计。

　　文物专题图核心部分利用平面图编绘而成。受图面荷载的限制，文物本体及其周围部分的细节较平面图有较大损失，仅为平面图的框架数据，外围部分则按照1：500地形测绘的要求制作，更多的是关注周边环境以及环境对文物本体的影响等内容，并采用0.5米的基本等高距进行区域环境竖向特征表现。文物专题图更多地应用于空间位置描述、遗址布局和保护规划编制。

　　（3）关于保护范围与建控地带的表示问题

　　经划定公布的保护范围和建设控制地带是文物保护规划的重要技术经济指标，不仅具有法律效力，同时也是对文化遗产进行保护管理的重要依据。因此，保护范围和建控地带在文物专题图中的准确反映是个不容忽视的问题。

　　然而，在目前收集到的资料中，石城子遗址系采用"文字描述、示意图和特征点GPS坐标"的方式对保护范围和建控地带进行了表述（GPS点数量不足且误差过大），依据该材料难以对如此重要的边界进行准确绘制。同时，考虑到石城子遗址将要开展保护规划编制，势必会对原先划定的保护区划进行合理调整。因此，本项目暂未将保护范围和建控地带边界上图，待条件成熟后，项目组将积极配合相关文物部门完成此项工作。

5. 文物专题图的数据分层分色管理方法

　　为了便于图形数据文件的管理与使用，此处参考地形图国家标准，采用分层、分色、分线型的原则，并对文物专题信息进行了进一步扩充完善，形成了一套相对完整的文物专题图数据分层分色管理方法，有效地实现了数据的分类管理。文物专题图数据分层分色管理方法见表三：

表三　文物专题图数据分层分色管理方法

序号	层次内容	层名	颜色号	包含地物
1	测量控制点及注记	KZD	红色	各种等级控制点及其注记
2	居民地及其附属物及注记	JMD	紫色	居民地、建筑及其附属设施，包括居民地中的门、门廊、台阶、楼梯、建筑物、支柱、围墙、栅栏、篱笆、铁丝网等
3	道路、桥梁、街道及有关符号与注记	DLSS	青色	道路、桥梁及有关符号（如里程碑等）
4	电力线、通信和管线及其注记	GXYZ	黄色	电力线、通信线和管线及其注记
5	等高线	DGX	黄色	等高线
6	高程点及注记	GCD	红色	高程点及注记
7	植被特征及注记	ZBTZ	绿色	植被符号及注记
8	独立地物及注记	DLDW	11	独立地物、各种其他不依比例尺符号等
9	水系及注记	SXSS	蓝色	水系、水利设施、水系说明等
10	地貌特征	DMTZ	绿色	地形地貌包括陡坎、斜坡、土堆、田埂、地类界、垅等
11	境界及注记	JJ	黄色	境界及注记

序号	层次内容		层名	颜色号	包含地物
12	文物要素	遗存和遗迹现象	按照文物要素的种类分层、分色、分线型绘制		各种文物遗存和遗迹现象、散落遗迹、遗存可能分布范围等
		保护工程设施			防护围栏、界桩、标牌标识、看护用房、防洪坝、以及支护、锚固、裂隙灌浆、表面防风化处理等
		主要病害现象			危岩体、淘蚀、裂隙、坍塌、孔洞等
		其他文物要素			保护范围和建控地带、古树名木等

（四）发掘区精细三维数字模型构建与纹理映射

三维激光扫描技术的出现和应用，已成为目前文物保存现状可视化记录、数字化展示以及精细化测绘的重要技术手段之一，它采用高精度逆向三维建模及重构技术，以同步获取目标表

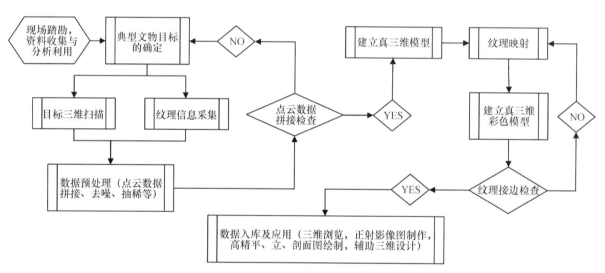

图二二　三维数字模型构建与纹理映射总体技术流程图

面三维坐标数据（系离散点集合，称之为"距离影像"或"点云"）和数字影像的方式快速获取目标的三维立体信息，为快速构建目标的精确三维数字模型、实现实体目标的可测量、可视化提供了有效的技术手段。

石城子遗址考古发掘采用地面三维激光扫描方式，必要时利用手持扫描仪进行死角补扫，通过高精度扫描与建模，快速构建历年考古现场的三维数字模型，并通过纹理数据的采集与高清纹理映射，为真实记录遗址文化特征和保存状况提供精细三维可视化成果。三维数字模型构建与纹理映射总体技术流程见图二二，点云及纹理数据采集技术流程见图二三。

1. 点云数据采集

采用地面三维激光系统（FARO Focus 3D及Riegl VZ-1000），按照设计的扫描路线和扫描

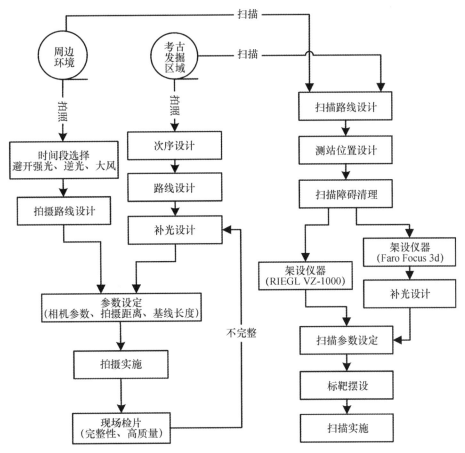

图二三　点云及纹理数据采集技术流程

图二四　地面三维激光扫描仪器

图二五　　地面三维激光扫描数据采集现场工作图

站点，对考古发掘区域进行近距离、高精度无缝扫描（图二四、图二五），并根据光线条件（光照强度和光线入射方向等）选择适当的扫描时点（以获得良好的自带纹理数据），获得了数据完整、纹理总体一致的点云数据。

各站点的三维激光扫描在经过行参数确认、仪器置平、标靶布设（每站布设至少4个同名标靶）与测量（采用全站仪极坐标法进行标靶三维坐标测量，以便为模型安置提供统一的坐标高程基准）后，原则按照360°进行扫描作业。

扫描范围：原则以考古发掘边缘向四周外扩20米为三维扫描作业范围，确保对发掘区域及周边环境的全覆盖。

扫描距离控制：根据FARO focus 3D和Riegl VZ-1000的技术参数，以目标点云1毫米间距为阈值，控制架站距离不大于5米，以期获得良好的模型几何精度。

三维激光扫描完成后，各站点云数据之间零散无序，内业数据处理时，首先进行配准、去噪、去冗等预处理（以获得与目标形态一致的整体点云模型）。之后，采用专业建模软件，经三角网构建、编辑处理等工序后，建立文物遗存的高精度三维数字模型。图二六和图二七为石城子遗址2016年考古现场扫描站点布置图及彩色点云成果图。

2. 纹理数据获取

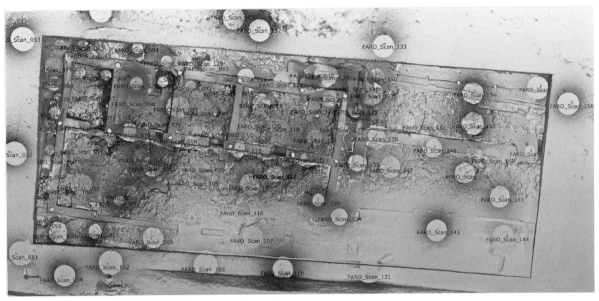

图二六　石城子遗址2016年考古现场扫描站点布置图

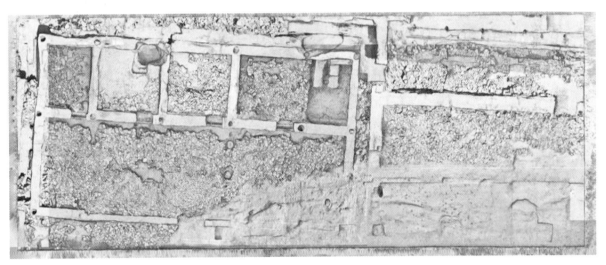

图二七　石城子遗址2016年考古现场彩色点云成果图

　　受扫描仪自带纹理的限制，扫描工作后必须通过纹理数据采集和纹理映射工作，方可获得发掘区域高仿真度三维数字模型，从而实现对发掘区域原真信息的真实记录。

　　根据历年石城子遗址发掘区域特点，本项目的纹理数据采集采用地面摄影和空中摄影相结合的方式进行。采用Nikon D800E全画幅单反相机结合大疆精灵4Pro、大疆经纬M600搭载索尼a7r相机，按照全方位、多重叠、高清晰的原则，采用近景摄影测量方法，按照有关技术要求并充分考虑摄影用光（光线强度、均匀度与入射方向等）和色彩还原问题，对出露遗址的地面、残存墙体顶部和立面、考古发掘断面等部位进行了高分辨率高重叠度拍照，拍摄时使用标准校色卡进行色彩校准，以期真实记录发掘区域色彩和纹理信息，为模型纹理映射提供了良好的数据基础。

纹理影像的分辨率是决定模型纹理精细度的主要指标。纹理数据采集时应根据对象的细致程度，采用适当的分辨率进行数据获取。以Nikon D800E为例，摄影距离与地面（即目标）分辨率的关系见表四。

由上表可知，对于本项目而言，由于摄影距离多在0.74～3.07米，因此所获得的目标分辨率在0.07～0.3毫米（对应于85～350dpi），完全满足石城子遗址考古发掘的信息保存、科学研究、数字化展示、虚拟复原以及本体测绘的需要。

表四　摄影距离与地面（即目标）分辨率关系表

主要参数	f=50mm	分辨率（像素）	7360	4912	3615万像素	
		CCD大小（mm）	35.9	24.0		
		像素大小（mm）	0.004882mm/像素			
	摄影距离	焦距	GSD 地面分辨率	像素实际大小	像素/mm	dpi每英寸像素数
	m	mm	mm/像素	mm/像素		
尼康D800E全画幅单反相机	3.07	50	0.30	0.004882	3.33	85
	2.56	50	0.25	0.004882	4.00	102
	2.05	50	0.20	0.004882	5.00	127
	1.02	50	0.10	0.004882	10.00	254
	0.74	50	0.073	0.004882	13.78	350

3. 点云处理、三维数字模型建立与纹理映射

各站点云数据经去噪、配准、去冗等预处理后获得与目标形态一致的整体点云模型，再采用专业建模软件，经过三角网构建和编辑处理等，建立发掘区域高精度的三维数字模型。同时，在以多种方式完成纹理获取后，采用近景摄影测量建模软件（ContextCapture Center结合PhotoScan），以影像建模方式进行对象三维模型构建（该模型具有高分辨率真实纹理），并利用三维扫描模型对近景模型进行配准，通过控制点选取、纹理附着、匀光匀色等一系列处理后完成扫描模型的原片级纹理映射（即扫描模型+近景纹理，大幅度提高纹理映射的工作效率），为考古发掘区域附着真实纹理，从而获得具有高仿真度的真彩色三维数字模型。图二八为石城子遗址2019年考古发掘区域真彩色三维数字模型（图版一〇）。

（五）考古发掘现场全过程测绘及配合工作

根据项目设计、前期规划并经与石城子考古队商定，项目组派驻2名测绘工程师常驻石城子遗址考古发掘现场，并配备必要的仪器设备（包括GPS-RTK、全站仪、低空无人机航测系

图二八　石城子遗址2019年考古发掘区域真彩色三维数字模型

统、地面三维激光扫描系统、计算机、高分辨率数码相机、打印机、交通工具等），旨在对考古发掘全过程进行信息化跟踪记录，并及时进行相关资料搜集与处理工作。

基于2014年建立的测量控制点，使用GPS-RTK和徕卡TS02Plus-2R500型全站仪（2″，5mm+5ppm），采用数字化测绘方式，进行已知控制点的校核及日常工作基准点的设立、各类考古勘探工程及其成果的定位、设计探方的放样、发掘过程地层剖线测绘、揭露遗迹与采集遗物位置测量、如实描述发掘区地层和遗迹的空间分布和具体形制等；综合利用田野考古工作平台与标签打印系统，进行出土器物的实时标签打印；结合考古发掘日常工作的需要，进行文字记录的整理及数字化处理；进行照片及视频等影像资料的采集；进行考古资源管理数据库的入库及维护工作。综上所述，石城子遗址历年考古发掘现场全过程测绘及配合工作主要内容包括：

（1）已知控制点的校核及日常工作基准点的设立；

（2）各类勘探工程及其成果的定位；

（3）设计探方的测设放样；

（4）发掘过程中地层剖线测绘；

（5）揭露遗迹单元的位置、深度、形状测绘；

（6）采集遗物（人工遗物和自然遗物）的三维坐标测量及标签打印；

（7）文字记录整理及数字化处理；

（8）照片及视频等影像资料的采集；

（9）考古资源管理数据库的入库与维护等。

1. 已知控制点的校核及日常工作基准点的设立

首先，对遗址区周围的四个已知控制点进行精度与可靠性校核，按相关规范要求使用GPS-RTK测量此四个控制点，利用其中三个分布相对最优的控制点进行测区四参数和高程拟合参数的计算。在内符合精度满足规范要求时，以第四个点作为检核点。在精度都满足规范要求时，在发掘区附近，与考古发掘互不影响并且通视良好的地方设置三个工作基准点，作为后续GPS-RTK和全站仪作业的测量控制点。

2. 设计探方的测设放样

探方是考古发掘的基本单元，每年发掘开始之前，石城子遗址考古队根据工作计划、研究目的、已有勘探成果、地表遗存分布等进行当年的发掘探方设计。测量人员根据探方设计坐标成果、使用GPS-RTK或全站仪进行探方的放样定桩工作，保证实地放样与设计探方的一致性，

图二九　石城子遗址2019年考古发掘探方设计示意图

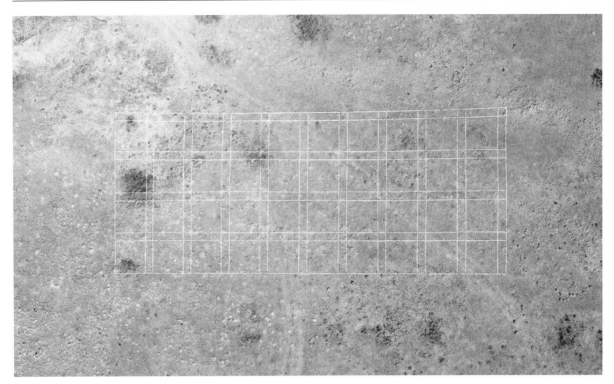

图三〇　石城子遗址2019年考古发掘探方放样示意图

为之后的考古发掘奠定相对控制基准。图二九和图三〇分别为石城子遗址2019年考古发掘探方设计及探方放样示意图。

3. 发掘过程中地层剖线测绘

石城子遗址考古发掘的过程是按照探方自上而下、由浅及深逐层发掘的。发掘的过程中，考古人员根据土质、土色、包含物等信息在探方壁上进行地层的细致划分，测绘人员通过GPS-RTK或全站仪并结合近景摄影测量方法，对地层剖线进行测量和细致绘图，为考古研究及之后的报告编制提供基础资料。

4. 揭露遗迹单元的位置、深度和形状测绘

当考古发掘揭露到文化层时，其相关的遗迹现象便会逐步显现。而完整的遗迹单元的全部显露，则需通过考古人员进一步的刮面、辨识等处理。基于遗迹单元的完全显露，并根据考古人员的指导及现场实际情况，测绘人员需及时对出现的遗迹单元开口信息进行现场测量并进行数字化制图。

初步测绘记录工作完成后，考古人员需对每个遗迹单元进行解剖研究，在对遗迹单元进行解剖的过程中，测绘人员需随时进行信息记录，直到整个遗迹单元发掘完毕，再进行最终遗迹的位置、形状及深度信息测量。最后，综合利用发掘过程中的各类测绘成果，绘制最终的遗迹

图三一　石城子遗址2019年考古测量工作

单元平、剖面图。图三一即为石城子遗址2019年考古发掘遗迹测量现场工作照。

5. 出土遗物的实时测量及标签打印

在考古发掘过程中，出土遗物是具有重要学术研究意义的基础实物资料，是考古研究及其他多学科研究的重要基础。出土遗物可分为人工遗物及自然遗存，在石城子遗址考古发掘过程中，在其文化层及遗迹单元内出土了较多遗物，出土遗物准确而及时的位置信息采集对之后的考古研究具有重要意义。

对石城子遗址考古发掘过程中出土的重要实物遗存均采用GPS-RTK进行了实时定位测量，并基于考古发掘管理展示平台及标签打印系统，实时打印遗物标签（每个遗物打印两张标签，一张贴于塑封袋外面，一张放在袋内），并把出土遗物的描述信息、定位坐标、相关属性录入考古资源管理数据库。同时，对重要的自然遗存（如动物遗骸、植物遗存等）的位置信息也进行定位测量。

6. 文字记录的整理及数字化处理

考古发掘过程中，会形成很多文字记录资料，包括领队日记、考古及相关人员的工作日记、探方记录、遗迹单元记录等。基于考古发掘及信息化建设的实际需求，应及时将文字记录进行整理及数字化处理，并上传至考古发掘管理展示平台。为考古发掘的信息化日志建立提供数据基础，并为之后的信息检索提供可能。

7. 考古资源管理数据库的入库与维护

石城子遗址从2018年开始引入基于互联网的考古发掘管理展示平台（此部分开发工作由其他协作单位完成），取得了良好的效果。自引入该平台后，数据库的入库与维护便是项目组日常配合工作中的重要内容。对考古过程中形成的各类资料，诸如工作记录、探方记录、遗迹记录、出土遗物信息等及时进行录入管理。对其他的数字化信息成果，如影像资料、图件资料、模型成果、相关报告等分阶段进行录入管理。

（六）考古发掘全过程影像视频记录

影像及视频资料信息采集是考古发掘过程中记录考古发掘过程、揭露遗迹现象、辅助考古研究和助力展示利用的基础且重要的资料，也是现场配合考古工作的重要组成部分。

在配合考古发掘的过程中，随时对工作现场进行拍照记录，记录现场工作及遗址相关情况。利用多旋翼电动无人机或单反相机拍摄的影像按日期建立主目录，按不同类型和拍摄主题建立分目录，并形成说明性文档。挑选其中有代表性意义且展示效果良好的影像，经过PS处理（删除干扰，匀光匀色等），命名为拍摄主题+日期+流水号，上传到田野考古工作平台，以供考古队对影像视频进行调阅及研究。

1. 探方与揭露遗迹特写影像

随着考古发掘的进程而实时记录探方的不断变化，有针对性地进行探方细节信息的拍摄及记录；同时，对揭露遗迹的不断变化及细节信息同样要进行及时地、全方位地拍摄及记录。完整及时的影像信息记录，为之后的信息回溯及考古研究提供基础影像资料。图二二～图二七为不同探方及遗迹的不同时期的特写影像。

2. 考古发掘工作影像

对整个石城子遗址2014～2019年考古发掘周期进行影像及视频方式记录，包括但不限于考古工地相关活动、工作交流、考古发掘有关的各种工作记录影像等；图三八～图四六为考古发掘过程中各类工作影像。

3. 遗址及发掘区域全景鸟瞰图

全景鸟瞰影像是一种能更加彰显文物遗存与周边环境关系的影像产品。石城子遗址全景鸟

图三二　探方T88不同发掘阶段影像

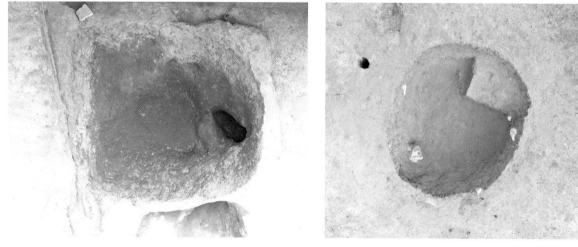

图三三　H2（左）及H7（右）特写影像

图三四　H12与H13特写影像（左）F1北墙及下部砖遗迹（右）特写影像

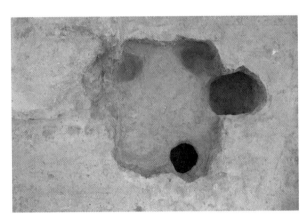

图三五　J1（左）及F17（右）特写影像

图三六　倒塌的木骨泥墙（左）及F6南墙边木柱（右）特写影像

图三七　磨盘（左）及Z7（右）特写影像

图三八　工作记录之探方发掘

瞰图的拍摄主要包括遗址及发掘区不同时间、不同气候、不同环境下的鸟瞰影像。选取多个适当角度，利用大疆经纬M600Pro及大疆精灵4Pro的空中悬停功能，以无人机低空定点倾斜摄影方式，拍摄并制作石城子遗址大场景及考古现场的全景鸟瞰图。为了获得理想的制图效果，本项目按照下列原则进行石城子遗址考古现场的全景鸟瞰图拍摄与制作工作。图四七所示为大疆精灵4Pro与大疆经纬M600Pro。

（1）多视角

根据考古遗址及发掘区域分布及其周边环境要素，选择了不同视角，即自北向南、自南向北、自西向东、自东向西和自上而下进行拍摄，从多个视角全面反映遗址及发掘区域的遗存构成、文物特征、发掘现状和环境特色。具体视角选择视环境要素的重要性确定。

（2）多尺度

为了从多个层面上反映遗址及发掘区域现状，拍摄时事先选好起飞点，在视线通廊上选择

图三九　工作记录之扫描工作

图四〇　工作记录之探方布设

2个以上拍摄位置，利用旋翼机的空中悬停功能进行定点拍摄，以获得不同尺度的鸟瞰影像。多尺度是指影像覆盖范围和文物目标在影像上成像大小的变化，主要受拍摄距离的影响。多尺度原则上包括以下三个层次：

远景：覆盖遗址建控地带和特定环境要素，重在表现遗址的整体分布情况及其与周边环境的相互关系。

中景：覆盖遗址区和特定的环境，以详细反映遗址布局、遗产构成、保存状况及其环境特色等。中景是鸟瞰图拍摄的重点和主要成果。

图四一　工作记录之航空摄影

图四二　工作记录之地面摄影

图四三　工作记录之相关活动（一）

图四四　工作记录之相关活动（二）

图四五　工作记录之相关活动（三）

　　近景：是针对遗址核心区或考古发掘区的航拍工作，用于反映、记录石城子遗址的典型文化现象及考古发掘现状等。

　　（3）视觉效果和艺术表现力

　　为了尽量提高鸟瞰影像的视觉效果和艺术表现力，拍摄时按以下要点予以把握：

图四六　工作记录之相关活动（四）

图四七　大疆精灵4Pro与大疆经纬M600Pro

选择合适的拍摄机位（包括飞行高度、拍摄距离和相机倾角），将整张影像的视觉重心放至遗址中心，以尽量减少遗址及发掘区域变形。

选取适当的拍摄角度，尽量避开道路、线杆等，以减少图片上的人工化痕迹。

选择适当的摄影时机和拍摄角度，把握摄影用光，尽量增强遗址及发掘区域的光感和明暗关系，以突出拍摄对象的立体感、体量、规模和雄伟感，最大限度地提高鸟瞰图的视觉冲击力。

（4）后期制作

首先对航拍资料进行分析，筛选出符合要求的原片（影像清晰、色彩饱和、反差适中等）作为素材，然后在图像处理软件下通过匀光匀色、图像增强、裁剪等处理后获得效果良好的鸟瞰图像。

对单张影像不能覆盖相应制图范围的，可采用图像处理软件，基于摄影测量原理进行图像后期拼接，并通过匀光匀色等摄影处理后完成鸟瞰图制作。

在配合考古发掘的过程中，根据不同发掘时间节点、不同气象环境，进行多次遗址大环境和城门与墓葬发掘区的鸟瞰图拍摄，采集丰富的鸟瞰图素材，充分发挥实时跟踪、全方位信息采集的优势，为之后的报告编制、图集出版奠定了数据基础。图四八～图六〇为石城子遗址不同时期、不同天气、不同角度的鸟瞰示意图。

4. 地空全景漫游

图四八　石城子遗址整体鸟瞰图（由北向南）

图四九　石城子遗址整体鸟瞰图（由北向南）

图五〇　石城子遗址整体鸟瞰图（由北向南，雪后）

图五一　石城子遗址城门发掘区鸟瞰图（由西向东）

图五二　石城子遗址整体鸟瞰图（由北向南）

图五三　石城子遗址整体鸟瞰图（由西北向东南）

图五四　石城子遗址整体鸟瞰图（由西向东）

图五五　石城子遗址整体鸟瞰图（由北向南）

图五六　石城子遗址整体鸟瞰图（由东向西）

图五七　石城子遗址内城鸟瞰图（由南向北）

图五八　石城子遗址2019年发掘区鸟瞰图（由南向北）

图五九　石城子遗址2019年发掘区鸟瞰图（由东向西）

图六○　石城子遗址2019年发掘区鸟瞰图（由上向下）

图六一　石城子遗址城门发掘区地面全景影像

图六二　石城子遗址墓葬发掘区陶窑遗址全景影像

图六三　石城子遗址2019年发掘区高空全景影像

图六四　石城子遗址2019年发掘区低空全景影像

图六五　石城子遗址F16全景影像

图六六　石城子遗址F17全景影像

图六七　石城子遗址F20~F23全景影像

全景影像，又称为全景（Panoramic Photo），通常是指符合人的双眼正常有效视角（大约水平90°，垂直70°）或包括双眼余光视角（大约水平180°，垂直90°）以上，乃至720°完整场景范围拍摄的影像。用720°全景影像显示考古发掘的遗迹现象，可以给观看者以身临其境的感觉，是考古研究和展示利用的又一重要技术手段。

以空中无人机及地面全景云台结合专业单反相机为影像获取设备，拍摄考古发掘过程中不同时段出露遗迹现象的720°全景影像，经过匀色、拼接、漫游设计等内业处理，形成空地一体化的全景漫游，为考古研究以及展示利用工作提供良好的数据支持。图六一~图六七为石城子遗址不同时期、不同区域的地面或空中全景影像示意图。

5. 延时及空中视频

利用延时摄影及空中视频，从不同的视角记录重要节点、特殊环境、不同天气状态下的考古工作状况及遗址发掘现状变化，全方位展示遗迹、发掘现场及附存环境的全貌，经剪辑及渲染后，为考古发掘的研究及之后的宣传片、纪录片制作提供基础数据资料。

（七）考古发掘制图表达

考古绘图不仅是田野考古工作中重要的组成部分，同时也一直是考古学研究不可或缺的重要技术手段。它不仅能够科学准确地记录和反映遗迹的分布状况及出土遗物的空间、形态特征，也能够比较客观地记录和保存考古现场中蕴涵的深层次的文化及历史信息。同时，考古绘图是一门专业性极强的技术学科，是将制图学应用于考古学的一门制图技术，其充分利用数字化测绘成果并融合制图学的理论和技法，从而形成适用于考古学的制图体系。

在石城子遗址历年的考古发掘过程中，综合性的考古制图表达始终贯穿于考古发掘工作的整个过程之中，并发挥着至关重要的积极作用。通过充分利用数字化测绘成果，结合考古人员对遗迹的深入理解，使用多种数字制图手段，进行各类考古图件的制作，从而完成对石城子遗址考古发掘的数字化制图表达。相关考古图件主要包括发掘区总平、剖面图，探方四壁剖面图，遗迹单元平、剖面图，出土遗物平、立剖面图等。

1. 数字制图技术方法

以不同的数字化信息采集成果为制图依据，以相同的制图标准及规范进行统一约束，通过多种方式的数字化制图手段，进行最终的数字制图技术表达。

数字化制图手段主要有基于全野外实测坐标的数字制图、基于三维网格模型的数字制图、基于点云数据的数字制图，以及基于多源数据融合的数字制图等。

（1）基于全野外实测坐标的数字制图

基于GPS-RTK及全站仪获得目标物体离散的三维坐标数据，再依据现场绘制的草图和记录资料，经过内业数据处理，将三维坐标数据导入到专业制图软件中，进行线划图的制作、编辑及优化。

全野外实测坐标的数字制图具有快速、便捷、精度较高的技术特点，但同时其受采样点密度低、受外界环境影响大的限制，对于一些遗址细节较易造成疏漏，故其适用于出土遗迹位置测量、揭露遗迹信息的概略测量等。

（2）基于三维网格模型的数字制图

三维网格模型成果无论是在几何结构上抑或纹理表现力上均具有突出的技术优势和文物现状表达优势，其成果除可用于文物的可视化记录和虚拟展示外，亦可广泛应用于线划图测绘的各个方面。文物目标的立面图、等值线图、剖面图等均可以基于模型数据，采用适当的技术方法，通过一系列的数据采集与数据处理后获得。基于三维网格模型的文物本体平、立、剖测绘已逐渐成为本体测绘的主流技术而得到了广泛应用。基于三维网格模型的数字制图主要技术流程如图六八所示。

1）轮廓线提取及其二维转化

基于模型数据，在三维立体环境下，通过轮廓线探测、人工干预和提取后，将制图目标的整体模型分解成若干个面片并获得每个面片完整、唯一的轮廓线数据；在投影面选取后（必要时借助像控点坐标），将模型面片及其轮廓线（含边界轮廓和主要结构棱线）投影到制图投影面，获得测绘目标轮廓的二维线图。

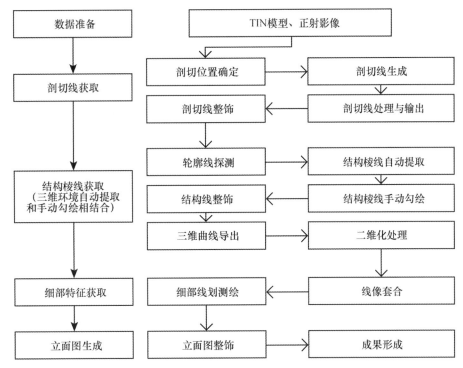

图六八　基于三维网格模型的数字制图主要技术流程示意图

2）平面及立面图测绘

基于模型面片（白膜和彩色模型影像）和轮廓线数据，通过平面及立面特征信息的跟踪测量进行线划图测绘。其中，白膜对结构特征反应敏感，是结构特征测绘的良好基底数据；彩模（即立面和平面正射影像）具有良好的纹理细节识别度，是细部测绘的重要数据源。

3）剖面图测绘

基于模型数据，在三维立体环境下进行剖面位置选择（应记录剖线起、终点位置信息），并利用专业软件提取三维剖线数据。在投影面选取后，将三维剖线投影到制图投影面，获得剖线的二维线图。

（3）基于点云数据的数字制图

利用三维激光扫描获取的点云数据，除具备准确的空间位置信息外，往往还包含目标物体的颜色信息、反射强度信息及其他各种信息等，针对遗迹单元进行三维扫描形成的点云数据，再依据点云或点云正射影像进行数字化制图成为现在数字化制图的一个重要组成方向。

三维激光扫描所获取的各站数据经过预处理、降噪、拼接、去冗，及坐标转换后形成遗迹对象完整的、位置信息准确的整体点云数据。将完整点云数据导入专业软件，通过点云切片和投影提取等操作提取遗迹的轮廓二维线图和剖线的二维线图，经过编辑整饰后完成遗迹的数字化制图表达。

（4）基于多源数据融合的数字制图

受限于考古发掘的周期间隔及各个数据采集手段的应用场景限制，仅基于单一数据源进行数字制图往往会造成成果细节在某种程度上的缺失。因此，将多源数据进行数据转换、坐标系统一及数据融合后，基于多源数据的混合数字制图技术得到了愈来愈广泛的应用。另一方面，多源数据在制图过程中除了内容上的互相弥补外，在制图精度及准确度方面也可以起到相互佐证的作用。

2. 数字线划图的编辑整饰

对于考古发掘形成的数字线划图，既要满足记录、存档、研究的需要，同时也要满足报告及出版的要求。各类图件除了要保证精度的正确性外，各类线型、符号、注记等都要经过相应的设计，对于比较复杂的图形，还要加入颜色辅助表达。经过适当的编辑整饰后，形成最终的数字线划图成果。

3. 数字线划图的成果样例

石城子遗址历年发掘形成的图件成果主要有发掘区总平、剖面图，探方四壁剖面图，遗迹单元平、剖面图，出土遗物平、立剖面图等。具体示例见图六九～图八〇（本附录的图仅为示意，如与已出版报告有出入，以报告为准）。

（八）田野考古工作平台的应用

田野考古工作平台的构建基础是对考古发掘所形成的海量、多源异构数据的充分融合及高效存储。多源异构数据融合是指将基于不同方式采集处理后得到的不同结构的数据（如航空倾斜摄影测量、近景摄影测量和三维激光扫描融合建模或模型融合的数据）进行存储及展示的融合。而高效存储的关键是考古资源管理数据库的构建。采用统一、标准、开放的数据类型以及分布式数据存储架构，整合考古发掘、信息采集、多学科考古成果等异构数据，形成统一的考古资源管理数据库，为田野考古工作平台的建设提供底层支撑（该部分工作由其他协作单位完成）。

地理信息系统以数字化的形式反映人类社会赖以生存的地球空间数据及其属性数据，支持空间数据及其属性数据的输入、输出、存储、显示，以及进行地理空间信息的查询、综合分析和辅助决策，WebGIS是Internet技术应用于GIS开发的产物。将WebGIS技术应用于田野考古工作平台构建，具有一般信息管理技术所不具有的优势，可以实现对考古遗址信息的分布式管理和多媒体信息查询等功能。

同时，基于地理信息系统的BS端田野考古工作平台是多工种协作的基础，是考古勘探、发掘、测绘、采样、记录、管理、系统运维、多学科考古协同作业的基础载体与最终体现形式。完善与合理的信息系统管理也是信息化建设的出发点与关键点。

石城子遗址自2018年引入基于地理信息系统的田野考古工作平台（该部分工作由其他协

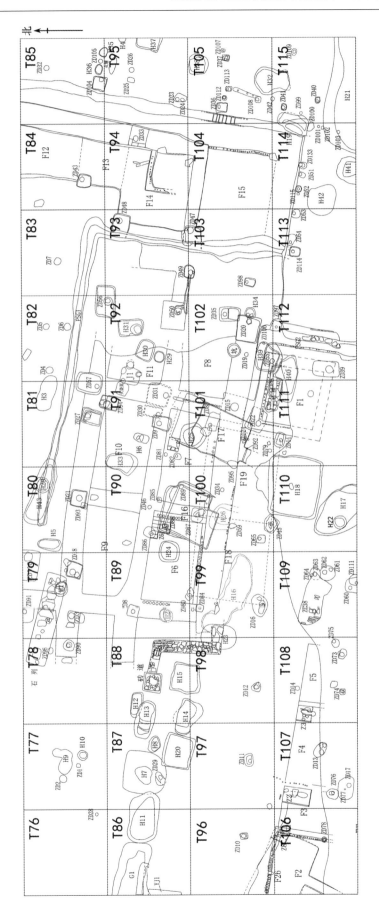
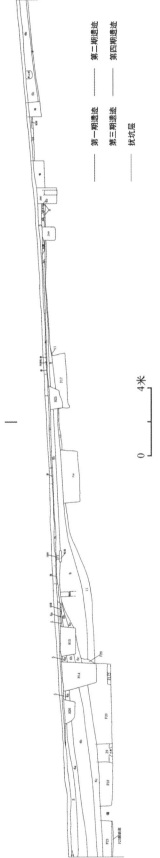

图六九　石城子遗址2019年考古发掘区遗迹总平面图与剖面图

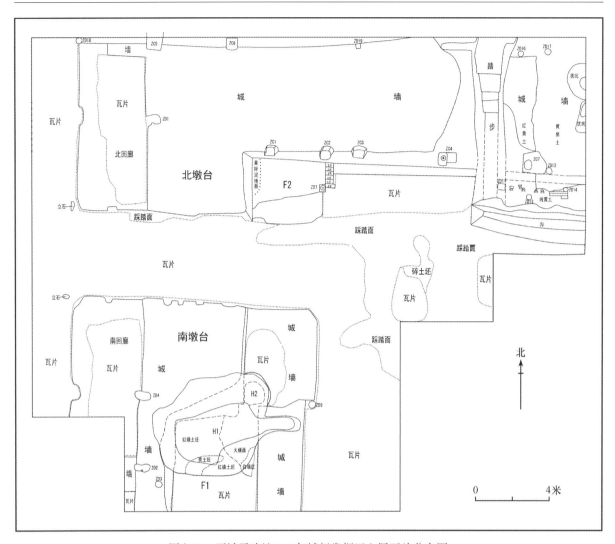

图七〇　石城子遗址2018年城门发掘区上层瓦片分布图

作单位完成）以来，取得了良好的数据存储、管理、展示与应用效果。主要包括虚拟布方、探方及遗迹管理、日志管理、出土器物管理、数据成果展示等模块。田野考古工作平台的引入及应用，为石城子遗址信息化建设夯下了坚实的软件基础。田野考古工作平台相关示例图见图八一～图九〇。

（九）多平台、多工种协同作业

考古发掘具有一套完善的、复杂的田野工作技术体系，包括调查、勘探、发掘、测绘、采样、记录、管理、系统运维、多学科考古等。基于互联网环境下的PC端、移动端的数据采集与整理的协同同步，结合标签打印系统，构成考古发掘现场的多平台、多工种协同作业的基础。测绘人员及考古发掘人员运用移动端的数据采集设备，利用数据的实时回传及人工采集及录入，可以在考古现场完成数据的初步处理与对考古发掘内容及进度的综合判断。同时，考古领队可基于田野考古工作平台根据各个工种所承担的工作内容的差异进行相应权限的分配与任务

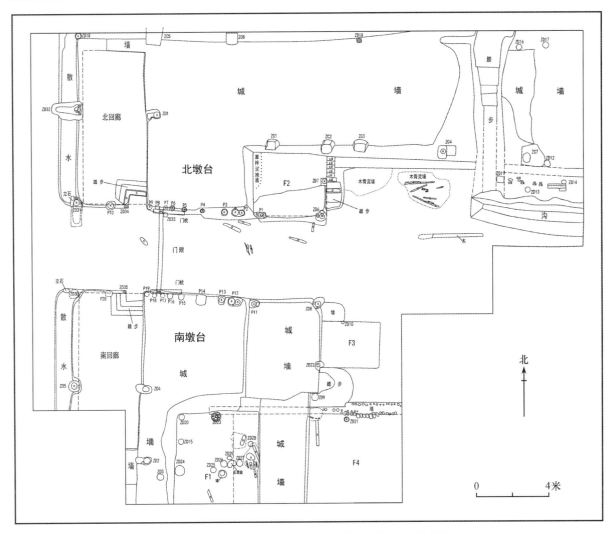

图七一　石城子遗址2018年城门发掘区下层遗迹分布图

划分，以此为基础实现网络环境下的数据管理与高效的多工种协同作业。

（十）遗址虚拟复原

石城子遗址的虚拟复原（该部分工作由其他协作单位完成）是多源数据的多层次、多学科、多方向应用的最直接体现。通过多年的考古调查、勘探、发掘、数据整理与研究，石城子遗址城址布局结构及建筑风格逐渐清晰，城址整体营建在突出的崖体上，北面及西面筑墙，东面及南面以深涧为屏障。城址平面呈长方形，城内筑内城。城墙系夯筑结构，筑有角楼、马面，唯一的城门在西墙中部，门楼为依托墙体及排叉柱支撑的大过梁式结构。居址集中于内城，为排房式建筑结构，两面坡式顶上覆青瓦，椽头饰汉式云纹瓦当。

石城子遗址虚拟复原是基于相关历史资料的描述、考古发掘成果的深度挖掘，结合专家学者的指导意见、出露遗址现状尺度信息的充分利用，综合运用虚拟仿真模型构建、模型渲染输出、视频剪辑及特效制作等技术，由专业技术人员对文物对象进行数字复原的过程。该技术可

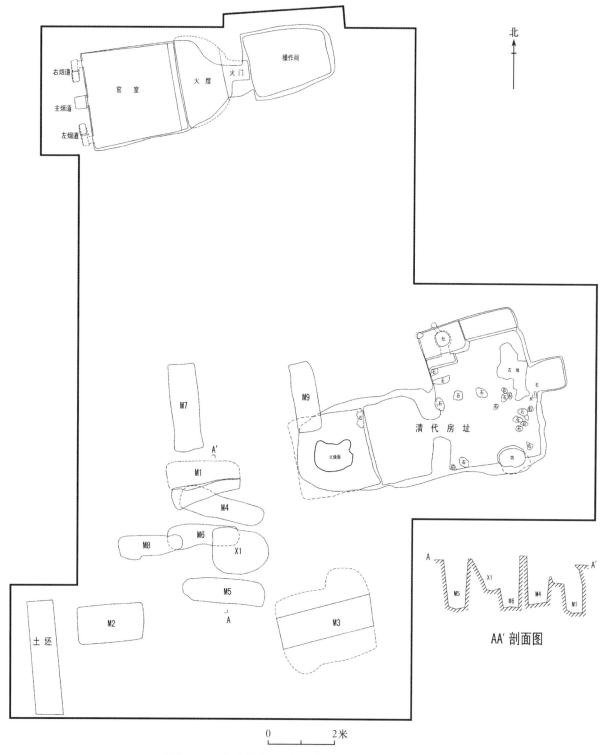

图七二　石城子遗址2018年墓葬发掘区平面图及剖面图

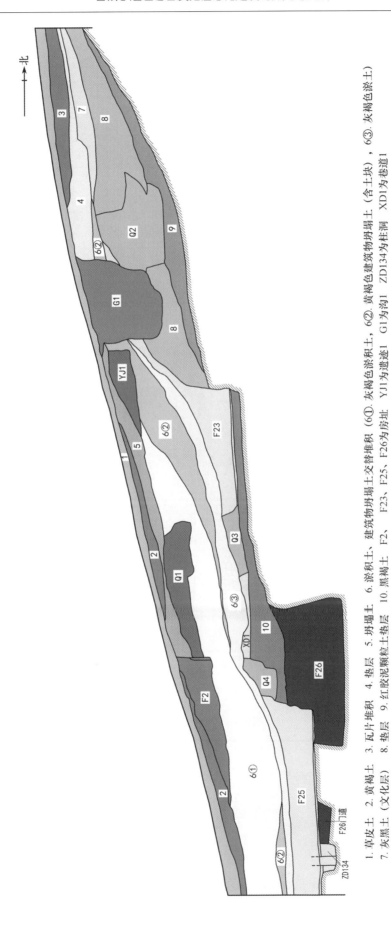

图七三 石城子遗址2019年考古发掘区探方西壁剖面图（填充色）

1. 草皮土 2. 黄褐土 3. 瓦片堆积 4. 垫层 5. 坍塌土 6. 淤积土、建筑物坍塌土交替堆积（6①. 灰褐色淤积土，6②. 黄褐色建筑物坍塌土（含土块），6③. 灰褐色淤土）7. 灰黑土（文化层）8. 垫层 9. 红胶泥颗粒土垫层 10. 黑褐土 F2、F23、F25、F26为房址 F26为房址 YJ1为遗迹1 ZD134为柱洞 XD1为巷道1 G1为沟1 ZD134为柱洞 XD1为巷道1

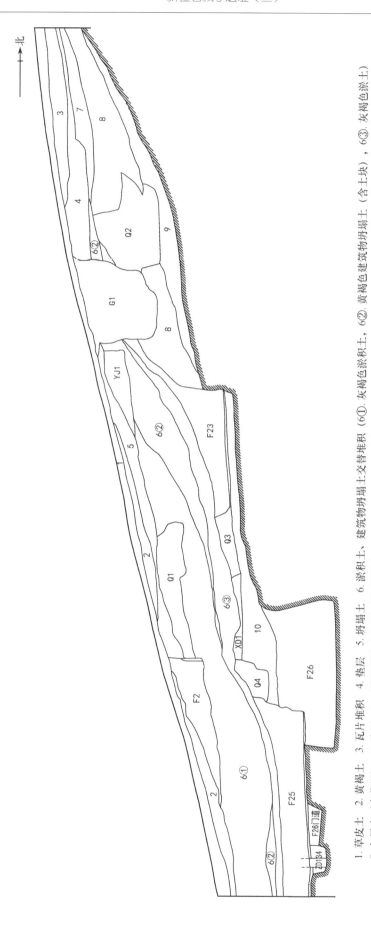

图七四　石城子遗址2019年考古发掘区探方西壁剖面图（线图）

1. 草皮土　2. 黄褐土　3. 瓦片堆积　4. 垫层　5. 坍塌土　6. 淤积土、建筑物坍塌土交替堆积（6①. 灰褐色淤积土，6②. 黄褐色建筑物坍塌土（含土块），6③. 灰褐色淤土）　7. 灰黑土（文化层）　8. 垫层　9. 红胶泥颗粒土垫层　10. 黑褐土　F2、F23、F25、F26为房址　YJ1为遗迹1　G1为沟1　ZD134为柱洞　XD1为巷道1

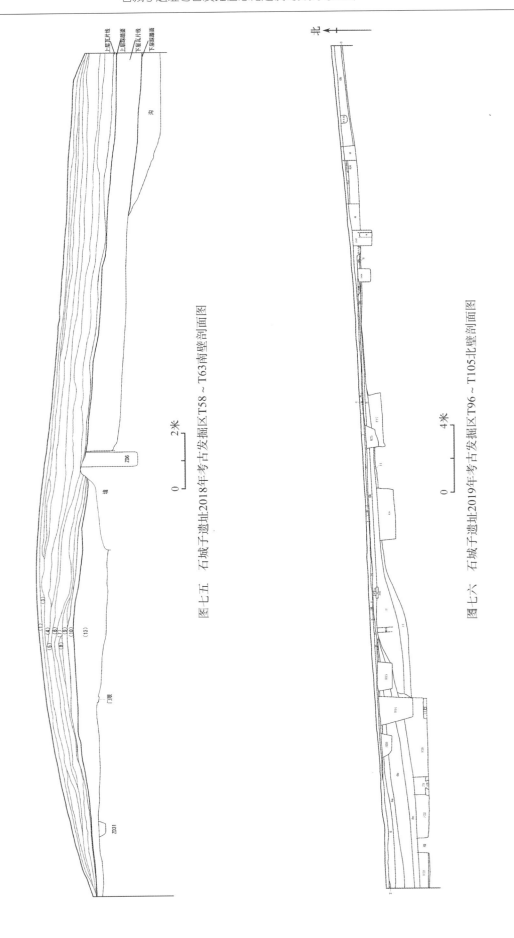

图七五 石城子遗址2018年考古发掘区T58～T63南壁剖面图

图七六 石城子遗址2019年考古发掘区T96～T105北壁剖面图

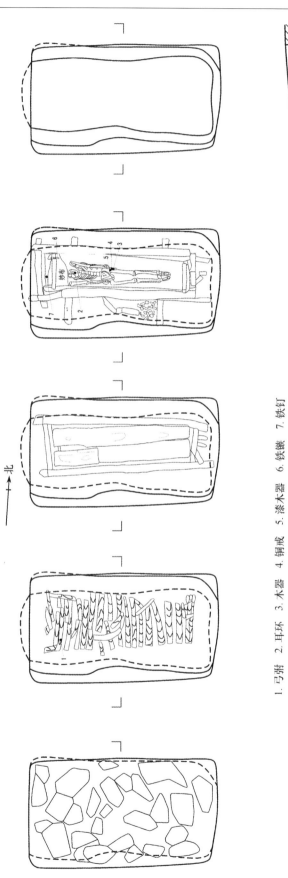

北

0　　　　　　　　1米

1. 弓辅　2. 耳环　3. 木器　4. 铜戒　5. 漆木器　6. 铁镞　7. 铁钉

图七七　石城子遗址墓葬发掘区单体遗迹M2平、剖图

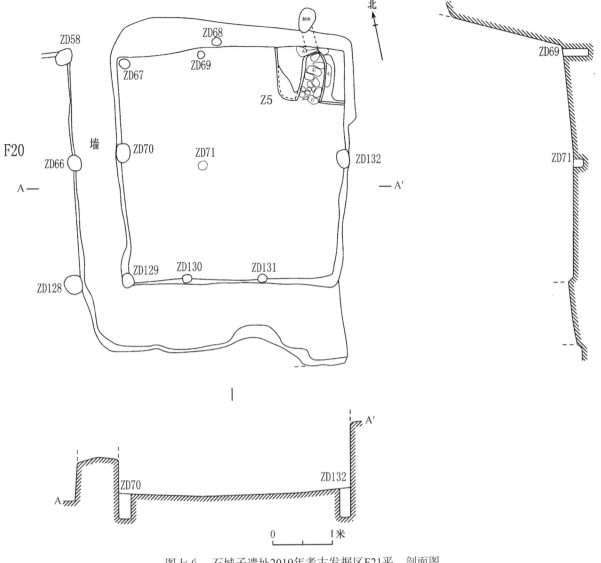

图七八　石城子遗址2019年考古发掘区F21平、剖面图

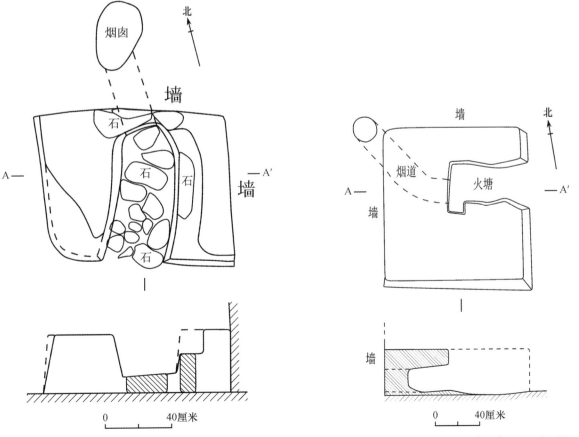

图七九　石城子遗址2019年考古发掘区Z5平、剖面图　　　　图八〇　石城子遗址2019年考古发掘区Z7平、剖面图

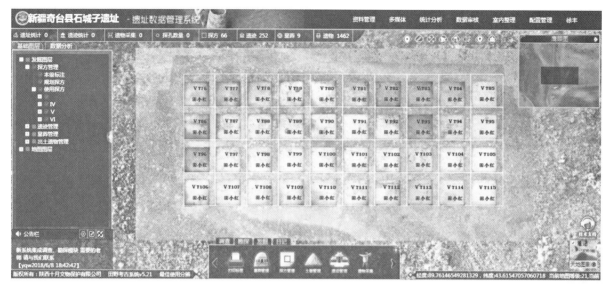

图八一　石城子遗址田野考古工作平台

图八二　领队日志管理系统

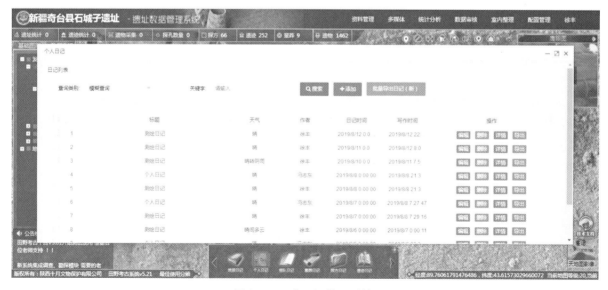

图八三　工作日记管理系统

图八四 探方日记管理系统

图八五 探方管理记录表

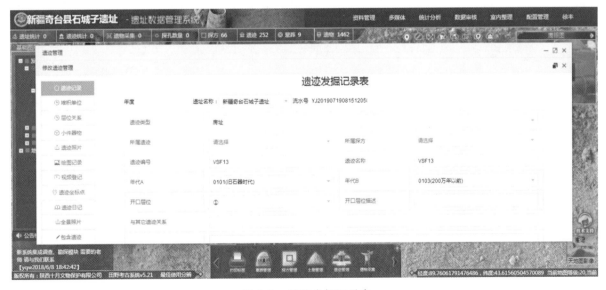

图八六 遗迹发掘记录表

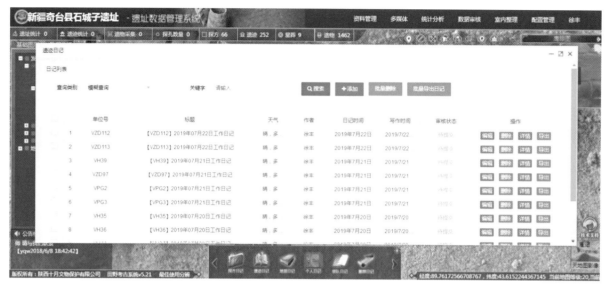

图八七　遗迹日记管理系统

图八八　出土器物数据库管理系统

图八九　出土器物数据库录入系统

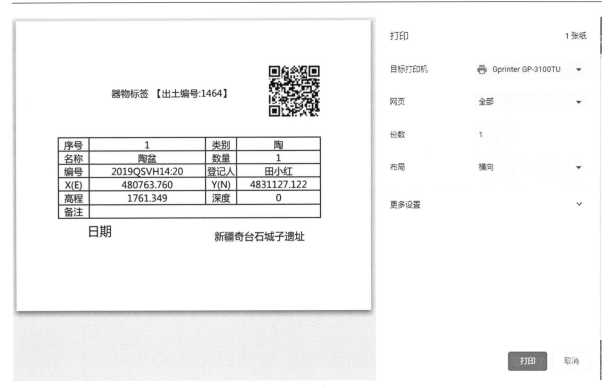

标签打印

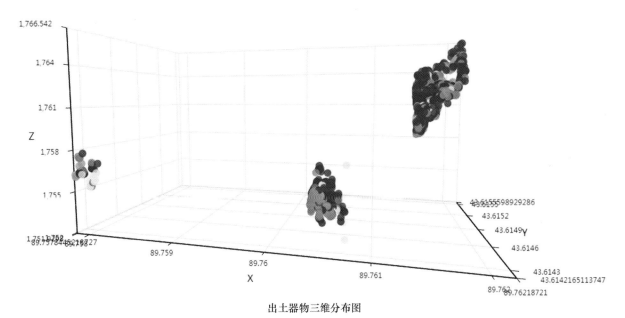

出土器物三维分布图

图九〇　出土器物标签打印系统及空间分布图

在不扰动遗址本体的情况下，利用数字化手段实现遗址历史回溯，重现石城子遗址历史风貌。其成果经可视化处理后，可通过互联网为授予权限的用户提供展示、教育和研究等多种服务。

虚拟复原过程需遵循以下四项基本原则：

理论依据原则：充分利用考古发掘成果与历史资料数据，保证虚拟复原的理论依据。

忠于原貌原则：充分收集遗址原貌及同时期类似遗址可参鉴资料，认真审视文物体保存现状，在三维平台下，由专门的模型构建技术人员实施精准修复。

专家指导原则：根据文物专家的复原意见，对遗址进行复原，复原的各个阶段须有专家严格把关，复原的最终成果由专家审定。

全面覆盖原则：为形成完整的虚拟修复的技术体系，修复的文物类型及范围尽量全面。

通过对相关数据进行多层次、多学科、多方向的深层次挖掘、探索与应用，构建完整、立体的石城子遗址全景风貌。

四、信息化建设取得的成果与意义

石城子遗址自2014年开始发掘以来，至2019年共计系统性发掘5次。取得了一系列丰硕而系统的考古成果。近六年来，石城子遗址考古发掘信息化建设在探索中前进，在不足中求发展、在不断实践中探求真知，通过多单位、多工种的协同合作，总结探索出了一条适合西北地区、土遗址类型的考古遗址数字化、信息化建设之路。其信息化建设取得的成果及意义主要包含以下几点：

（1）通过多年的理论探索与项目实践，加深了对考古遗址数字化、信息化建设内涵的理解。考古遗址信息化建设的实质是在数字化发展的背景下，以考古发掘需求为根本，以全生命周期的文物基础信息采集为基础，以田野考古工作平台为载体，以移动互联网为背景的多平台软硬件集成协作为实现途径，以数据的多层次、多学科、多方向挖掘与应用为落脚点的一套科学而严谨的系统工程。

在石城子遗址信息化建设的过程中，将信息化建设与遗址及遗存现象的保护及展示利用相结合，形成了一整套完善的、可持续的考古发掘信息化建设技术体系、流程和成果序列，拓展丰富了考古及文化遗产保护的内容及深层内涵。

（2）五年的系统性考古时段，测绘工作人员以现场配合的方式开展了非常完整的考古现场全数字化记录工作，进一步阐释并明确了考古测绘的工作内容与实施目的为"考古测绘及考古现场的全数字化记录是指为有效记录考古遗存、考古环境、考古过程、地层与堆积关系等要素的信息采集活动，其目的是真实、全面地保存原状与历史信息并延续其信息的全部价值"。测绘工作人员全程跟踪考古过程，实时对出露遗存和考古现象进行形态及位置测定，完成数据记录的整理、制图与入库工作，并按照时间节点和考古步骤完成各个考古阶段的数据采集和处理等工作，全面保障考古作业及研究工作的有序进行。

结合考古发掘对测绘学科的需求及测绘学科自身的技术特点，通过全过程的考古跟踪测绘，将测绘技术切实地应用于考古发掘现场，通过项目实施过程中的信息采集、数据提取、资料整理及数据存储与管理，形成了考古测绘数字化信息采集完善的技术流程和数据成果体系，并可在其后的拓展性考古研究、考古发掘规划、数字化保护、展示利用及虚拟复原等方面发挥积极的作用。

（3）囿于传统考古发掘中考古信息的相对割裂以及较弱的空间关联（仅关注与遗存遗迹直接相关的内容），使得考古信息内容相对比较局促，考古的视野受到了一定的影响。而通过石城子遗址考古发掘信息化建设，通过遥感、勘探、数字化信息采集、计算机与互联网通信、数据存储与地理信息系统等技术手段的融合应用，以更加开放的信息采集、管理及展示方式，获得更为全面翔实的考古数据集，并可将信息获取的时点扩展至考古扰动前，对包括考古区域的地形地貌、植被覆盖、土地利用、环境影响、遗迹遗物的分布状况、与周边相关遗存的联系等进行全面的了解，从而扩展考古研究的视野与思路。

（4）传统的局部性、封闭性考古模式在信息化建设的支撑下可向更为广阔的考古方向、方式转变，如考古的现场会商、专家指导、考古认知的重现、考古资源的传播与利用等。另外，还可将分散的田野考古工作纳入到整个国家的遗产保护和管理系统中，实现考古现场的全新管理及全程监管方式的变革，同时，更有利于考古成果及数字化信息数据为文化遗产的后续保护服务。

（5）通过对石城子遗址考古发掘信息化建设，深刻体会到对考古的认识不单单是局限在对遗迹遗存等的认知和研究，更是一种多角度、全方位地对文化遗产以及传承的认知和研究。将考古发掘和文化遗产保护纳入一体化的工作中是一种必然的趋势，而考古过程中的信息化建设也毋庸置疑地同时担负起为将来的保护工程提供技术支持的任务。

五、对未来的展望与思考

通过对石城子遗址考古发掘信息化建设的深入理解与不断思考，我们发现，如果说数字化仅仅是空间信息采集技术在考古发掘的应用层面，那么信息化建设则可以理解为全方位支撑考古发掘的技术和管理体系，其可能开创考古发掘的新局面。处于科技发展与信息爆炸的新时代，我们对考古遗址数字化、信息化乃至智慧化建设的未来发展有以下几点展望与思考：

（1）就考古遗址数字化信息采集的内容、技术流程及成果体系而言，亟须建立统一的行业或国家标准，以期对之后可能建立的全国考古数据库及"考古一张图"提供数据内容的质量控制与标准框架。

（2）就考古遗址数字化信息采集的数据获取而言，发展智能化测绘与集成化信息采集系统是之后的发展思路与基本理念，针对考古发掘而发展、集成专门的信息采集系统是今后的发展之路。就当下的具体技术细节而言，随着计算机数据处理能力的日益增强及影像数据获取难度的降低，基于近景摄影测量获取三维实景模型继而进行各类考古图件的制作，在同时满足制图表达与展示利用的前提下，较其他制图手段与技术，具有效率高、精度可靠、效果优良而成本较低的多种优势。

（3）就数据的存储、提取、同步、管理与展示而言，基于地理信息系统的田野考古工作平台应向大数据、云计算等前沿科技方向深度靠拢，在5G无线通信技术快速发展的今天，数据内容上要基于二、三维一体化进行进一步扩展与融合，数据管理与展示的利用程度也亟须进一步深入与提高。

（4）就考古发掘的硬件系统建设而言，需向现代化的考古发掘大棚、恒温恒湿的考古发掘舱、集成发掘平台、多功能发掘操作系统方向进一步发展。"智慧考古"大平台的搭建与完善有赖于整体考古环境大的变革与发展。

（5）现代化的考古发掘数字化、信息化乃至"智慧化"的建设，离不开"新技术、新思路、新方法"的尝试与应用，打开考古发掘科技保护的思路与守住文化遗产保护的根脉处于同样重要的历史位置。

执笔：徐　丰　郑少开

新疆奇台县石城子生物考古研究报告

新疆维吾尔自治区文物考古研究所　复旦大学科技考古研究院

复旦大学文物与博物馆学系

一、新疆奇台县石城子遗址的动物遗存研究

（董宁宁　朱旭初　孙　晨　罗亚豪）

两汉以来，在屯垦戍边和经略西域的国防经济策略影响下，新疆地区陆续出现了集驻军防守和经济生产功能的戍边城址。石城子遗址就是这样一处城址。城内的居民亦兵亦农，他们如何进行生产从而保障军需供给？军事任务给他们的生产生活带来何种不同？解答这些问题将有助于探索两汉时期戍边人群的生活史。历史文献和出土汉简已经为我们的研究提供了一部分信息。然而，这些信息有的记录片面、有的释读困难、有的成书来源不明，无法提供了解当地生计方式的直接证据。石城子遗址出土了丰富的动物骨骼遗存，基于这批材料进行的动物考古研究尤疑可以为研究城址居民的生产生活提供充分的依据。

（一）材料和方法

本次研究整理了石城子遗址2014～2019年发掘出土的动物骨骼。除2018年发掘的城墙城门区域外，其余发掘季度区均出土较多骨骼。在石城子遗址发掘的过程中对动物骨骼遗存进行了采集。骨骼皆为手采，未对土壤标本进行筛选和浮选以挑选样本。骨骼按照其出土的遗迹单位进行采集和储存，鉴定和整理也依照出土单位分别进行，并录入考古背景信息。

所有骨骼样本首先进行可鉴定标本的区分，小于5厘米以下的、缺少明显形态特征的骨骼归入碎骨，不计入后续的定量统计中。可鉴定标本数（NISP：Number of Identified Specimens）指通过形态特征，可以鉴定出身体部位和动物种类的动物骨骼。骨骼的鉴定参考了《哺乳动物骨

骼和牙齿鉴定方法指南》①《动物骨骼图谱》②*Fundamentals of Zooarchaeology in Japan*③等图谱。

可鉴定的骨骼记录其部位名称、分区（近端、远端）、左右、动物种类，以及遗迹单位等出土信息。在可鉴定标本数基础上对每种动物进行最小个体数（MNI：Minimum Number of Individuals）的估算。为了获得动物的年龄情况，肢骨记录骨骺愈合情况，带牙齿的下颌记录牙齿的萌出和磨损情况，再参考Payne记录羊下颌牙齿的方法④、Jones等记录牛下颌牙齿的方法⑤、《马体解剖图谱》记录马门齿的方法⑥，以及Grant记录猪下颌牙齿⑦的方法等进行年龄判断。骨骼部位的分布可以提供有关动物如何进入遗址、居民如何处理动物遗骸的信息。而骨骼的表面痕迹有助于理解骨骼的埋藏过程及人类对骨骼的处理方式。因此，研究者对骨骼表面的烧痕、动物的啃食痕迹、人为的切割痕迹等进行了记录。此外，对骨骼上的病理变化也进行了记录，部分典型病理进行了拍照。

（二）动物遗存分析

石城子遗址共出土动物骨骼19414块，其中5217块为骨骼碎片，无法判断部位或种属，可鉴定标本数14197（表一）。遗址出土动物骨骼的可鉴定比例较高，可见骨骼保存较好，为后续研究提供了可靠的样本数量。动物骨骼分别采集自表土层和文化层及各类遗迹单位中，表土层中的骨骼可能遭到后期扰乱，又考虑到脊椎和肋骨因无法确定具体种属只能提供十分有限的信息，以下分析仅针对考古地层和遗迹单位出土的可鉴定到具体种类的骨骼标本（NISP = 8754）做进一步统计和分析。由于石城子遗址的使用年代集中在两汉，动物骨骼堆积的形成年代明确，动物遗存将被视为一个整体进行分析。

表一　遗址出土骨骼可鉴定标本比例

	可鉴定标本数			骨骼碎片	可鉴定比例（%）
	可判断种属	脊椎	肋骨		
表土层	312	80	218	237	72.0
考古地层和遗迹单位	8754	1371	3462	4980	73.2
总计	9066	1451	3680	5217	73.1

① 西蒙·赫森著，马萧林等译：《哺乳动物骨骼和牙齿鉴定方法指南》，科学出版社，2012年。
② 伊丽莎白·施密德著，李天元译：《动物骨骼图谱》，中国地质出版社，1991年。
③ Matsui A. *Fundamentals of Zooarchaeology in Japan*. Kyoto University Press, 2008.
④ Payne S. Kill-off patterns in sheep and goats: the mandibles from Asvan Kale. *Anatolian Studies*, 23, 1973: 281-303; Payne S. Reference codes for wear states in the mandibular cheek teeth of sheep and goats. *Journal of Archaeological Science*, 14, 1987: 609-614.
⑤ Jones G., Sandler P. "Age at death in cattle: methods, older cattle and known-age reference material", *Environmental Archaeology*, 17, 2012: 11-28.
⑥ 中国人民解放军兽医学校：《马体解剖图谱》，吉林人民出版社，1979年。
⑦ Grant, A. The use of tooth wear as a guide to the age of domestic ungulates. *Aging and Sexing Animal Bones from Archaeological Sites*, 1982: 91-108.

1. 动物种属与比例

遗址出土的动物骨骼可鉴定出以下种类：

鸟纲 Aves

鹳形目 Ciconiiformes

鹰科 Accipitridae

海雕属 *Haliaeetus*

玉带海雕 *Haliaeetus leucoryphus*

鸥科 Laridase

鸥属 *Larus*

里海鸥 *Larus cachinnans*

雉科 Phasianidae

原鸡属 *Gallus*

家鸡 *Gallus gallus domesticus*

哺乳纲 Mammalia

兔形目 Lagomorpha

兔科 Leporidae

兔属 *Lepus*

草兔 *Lepus capensis*

食肉目 Carnivora

犬科 Canidae

犬属 *Canis*

狗 *Canis familiaris*

狐属 *Vulpes*

赤狐 *Vulpes vulpes*

奇蹄目 Perissodactyla

马科 Equidae

马属 *Equus*

马 *Equus caballus*

驴 *Equus asinus*

偶蹄目 Ariodactyla

猪科 Suidae

猪属 *Sus*

家猪 *Sus scrofa domesticus*

鹿科 Cervidae

鹿属 *Cervus*

马鹿 *Cervus elaphus*

狍属 *Capreolus*

狍子 *Capreolus pgygarus*

牛科 Bovidae

牛属 *Bos*

黄牛 *Bos taurus*

盘羊属 *Ovis*

绵羊 *Ovis aries*

山羊属 *Capra*

山羊 *Capra hircus*

骆驼科 Camelidae

骆驼属 *Camelus*

遗址出土的动物共鉴定出2个纲、5个目、10个科、14个属、14个种的动物。具体包括鸟类有玉带海雕（照片一）、里海鸥、家鸡（照片二）；小型哺乳动物有草兔（照片三）、家犬（照片四）、赤狐；中大型哺乳动物有马（照片五）、驴（照片六）、家猪（照片七）、鹿类动物（照片八）、黄牛（照片九）、羊（包括山羊和绵羊；照片一〇）以及骆驼（照片一一）。其中除部分骨骼仅可以判断为鸟类、鹿类、羊亚科，且无法区分双峰驼和单峰驼，其他动物均可以鉴定到种一级。

我们对不同动物的种类进行了可鉴定标本和最小标本数的统计和比较，不同种类动物的骨骼数量差异较大（表二；图一）。

表二 遗址出土主要种属的可鉴定标本数和最小个体数

动物种类	可鉴定标本数	可鉴定标本数（%）	最小个体数	最小个体数（%）
海雕	6		5	0.6
里海鸥	1		1	
鸡	16		5	0.6
草兔	80	0.9	12	1.5
家犬	210	2.4	18	2.3
狐狸	7		2	
马	600	6.9	26	3.3
驴	21		1	
猪	72	0.8	16	2.0
鹿	24		5	0.6
牛	1255	14.4	90	11.5
山羊/绵羊	6369	73.2	597	76.2
羊亚科	16		1	
骆驼	17		3	

注：百分比0.5以下未列出

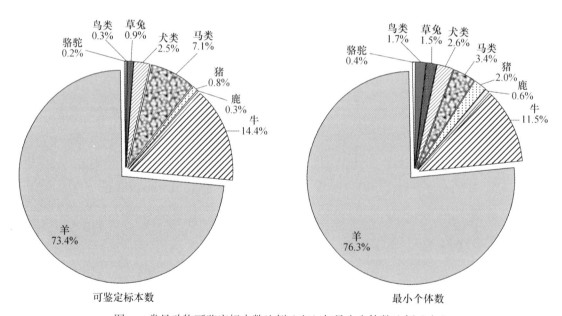

图一 常见动物可鉴定标本数比例（左）与最小个体数比例（右）

羊是出土数量最多的骨骼遗存，可鉴定标本数和最小个体都占全部出土骨骼总量的70%以上。由于绵羊和山羊骨骼形态较为相近，缺少明显特征点以区分两者的部位均归入"羊"这一大类。其中，可以比较准确鉴定出是绵羊的骨骼有836块，山羊275块，绵羊数量是山羊数量的3倍左右，推测无法区分的羊骨中绵羊数量同样占多数。其次是黄牛，可鉴定标本数和最小个体数分别占出土骨骼遗存的14.4%和11.5%左右。马的数量居第三，但绝对数量比前两者少很多。除了马以外，还发现了少量的驴。其他家畜还包括家犬和家猪，它们的可鉴定标本数和最小个体数占全部动物的2%左右。遗址中还出土了17块骆驼骨骼，代表至少3个个体。根据骆驼属动物的自然分布地理以及历史上对中国骆驼的记载，并结合骆驼骨骼在其他考古遗址中的发现，这些骆驼是双峰驼的可能性较大。

野生动物当中草兔的骨骼数量最多，其次是鹿类动物，可鉴定的鹿类有体型较大的马鹿和体型较小的狍子，这两类动物在今日新疆亦有分布[1]。

还发现了少量鸟类骨骼。家鸡的骨骼16块，以肢骨居多，可能是饲养的家禽。可鉴定的野生鸟类有里海鸥和海雕。

从动物种属比例看，羊、牛等典型的畜牧动物居多，马、驴、骆驼等具有一定机动性和运输性能的动物其次，还有少量的狗和猪等家畜，以及一部分野生动物。

2. 年龄结构

（1）羊的年龄结构

遗址中出土了数量较多的羊下颌骨（NISP=829），为羊群的年龄结构推断提供了丰富的数据。经筛选，我们对其中的369件下颌记录了牙齿的萌出和磨损情况，在此基础上分别对山羊（NISP=35）、绵羊（NISP=132）和羊（NISP=202）进行了羊群年龄结构的估算（表三；图二）。羊群左右下颌的出土比例差别不大，左右下颌呈现的年龄结构也较为接近。约50%的山羊在2～4岁时被屠宰，除1岁以下的幼年个体和6岁以上的老年个体，其余年龄阶段的数量分布较为平均，均在15.9%～23.1%。超过50%的绵羊1～3岁时被宰杀，3岁以上的绵羊每个年龄阶段的个体数量逐次递减，约11%的绵羊（左下颌显示14.3%，右下颌显示7.9%）在6岁以上被屠宰，未发现半岁以下的幼年绵羊。在未能区分山羊和绵羊的下颌骨中，1～2岁是屠宰的明显高峰，50%左右的个体都在该年龄阶段被屠宰，接着屠宰数量逐渐回落，直到4岁以上年龄群，屠宰数量再次回升，约有30%的个体在4岁以上被屠宰，10%左右的个体年龄极大，达到8岁以上。还有一例2个月左右的幼羊个体，是遗址中发现年龄最小的羊（照片一二）。

综合左、右下颌的数据对比山羊、绵羊和无法区分两者的羊的年龄结构可以发现（图三），山羊和绵羊的屠宰年龄结构变化趋势较为接近，但峰值所在年龄组有1岁左右的差异。而无法区分山羊和绵羊的羊群年龄结构与前两者走势差异较大，可以明显观察到1～2岁间的屠宰峰值。三者之间的差异可能和样本量大小以及不同种类的羊群利用方式不同有关。

---

[1] 盛和林：《中国野生动物手册》，中国林业出版社，1999年。

表三　下颌牙齿萌出和磨损情况推断的羊群年龄分组

年龄（岁）	山羊		绵羊		羊		合计比例（%）	
	左	右	左	右	左	右	左	右
0～0.5	0	0	0	0	1	0	0.6	0
0.5～1	0	0	2	6	3	5	3.0	5.5
1～2	3	3	15	22	51	49	41.1	36.8
2～3	3	8	16	18	9	16	16.7	20.9
3～4	4	3	10	13	3	6	10.1	10.9
4～6	3	4	5	11	10	9	10.7	11.9
6～8	0	4	5	5	12	6	10.1	7.5
＞8	0	0	3	1	10	12	7.7	6.5
总计	13	22	56	76	99	103		

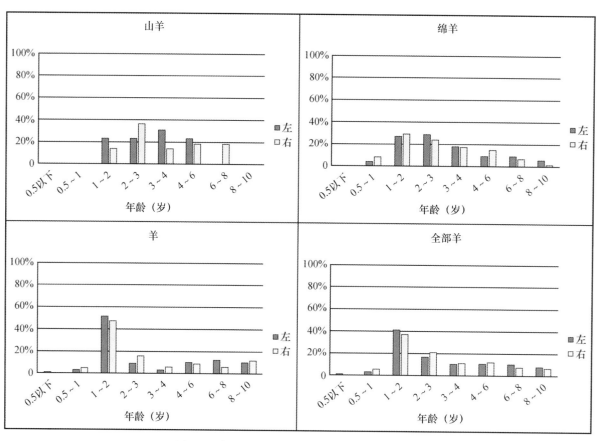

图二　下颌牙齿萌出和磨损显示的羊群年龄结构

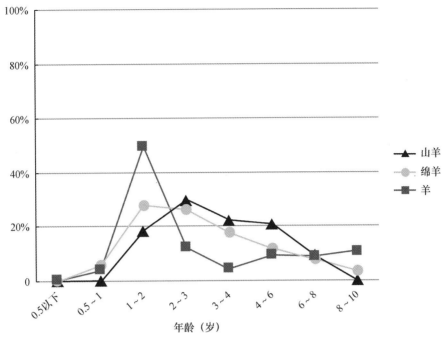

图三　不同羊的年龄结构对比

　　除了下颌牙齿的萌出和磨损，对羊肢骨的愈合情况也进行了年龄结构的统计，可以和下颌所显示的情况进行对照（表四；图四）。可供判断年龄的肢骨共2251块，骨骺愈合情况显示，超过40%的羊在1～3岁被屠宰，这和3岁以上群体的屠宰率接近，较少的羊在年幼时被屠宰。这一趋势和下颌齿列所显示的年龄结构相符，3岁以上群体存活的数量偏多，这可能是因为骨骺判断年龄的分辨率较低，由于下颌年龄推断显示了数量较多的老年个体，这些个体的累计导致了骨骺愈合所推断的年龄结构偏大。

　　（2）牛的年龄结构

　　可判断牛的年龄的下颌标本共33个，左右下颌数量基本持平（表五；图五）。根据下颌牙齿的萌出和磨损推测，接近60%为成年个体，亚成年个体也有近30%，部分个体有明显的牙根弓暴露现象，反映了动物年龄增大牙龈退化导致的牙齿松动。遗址中并未发现半岁以下的幼年个体。牛的骨骺愈合所显示的牛群年龄和下颌牙齿所显示的情况一致。在可以判断骨骺愈合的481例标本中，超过60%的牛在3岁以后才被屠宰，未发现幼年个体（表六；图六）。

　　（3）马的年龄结构

　　下颌门齿的萌出和磨损是判断马的年龄的可靠依据。石城子遗址出土的保存较为完整、可以提供判断年龄依据的马带门齿下颌共5个，其中3岁左右个体1个，15～20岁个体3个（照片一三）。另有1个个体下颌联结处未愈合，应为1岁以下的年幼个体。对147例肢骨也进行了骨骺愈合的判断以推测年龄结构，超过80%的个体活到了3岁以上（表七；图七）。由于骨骺愈合仅能推断宽泛的年龄范围，3岁以上群体的具体年龄无法得知。结合下颌门齿所显示的年龄结构来看，马的整体年龄偏大。从出土骨骼的粗壮程度来判断，也可以推测大部分马属于年龄较大的成年个体。

表四　羊骨骺愈合情况

	骨骼部位	愈合时间	愈合数量	未愈合数量
早期愈合	肩胛骨	6～8个月	84	1
	盆骨	6～10个月	503	1
	肱骨远端	10个月	271	16
	桡骨近端	10个月	114	2
	小计		972	20
中期愈合	第1、2节指/趾骨近端	13～16个月	3	1
	掌骨远端	18～24个月	87	73
	胫骨远端	18～24个月	157	82
	跖骨远端	20～28个月	69	70
	小计		316	226
晚期愈合	跟骨近端	2.5～3岁	29	18
	股骨近端	2.5～3岁	41	44
	尺骨近端	2.5岁	47	25
	尺骨远端	2.5岁	18	0
	桡骨远端	3岁	70	104
	肱骨近端	3.5岁	96	4
	股骨远端	3.5岁	44	83
	胫骨近端	3.5岁	45	49
	小计		390	327

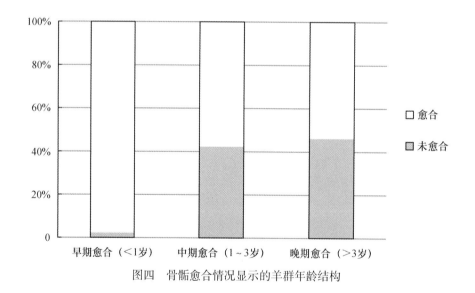

图四　骨骺愈合情况显示的羊群年龄结构

表五　下颌牙齿萌出和磨损情况推断的牛群年龄分组

年龄组	年龄	阶段	左	右
幼年	胎儿或出生几天	A	0	0
	0~6个月	B	0	0
	5~18个月	C	0	0
亚成年	16~28个月	D	2	3
	26~36个月	E	3	2
成年	34~43个月	F	1	2
	40个月~6.5岁	G	8	8
老年	5~10岁	H	1	0
	8~16岁	J	0	1
	14~20岁	K	1	1
总计			16	17

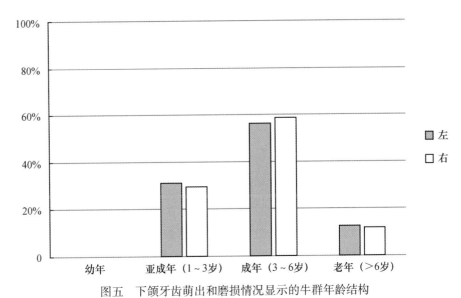

图五　下颌牙齿萌出和磨损情况显示的牛群年龄结构

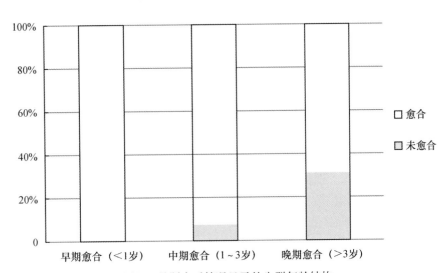

图六　骨骺愈后情况显示的牛群年龄结构

表六　牛骨骺愈合情况

	骨骼部位	愈合时间	愈合数量	未愈合数量
早期愈合	掌骨近端	出生前	25	0
	第1节指/趾骨近端	出生前	1	0
	第2节指/趾骨近端	出生前	0	0
	跖骨近端	出生前	14	0
	肩胛骨关节	7～10个月	57	0
	小计		97	0
中期愈合	肱骨远端	1～1.5岁	5	0
	桡骨近端	1～1.5岁	37	1
	第1节指/趾骨远端	1.5岁	52	0
	第2节指/趾骨远端	1.5岁	35	0
	掌骨远端	2～2.5岁	14	4
	胫骨远端	2～2.5岁	24	6
	跖骨远端	2.25～3岁	21	4
	小计		188	15
晚期愈合	跟骨	3～3.5岁	22	11
	股骨近端	3.5岁	9	13
	肱骨近端	3.5～4岁	1	0
	桡骨远端	3.5～4岁	9	10
	尺骨远端	3.5～4岁	19	5
	尺骨远端	3.5～4岁	2	1
	股骨远端	3.5～4岁	20	12
	胫骨近端	3.5～4岁	14	4
	盆骨	4.5岁	29	0
	小计		125	56

表七　马骨骺愈合情况

	早期愈合（＜1岁）	中期愈合（1～3岁）	晚期愈合（＞3岁）
未愈合	0	9	8
愈合	17	65	48

（4）猪的年龄结构

猪的出土标本较少，共有6例下颌可通过牙齿萌出和磨损判断年龄，其中左侧1例，右侧4例，还有1例左右完整的下颌。根据下颌磨损阶段计分方法可得，5例下颌代表了1.5～3岁的个体，1例为0.5～1.5岁个体。

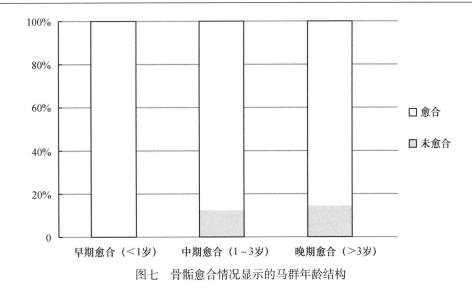

图七　骨骺愈合情况显示的马群年龄结构

3. 骨骼部位分布

　　骨骼部位的分布指的是动物个体不同身体部位出土概率的情况，有助于我们了解人们对不同动物的屠宰模式。我们对羊、牛、马、狗这几种出土较多的常见家畜进行了骨骼部位的统计。全身骨骼分为头部（头骨、上下颌，不计游离齿）、躯干（脊椎、肋骨）、前肢（肩胛骨、肱骨、尺骨、桡骨）、后肢（盆骨、股骨、髌骨、胫骨、腓骨）和末梢骨（掌跖骨、腕骨、跗骨、指/趾骨）五个部分。从表八和图八的统计结果看，由于许多无法鉴定种属的脊椎和肋骨均未纳入统计，故躯干骨部分数量最少。牛和羊的头部骨骼较多，分别占到26.2%和29.6%，这可能是因为其中包含了单独出土的角的数量。羊的身体部位分布模式和牛、马具有一定差异，羊的前肢和后肢占比超过50%，而末梢骨较少；牛和马则末梢骨数量较前肢或后肢多，暗示三者的利用形式可能存在不同。其他动物由于可鉴定标本数量较少，未做部位分布统计。

表八　主要家养动物骨骼部位分布数量和比例统计

	羊		牛		马		狗	
	NISP	%	NISP	%	NISP	%	NISP	%
头部	1781	29.6	324	26.2	49	9.0	31	14.8
躯干	185	3.1	51	4.1	18	3.3	9	4.3
前肢	1841	30.6	245	19.8	109	20.0	75	35.7
后肢	1273	21.2	215	17.4	139	25.5	49	23.3
末梢骨	928	15.4	403	32.6	230	42.2	46	21.9
总计	6008		1238		545		210	

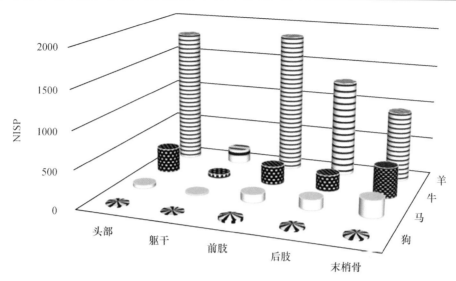

图八　主要家养动物骨骼部位数量分布情况柱状图

4. 骨骼表面痕迹

　　骨骼表面痕迹既有人工留下的，也有动物啃咬、植物腐蚀或是在埋藏过程中其他因素导致的。石城子遗址中，骨骼表面有人工痕迹的共有68例，可以分为截断、砍切、穿孔三类（表九）。截断指的是在两端关节或骨管上有平直的切割或者锯断断口，也包括沿着骨管长轴的劈裂，在不同动物个体上共有36例。该加工类型最为常见，可能是为了肢解动物、获取制作骨器的原材料（如长骨骨管），或敲骨吸髓，如牛的肱骨远端滑车被截断（照片一四）；砍切痕迹是在骨骼表面留有使用工具留下的痕迹但并未导致骨骼断裂或变形，肢解、剔肉、去除软组织（如舌头）等行为均可能留下这类痕迹。砍切痕迹共26例，如山羊额骨上的砍切痕迹（照片一五）；穿孔即指穿透骨壁、较为规整的孔洞，多为出于食用目的以外的加工所致，仅有6例，如马肩胛骨上的穿孔（照片一六）。

表九　骨骼表面人工痕迹汇总

	马	猪	鹿	牛	羊	骆驼	小计
截断	3	0	1	18	14	0	36
砍切痕迹	2	1	3	6	6	1	26
穿孔	0	0	0	3	3	0	6
总计	5	1	6	29	25	1	68

　　人工痕迹最多的是牛骨，共有29例，其中截断痕迹占多数。人工痕迹集中在前肢和后肢的关节处发现（图九）。羊其次，25例人工痕迹中同样截断较多，但大部分集中在羊角的加工上（图一〇）。其中有1例在骨管两端穿孔的桡骨较为特殊，从形制判断，可能在当时作为马镳使用（照片一七）。6例马骨上的人工痕迹在肢骨和头部皆有（图一一），马下颌上的砍切痕迹在齿槽末端的舌侧，可能是为了切割舌头留下的（照片一八）。肢骨上的痕迹多为沿着关节

的截断，如在马的股骨近端和掌骨远端均有锋利的截断痕迹。鹿的人工痕迹全部在鹿角上发现（照片一九），从截断的断面观察，有些标本留有锯断的痕迹（照片二〇）。猪的下颌和骆驼的盆骨上各有1例。

除人工痕迹外，有1例马的跖骨上有啮齿动物啃噬的痕迹。

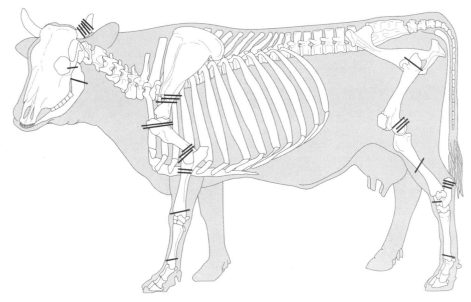

图九　牛的骨骼表面痕迹分布

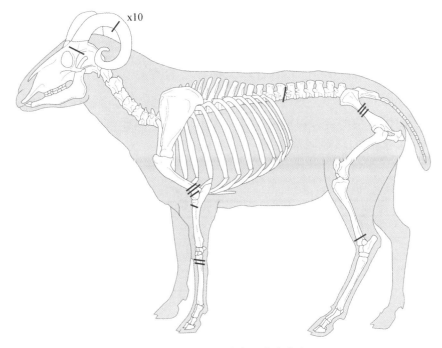

图一〇　羊的骨骼表面痕迹分布

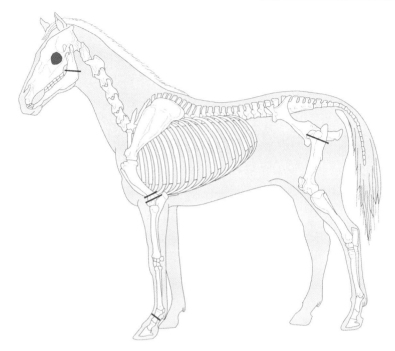

图一一　马的骨骼表面痕迹分布

5. 病理现象

遗址出土的动物骨骼共发现了43例病理现象（表一〇）。羊群中病理发生率最高，且在头部发生率较高（42%），以下颌和牙齿畸形为主（照片二一），还有1例有三只角的畸形个体（照片二二）。频率其次的是马，超过83%的病变集中在末梢骨，骨骼病理类型主要为骨质增生，其他病理还包括脊椎上的椎体融合以及桡骨近端的关节炎（照片二三）。牛的病理共9例，67%为末梢骨的骨质增生。狗的肢骨上可见1例桡骨受伤后愈合的痕迹（照片二四），另有1例下颌右侧臼齿齿槽闭合，可能是由于年龄较大，生前牙齿脱落后，齿槽愈合所致。所有个体中病变最为严重的是1例骆驼腰椎，两节椎体肿大、融合，融合处有严重增生（照片二五）。

表一〇　不同动物和不同骨骼部位的病理现象

	马	牛	羊	狗	骆驼
头部	0	1	8	1	0
前肢	1	1	5	0	0
后肢	0	1	2	1	0
躯干骨	1	0	0	0	1
末梢骨	10	6	4	0	0
总计	12	9	19	2	1

（三）讨论

石城子先民对动物资源进行了充分而多样的利用。动物提供了包括肉食、畜力在内的重要动物产品。这种动物经济的模式和石城子的地理位置、遗址性质密切相关。

1. 周围环境与野生动物

新疆处于我国干旱、半干旱气候区，由于地广人稀，拥有丰富的野生动物资源。据不完全统计，新疆栖息着130余种哺乳类动物、400余种鸟类、两栖和爬行类100余种、上百种鱼类和上万种昆虫，其中还包括许多只分布于荒漠或高山地区的物种，如塔里木兔（*Lepus yarkandensis*）、野生双峰驼（*Camelus ferus*）、蒙古野驴（*Equus hemionus*）、盘羊（*Ovis ammon*）等[1]。

石城子遗址出土的野生动物以草兔为主，出土数量较少，占比不到1%。草兔在长江以北地区均有分布，喜好栖息在山林坡地、农田附近、半荒漠地区的绿洲、沙丘灌丛中，主要以草本植物为食，经常进入农田啃食麦苗、豆苗等农作物[2]。人们有可能在遗址周围的山林坡地上捕猎野兔。考虑到野兔还可能进入农田啃食农作物，不排除石城子附近可能存在农田，为城址中的居民提供粮食。这一推论和植物考古的证据相一致[3]，说明遗址附近可能有青稞、黍等农作物的种植。鹿类动物也出现在遗址中，可以判断出有马鹿和狍子，两者都是天山地区可见的野生动物，分别栖息在高山灌丛草甸、林缘地带和林木稀疏的坡地、灌丛草地[4]。

石城子遗址还位于鸟类迁徙的线路上，遗址中发现了里海鸥和玉带海雕。根据现代的鸟类观察，里海鸥分布于黑海周围及至中亚、俄罗斯南部和中国西北部，新疆西部的天山及喀什地区是其亚种的繁殖地，石城子所在位置恰好位于它们的迁徙路线之上。玉带海雕是一种大型猛禽，一般生活在邻近水源的高原或平原地区，在今天的新疆亦有分布[5]。

遗址中还发现了极少的骆驼标本，因脊椎尺寸较大，不排除是野生骆驼的可能。羊骨中也发现了数例骨骼粗壮的标本，可能来自于活跃于当地的野生羊亚科动物，如盘羊（*Ovis ammon*）、北山羊（*Capra ibex*）等。由于缺少比对标本，无法进一步鉴定种属。

2. 初级动物产品的获取和利用

初级动物产品主要包括动物提供的肉食、皮毛、骨料等必须通过宰杀动物个体获得的产

---

① 马鸣：《新疆野生动物的保护问题》，《干旱区地理》2001年第24卷第1期，第47~51页。

② 盛和林：《中国野生动物手册》，中国林业出版社，1999年，第284页。

③ Sheng P., Storozum M., Tian X., Wu Y. Foodways on the Han Dynasty's western frontier: Archeobotanical and isotopic investigations at Shichengzi, Xinjiang, China. *The Holocene*, 2020, 30 (8): 1174-1185.

④ 盛和林：《中国野生动物手册》，中国林业出版社，1999年，第190~196页。

⑤ 马敬能、菲利普斯、何芬奇等：《中国野外鸟类观察手册》，湖南教育出版社，2000年。

品。家畜提供了石城子先民的主要肉食资源，其中羊肉是最重要的来源。无论是可鉴定标本数还是最小个体数都显示，羊骨的出土比例高达70%以上，数量上占绝对优势。可鉴定的绵羊数量比山羊多两倍。绵羊相较于山羊更温顺，且活动能力更弱，可能更便于大规模饲养和管理。

绵羊和山羊皆可提供肉、皮毛和乳制品。羊群的年龄结构显示，超过40%左右的羊在1～2岁间被屠宰，1～3岁间被屠宰的个体在60%上下。1～2岁是羊发育成熟、肉量最多、肉质较好的时期，屠宰这一年龄阶段的羊很可能是为了获取量多质优的羊肉，满足肉食的需要。超过半数的羊骨上的人工痕迹都是将肢骨截断，部分标本两端的关节被整齐地截断，表明这些痕迹是为了肢解个体获得食物留下的。还有部分个体在3～4岁被集中屠宰，它们可能是育种淘汰下的个体。仍有25%左右的个体在4岁以上被屠宰，这些年龄较大个体可能是为获取次级产品而饲养的。

从骨骼上截断和砍切痕迹的出现可以判断，牛也是提供肉食资源的家畜之一。肢骨上的截断痕迹可能是肢解留下的，而部分砍切痕迹应该和剔肉有关。年龄结构也显示，30%左右的牛在1～3岁间被屠宰。1岁前后的牛生长速度最快，随着个体的成熟，饲料消耗变大但生长速度逐渐放缓。因此，在1～3岁间屠宰的牛应作为肉牛使用，为城址居民提供肉食资源。

马可能也是偶尔的肉食来源。尽管出现频率不高，但马骨上仍可以找到人工屠宰时留下的痕迹。有1例马下颌上留有砍切痕迹，该痕迹位于舌侧，很可能是为了分离上、下颌并割下舌头食用时所留下。考虑到骨骼部位分布情况显示，马的骨骼部位以肉量较少、利用率较低的末梢骨为主，由此推测，马的饲养很可能并不主要为了获取肉食。

猪肉也提供了一小部分的肉食资源。猪虽然并不是典型的沙漠干旱地区动物，但家猪能较好地适应各类环境，包括石城子这一类边防要塞的城镇环境，因此，出现在遗址中并不突兀。从新疆其他遗址家猪骨骼的出土情况来看，该地区对出土动物遗存进行过研究的青铜时代遗址，如古墓沟、小河墓地、察吾乎沟口遗址均未发现家猪骨骼[①]。洋海墓地有晚至汉代的墓葬，但随葬动物中也未发现随葬的猪[②]。战国至西汉早期的石人子沟报告了野猪犬齿的发现[③]，年代相近的圆沙古城出土了猪肱骨残片[④]，但无法判断是否为家猪。可见，家猪在新疆地区极为少见，家猪饲养也不是新疆地区传统的家畜饲养方式。

石城子出土了72例家猪骨骼，根据下颌、头骨、臼齿的形态可以明确判断为家猪。猪骨骼显示其中还有半岁以下的幼猪个体，而年龄结构显示的1.5～3岁期间的屠宰年龄也基本符合取用肉食的利用模式，这些证据都指示遗址中存在家猪饲养。石城子的家猪饲养很可能与从中原地区迁入的军队和随军人员有关。这些戍边驻军尝试将汉地的饮食习惯带入边疆，然而家猪饲

① 董宁宁：《新石器时代至先秦时期新疆地区的生业研究》，《南方文物》2019年第4期，第196～204页。
② 吐鲁番市文物局、新疆文物考古研究所、吐鲁番学研究院、吐鲁番博物馆：《新疆洋海墓地》，文物出版社，2019年。
③ 尤悦：《新疆东黑沟遗址出土动物骨骼研究》，中国社科院研究生院博士学位论文，2012年。
④ 黄蕴平：《新疆于田县克里雅河圆沙古城的兽骨分析》，《考古学研究》（七），科学出版社，2008年，第532～540页。

养并不合适当地的气候和环境，因此，养猪业并不兴盛。久而久之，戍边的居民因地制宜，转向了更适合当地自然条件的畜牧业。

石城子居民还可以获得禽肉，家鸡骨骼的出土佐证了这点。

上述动物考古的证据，和文献以及出土汉简中描述的屯戍系统的肉食供给基本一致。《居延汉简》中就有"出二百五十买羊一""六月乙丑佐博买鸡无破虏""正月丁未买牛肉十"等记载[1]，均提到了遗址所出土的动物种类，可见石城子的戍边先民可能的肉食资源包括羊、牛、鸡等家畜。除了肉类，简文中还提及了关于动物内脏的食用情况[2]，这类动物考古无法验证的证据也为了解先民的饮食情况提供了参考。文献中还提到了"脂肉"，指的是"猪肉"，以及鱼的购买[3]。遗址中虽然有发现少量猪骨，但未发现鱼骨，一方面这可能和鱼骨不易保存，且动物骨骼采集未经过网筛和浮选有关，另一方面，遗址周边的踏查也发现，现在石城子周围的河流均不产鱼。

先民可能还偶尔食用野味。兔子是遗址中发现最多的野生动物。它们可能在偶尔进入农田觅食时被捕获，一方面充当了当地居民肉食的补充，另一方面也为了保护庄稼消灭入侵农田的野生动物。兔子的骨骼分布情况显示，末梢骨占全部骨骼的三分之一，其余身体部位也以后肢为多、前肢其次。末梢骨偏多的分布情况很可能和皮毛利用有关。兔子的皮毛具有御寒保温的作用。剥制皮毛往往先切割下兔子的四肢末梢（即掌跖骨部位），再将皮毛整体剥下，有时会在皮毛上保留下动物的四只脚。因此，捕获兔子也可能是为了获取它们的皮毛。

鹿可能是在遗址周围活动的野生动物，被先民猎杀后补充肉食来源的。鹿除了提供肉以外，鹿角上的加工痕迹说明，它还被用来制作成工具使用。

从家畜骨骼表面的加工痕迹判断，大部分关节呈现整齐、笔直的断面切口，很可能先民使用了锋利的金属刀具进行动物的屠宰。而与屠宰动物获取肉食相比，对角的加工则更可能使用了金属锯子，因此，在骨料和角料的断面上可以观察到锯子留下的往复、平行的细小痕迹。

3. 动物次级产品的开发

动物的次级产品指的是不必宰杀动物，在动物活着时候就可以利用的动物资源，包括动物的奶制品、毛制品和畜力等。羊群的年龄结构并未显示年龄偏大个体的集中宰杀，4岁以上个体的屠宰比例在25%以下，表明可能存在羊毛的利用，但获取羊毛并不是饲养羊群的主要目的。同时，羊群中半岁以下的小羊几乎全部存活，1岁以下的幼羊死亡率极低，这也不支持为了获取羊奶而屠宰可能会和人类产生竞食的羊羔的模式，总之，上述证据似乎不支持乳制品的高强度利用。

---

①　范香立：《试析汉代河西戍边军队的粮草供给问题》，《淮北煤炭师范学院学报》2009年第30卷第6期，第69~73页。

②　朱奎泽：《西汉西北戍边军粮问题研究》，西北师范大学硕士学位论文，2004年。

③　范香立：《试析汉代河西戍边军队的粮草供给问题》，《淮北煤炭师范学院学报》2009年第30卷第6期，第69~73页。

遗址牛群的屠宰年龄在3～6岁年龄阶段最多，和集中屠宰2岁左右亚成年个体的以肉食为主的消费模式有所出入。另一方面，年幼个体——尤其是刚刚出生的个体——在死亡年龄结构中的缺少，也和以牛奶利用为主的饲养模式不甚符合。但也有学者认为，牛犊的饲育可以起到催乳作用，因此在小规模畜群中并不会赶尽杀绝[1]。另外，也不排除牛群并不是在遗址中进行繁殖、饲育的，而是从其他地点带入遗址，因此并不反映完整的畜群结构。有关这一点的讨论，我们会在下一节中看到。

石城子遗址有关乳制品消费证据的缺少与新疆其他地区，如小河墓地[2]发现的乳制品食用习惯相左。由于缺少残留物的直接佐证，我们推测可能有以下原因：首先，墓地和城址性质不同。墓葬中的随葬品可能有特殊含义，并不一定代表现实生活中的食用习惯。其次，两者时空差异大造成文化面貌不同。小河墓地距今4000～3500年[3]，位于罗布泊地区，属于塔里木盆地，而石城子遗址位于东天山北麓。再次，不同人群可能饮食习惯不同。作为军事要塞石城子的居民更有可能是移民实边的汉地移民，饮食习惯更趋同中原地区人群。最后，不同材料可以提供的信息解析度不同，依据骨骼形态判断的年龄结构确实对羊群、牛群性别有把握，但可能不能全面反映乳制品的利用。应该说，从已有的动物遗存证据看，乳制品不是石城子居民家畜消费的主要形式，但并不能完全排除偶尔摄入的可能。

牛群死亡年龄偏大的另外一个可能性是牛的使役。虽然牛骨整体病变比例不高，但在牛的肢骨和末梢骨上都发现有骨质增生，1例牛的尺骨还有较为严重的关节炎。高龄可能会造成这些骨骼病变，但也无法排除这些病理和使役的联系。具体的使役内容无法从骨骼病理上进行判断，但从新疆地区稍晚的出土资料看，如克孜尔175号石窟晋代牛耕图，随着汉对西域的开发，牛耕可能作为中原地区的先进农业技术传入新疆。除了作为农耕的劳动力外，牛可能也提供了拉车、驮运等工作。

马的使役也组成了石城子动物经济的一部分。无论是用于作战还是运输的马匹都能有效地提高战斗力和机动性。石城子遗址作为军事要塞，马匹的畜养是战备的必须，而马匹的长期使用容易导致骨骼病变。遗址出土马肢骨和脊椎上的病变可能和马的骑乘有关。椎体融合的病理出现在一例胸椎上（照片二三）。由于缺少完整个体，只能推断该胸椎属于末尾的两节胸椎，病理发生部位靠近腰部。由于胸椎和腰椎的过渡区域往往是马鞍的放置区域，这部位的脊椎病理也被认为和包括骑乘在内的重复性压力损伤有关。在新疆地区战国晚期至西汉前期的石人子沟遗址也发现了相似的马脊椎病变，研究者认为，脊椎融合的现象可能与骑乘有关[4]。遗址中

①　Balasse M. Keeping the young alive to stimulate milk production? Differences between cattle and small stock. *Anthropozoologica*, 2003, 37: 3-10.

②　Yang Y., Shevchenko A., Knaust A., et al. Proteomics evidence for kefir dairy in early Bronze Age China. *Journal of Archaeological Science*, 2014, 45: 178-186.

③　新疆文物考古研究所：《新疆罗布泊小河墓地2003年发掘简报》，《文物》2007年第10期，第4～42页。

④　李悦、尤悦、刘一婷、徐诺、王建新、马建、任萌、习通源：《新疆石人子沟与西沟遗址出土马骨脊椎异常现象研究》，《考古》2016年第1期，第108～120页。

还发现1例骨质马镳，由羊的桡骨两端穿孔制成（照片一六）。该马镳与洋海Ⅱ号墓地M62、苏贝希Ⅰ号墓地M10出土的马镳形制相近[①]，进一步证实石城子遗址中马的骑乘作用。另外，在马的掌骨、指/趾骨等末梢骨上有较多骨质增生，还有一例桡骨近端关节面有较严重的关节炎，这些病理可能也和长时期、反复的使役有关。上述的病变情况均不严重，并不会过度影响个体的正常活动。年龄的增长也可能导致这些骨骼疾病，但这也同样说明，马能活到相当大的年龄且保持相对健康的状况，高龄的动物并不适合提供肉食产品，精心饲育它们应是出于肉食之外的目的，马的骑乘除了用于军事，还可以用来协助农业生产，在人少旷的草原尤其适合骑着马进行种子的播撒。民族学的记载显示，在20世纪50年代的伊犁，人们仍然采用这种粗犷的播种方式，这也和东汉《盐铁论》中提到的马耕、《道德经》中记载的"走马以粪"如出一辙[②]。除了马以外，遗址中发现的驴也应承担了当时驮运的工作。骆驼的骨骼发现不多，但也存在脊椎病变的标本，可能也和使役骆驼进行运输相关的活动有关。

遗址中发现了家鸡骨骼，不排除有使用禽蛋的可能。

4. 畜群的管理和健康

石城子最多的家畜是羊，石城子作为一处军事要塞，羊群是否在城中饲养，还是从城外带入，是剖析石城子生业方式的关键问题。已有的同位素研究也表明，羊骨的C_3植物信号可能来自于遗址周围野草的摄入，也可能是居民喂食羊群农作物副产品（如青稞秸秆）的结果[③]。遗址中发现了一只刚刚出生的小羊个体，说明部分羊群的繁殖可能在城内进行。城内饲养的羊群可以作为食物储备，以备不时之需。历史记载中，耿恭面对匈奴的攻击能守城数月，可能和城内有一定的肉食储备有关。然而，考虑到幼年个体数量较少，不排除大部分羊并不在城内饲养，而是通过交易带入城中的。羊的骨骼部位分布没有明显地集中，说明羊群是作为完整个体出现在城中，而非屠宰以后选取特定部分带入城中的。

值得注意的是，石城子的羊群似乎面临一定的健康问题，口腔问题尤为严重。许多下颌齿槽出现脓肿和穿孔等疾病，这可能由高碳水、高糖分的摄食引起的，进一步说明存在居民为羊群提供作物副产品饲料的可能。从一些羊骨上的炎症痕迹来看，石城子羊群的整体免疫力可能也并不高。另外，羊群中还发现有阻生齿、牙齿缺少、角不对称增多的畸形现象，可能和遗传有关，这或许和羊群繁殖的管理有关。如果羊群长期内部繁殖，未引入外部优秀的基因，可能会造成致病、致畸基因的遗传。

相比羊的饲养，牛和马的饲养要求更精细地呵护。牛需要在水源附近放牧，冬天亦不能长期在室外放牧。马作为重要的军备力量，无论是传世文献还是出土汉简中都有对其饲喂的详细

---

① 艾克拜尔·尼亚孜：《新疆出土的青铜至早期铁器时代马镳的研究》，《吐鲁番学研究》2014年第1期，第108～124页。

② 游修龄：《释"却走马上粪"及其他》，《中国农史》2002年第1期，第103～107页。

③ 王伟、段阜涛、杨继帅、刘依、张曼、田小红、吴勇、任乐乐、安成邦：《植硅体与稳定同位素分析揭示的新疆汉代驻军多样的农作物利用策略》，《第四纪研究》2020年第2期，第438～440页。

记载①，马的管理可以说是汉代军事管理的一个体现。现有动物考古证据尚不能给出有关牛、马饲养的更多证据。将来同位素或古DNA的研究或可提供更多信息。

5. 生业特征与戍边生活

已有的动物考古材料大致勾勒了石城子先民的动物经济：家畜饲养以畜牧动物为主。结合大植物遗存的材料看，遗址出土了青稞、小麦、粟、黍等作物，其中青稞占大多数②。虽然植硅体的研究结果相反，显示黍的比例高于青稞③，但这些作物无疑都是当地居民赖以糊口的主要作物。青稞等作物不仅可供人吃，也组成了喂养马匹饲料的一部分，如《汉书》中记载，"军马一月之食，度支田士一岁"④。这一记载虽然有夸张的成分，但足以说明马匹的饲料数量消耗巨大。由此可见，石城子的居民需要数量不少的农作物及其副产品，供应军民和军马的口粮。动植物组合反映出的生计形态和新疆地区自新石器时代至先秦时期便形成的农牧兼营的特色一致，尤其在动物资源利用上，该地区其他遗址出土的动物考古资料都表明，羊是新疆地区的主要经济动物，兼有马、牛和骆驼等适合当地环境的畜牧动物的饲养⑤。石城子动物遗存显示的结果也支持这一认识。

略显不同的是，新疆其他地区秉持的乳制品使用传统⑥似乎不见于石城子遗址。这可能和石城子的戍边城址性质及其居民的来源有关。

两汉以后，"屯垦戍边"成为新疆治边政策的重要特色。顾名思义，"屯垦"是农田开发，"戍边"是守卫边疆，这一寓兵于农的政策既有利于边疆安防又有利于当地经济的开发⑦。为了"守边备塞"，西汉开始大力推行移民政策⑧。"徙民实边"不但规模大且数量频繁，人员构成也相对复杂，包括来自内地的贫民、流民、罪犯、士卒、官员等⑨。青海、甘肃、宁夏等属于汉代北部边疆地区的考古材料显示，大部分实边移民或移民后裔的墓葬与中原地区的墓葬葬俗基本相同，也有不少墓葬吸纳了当地特色的丧葬、随葬因素⑩，体现了移民的族群认同和对当地生活的调适。墓葬如是，他们活着时候的生产、生活也应体现这一保守和革新的张力。从石城子先民的生业方式看，肉食摄入模式上，他们不再坚持中原地区以猪为主的

---

① 徐水兰：《汉代河西养马业研究》，兰州大学硕士学位论文，2016年，第23页。

② Sheng P., Storozum M., Tian X., Wu Y. Foodways on the Han dynasty's western frontier: Archeobotanical and isotopic investigations at Shichengzi, Xinjiang, China. *The Holocene*, 2020, 32 (8): 1174-1185.

③ 王伟、段阜涛、杨继帅、刘依、张曼、田小红、吴勇、任乐乐、安成邦：《植硅体与稳定同位素分析揭示的新疆汉代驻军多样的农作物利用策略》，《第四纪研究》2020年第2期，第438～440页。

④ （汉）班固：《汉书·赵充国传》，中华书局，1962年，第2993～2995页。

⑤ 董宁宁：《新石器时代至先秦时期新疆地区的生业研究》，《南方文物》2019年第4期，第198～209页。

⑥ （汉）班固：《汉书·赵充国传》，中华书局，1962年，第2993～2995页。

⑦ 张运德：《两汉时期西域屯垦的基本特征》，《西域研究》2007年第3期，第6～12页。

⑧ 刘叔鹤：《汉代的编户、移民和人口统计》，《统计学研究》1984年第3期，第79～81页。

⑨ 杨芳：《汉简所见汉代河西边郡人口来源考》，《敦煌研究》2010年第3期，第78～85页。

⑩ 杜林渊：《汉代北部边疆地区移民墓葬反映的历史问题》，《考古与文物》2011年第1期，第69～72页。

农业食谱，转而适应当地牧业发展的结果，以食用羊肉为主，体现了饮食选择上的因地制宜。然而，石城子遗址鲜有证据表明乳制品的使用，表明移民长期以来的汉地饮食传统得以保持和延续，而对新的动物产品仍持有比较保守的态度。尽管将来的DNA分析或许可以帮助我们揭示针对乳制品的保守态度是否和生理因素，比如乳糖不耐受有关。需要指出的是，乳糖不耐受一方面可以通过乳制品不同的加工方式得以缓解，另一方面，它既然不是致命性的，那么症状的严重程度、是轻微的"不适"还是需要治疗的"疾病"便是文化适应的结果了。从考古资料反映的时间尺度来考量，石城子城址使用的百年间，移民的代际更迭也没有太大地改变他们的饮食习惯。接受新的饮食选择和保持传统的饮食禁忌巧妙地维持了平衡。

尽管戍边移民亦耕亦战、亦农亦兵，但考虑到农作的投入和精力可能会影响日常的军事训练和无法预测的临时作战，加之石城子又地势险要、发挥着特殊的军事机能，石城子先民获取动物资源的具体途径值得商榷。以牛为例，遗址中缺少新生个体的出现，遗址的布局中似乎也不见明确的畜栏空间。牛群可能并没有在遗址中被大规模饲养，而是通过交易的方式被带进了遗址中，更多的证据或许有待同位素分析的结果揭示。马的情况相似，个体年龄偏大，且都未发现小于6个月的幼年个体，很有可能，这些动物并未在遗址内生育，而是通过其他途径被带入了遗址。当然，幼年个体因骨骼尚未发育成熟，在埋藏过程中不易保存下来，也有可能造成了出现频率的低估。但如果这些动物确实是通过交易获取的，那么石城子可能是并不是孤立的屯垦点，周围应该有农畜业更为发达的生产中心，向作为屯垦区域中心的石城子输送生产生活所需的农业产品。

（四）结论和展望

石城子遗址作为一处戍边城址，先民的生业经济在维持中原汉传统之外还具有因地制宜的地方特色。以"屯垦戍边"为目的的农战政策，传承了中原的农业种植传统，但在具体的作物选择上，石城子先民转向能在恶劣环境中生存的青稞作为主要作物。动物经济着重发展牧业，以饲养适应当地环境的羊为主，羊群提供了主要的肉食资源。饮食习惯在积极利用当地资源的同时也保持着一定的中原传统，未见明确的乳制品摄入的证据。马、驴和骆驼的饲养则体现了军事战备和物资运输的需求。

由于新疆地区动物考古研究并未大规模展开，我们缺少同时期、同地区的材料与石城子的生业情况进行比对。随着材料的积累、提取信息的丰富，日后的研究将会对石城子的生业，以及石城子在整个新疆地区生业经济中的角色做到更深入的认识。

（本部分内容部分发表在《新疆奇台石城子遗址的动物资源利用》，《西域研究》2022年第2期，第127～136页）

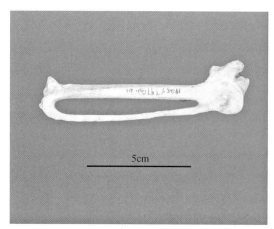

照片一　海雕掌骨

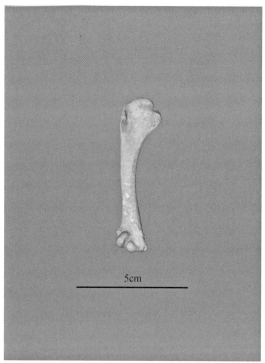

照片二　家鸡肱骨

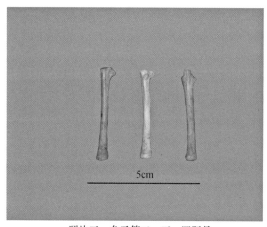

照片三　兔子第二、三、四跖骨

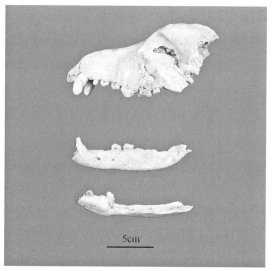

照片四　家犬头骨和下颌

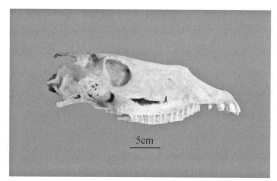

照片五　马头骨

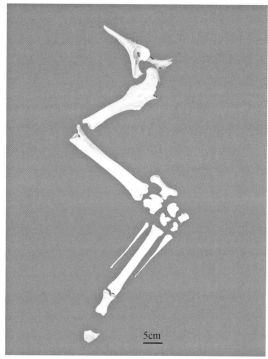

照片六　驴完整后肢

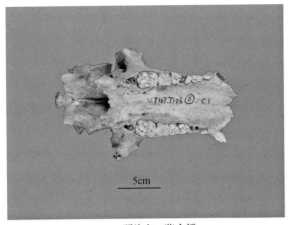

照片七　猪上颌

照片八　鹿头骨

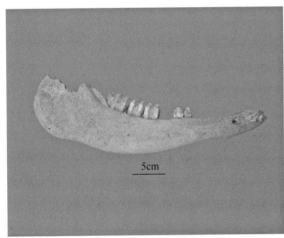

照片九　牛下颌

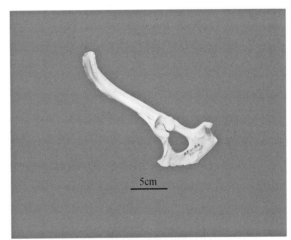

照片一〇　绵羊盆骨

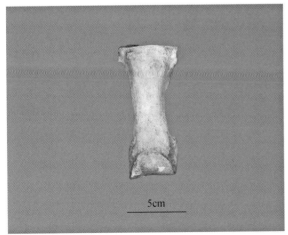

照片一一　骆驼第一节指骨

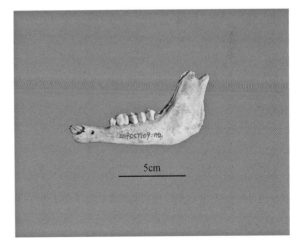

照片一二　幼羊下颌

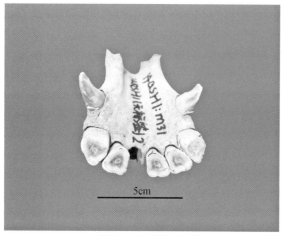

照片一三　马门齿年龄

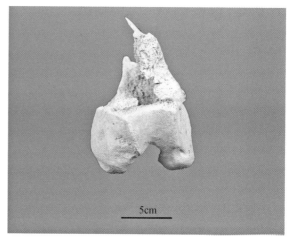

照片一四　牛股骨远端截断

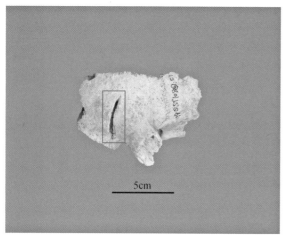

照片一五　山羊头骨砍切痕迹

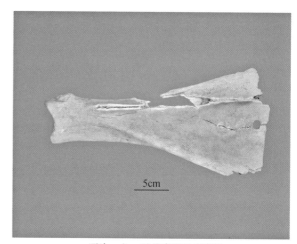

照片一六　马的肩胛骨有穿孔

照片一七　羊桡骨穿孔

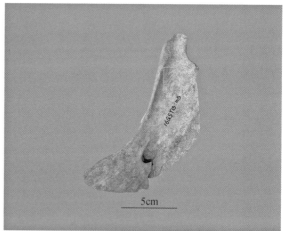

照片一八　马下颌砍切痕迹

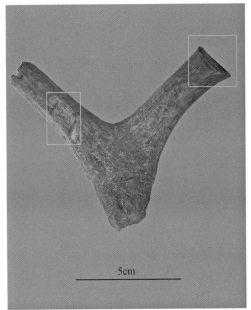

照片一九 鹿角人工痕迹

照片二〇 鹿角截面锯痕

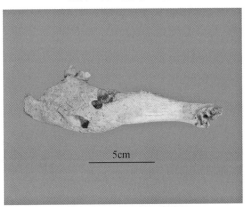

照片二一 羊下颌齿槽脓肿

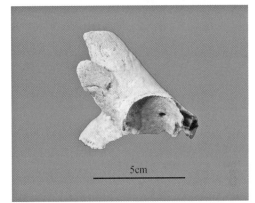

照片二二 三角畸形羊头骨

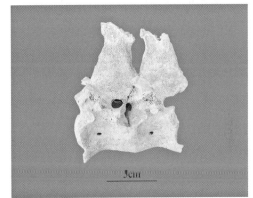

照片二三 马脊椎融合

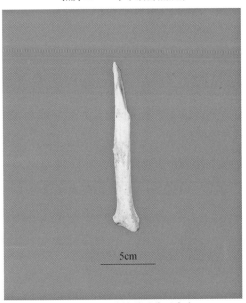

照片二四 狗桡骨受伤后愈合

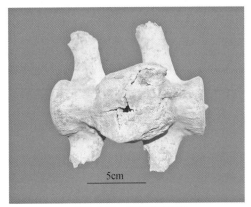

照片二五 骆驼脊椎病理

二、石城子出土绵羊牙齿的牙釉质碳、氧同位素序列采样分析

（孙　晨　董宁宁　胡耀武）

（一）引言

石城子遗址是两汉时期天山以北地区的一处重要军事要塞，构成了两汉军事防御体系的一部分。已有的动物考古研究结果表明，石城子居民的肉食来源主要依赖畜牧经济，羊、牛、马等动物最为常见，其中羊的骨骼出土数量最多，可鉴定标本数超过全部出土动物骨骼的70%。从羊的年龄结构判断，羊群可能主要提供了城内居民的肉食资源，一部分羊群同时也提供了羊毛资源。

出土数量庞大的羊骨说明当时的羊群饲养规模较大。但考虑到石城子鲜明的军事功用，训练和备战已经需要投入较多的时间和精力，如何平衡军事战备和生计糊口的需求与回报，成为动物考古研究的一个重点。我们推测，遗址中出土的羊可能并非完全在城中饲养，而是由周边的村落、牧场供应。因此，探讨羊群的来源及其具体的饲养策略，便成为探索石城子遗址生业方式，乃至重构汉代边防屯垦体系的重要内容。

具体而言，有以下几个问题有待厘清：①羊群的饲养地点是哪里？羊群从出生起就被圈养在城内，还是在其他地方出生，到达一定年龄后又被带入城中？②羊群的饲喂方式是怎样的？是否存在季节性的转场？是否存在饲料的喂食？③对羊群是否进行了繁殖管理？羊群的交配、出生是否有人工的干预？

要回答这些问题，需要借助与已有的动物考古、骨胶原同位素分析相比，更能精确还原生物个体生活史的分析手段。动物牙釉质上碳（$\delta^{13}C$）、氧同位素（$\delta^{18}O$）序列采样的分析，可以为重建个体的历时性饮食变化、迁徙轨迹提供有力的工具。在石城子绵羊牙齿的研究中，借助牙釉质上氧同位素序列所反映的个体生长期间的季节变化，我们首先希望重建石城子羊群的出生季节；其次，由于骨胶原碳同位素往往只反映了生物体一生食谱的平均情况，无法辨识羊群食谱的季节性差异，我们试图通过牙釉质上的碳同位素序列获得羊群食谱季节性变化的情况，以此讨论有关转场放牧、饲料供给的问题。最后，通过详细阐释绵羊个体生活史的异同，我们尝试将石城子的羊群饲养放在更宽泛的历史背景中，为研究汉代边疆的屯垦系统提供洞见。

（二）牙釉质碳（$\delta^{13}C$）、氧（$\delta^{18}O$）同位素序列采样的原理

广泛分布在自然界中的稳定同位素经由食物链进入生物体内并参与生物体的新陈代谢，从而成为组成生物体身体组织的一部分。牙釉质羟基磷灰石中的氧同位素（^{18}O）主要来自生物个体的饮用水及摄入植物中所包含的水分，因此，可以反映水体中的氧同位素组成[①]。摄入的水体大部分来自自然降雨、降雪或地表水，这些水中的$\delta^{18}O$数值与当地温度和纬度有关。新疆属于大陆性干旱/半干旱气候。在通常情况下，气温高的月份，$\delta^{18}O$值也越高，气温低的月份，$\delta^{18}O$值就越低[②]。温度变化的季节性循环也可在牙釉质羟基磷灰石上的$\delta^{18}O$变化曲线中有所反映[③]。其他因素，如降水量、蒸发量、雪融水、动物饮食习惯等也会对氧同位素信号产生影响[④]，但考虑到其对属于大陆性干旱/半干旱地区的新疆影响较小，对本研究的数据解读不会造成颠覆性的影响。

牙釉质中的碳同位素（^{13}C）主要来自于羟基磷灰石的碳酸根。因此，牙釉质的$\delta^{13}C$数值可以反映动物食谱中碳元素的来源[⑤]。对大型食草动物而言，碳同位素从食物进入牙釉质羟基磷灰石中会富集12‰～14‰[⑥]。完全以C_3植物为生的草食动物牙釉质$\delta^{13}C$数值在−18‰～−9‰，完全以C_4植物为食的草食动物牙釉质$\delta^{13}C$则为−4‰～6‰。$\delta^{13}C$值也会随着季节变化而波动。在干旱/半干旱区，受到降水、气温和干旱程度的影响，自然环境中的^{13}C同位素在夏天有所增加[⑦]。同时，随着半干旱区的草原上C_4植物比重在夏季增多，也进一步加剧了^{13}C的富集[⑧]。因此，如

---

① Longinelli A. Oxygen isotopes in mammal bone phosphate: a new tool for paleohydrological and palaeoclimatological research? *Geochimica et Cosmochimica Acta*, 1984, 48 (2): 385-390.

② Kohn M. J., Schoeninger M. J., Valley J. W. Variability in oxygen isotope compositions of herbivore teeth: reflection of seasonality or development physiology? *Chemical Geology*, 1998, 152 (1): 97-112; Kohn M. J., Schoeninger M. J., Valley J. W. Herbivore tooth oxygen isotope compositions: effects of diet and physilogy. *Geochimica et Cosmochimica Acta*, 1996, 60 (20): p3889-3896.

③ Fricke H., O'Neil J. R. Inter- and intro tooth variation in the oxygen isotope composition of mammalian tooth enamel phosphate: implication for palaeoclimatological and palaeobiological research. *Palaeogeography, Palaeoclimatology, Palaeoecology*, 1996, 126 (1-2): 91-99.

④ Kohn M. J., Welker J. M. On the temperature correlation of $\delta^{18}O$ in modern precipitation. *Earth & Planetary Science Letters*, 2005, 231(1-2): 87-96.

⑤ Lee-Thorp J. A. On isotopes and old bones. *Archaeometry*, 2008, 50 (6): 925-950.

⑥ Sullivan C., Krueger H., Carbon isotope analysis of separate chemical phase in modern and fossil bone, *Nature*, 292, 1981: 333-335. Cerling T. E., Harris J. M. Carbon isotope fraction between diet and bioapatite in ungulate mammals and implications for ecological and paleoecological studies, *Oecologia*, 1999, 120 (3): 347-363.

⑦ Flanagan L., Farquhar G. Variation in the carbon and oxygen isotope composition of plant biomass and its relationship to water-use efficiency at the leaf- and ecosystem-scales in a northern Great Plains grassland. *Plant Cell Environ*, 2014, 37: 425-438.

⑧ Yamori W., Hikosaka K., Way D. A., Temperature response of photosynthesis in C_3, C_4 and CAM plants: temperature acclimation and temperature adapatation. *Photosynthesis Response*, 2013, 119: 3631-3642.

果和δ¹⁸O的季节变化联系起来看，生活在同一地点的食草动物δ¹³C值变化应该和δ¹⁸O值变化一致：在夏季同时升高，在冬季同时降低[1]。

动物在不同时期摄入的氧同位素通过新陈代谢进入动物牙齿的牙釉质中，并按照生长顺序，保存在了牙齿上的不同位置。这一历时性变化可以通过对动物牙齿牙釉质进行从上（齿冠）到下（牙釉质/牙根结合部）的系列采样，重现具体的更迭过程。牙釉质序列取样得到的δ¹⁸O数据反映的是牙齿发育阶段动物的饮食情况和生存环境变动，其精确度可以达到以月为单位，可用于进行高时间分辨率的动物考古学研究，探讨动物的生活史和季节性。而结合δ¹³C数值的变化，便可以讨论动物食谱的季节性变化。两者应用到石城子遗址中，便可以根据δ¹⁸O序列的变化探讨羊群的出生季节、羊群的迁徙规律等，而从δ¹³C序列的变化中也可以推测羊群是否存在季节性的转场、冬季饲料的供应等问题。

牙釉质是记录了δ¹³C、δ¹⁸O数值变化的理想材料。一方面，牙釉质构造紧密，不易受到埋藏过程中成岩作用的影响而改变组成成分。另一方面，牙釉质随着年龄增长从齿冠上部开始形成，发育完全后不再改变，能够做到如实保存下饮食和迁徙的信息。由于牙釉质的生长在大型哺乳动物身上需要几个月的时间，而摄入的氧同位素进入新陈代谢也需要时间，因此，推算氧同位素序列的变化时，还须考虑牙釉质生长期所造成的时序延迟。已有的现代实验数据和多个考古案例都表明，绵羊牙齿牙釉质开始记录同位素的起点与个体实际的出生季节大约有5到6个月的延迟[2]。

考虑到取样的大小和形成时间的要求，碳、氧同位素的序列采样一般在食草动物的下颌第二（M2）和第三臼齿（M3）上进行。绵羊的下颌M2从其出生后的两个月开始发育齿冠；整个发育过程持续10个月左右[3]。绵羊的下颌M3从出生后的第9或第10个月开始发育，持续到第20或第22个月（图一二）[4]。下颌M2和M3有三个月的生长重叠期。牙釉质序列采样指的是，在高齿冠动物牙齿表面依生长方向等距离采集数个牙釉质样品，可以近似视为牙釉质形成过程中以相等时间间隔采集样品[5]。由此，牙釉质序列采样获得的δ¹⁸O、δ¹³C数值可以反映绵羊个体在其出生至两岁之间的生活历史（图一三）。

---

① Fraser R. A., Grun R., Privat K. Gagan M. K. Stable isotope microprofiling of wombat tooth enamel records seasonal changes in vegetation and environmental conditions in eastern Australia. *Palaeogeography*, *Palaeoclimatology*, *Palaeoecology*, 2008, 269: 66-77.

② Balassse M., Obein G., Ughetto-monfrin J., Mainland I. Investigating seasonality and season of birth in past herds: a reference set of sheep enamel stable oxygen isotope ratios. *Archaeometry*, 2012, 54 (2): 349-368.

③ Milhaud G., Nezit J. Molar development in sheep: morphology, radiography, microhardness. *Recueil deMedecine Veterinaire*, 1991, 167 (2): 121-127.

④ 董宁宁：《动物牙釉质氧同位素分析：一种季节性研究的新方法》，《江汉考古》2016年第2期，第53～61页。

⑤ Balasse M. Reconstructing dietary and environmental history from enamel isotopic analysis: time resolution of intra-tooth sequential sampling. *International Journal of Osteoarchaeology*, 2002, 12 (3): 156-165.

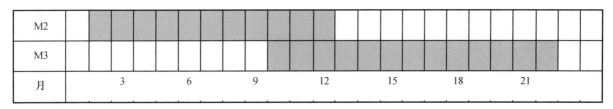

M2																										
M3																										
月			3			6			9			12			15			18			21						

图一二　绵羊下颌第二（M2）、第三臼齿（M3）生长时间

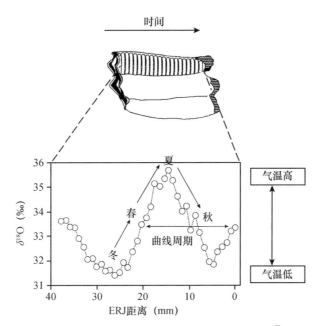

图一三　牙釉质氧同位素序列采样原理示意图[①]

（三）材料和方法

本研究选取了石城子遗址出土的9个绵羊个体，在它们下颌第二、三臼齿（M2和M3）进行牙釉质序列采样，采样个体信息见表一一。其中1个个体的M3因破损严重，并未进行采样。按照牙釉质的生长规律，采样在每颗臼齿颊侧较长的齿柱上，由齿冠到牙釉质/牙根结合部（Enamel-Root-Junction，ERJ）依次进行（图一四）。在17枚牙齿上共采集到173例测试样品。

样品的采集和制备参考了芭拉斯等人的方法[②]。样品处理遵循以下实验步骤：

（1）用牙刷对牙齿表面进行清洗。每一条样品至少用钨钴钻头钻取5.5毫克的牙釉质粉末。

（2）牙釉质粉末用2%～3%的次氯酸钠溶液（NaOCl）浸泡24小时去除有机物。

（3）用去离子水漂洗样品5次后，用0.1M的乙酸（CH₃COOH）在室温下反应4小时以萃取碳酸盐。

---

① 修改自Balasse M. Determing sheep birth seasonality by analysis of tooth enamel oxygen isotope ratios: the late Stone Age site of Kasteelberg (South Africa). *Journal of Archaeological Science*, 2003, 30: Figure 3.

② Balasse M. Reconstructing dietary and environmental history from enamel isotopic analysis: time resolution of intra-tooth sequential sampling. *International Journal of Osteoarchaeology*, 2002, 12 (3): 156-165.

（4）用去离子水将样品冲洗干净并滗出管内液体后，将样品放入-20℃冰柜中冷冻，之后进行冷冻干燥。

牙釉质的前处理在复旦大学科技考古研究院同位素前处理实验室完成，羟磷灰石样本的碳、氧同位素由自然资源部第三海洋研究所进行测试。测试使用了GasBenchll联用Delta V Advantage稳定同位素比值质谱法，$\delta^{18}O$和$\delta^{13}C$值以PDB（Vienna PeeDee Belemnite）国际标准作为参考标准，精度均为±0.2‰。

表一一　牙釉质序列采样绵羊个体信息一览表

绵羊个体	出土单位	年龄	取样牙齿	编号
SCZ1	14QSH1	4～6岁	M2	QS01
			M3	QS02
SCZ2	14QSH1	3～4岁	M2	QS03
			M3	QS04
SCZ3	14QSH1	3～4岁	M2	QS05
			M3	QS06
SCZ4	14QSJ③c	3～4岁	M2	QS07
			M3	QS08
SCZ5	16QST12	3～4岁	M2	QS09
			M3	QS10
SCZ6	14QSH1	4～6岁	M2	QS11
			M3	QS12
SCZ7	16QS	3～4岁	M2	QS13
			M3	QS14
SCZ8	14QSH1	3～4岁	M2	QS15
			M3	QS16
SCZ9	16QST18	2～3岁	M2	QS19

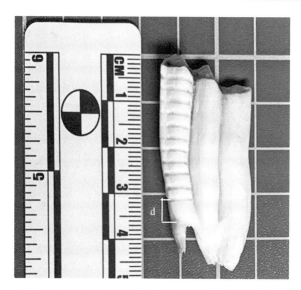

图一四　牙齿序列采样标本［d为采样点距ERJ的距离（mm）］

（四）结果

本研究对173例牙釉质样品进行了碳、氧稳定同位素测试。前处理导致的牙釉质损耗率平均为25%，保存情况较好。石城子羊群的$\delta^{18}O$和$\delta^{13}C$数据结果分别在表一二和表一三中进行了概括。

表一二　羊群牙齿牙釉质$\delta^{18}O$序列结果

个体	牙齿编号	取样数量	$\delta^{18}O$最大值（‰）	采样点距ERJ距离（mm）	$\delta^{18}O$最小值（‰）	采样点距ERJ距离（mm）	$\delta^{18}O$平均值（‰）	$\delta^{18}O$变化幅度（‰）
SCZ1	QS01	8	−6.7	12.44	−10.3	3.06	−8.6	3.6
	QS02	11	−7.2	12.69	−14	25.05	−11	6.8
SCZ2	QS03	8	−6.7	10.38	−13.1	23.48	−9.5	6.4
	QS04	13	−5.5	7.77	−13.4	20.58	−9	7.9
SCZ3	QS05	10	−5.1	7.13	−12.9	21.3	−9.7	7.8
	QS06	10	−4.4	25.21	−11.5	10.97	−6.7	7.1
SCZ4	QS07	8	−9.9	9.37	−14.1	18.35	−12.6	4.2
	QS08	13	−5.8	29.87/6.16	−14.2	16.39	−9.2	8.4
SCZ5	QS09	10	−3	9.04	−14.9	20.27	−9.6	11.9
	QS10	12	−2.6	35.25	−13.4	17.03	−7.7	10.8
SCZ6	QS11	7	−4.1	10.52	−10.9	1.97	−6.7	6.8
	QS12	12	−4.5	10.74	−14.2	22.48	−9.9	9.7
SCZ7	QS13	10	−5.4	31.34	−12.5	16.2	−9.8	7.1
	QS14	13	−2.5	33.19	−10.8	16.12	−5	8.3
SCZ8	QS15	9	−6.1	9.64	−13	23.14/20.46	−10.9	6.9
	QS16	12	−4.5	34.86	−12.8	19.64	−9.2	8.3
SCZ9	QS19	8	−3.7	12.12	−12.1	24.26	−7.2	8.4

表一三　羊群牙齿牙釉质$\delta^{13}C$序列结果

个体	牙齿编号	取样数量	$\delta^{13}C$最大值（‰）	采样点距ERJ距离（mm）	$\delta^{13}C$最小值（‰）	采样点距ERJ距离（mm）	$\delta^{13}C$平均值（‰）	$\delta^{13}C$变化幅度（‰）
SCZ1	QS01	8	−6.8	3.06	−9.4	16.58	−7.8	2.6
	QS02	11	−6.8	7.5	−7.4	15.56/10.57	−7.2	0.6
SCZ2	QS03	8	−9.3	23.48	−10.4	12.75/10.38	−10	1.1
	QS04	13	−9.4	24.74/22.8	−11.0	5.89	−9.9	1.6
SCZ3	QS05	10	−9	19.02	−10.9	5.14	−9.5	1.9
	QS06	10	−8.9	10.97	−11	25.21	−10.3	2.1
SCZ4	QS07	8	−9.1	18.35	−9.7	12.7/11.13	−9.5	0.6
	QS08	13	−8.6	11.44	−9.8	34.44	−9.2	1.2

个体	牙齿编号	取样数量	δ^{13}C最大值（‰）	采样点距ERJ距离（mm）	δ^{13}C最小值（‰）	采样点距ERJ距离（mm）	δ^{13}C平均值（‰）	δ^{13}C变化幅度（‰）
SCZ5	QS09	10	−7.1	4.65	−8.8	13.44	−7.9	1.7
	QS10	12	−6.4	17.03	−9.1	6.22	−7.5	2.7
SCZ6	QS11	7	−8.4	1.97	−11.1	10.52	−10.3	2.7
	QS12	12	−8.8	25.57	−11	10.74	−9.9	2.2
SCZ7	QS13	10	−6.8	25.71	−9.3	14.88	−8	2.5
	QS14	13	−8.3	24.08	−9.6	35.46	−8.9	1.3
SCZ8	QS15	9	−7.7	24.76	−10	9.64	−8.8	2.3
	QS16	12	8.6	25.31	−10.2	36.36	−9.2	1.6
SCZ9	QS19	8	−9.1	24.26/10.0	−10	14.08	−9.3	0.9

1. 牙釉质δ^{18}O序列

　　羊群牙齿的δ^{18}O数值在−14.9‰到−2.4‰，变化幅度在3.6‰到11.9%之间。δ^{18}O数值在M2和M3上均形成了接近正弦函数的平滑曲线，显示了较为明显的季节变化。在所有M2上，δ^{18}O的最大值在−3.0‰到−9.9‰之间，除QS13例外，其余M2上的最高值均在距ERJ的7.13毫米至12.44毫米处测量得到。δ^{18}O最小值在−14.9‰至−10.1‰之间，除QS01和QS11外，其余最小值在距ERJ的16.20毫米至24.26毫米上出现。δ^{18}O最大值和最小值分布分散，说明这些绵羊个体可能有不同的生活史。而在M3上，δ^{18}O的最大值在−2.5‰到−7.1‰之间，最大值在接近齿冠和接近牙根部分均有测得，分布上明显具有双峰。除QS01和QS07变化幅度偏小，QS09、QS10和QS12变化幅度过大外，其余牙齿上的δ^{18}O数值变化幅度集中在6.4‰至8.4‰之间，反映了正常季节变化所带来的δ^{18}O差异。

　　整体来看，大致上δ^{18}O序列曲线可见明显的季节周期变化，但个体之间仍有差异（图一五；图版一二），在M2和M3上大体可分为四类。

　　在M2上，第一类δ^{18}O曲线在靠近牙冠处出现低值逐渐攀升至最高值后再下降，全部序列明显不满正弦函数的一个完整周期。这一类曲线包括QS03、QS11和QS19。其中，QS11由于年龄较大导致了齿冠磨损，无法取得牙齿生长早期的δ^{18}O信息，有可能导致曲线走势不明确。第二类δ^{18}O曲线从接近齿冠测得的最大值开始，下降到最低点后又逐渐上升，全部序列同样不满一个完整的四季变化周期。QS07、QS13、QS15都属于第二类曲线，但从图一五上可以看到，尽管走势趋同，但在δ^{18}O数值的分布上，这三者也并不接近。第三类曲线中，δ^{18}O值先下降到谷底继而上升经历峰值再逐渐回落，呈现接近完整的正弦函数周期变化，说明δ^{18}O序列记录了明确的四季变化。QS05和QS09属于这一类。以QS09为例，δ^{18}O值从距离ERJ24.20毫米左右的取样位置开始下降，在距离ERJ的20.27毫米处达到最低值，继而逐步攀升，在距离ERJ的9.04毫米处达到峰值后又逐渐回落，较为完整地记录了秋季到冬季，经历春季和夏季，再次向秋季过渡的四季变化。需要注意的是，曲线走势一致的QS05和QS09，它们δ^{18}O的具体数值、变化幅

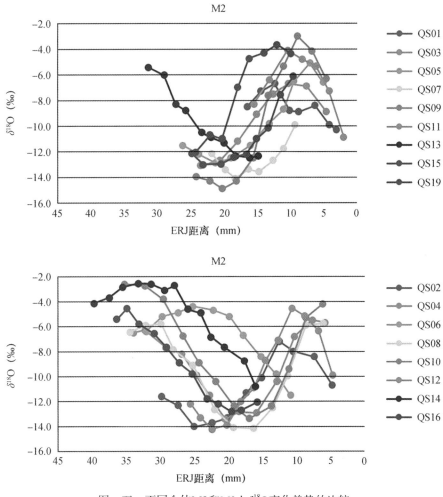

图一五　不同个体M2和M3上δ^{18}O变化趋势的比较

度都差异较大，我们会在下文中具体讨论。QS01的δ^{18}O曲线走势参差，不见明显的季节变化规律，且变化幅度不大，可列为第四类不明情况的曲线。

在M3上，属于第一类先升后降的曲线包括QS06和QS16。包括QS04、QS08、QS10和QS16在内的4条δ^{18}O曲线都呈现第二类变化趋势，即靠近齿冠部分的δ^{18}O值较高，逐渐下降到最小值后再回升。第三类显示较为完整周期曲线的有QS01和QS12。

需要指出的是，由于M2和M3牙釉质生长时间有三个月的重叠，理想情况下，M2上δ^{18}O曲线的末段应和M3上δ^{18}O曲线的前段重合。这在大部分个体中都得到了验证，SCZ4（即QS07、QS08）和SCZ7（即QS13、QS14）两个个体上的衔接不明显，可能和它们M2上的取样不够接近ERJ有关。

总体而言，该9个个体的δ^{18}O曲线都显示出了季节性的周期变化，但个体之间在曲线走势、变化幅度、δ^{18}O的绝对数值上都显示出了不同，可能暗示不同的季节性迁徙历史。另外，在部分个体（如SCZ1）上还观察到了M2和M3上δ^{18}O曲线振幅（即单个牙齿上δ^{18}O变化幅度）不同的情况，说明绵羊第一年的生活状态和第二年不同，我们将在下文中以个体为单位，具体讨稳定同位素序列在M2和M3的连续变化。

2. 牙釉质δ¹³C序列

　　绵羊牙釉质的δ^{13}C值在-11‰到-6.4‰之间，范围较广，说明羊群的摄食情况较为复杂，既有以C_3植物为主的饮食，也有部分个体摄入了数量可观的C_4植物。在所有牙齿上，羊群δ^{13}C的最大值集中在-9.4‰和-6.4‰之间，而最小值在-11.1‰和-7.4‰，这在M2和M3差异不大，但不同牙齿间的幅度变化从0.6‰到2.7‰，差异明显（图一六；图版一二）。这表明个体之间，甚至同一个个体不同牙齿之间的差异较大，这不仅暗示羊群个体间的饮食有所不同，甚至同一个个体在不同的年龄阶段、四季时节也都有鲜明的饮食变化。

　　在M2和M3上，δ^{13}C曲线变化规律虽不及δ^{18}O变化鲜明，但仍有一定规律可循。δ^{13}C值曲线在M2上大致可以辨识出三类。第一类包括QS03、QS09、QS11和QS15，它们的δ^{13}C曲线趋势相近，从齿冠到根部呈现先下降至最小值再攀升的变化过程。然而，这四条曲线在分布上并不紧凑，尤其是QS09与其他三条曲线相比，有明显的纵轴位移，δ^{13}C值总体较其他个体高。第二类曲线显示了走势相反的δ^{13}C变化，从齿冠开始δ^{13}C逐渐升高，到达峰值后回落，包括QS01、QS05和QS13。第三类曲线走势较平，如QS07和QS19，它们的δ^{13}C曲线波动不明显，不见明显

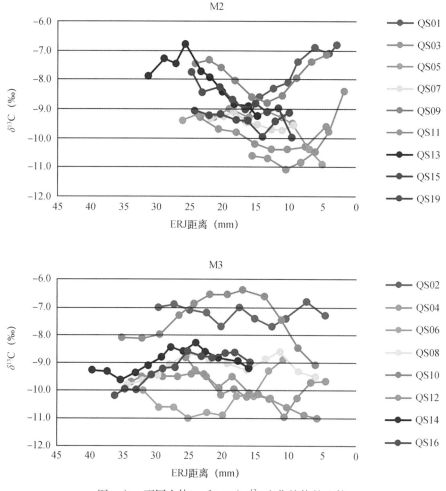

图一六　不同个体M2和M3上δ^{13}C变化趋势的比较

周期变化。

M3上的δ^{13}C值变化趋势可以和M2上呼应，分为三类。第一类δ^{13}C曲线在齿冠处先下降再上升，包括QS06和QS12。第二类曲线，δ^{13}C值在齿冠处先上升再下降，包括QS04、QS08、QS10、QS14和QS16。其中QS10变化幅度更大，整体δ^{13}C值比其他的更高，这点和来自同一个体的M2（即QS09）情况相似。第三类是平稳走势的曲线，在QS02上尤为明显。

（五）讨论

1. 阐释δ^{18}O和δ^{13}C序列在个体上的对应变化

δ^{18}O和δ^{13}C曲线都显示出了个体之间的差异。为了进一步梳理它们的异同，我们按照个体进行讨论，以阐明绵羊个体迁徙和饮食变化上的季节性。

图一七展示了SCZ1、SCZ2和SCZ3三个体的δ^{18}O和δ^{13}C曲线的变化。

SCZ1是4～6岁的老年绵羊个体。由于齿冠磨损，未取到牙釉质形成初期的δ^{18}O数据，只能按变化趋势推测出，它有出生在秋季的可能。结合δ^{18}O和δ^{13}C曲线来看，该个体在δ^{18}O值达到M2上的峰值时，δ^{13}C值也显著上升并在M3的整条序列上始终保持较高（M3上δ^{13}C的平均值为-7.2‰），具有明显地摄入了C$_4$植物的同位素信号。也就是说，该个体在经历了出生后的第一个夏天后，食谱发生变化，食谱中的C$_4$植物比重不断升高，并在出生的第二年中维持稳定的C$_4$植物摄入。对蒙古地区现代羊的同位素实验研究表明，四季更迭自然造成的羊群食用植物群落δ^{13}C值变化在2.5‰到3.5‰之间[①]。SCZ1在第二年的δ^{13}C变化幅度显著小于这一估测范围，很可能和人工管理的饲料供给有关。

SCZ2的M2上距离齿冠最近的取样点测得了δ^{18}O值的最低值，按牙釉质反映δ^{18}O值和出生时节有5个月左右的延迟可以推算，该个体出生在夏末秋初。δ^{13}C曲线和δ^{18}O曲线呈相反的变化趋势，夏季δ^{13}C值下降、冬季δ^{13}C值升高，可能和夏季、冬季牧场间的转场有关（见下文）。δ^{13}C值显示该个体的食物完全来自C$_3$植物。δ^{18}O和δ^{13}C曲线变化幅度在M2和M3上相似，说明个体第一年和第二年没有明显的饲养策略变化。

SCZ3，年龄在3～4岁，从取样起点的δ^{18}O值判断，该个体出生在春季。δ^{13}C曲线和δ^{18}O曲线呈相反的变化趋势。尽管δ^{13}C曲线有明显季节变化，但都只显示了C$_3$植物的同位素信号。δ^{18}O和δ^{13}C曲线变化幅度在M2和M3上基本未变。

SCZ4，年龄在3～4岁，从取样起点的δ^{18}O值判断，该个体出生在春季（图一八）。从δ^{18}O曲线来看，M2上的变化幅度较M3上小，可能暗示第一年的迁徙轨迹和第二年不同。δ^{13}C曲线和δ^{18}O曲线呈相反的变化趋势，但δ^{13}C曲线的变化幅度较小，只显示了C$_3$植物的同位素信号。

SCZ5从取样起点的δ^{18}O值判断，该个体出生在春季（图一八）。δ^{18}O曲线季节变化明显，

---

① Makarewicz C., Tuross N. Foddering by Mongolian pastoralists is recorded in the stable carbon (δ^{13}C) and nitrogen (δ^{15}N) isotopes of caprine dentinal collagen. *Journal of Archaeological Science*, 2006, 33 (6): 862-870.

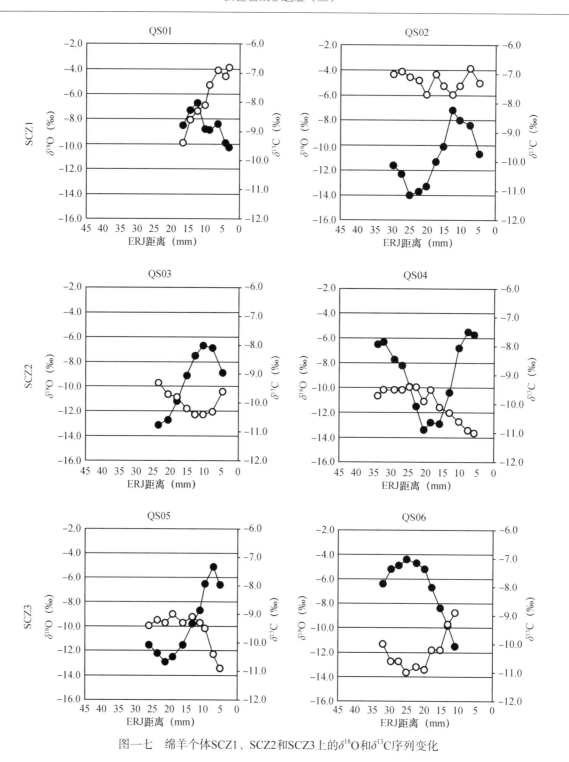

图一七　绵羊个体SCZ1、SCZ2和SCZ3上的δ^{18}O和δ^{13}C序列变化

且没有明显的年间差异。δ^{13}C曲线和δ^{18}O曲线变化趋势相反，可能被转场饲养。δ^{13}C曲线有季节变化，在冬季δ^{13}C值最高达-6.4‰，说明冬季羊的C$_4$植物摄入明显增多。

SCZ6，年龄较大，因此未取到齿冠处数据，只能推测有出生在秋季的可能性（图一八）。

δ^{18}O曲线季节变化明显。δ^{13}C曲线和δ^{18}O曲线变化趋势相反，可能转场进行饲养。δ^{13}C值曲线全部显示了C$_3$植物的同位素信号。δ^{18}O和δ^{13}C曲线变化幅度在M2和M3上相近。

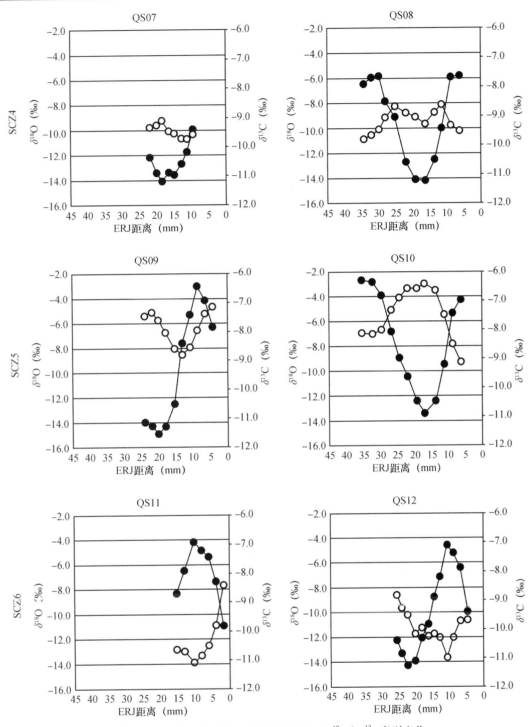

图一八　绵羊个体SCZ4、SCZ5和SCZ6上δ^{18}O和δ^{13}C序列变化

　　SCZ7、SCZ8和SCZ9的δ^{18}O和δ^{13}C变化见图一九。

　　SCZ7的δ^{18}O最大值在接近齿冠处，可以推测该个体出生于冬末春初。δ^{18}O曲线有明显的季节变化。但δ^{13}C曲线变化不规律。出生后的第一个夏末秋初，δ^{13}C值升高，说明可能有一定的C$_4$植物摄入，但之后随着天气转凉，δ^{13}C值持续走低，直到第二个秋天，δ^{13}C值稍有回升，但仍在全部以C$_3$植物为食物的同位素信号范围内。在M2和M3上，δ^{18}O曲线变化幅度相近，但δ^{13}C

曲线变化幅度在M3上缩小。

　　SCZ8的δ^{18}O最小值在齿冠附近，说明该个体出生在春季。δ^{18}O曲线有明显的季节变化，和δ^{13}C曲线趋势相反，推测有转场放牧的可能。该个体的δ^{13}C值在出生后的第一个秋季相对较高，可能有少量的C_4植物摄入，之后持续降低，食谱几乎完全以C_3植物组成。

　　SCZ9在齿冠附近测得了δ^{18}O的最小值，推测该个体出生在夏末秋初。δ^{13}C曲线在M2上的变化不明显，但整体属于C_3食物的同位素信号范围之内。

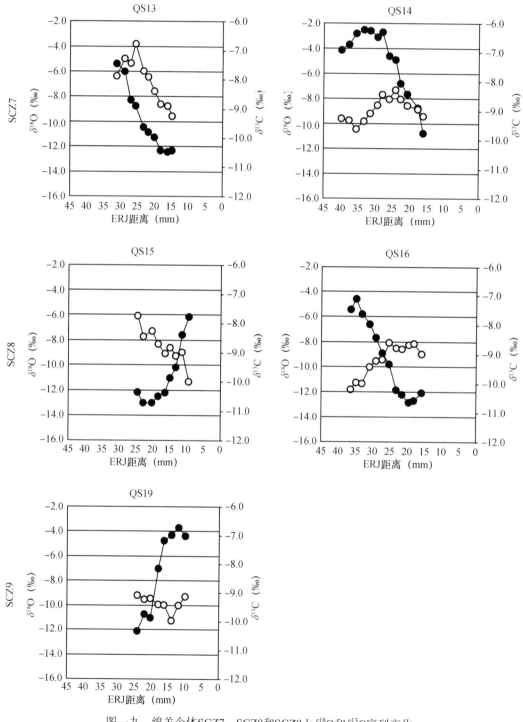

图一九　绵羊个体SCZ7、SCZ8和SCZ9上δ^{18}O和δ^{13}C序列变化

2. 羊群的出生季节

羊群的育种关系到饲养规模的调控、羊群质量的保证以及奶制品等次级产品的开发和利用。从牙釉质上 $\delta^{18}O$ 序列的变化大致推算绵羊的出生季节，可以帮助我们更好地了解石城子羊群的育种策略。

研究涉及的9个个体中有4个出生在春季，4个出生在秋季（其中SCZ1和SCZ6因年龄较大，具有一定的不确定性），另有1个出生在冬末春初。根据现有的生态学研究，新疆北部卡拉麦里山的野生盘羊在秋末冬初交配，次年五月到六月产仔[1]，而当代新疆细毛羊的产羔季节则集中在三月和四月[2]。石城子绵羊的产羔季节以春季、秋季为多，显然也受到了人工干预。如果年龄较大的SCZ1和SCZ6两个绵羊个体出生季节的判断也是正确的话，石城子的绵羊繁殖在一年中可能集中在两个季节：春季和秋季。但这也并不意味着所有的羊群都是一年产羔两次，羊群也可能进行了分组，一组只在春季进行繁殖、另一组进行秋季繁殖。但无论哪种繁殖模式，石城子的羊群无疑受到了有序的管理。另外，还有一个个体（SCZ7）出生于冬末春初。这一方面说明，当时的羊群繁殖管理可能并不十分严格。另一方面，这一个体M2和M3的齿冠均高于其他个体，牙齿尺寸偏大，不排除存在绵羊品种间差异的可能。

需要指出的是，由于我们的样本量有限，而且对两个年龄大的个体可能造成出生季节的误判，因此除春季和秋季繁殖之外，是否还存在其他繁殖季节，还需要借助更多的证据、更严谨的测算方法才能做出更加可靠的判断。

3. 放牧的管理

绵羊是典型的畜牧动物，而东天山北麓又有许多水草丰美的草原，是理想的放牧草场。汉代文献往往将古代新疆的牧业描述为"随畜逐水草"[3]，可见畜群需要在不同草场间迁徙，以保证牧草的充沛。但这种迁徙并不是毫无目的，而是有规律地在不同季节进行转场。牧场中的植物群落也会随着季节变化由盛转衰，一般来说，从春季到秋季，牧场中的物种数量会逐渐降低[4]。因此，在牧草数量较少、质量较差的季节对羊群进行补饲，也是放牧管理的关键之一。新疆东天山地区现代民族学调查也证实了人们会在牧草短缺时喂食畜群谷壳秸秆[5]。石城子的羊群牙釉质序列同位素也正好揭示了转场和补饲这两个放牧管理的特点。

在北半球干旱、半干旱的气候条件下，$\delta^{18}O$ 和 $\delta^{13}C$ 曲线的同步变化代表了食草动物在本地

---

① 刘宁娜：《卡拉麦里山雌雄盘羊行为差异及一致性研究》，《干旱区研究》2016年第3期，第197～203页。

② 杨润芝、王秀兰、白富本、刘宁、王进成、杨秀明、李季中、阿肯合孜：《季节对新疆细毛羊生产性能的影响》，《中国畜牧杂志》1990年第26卷第5期，第21、22页。

③ （汉）班固：《汉书》卷九十六下《西域传》，中华书局，1962年，第3897页。

④ 闫凯、靳瑰丽、刘伟、阿德列提、邓新疆、再努然木·阿不艾尼：《不同利用方式下新疆春秋牧场植物群落特征变化趋势》，《草业科学》2011年第28卷第7期，第1339～1344页。

⑤ 田多：《公元前一千纪东天山地区的植物考古学研究》，西北大学博士学位论文，2018年，第165～167页。

范围较小的草场内固定放牧。石城子有5个个体（SCZ2、SCZ3、SCZ5、SCZ6和SCZ8）展现了 $\delta^{18}O$ 和 $\delta^{13}C$ 曲线明显的反向变化，即 $\delta^{18}O$ 值下降时， $\delta^{13}C$ 值升高，反之亦然。我们推测， $\delta^{18}O$ 和 $\delta^{13}C$ 曲线的反向变化和羊群的转场放牧有关。夏季气温升高时， $\delta^{13}C$ 值反而下降，可能是因为羊群被驱赶到了海拔较高的草场进行放牧，那里植被的 ^{13}C 同位素因为最高气温的降低和湿度的增加，往往要比海拔较低草场植被的 ^{13}C 同位素更稀少。相反，在冬季，羊群可能在气候温暖的低海拔草场进行放牧，从而形成了牙齿上较高的 $\delta^{13}C$ 值[①]。

　　垂直草场的转场放牧策略也可以在历史文献中得到印证。唐人李延寿编撰的《北史·西域列传》记录了北魏到隋唐时期的西域概况，其中有关嚈哒国（其势力范围一度进入天山南麓）的记载，不仅描述了他们畜牧经济的繁盛，还记录了他们"夏迁凉土、冬逐暖处"的畜牧方式[②]。夏季的"凉土"很有可能就是气候相对凉爽湿润的高山草甸，而冬季的"暖处"则可能是暖和避风的山谷盆地，这种季节性转场基本符合石城子羊群 $\delta^{18}O$ 和 $\delta^{13}C$ 所反映的放牧模式。

　　在放牧之外，序列同位素的证据还支持饲料供应的假说。

　　羊骨骨胶原碳同位素的结果显示，石城子羊群以 C_3 类植物为食，几乎没有 C_4 类食物的摄入。而通过牙釉质序列采样， C_4 类食物的季节性摄入可以辨识出来。9个个体中有3个个体（SCZ1、SCZ5和SCZ7）具有明显的季节性 C_4 植物同位素信号，其中两个个体（SCZ1、SCZ5）都是在冬季有 C_4 类食物摄入。石城子遗址的植物考古分析显示，遗址出土农作物以青稞、大麦居多，也有少量粟、黍。羊群冬季食谱中的 C_4 类植物信号很可能来自粟、黍收割后留下的农副产品，而 C_3 植物主要为当地自然生长的牧草，还可能包括一部分麦类农作物的副产品。这也说明，在冬季对特定羊群进行补饲是两汉时期石城子羊群的饲养策略之一，而冬季的饲料除了打草获取的牧草外，还包括收割后的农作物副产品。其中粟、黍等 C_4 类作物的秸秆或谷糠应该也占了不小的比重。值得注意的是，SCZ1尤为特殊，它在一岁左右的冬天开始摄入含有 C_4 类植物的饲料，之后 $\delta^{13}C$ 曲线维持在较高的数值范围内而不见季节变化导致的规律波动，这似乎说明人类持续为它提供着饲料。也就是说，这头羊在一岁以后，饲料的提供是全年性的，它并没有在不同的草场上放牧，因此，不能排除舍饲（圈养）的可能。在尼雅遗址中就发现了房址近旁的栏舍遗迹[③]，推测可能是圈养牲畜所用。由于石城子的发掘并没有发现畜栏遗迹，因此尚不能做进一步的分析。

4. 屯垦的供给系统

　　两汉肇始的"屯田"在边地不断推广，旨在减轻边防军对物资供应辎重转输的压力，因而转向鼓励自给自足的供给体系。有关两汉屯田的研究大部分着眼于农业，尤其是作物种植在边地的推广和强化，但西北地区的屯田似乎兼营一定的畜牧业，这在一些出土文献中也得到了验

①　Wang C., Liu D., Luo W., Fang Y., Wang X., Lü X., Jiang Y., Han X., Bai E. Variations in leaf carbon isotope composition along an arid and semi-arid grassland transect in northern China. *Journal of Plant Ecology*, 2016, 9: 576-585.

②　殷晴：《新疆古代畜牧业的发展》，《西域研究》1993年第4期，第77～95页。

③　殷晴：《新疆古代畜牧业的发展》，《西域研究》1993年第4期，第77～95页。

证。比如沙畹记录的楼兰文书中就涉及大量的牛、驴、马、驼、羊的等牲畜，说明楼兰的屯田中畜牧业也占有一定比例。和作物种植一样，牲畜需要人的管理。尽管"屯田"的目标是做到"亦农亦兵"，但汉代的军事制度似乎区分了边地的"戍卒"和"田卒"，前者侧重军事功用（如候望），后者的主要工作是农业生产[①]。驻守石城子的士兵构成不得而知，但从城址险要的地势，加之房址紧密有序的布局更接近营房来看，石城子的军事色彩无疑比较浓重。这促使我们思考城内出土的大量羊骨的来源，探讨这些羊群是否在城中长期饲养。

从牙齿上的同位素序列来看，每个个体的生活史确实存在差异，表明它们饲养管理的具体方式各有不同。追溯其原因，可能受到多种因素的影响。

首先，石城子的占据时间跨越两汉，这些绵羊可能来自不同时期的羊群。也就是说，如果羊群都由城中居民饲养，那么在城址使用期间，前后时期的羊群饲养方式可能存在较大的差异。但考察SCZ1、SCZ2、SCZ3、SCZ6和SCZ8这5个个体发现，它们都出自同一个灰坑，理论上它们生活的年份也应该更接近，但比对它们的 $\delta^{18}O$ 和 $\delta^{13}C$ 曲线可以清楚地看到，尽管曲线变化规律相似，但同位素数值并不接近，这在很大程度上弱化了年份不同造成数据差异的假设，而强化了它们来自不同地点的可能。

其次，粗放的管理模式也可能造成羊群个体间的差异。这里的粗放指的是，羊群虽然有明确的归属，但采取比较松散的放牧策略，比如在牧场连续自由放牧而没有具体的轮牧安排。在这种粗放的管理模式下，不同羊群的移动路线、食谱构成就会变得随机性更大，从而反映在牙釉质同位素中会呈现更大的多样性。然而，考虑到石城子的羊群有比较集中的繁殖季节，同时也有季节性转场的明确证据，其饲养方式似乎并不随意松散。加上石城子屯戍的性质，有规律的管控似乎更符合城址的性质。因此，把个体间的差异归结为来自不同地点的推测似乎更加合理。

所以我们推测，这些羊群有可能在周围的不同地点进行繁殖、饲育，待生长到一定年龄后再被带入城中。这也基本符合石城子不是独立的军事要塞，周围存在多个小型农牧地点的设想。有关西域屯垦史的研究曾引入了"屯田区"的概念来更系统地讨论边地的军事、经济互动。屯田区中除了有以遗址形式所见的古城及其防卫建筑外，还应包括存放粮食的仓廪建筑、屯田人员的居所、河流附近的水利设施、屯田田地以及不同地貌的屯田区边界[②]。在屯田区这一概念下，重新去理解石城子的羊群管理可能会更好地把握边防供给系统的全貌。两汉的边郡屯田或设置专门的农官督管或由军事首领兼管，在出土文献（如居延汉简）中也保存有官员登记粮食征收、入库、分配情况的记录[③]。牲畜和粮食作物一样，也是军队供给系统中的重要物资，很有可能也有自身的征收、登记规定。羊群大部分时间被畜养在屯所周围的牧场中，作为军队的肉食资源储备，但会在特定时间或有需要时被带入城中。从出土动物遗存的骨骼部位尚无法判断羊群进入城址时是否已经被屠宰，对规模较小的戍所而言，羊也有在被宰杀后整只带

① 王耀辉：《居延汉简所见戍、田卒服务制度研究》，西北师范大学硕士学位论文，2016年，第14、15页。

② 侯甬坚：《屯田区概念与西域屯垦史研究》，《西域研究》2020年第3期，第65～79页。

③ 江娜：《汉代边防体系研究》，华中师范大学博士学位论文，2013年。

入城中的可能。但遗址中发现了2个月不到的幼羊个体，表明可能仍有一小部分羊至少在城中饲养了一段时间，以备不时之需。SCZ1可能就是一个长期饲养在城中的例子，它在一岁以后被带入城中，之后便就被圈养，全年有饲料供应。

假如屯田区中确实存在军备物资的供给体系，那么这些周围的牧场可能由军队直接统领，也有可能由当地居民自行管理，羊群通过征收税收或市集买卖的途径进入戍所，从而为戍边军队提供稳定的动物资源供应。尽管有部分关于边疆戍所与当地居民军事买采的记录（如居延汉简中"出二百五十买羊一"[①]、悬泉汉简中"已校左部中曲候令史黄赏以私财买马一匹"[②]），也有佉卢文记载了西域诸国可将羊作为税收的情况[③]，但究竟多大程度上这些记录可以反映石城子的情况，我们尚不能确定。我们一方面有待更充分的考古调查和发掘能揭露以石城子为中心的屯田区全貌，另一方面，或许通过锶等示踪同位素的分析可以进一步追溯羊群具体的迁徙路线。

（六）结 论

借助牙釉质上连续采样获得的碳、氧同位素序列以捕捉绵羊个体动态的生活历史，从而科学地探讨石城子羊群饲养的策略和措施，是揭示两汉时期边防驻军动物资源利用方式的一次有益的尝试。

石城子羊群的牙釉质同位素分析结果，确认了这一方法在应用于畜牧动物季节性研究上的可行性。对同位素序列的具体解读，也支持了石城子羊群饲养中有季节性转场和饲料喂育的猜测，并初步辨识出了羊群春、秋两个产羔季节，说明当时的居民对羊群饲养的管理已经有了较为明确的时间安排和合理有效的育肥手段。

碳、氧同位素所揭示的生活史显示石城子的羊群个体之间的差异较大，显然它们并非来自同一批羊。这有可能是考古材料的非同时性所导致，但另一方面，很有可能是边防屯田体系中物资供给系统的作用所致：石城子作为屯田区域的中心汇集了来自周围不同地点的粮食和牲畜，确保军队有充沛的后勤保障。目前，我们缺少更直观的出土文献、对该区域更详细的考古调查，以及绵羊个体具体的迁徙路线，希望未来的研究可以从不同侧面提供更多样的证据，以期全面了解两汉边防驻军的生业策略和屯田体系的供给模式。

（本部分内容是笔者之一孙晨硕士论文的一部分，部分内容已发表在Sun C., et al. Sheep for the soldiers: stable isotope evidence for sheep management at the Shichengzi fort, Xinjiang and its implications for Han frontier interaction. *Journal of Archaeological Science: Reports*, 2022, 46. ）

---

① 甘肃省文物考古研究所、甘肃省博物馆、中国文物研究所、中国社会科学院历史研究所：《居延新简》，中华书局，1994年，第199页。

② 胡平生：《敦煌悬泉汉简释粹》，上海古籍出版社，2001年，第131页。

③ 刘永强：《佉卢文书与新疆养羊业》，《陇东学院学报》2013年第24卷第6期，第54～56页。

三、石城子遗址出土纺织品测试报告

（中国丝绸博物馆）

1. 样品

表一四　样品清单

文物编号	标本照片	鉴定结果
M2丝绸		桑蚕丝

2. 方法与仪器

对样品采用的分析方法依次为形貌观察、红外光谱分析和氨基酸分析。

表一五　分析方法

分析	仪器或试剂
组织结构分析	三维视频显微镜（日本基恩士，VHX-2000C） 实体显微镜（日本莱卡公司，M165C）
氨基酸分析	氨基酸分析仪（美国Waters，2695）
红外光谱分析	Multiscope 傅里叶变换红外显微镜（美国Perkim Elmer 公司）

3. 测试结果

表一六　测试结果

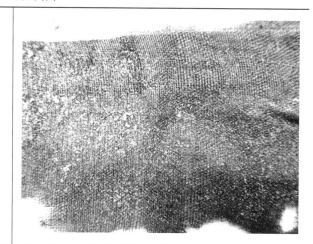

标本照片	标本细节图

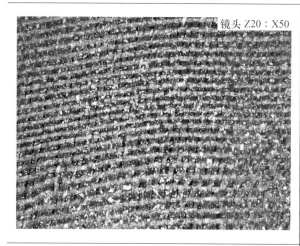

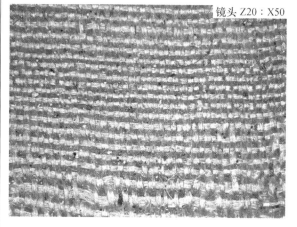

镜头 Z20：X50	镜头 Z20：X50
组织结构图（50X）	组织结构图（50X）

1/1平纹（一径一纬平纹）

表一七　纤维氨基酸组分及含量

名称	摩尔百分含量（%）	质量百分含量（%）	名称	摩尔百分含量（%）	质量百分含量（%）
Asp	1.08	1.55	Cys	0.34	0.44
Ser	10.71	12.08	Tyr	5.77	11.22
Glu	1.36	2.14	Val	2.20	2.76
Gly	48.42	39.03	Met	0.01	0.02
His	0.00	0.00	Lys	0.17	0.26
Arg	0.39	0.73	Ile	0.61	0.87
Thr	0.69	0.89	Leu	0.60	0.84
Ala	26.37	25.22	Phe	0.68	1.21
Pro	0.61	0.75			

　　从表一四～表一七中可以看到纤维的主要氨基酸为甘氨酸、丙氨酸和丝氨酸，且甘氨酸：丙氨酸：丝氨酸的摩尔含量比接近于4：3：1，可以确认纤维材质是桑蚕丝。

　　与桑蚕丝和柞蚕丝的红外谱图对比分析可以看出，样品在1000cm^{-1}和977cm^{-1}有较强的吸收强度，而桑蚕丝的特征吸收峰，而967cm^{-1}是柞蚕丝的特征峰，所以初步推测为桑蚕丝（图二〇）。

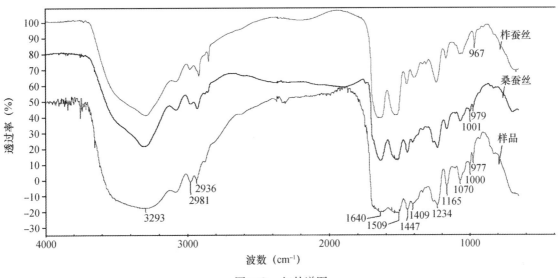

图二〇　红外谱图

新疆石城子遗址古代人类活动对
土壤化学性质的影响

王通洋　田小红　盛建东　武红旗　李毓洁　龚德才

（新疆维吾尔自治区文物考古研究所；中国科学技术大学；新疆农业大学）

　　土壤不仅是自然环境变化的一面镜子，同时也承载着人类活动的历史遗迹。土壤中不同化学元素含量变化不仅受控于搬运分选、风化作用、变质成岩作用等风化成土过程，同时还受到人类活动的影响。尤其古人类对土壤的利用方式和强度对土壤化学成分产生不同的影响[1]，所以研究古土壤成为了解自然环境和人类活动历史的重要工具。Barba和Bello在美国中部及玛雅地区，研究验证了在中美洲可以运用磷酸盐含量的变化来分析推测古人类的生产活动历史[2]；Sandra和Christopher等通过利用遥感手段对马拉纳圣卢卡斯考古遗址中土壤的有机碳、磷和盐含量进行分析来解释古代人类日常活动，结果表明在公元1150～1350年由于土壤含盐量高导致作物在此地区土壤上难以生长[3]。查理思等通过分析二里头遗址文化层和自然剖面土壤的化学成分（有机碳、全氮、全磷、有机磷）探明其研究地点为古人类生活居住区[4]。在考古学中的应用最早是在20世纪初期，由瑞典的物理化学家Arrhenius提出在没有遗物出土的地域可以用富磷现象来探测和确定遗址中史前人类活动过的区域和范围。磷作为人类活动研究的重要元素指标，被国内外研究者用来探索和确定古人类居住和活动的范围及用来研究古人类具体的活动方

----

① Barba L., Bello G. Analisis de fosfatos en el piso de una casa habitada actualmente. *Notas Antropologicas*, 1978, 24: 188-193.

② Sandra L., Christopher D. Social spaces of daily life: A reflexive approach to the analysis of chemical residues by multivariate spatial analysis. *Archaeol Method Theory*, 2010, 17: 249-278.

③ Eniwistle J. A., Abrahams P. W., Dodshon R. A. Muti-element analysis of soil from Scottish historical sites: Interpreting land-use history through the physical and geochemical analysis of soil. *Journal of Archaeological Science*, 1998, 25: 53-68.

④ 查理思、吴克宁、鞠兵：《二里头文化遗址区土壤化学成分含量及变化研究》，《土壤通报》2013年第44卷第6期，第1414～1417页。

式（比如施肥、耕作等）[①]。

本文通过对新疆石城子遗址古土壤剖面特征和土壤化学成分分析，研究该遗址古代人类活动对土壤中的化学元素含量的影响，阐释干旱区古代的农田环境和人类行为的相互关系，探索土壤元素分析方法在西北干旱地区环境考古研究中的应用。

一、材料与方法

（一）研究区域概况

研究地点石城子遗址位于新疆奇台县半截沟镇麻沟梁村东麻沟河西北侧，面积约5.3万平方米，海拔1749米，属中温带大陆性半荒漠干旱性气候，年平均气温5.5℃，年平均降水量269.4毫米。因城东侧山涧边有大量巨岩，故称作石城子。城址北高南低，依地势而建，现存北、西、东三面城墙，南墙无任何痕迹。墙体均已坍塌呈土垄状，北墙长约280米，西墙残长155米，东墙残长140米。20世纪70～80年代经过调查，历史和考古专家根据地理位置、地形、器物及文献记载，认定此城为《后汉书》中提到的戊己校尉耿恭抗击匈奴的汉代疏勒城[②]。

（二）采样剖面

2016年6月，通过野外调查，在位于石城子遗址南部的文化堆积层和遗址外的一个旱地农田中各挖掘一个剖面，分别命名为古土壤剖面（图一，1）和农田剖面（图一，2），并将两个土壤剖面的特征分别描述为表一和表二，由于农田剖面仅在0～30厘米处有人类活动的迹象，加之此地年降水量较低，剖面表层土壤的化学元素的淋洗效应较弱，故可用于实验分析。

（三）采样和测试方法

本文采用机械采样的方式，以5厘米为间隔进行采样，古土壤剖面和农田剖面各采集32个样本点。

---

① Holliday V. T., Gartner W. G. Methods of soil P analysis in archaeology. *Journal of Archaeological Science*, 2007, 34: 301-333.

② 新疆文物考古研究所：《新疆奇台县石城子遗址2014年度考古发掘报告》，《新疆文物》2015年第3、4期。

图一　研究区土壤剖面图

1. 古土壤剖面　2. 农田剖面

　　土壤颜色在现场用比色卡测定（Munsell比色法），室内进行土壤总盐（干残渣法），有机质（$K_2Cr_2O_7$—加热法），全氮和全碳（元素分析仪），全磷（$HClO_4$消煮—钼锑抗比色法），有机磷（H_2SO_4浸提和NaOH浸提—钼锑抗比色法）[1]含量测定。

二、结果与讨论

（一）土壤剖面特征分析

　　古土壤剖面描述根据新疆维吾尔自治区文物考古研究所有关专家依据出土器物的不同、结合史书进行了文化层年代的划分，对比古土壤剖面（表一）和农田土壤剖面特征（表二）可知，两个剖面的土壤母质均以黄土状物质和坡积物为主，土壤质地也均以砂壤为主。两个剖面主要的区别在于有无明显的侵入体，农田剖面中几乎没有侵入体，而遗址内古土壤剖面具有明显的侵入体，如清代文化层（65～80厘米）有炭屑，渐进层（80～100厘米）和汉代文化层（100～160厘米）具有陶片和动物骨骼，以及较为明显的古人类用火的痕迹和生活痕迹，这些都是由古代人类活动遗留并堆积而产生的侵入体。

---

① 　张甘霖、龚子同：《土壤调查实验室分析方法》，科学出版社，2012年，第50～118页。

表一　古土壤剖面描述特征

土层（厘米）	地层	颜色	形态特征			
			质地	紧实度	根系量	侵入体
0~20	耕作层	浊黄（2.5Y 6/3）	砂壤土	疏松	较多	无
20~65	近现代层	淡黄（2.5Y 7/3）	砂壤土	疏松	较多	木炭
65~80	清代文化层	灰黄（2.5Y 6/2）	砂壤土	坚硬	较少	木炭
80~100	渐进层	黄灰（2.5Y 6/1）	砂壤土	坚硬	较少	陶片、动物骨骼
100~160	汉代文化层	浊黄橙（10YR 7/3）	砂壤土	疏松	较少	陶片、动物骨骼

注：由新疆维吾尔自治区文物考古研究所提供

表二　农田土壤剖面描述特征

土层（厘米）	地层	颜色	形态特征			
			质地	紧实度	根系量	侵入体
0~30	表土层	灰黄棕（10YR 4/2）	砂壤土	疏松	较多	无
30~70	黄土层	暗灰黄（2.5Y 5/2）	砂壤土	疏松	较多	无
70~130	过渡层	浊黄橙（10YR 7/3）	砂壤土	疏松	较少	无
130~160	黄土层	淡黄（2.5Y 7/3）	砂壤土	疏松	较少	无

（二）土壤盐分

由图二可知，两个剖面的盐分含量较低（＜5克/千克），均属非盐渍化土壤[①]，这与当地属于半干旱气候和山地景观地貌条件下发育形成的草原土壤栗钙土盐分含量相似。但是比较两个土壤剖面盐分发现，古土壤剖面盐分（2.86克/千克）含量总体高于农田剖面（1.42克/千克），并且农田土壤剖面盐分含量相比于古土壤剖面垂直变化较小。另外，古土壤剖面在50~160厘米盐分含量较高。究其原因，我们认为是人类活动产生的生活污水和垃圾等物质进入土壤中，使得土壤盐分升高。在后期可能由于人类活动强度减弱，时间较短，带入土壤中的盐分较少，所以耕作层和近现代层的土壤盐分含量低于清代文化层、渐进层和汉代文化层。对比农田土壤，其剖面土壤盐分含量低（1.42克/千克±0.5克/千克），并且没有明显的积累层，只在土体下部盐分略高于上部。这是由于没有人类活动产生的外源物质作为补充，只有降水产生的淋溶效应使得盐分在底部（黄土层）有少量的积累，所以农田剖面上盐分整体分布均匀，变化不太明显。

---

① 张甘霖、王秋兵、张凤荣等：《中国土壤系统分类土族和土系划分标准》，《土壤学报》2013年第50卷第4期，第826~834页。

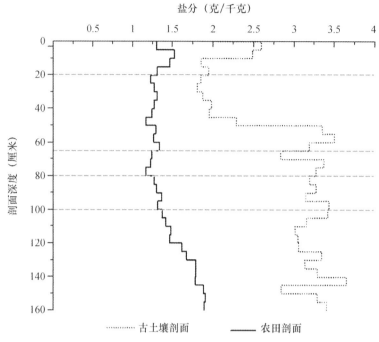

图二 古土壤剖面和农田剖面的土壤盐分含量

（三）土壤有机碳（SOC）、无机碳（SIC）、全氮（TN）含量

土壤碳氮主要来自动植物和微生物残体、排泄物和分泌物及人为添加的有机物等[1]。对比分析两个剖面发现（图三~图五），土壤全氮含量与有机碳变化趋势相似，这与土壤碳氮具有很强的相关性有关（古土壤剖面土壤有机碳与全氮含量相关性R^2=0.9737，农田剖面土壤有机碳与全氮含量相关性R^2=0.9951）。其中，农田土壤剖面自上而下有机碳和全氮含量逐渐降低，而古土壤剖面自上而下总体也是降低的，这是由于石城子遗址被发掘之前，当地人利用此地种植农作物，是植物秸秆堆积腐化与有机质矿化平衡的结果。而随着地层深度增加，没有农作物生长和外源物质的产生使得土壤中缺少了对碳氮的补充，SOC和TN的含量不断减少[2]。两个剖面的不同之处在于，农田土壤在0~50厘米有机碳与氮含量高于古土壤，这可能与农田土壤耕种的历史要比古土壤时间长有关，而下层古土壤略高于农田土壤，主要是由于该层次土壤是古人

---

① 耿增超、戴伟：《土壤学》，科学出版社，2011年，第25~78页。

② Arrhenius O., Die Phoshatfrage. Zeitschrift fur Pflanzenernahrung, Dungung. *Bodenkund*, 1929, 14 (3): 185-194; Holliday V. T., Gartner W. G. Methods of soil Panalysis in archaeology. *Journal of Archaeological Science*, 2007, 34, 301-333；董广辉、夏正楷、刘德成等：《文明起源时期河南孟津地区人类活动对土壤化学性质的影响》，《兰州大学学报》（自然科学版）2007年第43卷第1期，第6~10页；李珊珊、耿增超、姜林等：《秦岭火地塘林区土壤剖面碳氮垂直分布规律的研究》，《西北林学院学报》2011年第26卷第4期，第1~6页；李中轩、朱诚、王然等：《湖北辽瓦店遗址地层中多元素指标对古人类活动的记录》，《海洋地质与第四纪地质》2008年第28卷第6期，第113~118页；吴克宁、王文静、查理思等：《文化遗址区古土壤特性及古环境研究进展》，《土壤学报》2014年第51卷第6期，第1169~1182页。

类生活的区域，一方面人为增加有机物含量，另一方面古土壤被埋葬后有机质分解较慢所致。

另外，土壤无机碳含量与有机碳变化趋势相反，两个剖面自上而下无机碳含量基本处于逐渐增加的趋势，因为在汉代文化层、渐进层、清代文化层都发现白色石灰结核，考虑到由于降水对盐分的淋洗作用，使得SIC含量随着地层加深逐渐增大。古土壤剖面无机碳含量只在50~90厘米降低。而古土壤无机碳表层高于农田土壤表层，这可能由于古土壤的无机碳淋溶时间较短有关。

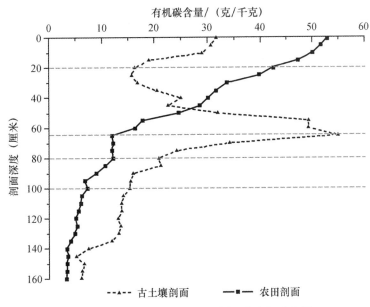

图三　古土壤土壤剖面和农田剖面的有机碳含量

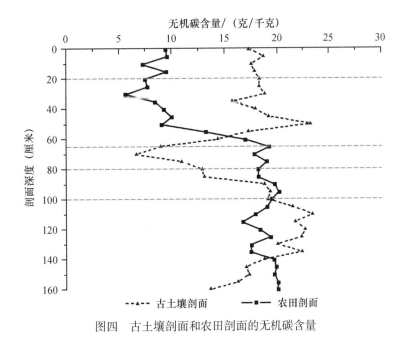

图四　古土壤剖面和农田剖面的无机碳含量

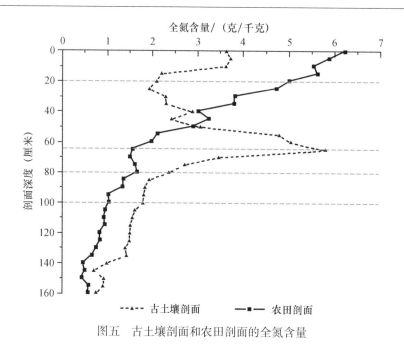

图五　古土壤剖面和农田剖面的全氮含量

（四）土壤全磷（TP）及有机磷（OP）含量

　　土壤中磷主要来自土壤母质、有机质和肥料，其中有机磷主要来自植物，一小部分来自土壤微生物[①]。图六、图七中可以看出，古土壤中TP、OP含量（2.12克/千克，1.46克/千克）均远高于农田剖面（0.31克/千克、0.041克/千克）。其中，古土壤总磷含量在剖面上呈现锯齿形波动变化，这主要因为人类耕种、生活居住及人或者动物死亡后遗体经过自然分解进入土壤等原因，导致土壤中全磷含量得到增加或者受到抑制，这种变化与在不同时期人类不同的行为方式有一定的关系，因而磷含量变化因素较为复杂。而农田剖面仅受到自然植被和耕种的影响，因此磷含量变化因素较为单一。两个剖面的有机磷与总磷变化趋势大体一致，在生物循环作用下，其含量随深度的增加而降低的趋势十分明显，这一点在农田剖面的数据中反映得比较明显。新疆地处干旱半干旱区，年降水量较低[②]，此外有机磷的迁移性较差，故排除了有机磷因淋溶而发生迁移的干扰。

　　人类饮食起居等活动所带来的外源物质（垃圾、食物等）往往会带来有机磷，造成土壤中有机磷含量明显升高，而耕作（施肥除外）等农业生产活动往往会大量消耗土壤中有机磷，造成土壤中有机磷含量明显降低[③]，所以利用土壤中有机磷的比例（W_{OP}/W_{TP}）变化可以反映出人

　　① 耿增超、戴伟：《土壤学》，科学出版社，2011年，第25～78页。

　　② 赵欣：《新疆地区年径流量与降雨量相关关系分析》，《水资源开发与管理》2016年第1期，第73～75页。

　　③ Williams E. G., Saunders W. M. H. Distribution of phosphorous in profiles and particle-size fractions of some Scottish soils. *Journal of Soil Science*, 1956, 7: 90-108；张俊娜、夏正楷：《洛阳二里头遗址南沉积剖面的粒度和磁化率分析》，《北京大学学报》（自然科学版）2012年第48卷第5期，第737～743页；曹志洪：《中国史前灌溉稻田和古水稻土研究进展》，《土壤学报》2008年第45期第5期，第784～791页。

类活动的特点①。本研究表明（图八），古土壤剖面W_{OP}/W_{TP}整体高于农田剖面，这可能由于人

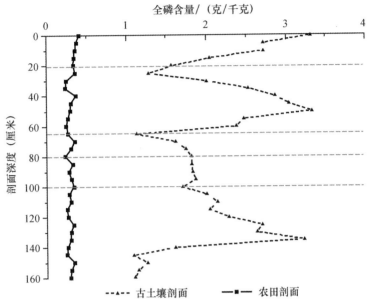

图六　古土壤剖面和农田剖面的全磷含量

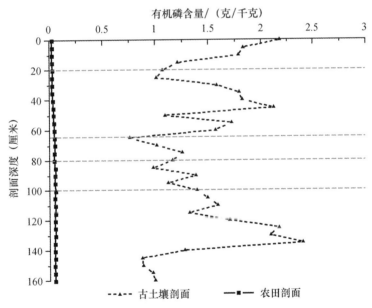

图七　古土壤剖面和农田剖面的有机磷含量

①　董广辉、贾鑫、安成邦等：《青海省长宁遗址沉积物元素对晚全新世人类活动和气候变化的响应》，《海洋地质与第四纪地质》2008年第28卷第2期，第115～119页；高华中、朱诚、孙智彬：《三峡库区中坝遗址考古地层土壤有机碳的分布及其与人类活动的关系》，《土壤学报》2005年第42卷第3期，第518～522页；Giovanni L. Soil phosphorous analysis as an integrative tool for recognizing buried ancient ploughsoils. *Journal of Archaeological Science*, 1999, 26: 343-352；董广辉、夏正楷、刘德成等：《河南孟津地区中全新世环境变化及其对人类活动的影响》，《北京大学学报》（自然科学版）2006年第42卷第2期，第238～243页；Pierce C., Adam S. K. R., Stew Art J. D. Determining the fuel constituents of ancient hearth ash via ICP-AES analysis. *Journal of Archaeological Science*, 1998, 25: 493-503；查理思、吴克宁、冯力威等：《古人类活动对土壤发育的影响——以河南仰韶村文化遗址为例》，《土壤学报》2016年第4期，第850～859页。

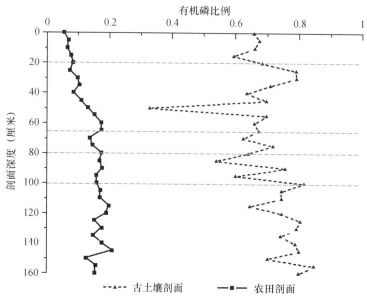

图八　古土壤剖面和农田剖面有机磷和全磷的比值

类活动导致古土壤剖面整体随着地层深度的增加而增加。古土壤在地层25～55厘米处发生了明显的减少，这说明在近现代时期当地居民可能进行了不同程度的农业耕作活动而消耗了土壤有机磷，在汉代时期和清代时期文化层土壤W_{OP}/W_{TP}相对较高，表示此区域没有进行农业生产，利用方式主要是以生活和居住为主。

三、结　　语

　　新疆是我国典型的干旱和半干旱区，地处边疆，自古是多民族聚居区，在全疆各地分布着众多不同历史时期的遗址，这些历史遗址是研究古代历史文明的重要场所。本文通过对比分析石城子遗址古土壤与旱地农田土壤剖面特征及盐分、碳、氮、磷等含量，揭示了人类活动对古土壤特征的影响。结果表明，石城子遗址古土壤剖面上存在明显的侵入体，而遗址外的农田剖面上无明显的侵入体。表明古人类在利用土地的过程中遗留于土壤中的生活痕迹和使用物品改变了土壤的发育情况。其次遗址无论在汉代时期、清代时期还是在近现代时期，人类活动对土壤中有机碳、无机碳、全氮和有机磷含量均产生了明显的改变，还使古土壤中元素含量的比值发生了明显的变化。汉代时期至清代时期有机磷比例W_{OP}/W_{TP}明显增加，表示当时人类土地利用方式以生活居住为主，没有进行农业生产活动，这一点通过考古发掘清理出的居址可以得到佐证[①]。在近代时期有机磷比例W_{OP}/W_{TP}明显减小，而土壤中有机碳、全氮和有机磷含量显著增加，推测出在近代时期人类在此地进行了农业生产活动。由于人类活动对土壤化学性质的影响

---

　　① 　新疆文物考古研究所：《新疆奇台县石城子遗址2014年度考古发掘报告》，《新疆文物》2015年第3、4期，第41页。

较为复杂，不同方式的人类活动对土壤化学性质的影响也不一样。本文仅仅从不同土层中化学元素的富集和淋失来推演古人类对土壤的利用方式和强度，此外还需要结合地层的年代、土壤中矿质元素的组成和分布及土壤发育的指标（如硅铝率、硅铝铁率、土壤风化淋溶系数等）等方面的研究证据综合判断古人类对土壤发育的影响。

植硅体与稳定同位素分析揭示的
新疆汉代驻军多样的农作物利用策略

王 伟 段阜涛 杨继帅 刘 依 张 曼 田小红 吴 勇
任乐乐 安成邦

（新疆维吾尔自治区文物考古研究所；兰州大学资源环境学院，西部环境教育部重点实验室；
兰州大学历史文化学院）

一、引 言

石城子遗址地处新疆天山北麓的奇台县，不仅是古丝绸之路北道上重要的交通要塞，同时也是沟通天山南北的关键通道，具有重要的战略意义。石城子遗址一般被认为是汉代的疏勒城所在，正对着北面匈奴大军，疏勒城因东汉时耿恭孤军驻守力抗匈奴数万大军而名垂青史[1]。《后汉书》中《耿恭传》记载："永平十七年冬……以恭为戊己校尉"。戊己校尉既是领兵官，也是屯田官[2]。东汉时期，国力比西汉时期稍逊，西域驻军也大多需要屯田。史料记载公元74年，耿恭屯后王部金蒲城（今新疆吉木萨尔县境内），后因疏勒城边有溪流可以固守，便迁至此城[3]。因此，石城子遗址的发掘对于了解西域两汉时期军事要塞的屯田驻守具有重要意义。

作为中原王朝管理西域的重要国策，两汉时期西域屯垦戍边一直受到广泛关注，并且诸多学者已对军事屯田的起源、分布及影响等问题进行了有益的探讨[4]，不过针对两汉时期西域军屯遗址的农作物构成与利用策略尚缺乏系统地考古学研究。石城子遗址的农业考古研究是非常重要的，不仅有助于了解新疆东天山北麓汉代驻军的饮食构成与生业策略，而且有利于

---

① 田小红、吴勇、多斯江等：《新疆奇台石城子遗址2016年发掘简报》，《文物》2018年第5期，第4~25页。

② 高荣：《汉代戊己校尉述论》，《西域研究》2000年第2期，第1~6页。

③ （晋）司马彪撰，（梁）刘昭注补，刘华祝等标点：《后汉书》，吉林人民出版社，1995年，第21页。

④ 樊根耀：《论古代新疆屯垦的经济意义》，《西北民族大学学报》（哲学社会科学版）2006年第4期，第19~23页；张运德：《两汉时期西域屯垦的基本特征》，《西域研究》2007年第3期，第6~12页；龙娟：《我国西北边疆军屯制度研究》，湖南师范大学硕士学位论文，2010年，第1~49页。

揭示两汉时期屯田政策对西域驻军生产、生活等诸方面的作用与影响。植硅体与动物骨骼稳定碳氮同位素研究能够为上述问题的解决提供有益的信息。其中，植硅体是在高等植物细胞组织内或细胞间发育的非晶质二氧化硅矿物，具有个体小、产量高、抗分解及原地沉积等特点[①]，因此考古土壤中植硅体组合能够反映微观环境变化及与植物选择和利用有关的人类文化活动[②]。而且植硅体还是研究栽培作物的较好的微体化石系统，已被广泛应用于粟（*Setaria italica*）、黍（*Panicum miliaceum*）、大麦（*Hordeum* spp.）、小麦（*Triticum* spp.）和稻米（*Oryza sativa*）及其他农业考古研究中[③]。而作为古食谱研究的重要工具之一，稳定碳氮同位素技术因拥有可以定量分析的优势已被广泛地应用于各遗址动物食谱分析[④]，而且在新疆C_3植物主导的自然环境中，不同种属动物的骨骼稳定碳同位素分析将有助于揭示家畜饲养与谷物栽培特别是C_4粟黍农业之间的关系。

本文系统采集了石城子遗址中房址地面、房址墙体及陶罐等不同取样单位的多份土壤样品开展植硅体分析，同时在遗址中收集了包括狗、羊及牛等多种动物骨骼样品开展稳定碳氮同位素研究，试图揭示新疆汉代石城子遗址驻军的农作物利用策略与生业组成。

---

① 王永吉、吕厚远：《植物硅酸体研究及应用》，海洋出版社，1993年，第228页；Piperno D. R. *Phytoliths: A Comprehensive Guide for Archaeologists and Paleoecologists.* Lanham, New York, Toronto, Oxford: Alta Mira Press, 2006: 238.

② Rovner I. Macro and micro-eclolgical reconstruction using plant opal phytolith data from archaeological sediments. *Geoarchaeology*, 1988, 3 (2): 155-163 .

③ 靳桂云、方燕明、王春燕：《河南登封王城岗遗址土壤样品的植硅体分析》，《中原文物》2007年第2期，第93～100页；王灿、吕厚远、张健平等：《青海喇家遗址齐家文化时期粟作农业的植硅体证据》，《第四纪研究》2015年第35卷第1期，第1～9页；Zhang J., Lu H., Jia P. W., et al. Cultivation strategies at the ancient Luanzagangzi settlement on the easternmost Eurasian steppe during the late Bronze Age. *Vegetation History and Archaeobotany*, 2017, 26 (5): 505-512；邵孔兰、张健平、丛德新等：《植物微体化石分析揭示阿敦乔鲁遗址古人生存策略》，《第四纪研究》2019年第39卷第1期，第37～47页；戴锦奇、左昕昕、蔡喜鹏等：《闽江下游白头山遗址稻旱混作农业的植硅体证据》，《第四纪研究》2019年第39卷第1期，第161～169页；王灿、吕厚远、顾万发等：《全新世中期郑州地区古代农业的时空演变及其影响因素》，《第四纪研究》2019年第39卷第1期，第108～122页。

④ 胡耀武、胡松梅、孙周勇等：《陕北靖边五庄果壕动物骨的C和N稳定同位素分析》，《第四纪研究》2008年第28卷第6期，第1160～1165页；侯亮亮、徐海峰：《河北赞皇南马遗址先商文化时期动物骨骼的稳定同位素分析》，《边疆考古研究》（第17辑），科学出版社，2015年，第385～397页；Dai L. L., Li Z. P., Zhao C. Q., et al. An isotopic perspecive on animal husbandry at the Xinzhai site during the initial stage of the legendary Xia Dynasty (2070-1600 BC). *International Journal of Osteoarchaeology*, 2016, 26 (5): 885-896；Dong W., An C. B., Fan W., et al. Stable isotopic detection of manual intervention among the faunal assemblage from a Majiayao site in NW China. *Radiocarbon*, 2016, 58 (2): 311-321；Ren L., Li X., Kang L., et al. Human paleodiet and animal utilization strategies during the Bronze Age in northwest Yunnan Province, Southwest China. *PLoS One*, 2017, 12 (5): e0177867；Zhou L., Hou Y., Wang J., et al. Animal husbandry strategies in Eastern Zhou China; An isotopic study on faunal remains from the Central Plains. *International Journal of Osteoarchaeology*, 2018, 28 (3): 354-363；屈亚婷、易冰、胡珂等：《我国古食谱稳定同位素分析的影响因素及其蕴含的考古学信息》，《第四纪研究》2019年第39卷第6期，第1487～1502页。

二、研究区概况

石城子遗址位于新疆奇台县半截沟镇麻沟梁村东北的麻沟梁上，地处天山山脉北麓山前丘陵地带。古城依地势而建，北高南低，起伏较大。平面近似长方形，南北长约380米，东西宽约280米，总面积约11万平方米。北城墙和西城墙保存较完整，东、南部临深涧，北部为陡坡，仅有西面地势低缓开阔，与外界相连[①]。新疆维吾尔自治区文物考古研究所从2014年开始对该遗址进行考古发掘，发现了房址、城墙、护城壕、墓葬等遗迹，出土了板瓦、筒瓦、瓦当等建筑材料及陶、铜、石、骨器与丰富的动物骨骼[②]。根据已发表的[14]C测年结果，并结合遗址出土的建筑材料分析，我们基本可以确定石城子遗址属于两汉时期[③]（表一）。该遗址海拔约为1770米，气候属于中温带大陆性半荒漠干旱性气候。年平均气温为5.5℃，年平均降水量为269.4毫米，当前遗址周边主要种植旱地小麦，同时存在羊牛等牲畜的放牧活动[④]。

表一　新疆石城子遗址年代信息

实验室编号	测年材料	放射性[14]C年代	校正年龄范围（置信度95.4%）	文献出处[⑤]
BK79058	木炭	距今1820年±80年	距今1923～1560年	中国社会科学院考古研究所，1992
WB79-42	朽木	距今1820年±85年	距今1930～1554年	中国社会科学院考古研究所，1992

三、材料与方法

新疆维吾尔自治区文物考古研究所于2014年开始对石城子遗址开展了为期多年的发掘工作，其中2014年发掘地点位于西墙南段及城内西北部，发掘面积约为300平方米；2015年对该城进行调查，在城西发现陶窑和墓葬，2016年继续在城内西北部布方发掘，以5米×5米的规格共布探方24个，编号为T1～T24，整体向南扩张1米，规格40米×1米总发掘面积640平方米；2017年的发掘区域主要为西、北城墙、护城壕及房屋两间，以5米×5米规格布设探方25个，

---

①　田小红、吴勇、多斯江等：《新疆奇台石城子遗址2016年发掘简报》，《文物》2018年第5期，第4～25页。

②　田小红、吴勇、多斯江等：《新疆奇台石城子遗址2016年发掘简报》，《文物》2018年第5期，第4～25页。

③　中国社会科学院考古研究所：《中国考古学中碳十四年代数据集　1965—1991》，文物出版社，1992年，第321页。

④　杨婷婷、李晓洁：《新疆江布拉克旅游业发展对农牧民增收贡献研究》，《天津农业科学》2018年第24卷第1期，第15～17页。

⑤　中国社会科学院考古研究所：《中国考古学中碳十四年代数据集　1965—1991》，文物出版社，1992年，第321页。

布方编号为T28～T44、T48和T51，发掘面积约为475平方米[①]。我们选择的土壤样品主要来自2017年发掘出的房屋、北城墙墙体及墓葬等遗迹，其中房址地面样品取自房内坍塌土堆积，房址墙体样品来自北城墙东壁剖面（图一），墓葬样品取自墓葬陶罐内填土及陶罐表皮，共计采集了15份土壤样品，对其进行植硅体分析与鉴定。同时，我们还在2017年发掘的多个探方及房址内共采集了19例动物骨骼样品，通过动物骨骼鉴定发现其中羊骨数量最多，为13例，牛骨为2例，狗和鹿骨各1例，另外还包括了不可鉴定的食草动物2例。

植硅体的提取采用了王永吉和吕厚远[②]的方法，具体步骤为：①从干燥后土样中称取5克样品；②将样品放入试管，加30%双氧水（H_2O_2），使其充分反应以去除有机质；③加蒸馏水离心清洗3次，然后加入稀盐酸（10%），沸水加热15分钟，去除钙、铁等矿物质；④加蒸馏水离心清洗3次，然后加比重2.35的溴化锌重液进行浮选；⑤加蒸馏水清洗重液，随后将提取到的植硅体放入载物片上，用中性树胶制片。植硅体的统计与鉴定在高倍显微镜下进行。大部分样品统计数量在300粒以上，对于植硅体含量较少的样品则统计100粒以上，植硅体的分类主

图一　石城子遗址发掘现场

---

① 田小红、吴勇、多斯江等：《新疆奇台石城子遗址2016年发掘简报》，《文物》2018年第5期，第4～25页；新疆文物考古研究所：《2017年度奇台县石城子遗址考古发掘报告》，《新疆文物》2018年第1、2期，第4～20页。

② 王永吉、吕厚远：《植物硅酸体研究及应用》，海洋出版社，1993年，第228页。

要是参照王永吉和吕厚远[1]的分类标准，粟、黍植硅体鉴定主要依据Lv H等[2]的鉴定方法，麦类作物的鉴定则主要依据Rosen[3]的鉴定方法。

动物骨胶原的提取基于以下步骤：①使用电动钻孔打磨骨样，以剔除骨样表面内外的污染物，然后从中挑选2克骨样，并使用去离子水清洗干净；②将骨样浸泡在0.5摩尔/升的盐酸溶液中，放置温度为4℃冰箱内，每两天更换溶液，直到骨样变得松软并且盐酸溶液中无明显气泡冒出；③使用去离子水将骨样洗至中性，随后将其浸泡在0.125摩尔/升的氢氧化钠溶液20小时，放置在温度4℃冰箱内，以去除骨样中可能存在的腐殖质酸；④使用去离子水将样品洗至中性，然后将骨样浸泡于pH为3的溶液中48小时，放入温度为75℃的烘箱内，使其明胶化；⑤趁热过滤液体，放入冰箱冷冻，待样品完全凝固后放入冷冻干燥机48小时后取出。随后在兰州大学西部环境教育部重点实验室，使用气体稳定同位素质谱仪进行稳定碳、氮同位素分析，碳氮同位素测量值分别参照国际的VPDB和AIR标准，碳氮同位素分析精度达到0.1%。氮百分含量测试则是在兰州大学功能有机分子化学国家重点实验室通过元素分析仪完成。

植硅体组合百分比分布图谱是在Tilia 2.0.29软件下完成，并采用CONISS对植硅体百分比数据进行有序聚类分带[4]。动物骨骼同位素数据分析是在R3.6.0软件中完成，不同组别数据分布的贝叶斯椭圆标准区域则是基于R软件中稳定同位素贝叶斯椭圆方法以95%的置信区间完成，而且不同组别椭圆区域的重叠比例也在同一置信区间范围内计算得出。

四、结　　果

（一）石城子遗址出土的农作物遗存

我们对石城子遗址内15份土壤样品开展了植硅体鉴定工作，在房址地面、墓葬陶罐及房址墙体地层等多处土样中鉴定出两种农作物植硅体，即黍（*Panicum miliaceum*）与青稞（*Hordeum vulgare* L.）稃壳残片，其中黍的比例相对高于青稞，同时我们还鉴定出哑铃型、帽型、短鞍型等禾本科短细胞植硅体（表二；图二、图三）。

① 王永吉、吕厚远：《植物硅酸体研究及应用》，海洋出版社，1993年，第228页。

② Lv H., Zhang J., Wu N., et al. Phytoliths analysis for the discrimination of foxtail millet (*Setaria italica*) and common millet (*Panicum miliaceum*). *PLoS One*, 2009, 4 (2): e4448.

③ Rosen A. M., *Preliminary identification of Silica Skeletons from Near Eastern Archaeological Sites: An Anatomical Approach*. Boston M A: Springer, 1992: 129-147.

④ Grimm E. C. CONISS: A FORYRAN 77 program for stratigraphically constrained cluster analysis by the method of incremental sum of squares. *Computers & Geosciences*, 1987, 13 (1): 13-35.

表二　新疆石城子遗址植硅体数量统计（粒）

形态类型	出土单位														
	M65陶内土样	M67陶罐表皮	房址地面土样1	房址地面土样2	房址地面土样3	房址地面土样4	草拌泥土样墙皮	城南剖面F1文化层	房址北墙东壁第1层	房址北墙东壁第2层	房址北墙东壁第3层	房址北墙东壁第4层	房址北墙东壁第5层	房址北墙东壁第6层	房址北墙东壁第7层
短鞍型	7	15	133	104	145	115	90	153	16	70	26	105	45	110	75
长鞍型	4	2	2	5	28	12	17	61	2	9	4	15	11	15	3
帽型	8	5	42	50	112	75	55	97	24	69	22	120	95	82	45
塔型	8	6	67	79	86	52	55	25	6	19	12	53	22	41	36
哑铃型	2	3	4	1	0	0	1	5	0	2	0	0	1	0	1
多铃型	1	1	0	0	0	0	0	0	0	0	1	1	0	1	0
多边帽型	1	0	0	0	0	0	0	0	0	0	0	0	0	0	0
三棱型	1	0	0	1	0	1	0	4	0	0	0	0	0	2	0
尖型	4	1	0	1	0	0	0	34	8	36	21	30	60	55	61
齿型	20	13	30	14	62	21	35	117	16	46	43	90	80	85	80
平滑棒型	51	103	25	34	51	45	60	67	18	41	13	30	53	61	86
突起棒型	37	14	8	85	46	25	130	45	14	39	22	32	83	106	73
竹扇型	2	0	0	0	0	0	0	1	0	0	0	0	0	0	0
普通扇型	53	66	0	0	3	4	5	3	7	10	8	3	14	9	5
长方型	10	14	4	8	7	4	3	4	2	5	1	0	8	5	2
方型	12	14	0	1	4	2	0	1	1	2	0	1	0	4	1
木本	0	0	0	0	0	0	0	0	0	1	0	0	0	0	0
黍植硅体残片	3	0	0	0	4	0	1	1	0	0	0	0	1	4	1
青稞植硅体残片	1	0	1	0	1	0	0	0	0	0	0	0	0	0	0
总数	225	257	316	383	549	356	452	618	114	347	174	479	483	580	469

（二）动物骨样骨胶原保存状况

一般而言，判断骨样是否受污染，通常是根据骨胶原C、N含量及C、N摩尔比值。正常骨胶原C、N含量应处在15.3%～47%和5.5%～17.3%，且C、N摩尔比值为2.9～3.6[1]。石城子遗址19例动物骨样骨胶原测试结果显示其C、N含量分别处在28.9%～41.9%和10.6%～15.1%，C与N摩尔比值为3.1～3.2（表三），这很好地满足上述标准，表明石城子遗址动物骨样均保存较好。

---

① DeNiro M. J. Postmortem preservation and alteration of in vivo bone collagen isotope ratios in relation to palaeodietary reconstruction. *Nature*, 1985, 317 (6040): 806.

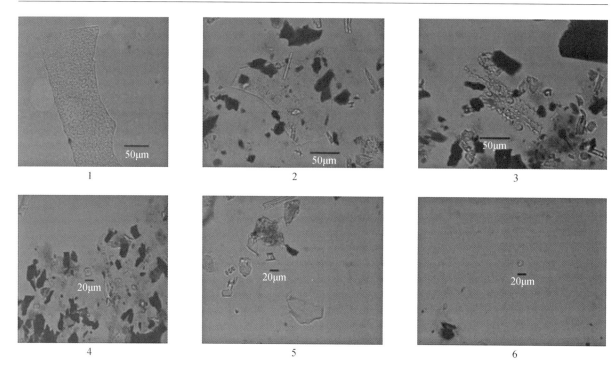

图二　石城子遗址具有代表性的植硅体形态
1、2. 黍　3. 大麦（青稞）　4. 哑铃型　5. 帽型　6. 短鞍型

表三　石城子遗址动物骨骼样品碳氮同位素结果

出土层位	动物种类	取样部位	C（%）	N（%）	C/N	$\delta^{13}C$（‰）	$\delta^{15}N$（‰）
F4屋内坍塌土	狗	胫骨	39.41	14.41	3.2	−18.4	10.8
T38第9层	羊	胫骨	32.79	12.04	3.2	−18.8	7.4
T42表土	羊	肩胛骨	29.16	10.81	3.1	−18.7	6.8
T45第5层	羊	肋骨	35.06	12.92	3.2	−18.6	8
T42第5层	羊	肋骨	36.24	13.08	3.2	−19.1	7.2
未标记	羊	桡骨	38.94	14.47	3.1	−18.4	7.1
北墙西端底部坑内	羊	股骨	37.97	13.84	3.2	−18	9
F4房屋内	羊	下颌骨	37.45	13.64	3.2	−17.7	8
T43第4层	羊	肋骨	38.89	14.22	3.2	−17.2	8.6
T31东扩方	羊	跖骨	39.87	14.53	3.2	−18.3	6.8
T31东扩方踩踏面上	羊	掌骨	35.32	12.98	3.2	−18.3	6.4
沟内骨骼	幼羊	胫骨	38.09	13.93	3.2	−17.8	11.2
沟北端青膏泥层上	幼羊	跖骨	39.13	14.18	3.2	−18.3	9.6
沟南端青膏泥层上	幼羊	胫骨	37.71	13.70	3.2	−18.2	7.6
T35	牛	下颌骨	36.67	13.41	3.2	−19.9	5.8
T39第3、4层	牛	桡骨	39.96	14.36	3.2	−17.9	10.3
T38第2层	鹿	股骨	34.36	12.54	3.2	−18.4	8.1
T34红烧土内	食草动物	胫骨	28.91	10.62	3.2	−20.5	5.6
沟北端硬面	食草动物	胫骨	41.87	15.11	3.2	−17.6	9.3

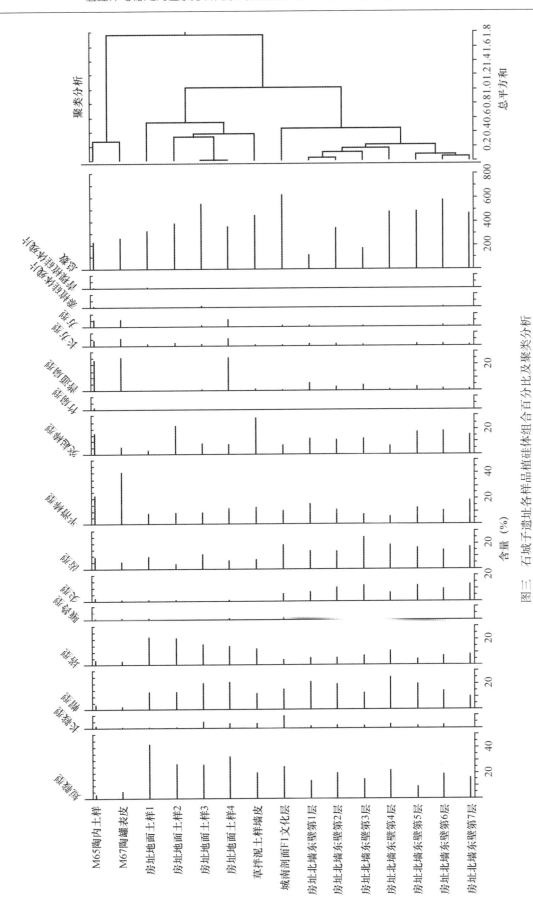

图三 石城子遗址各样品植硅体组合百分比及聚类分析

（三）动物骨骼碳氮同位素分析结果

石城子遗址出土的动物骨样包括了杂食动物狗（*Canis familiaris*）、家养食草动物羊（*Ovis* sp. /*Capra* sp.）、牛（*Bos* sp.）及野生食草动物鹿（Cervidae）， 其中狗骨具有较为偏负的δ^{13}C值与偏正的δ^{15}N值， 分别为-18.4‰和10.8‰。羊骨δ^{13}C值与δ^{15}N值变化较为显著，其中δ^{13}C与δ^{15}N分别在-19.1‰ ~ -17.2‰与6.4‰ ~ 11.2‰之间变化，剔除3个幼羊个体后，羊骨δ^{13}C均值与δ^{15}N均值分别为-18.3‰ ± 0.5‰和7.5‰ ± 0.8‰（*n*=10）。与羊类似，2例牛骨样品δ^{13}C与δ^{15}N值变化较大，均值分别为-18.9‰ ± 1.4‰和8‰ ± 1.2‰（*n*=2）。野生食草动物鹿骨具有与家养动物牛相类似的δ^{13}C与δ^{15}N值，分别为-18.4‰和8.1‰。不可鉴定种属的2例食草动物骨样δ^{13}C与δ^{15}N均值分别为-19.1‰ ± 2.1‰和7.4‰ ± 2.7‰（*n*=2）（表三）。

五、讨　论

（一）石城子遗址农作物组成与生业策略

新疆地区的农业起始于青铜时期，该时期驯化于中国北方的粟黍和源自西亚的小麦、大麦已经相向传播至新疆[①]，两汉时期中原王朝在西域的屯田政策更是进一步推动了新疆地区农业经济的快速发展，比如《汉书·西域传》[②]记载"自且末已往皆种五谷，土地草木、畜产、作兵略与汉同"。不过， 对于两汉时期石城子遗址的农作物组成与生业类型，由于文献较少涉及，因此我们了解不多。而通过石城子遗址房址地面、墙体地层以及陶罐土壤样品的植硅体分析，我们发现遗址中存在着黍与青稞两种作物（图二）。黍作为中国北方史前旱作农业的代表性作物，具有耐旱、耐瘠以及生长期较短等特性，已广泛出现在新疆多处早期遗址[③]。青稞不仅具有生长期需水少且生长期较短的优势，同时还具有较强的耐霜冻性，比较适宜在石城子遗址所处的山前丘陵地带种植，并且研究发现公元前1000年以来石城子遗址所在的新疆东

① 安成邦、王伟、段阜涛等：《亚洲中部干旱区丝绸之路沿线环境演化与东西方文化交流》，《地理学报》2017年第72卷第5期，第875 ~ 891页；安成邦、王伟、刘依等：《新疆全新世环境变迁与史前文化交流》，《中国科学：地球科学》2019年第49卷，https://doi.org/10.1360/SSTe-2019-0049；安成邦、张曼、王伟等：《新疆地理环境特征以及农牧格局的形成》，《中国科学：地球科学》2020年第50卷第2期，第295 ~ 304页。

② （汉）班固撰，（唐）颜师古注：《汉书》卷九十六上《西域传上》，中华书局，1962年，第3879页。

③ 蒋洪恩、李肖、李承森：《新疆吐鲁番洋海墓地出土的粮食作物及其古环境意义》，《古地理学报》2007年第9卷第5期，第551 ~ 558页；赵克良、李小强、周新郢等：《新疆新塔拉遗址农业活动特征及其影响的植物指标记录》，《第四纪研究》2012年第32卷第2期，第219 ~ 225页；Yang R., Yang Y., Li W., et al. Investigation of cereal remains at the Xiaohe Cemetery in Xinjiang, China. *Journal of Archaeological Science*, 2014, 49: 42-47. https://doi.org/10.1016/j.jas.2014.04.020.

天山地区便已普遍存在种植青稞的传统[①]。在石城子遗址中，黍类作物出现的频率与数量要明显高于青稞，也许表明了黍类作物在石城子遗址驻军饮食中的重要地位。在植物的选择与利用中，黍作物的重要程度高于青稞的情况在新疆天山以南同时期遗址比如营盘、洋海墓地也可见到[②]。除了黍与青稞以外，两汉时期的新疆遗址比如尼雅遗址、故吐火罗城及罗布淖尔五号墓地等[③]，通常还出土粟和小麦作物，不过这些作物尚未能在石城子遗址的土壤样品中发现。另外，石城子遗址中出土的狗、羊、牛及鹿等动物骨骼表明遗址驻军除了从事农业活动以外，同时还开展一定规模的畜牧与少量的狩猎活动。类似的情况在与石城子遗址同属于车师后国的吉木萨尔县小西沟遗址中同样可以见到，该遗址出土了众多的马（*Equus* sp.）、羊（*Qvis* sp./*Capra* sp.）及骆驼（*Camelus*）等动物骨骼样品[④]。而多个遗址的动物遗存证据进一步表明畜牧业是石城子遗址所在的天山北麓地区汉代人群重要的生业组成。不过，不同动物种属在石城子遗址中的作用可能有所差别，其中家养动物狗，可能更多参与警卫、放牧与狩猎等活动[⑤]。家养食草动物羊，在石城子遗址中发现数量最多，应该在肉、奶及皮毛等初级、次级资源的提供上发挥着重要作用[⑥]；同属家养食草动物的牛，除了提供肉或奶以外，可能还起到提供重要劳力的作用比如驮运、农田开垦等[⑦]；野生食草动物鹿则可能主要作为肉食食用。黍作和麦作农业、以羊牛为主的畜牧业与狩猎活动一道构成了石城子遗址汉代驻军多样的生业组成，并为遗址驻军提供了丰富的粮食作物和肉食资源。

（二）石城子遗址植物资源的加工与处理

遗址土壤样品的植硅体分析不仅有助于了解石城子遗址汉代驻军的农作物组成，而且对于揭示遗址内对于植物资源的加工、处理等活动具有重要帮助。禾本科植硅体由于光合作用途径的差异可分为C_3植物与C_4植物，其中C_3植物以早熟禾亚科（Pooideae）植硅体为代表，

① 蒋洪恩、李肖、李承森：《新疆吐鲁番洋海墓地出土的粮食作物及其古环境意义》，《古地理学报》2007年第9卷第5期，第551～558页；Tian D., Ma J., Wang J. X., et al. Cultivation of naked barley by early Iron Age agro-pastoralists in Xinjiang, China. *Environmental Archaeology*, 2018, 23 (4): 416-425.

② 蒋洪恩、李肖、李承森：《新疆吐鲁番洋海墓地出土的粮食作物及其古环境意义》，《古地理学报》2007年第9卷第5期，第551～558页；Chen T., Wang X., Dai J., et al. Plant use in the Lop Nor region of southern Xinjiang, China:Archaeobotanical studies of the Yingpan cemetery (～25-420 AD). *Quaternary international*, 2016, 426: 166-174. https://doi.org/10.1016/j.quaint.2016.03.015.

③ 卫斯：《西域农业考古资料索引》，《农业考古》2004年第3期，第282～299页。

④ 闫顺、闫耀平：《吉木萨尔县地区历史时期环境演变与人类活动》，《干旱区地理学集刊》1993年第3期，第162～175页。

⑤ 余孚：《古代"六畜"之一——狗》，《古今农业》1995年第2期，第70～77页。

⑥ 尤悦、钟华、余翀：《新疆巴里坤县石人子沟遗址生业考古的民族学调查与研究》，《南方文物》2016年第2期，第116～122页；左豪瑞：《中国家羊的动物考古学研究综述和展望》，《南方文物》2017年第1期，第55～163页。

⑦ 张振新：《汉代的牛耕》，《文物》1977年第8期，第57～62页。

主要包括了帽型、齿型等短细胞植硅体；C$_4$植物则以画眉草亚科（Eragrostoideae）和黍亚科
（Panicoideae）植硅体为代表，主要包括了短鞍型和哑铃型等短细胞植硅体[1]。而由于C$_4$型与
C$_3$型植硅体的生存环境存在明显差异，其中C$_4$型植硅体适宜生长在温暖湿润的环境，而C$_3$型植
硅体则主要分布在干旱或寒冷的环境，因此C$_4$型植硅体与C$_3$型植硅体的含量比值常被用于探讨
遗址周围的环境变化[2]。不过在本文中，考虑到遗址是人类活动的产物，那么遗址中特别是房
址内土样植硅体C$_4$、C$_3$含量比重是否可以指示人类文化活动特别是人类对植物资源的利用与处
理？为了验证这一猜测，我们选择来自石城子遗址房址地面土样、房址墙体地层土样与表征自
然环境的新疆表土，对这3种不同土样中的C$_4$、C$_3$型植硅体比值进行分析。新疆地区现代表土
因土样类型的不同，C$_4$、C$_3$植硅体所占比例存在一些差异，不过均表现为C$_4$型植硅体比重小于
C$_3$型植硅体[3]，而进一步分析石城子遗址房址地面土样与房址墙体地层土样的植硅体数据，我
们发现房址墙体地层土样植硅体C$_4$/C$_3$比值为0.4~0.8，与新疆现代表土植硅体C$_4$/C$_3$比值基本一
致，而房址地面土样植硅体C$_4$/C$_3$比值为0.8~1.9，则显著高于新疆现代表土植硅体C$_4$/C$_3$比值范
围（图四）。虽然房址地面土样取自房内坍塌土堆积，但其如此高比例的C$_4$型植硅体（或植硅
体C$_4$/C$_3$比值）比重且与房址墙体土样的植硅体C$_4$/C$_3$比值之间存在显著差别，说明房址地面土
样中应该还包含一定的房址坍塌前的地面土样沉积，进一步分析推断房址中也许存在着石城
子遗址驻军对植物资源的选择与利用活动。画眉草亚科和黍亚科等C$_4$型植硅体多生长在温暖环
境[4]，一般情况下在石城子遗址所在的山前丘陵地带很难出现如此高比例的C$_4$型植硅体，据此
分析该C$_4$型植硅体可能不是来自遗址周围的自然植被。而考虑到石城子遗址可能存在一定规模
的黍作农业，画眉草亚科一类的C$_4$植物作为混生于黍作田地的杂草，则很有可能在石城子遗址
驻军收割黍类作物的同时也被一同收割，并且通过脱壳处理将稃皮、茎叶废弃或作为燃料集中
堆放，故而促使房址内C$_4$型植硅体比重的提高。当然，该分析还需后期对遗址出土的石臼与石
磨盘等与粮食加工相关的工具开展残留物分析来加以论证。而相较于房址内土样，石城子遗址
地层样品中的C$_4$型植硅体比重（或C$_4$型与C$_3$型植硅体比值）明显较低，与自然环境比较接近，
表明受到人类活动影响相对较小，也许可以用于指示遗址的微环境状况，未来将结合年代学与
孢粉研究对其进一步研究。

---

① Twiss P. C. Predicted world distribution of C$_3$ and C$_4$ grass phytolith. *Phytolith Systematics: Emerging Issues, Advances in Archaeological and Museum Science*. New York: Plenum Press, 1992: 113-128.

② 姜钦华、宋豫秦、李亚东：《河南驻马店市杨庄龙山文化遗址的植硅石分析》，《考古》1996年第
4期，第87~90页；姚政权、吴妍、王昌燧等：《河南新密市新砦遗址的植硅石分析》，《考古》2007年第3期，第
90~96页；夏秀敏、孙周勇、杨利平等：《陕北榆林王阳畔遗址的植硅体分析》，《人类学学报》2016第35卷第
2期，第257~266页；韩佳宜：《孢粉与植硅体的史前自然环境指示意义——以两处史前遗址为例》，《文物世
界》2017年第3期，第14~16页。

③ 吕厚远、王永吉：《晚更新世以来洛川黑木沟黄土地层中植物硅酸体研究及古植被演替》，《第四纪研
究》1991年第1期，第72~84页；吴乃琴、吕厚远、聂高众等：《C$_3$、C$_4$植物及其硅酸体研究的古生态意义》，
《第四纪研究》1992年第3期，第241~251页。

④ 吕厚远、王永吉：《晚更新世以来洛川黑木沟黄土地层中植物硅酸体研究及古植被演替》，《第四纪研
究》1991年第1期，第72~84页。

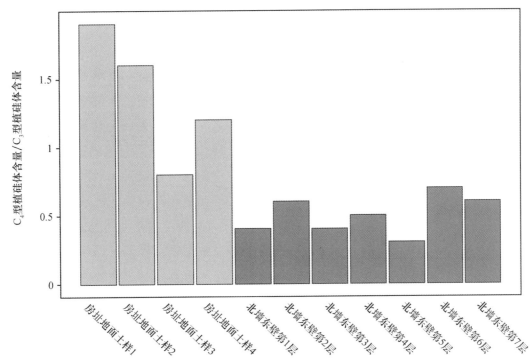

图四　石城子遗址不同取样单位土样C₄型植硅体与C₃型植硅体含量比值对比

（三）石城子遗址农业副产品的综合利用

1. 石城子遗址房址墙体建造

在古城遗址的建造过程中，人们通常会选择使用草拌泥涂抹墙面以增加房址墙体的坚固性和防潮性[①]。我们在石城子遗址同样也采集了草拌泥土壤样品，并且通过对其进行植硅体鉴定与分析，在其中发现了黍稃壳，推断在草拌泥中添加黍碎壳可能是为了在遗址墙体建造中起到更好的粘合剂作用。而这种利用农作物副产品进行建造的行为不仅出现在石城子遗址，在中国新疆及中亚地区其他遗址或墓地同样有类似的发现，比如在哈萨克斯坦地区的Tasbas遗址[②]、新疆地区的楼兰古城[③]与艾斯克霞尔南墓地[④]中均可以见到将麦秸、小米秸秆或碎壳作为墙体或泥砖建筑粘合剂的证据，而且这种建筑传统在新疆现代农村的民居建筑中同样也比较常见[⑤]。

---

①　翟霖林：《试析仰韶文化中期的五边形房址》，《华夏考古》2013年第1期，第28～33页；顾万发、吴倩、张贺君等：《河南新郑望京楼遗址商代小型房址发掘简报》，《中国国家博物馆馆刊》2015年第1期，第3页；孙周勇、邵晶：《论寨峁梁房址的建造、使用和废弃》，《考古与文物》2018年第1期，第72～78页。

②　Doumani P. N., Frachetti M. D., Beardmore R., et al. Burial ritual, agriculture, and craft production among Bronze Age pastoralists at Tasbas (Kazakhstan). *Archaeological Research in Asia*, 2015 (1): 17-32.

③　侯灿：《楼兰出土糜子、大麦及珍贵的小麦花》，《农业考古》1985年第2期，第225～227页。

④　Zhang G., Wang Y., Spate M., et al. Investigation of the diverse plant uses at the South Aisikexiaer Cemetery (～2700-2400years BP) in the Hami Basin of Xinjiang, Northwest China. *Archaeological and Anthropological Sciences*, 2019, 11 (2): 699-711.

⑤　孟福利、岳邦瑞、王军：《乡土材料在传统聚落营造中的生态智慧及启示——以鄯善县麻扎村为例》，《华中建筑》2011年第29卷第1期，第166～168页。

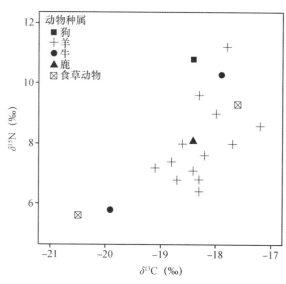

图五　石城子遗址动物骨骼碳氮同位素分布

2. 石城子遗址家畜饲养与谷物栽培

借助于稳定同位素技术，我们可以了解石城子遗址古人的家畜饲养策略特别是家畜饲养与农业之间的可能关系（图五）。石城子遗址鹿骨碳同位素数值低于−18‰，表明其主要摄食C_3植物，这与新疆天山地区以C_3植物为主，C_4植物的比重相对较低的植被组成是比较一致的[1]，因此，野生食草动物鹿骨的稳定同位素数据基本反映了遗址周围自然环境条件下的摄食状况，这为解读石城子遗址内家畜的饮食组成提供了重要基准。石城子遗址杂食动物狗的碳同位素数值与鹿比较类似（图五），表明同样

是以C_3食物为主。不过，由于C_3作物青稞与C_3类野生植物的碳同位素分布区间是相互重叠的，因此，我们很难通过同位素证据准确评估C_3作物青稞对狗饮食的贡献，以后可能还需其他技术手段加以研究。而从狗骨较高的氮同位素数值以及其与羊之间氮同位素差值比较符合相邻营养级3‰~5‰差值范围分析[2]，古人食用剩下的羊骨可能是石城子遗址杂食动物狗C_3饮食的重要来源。石城子遗址中大部分羊牛等家养食草动物的碳同位素数值与鹿也是比较一致，表明石城子遗址羊、牛群可能主要是通过放牧摄食遗址周围C_3类野草，不过也无法完全排除羊牛等家畜有机会接触并摄食C_3作物青稞秸秆的可能。在汉晋时期的精绝国，便存在着将青稞秸秆作为家畜饲料利用的证据[3]。而相较于鹿，石城子遗址存在部分羊包括幼羊及牛具有较为偏正的碳氮同位素数值。对于幼羊而言，哺乳效应可能是导致其碳氮同位素数值提高的重要原因[4]，而对于其他成年羊牛个体较高的碳氮同位素数值，分析可能是由于羊牛在干旱盐碱环境下摄食少量C_4草本植物的结果[5]。另外，考虑到石城子遗址中可能存在一定规模的C_4黍作农业，因此需

① 张慧文：《天山现代植物和表土有机稳定碳同位素组成的海拔响应特征》，兰州大学博士学位论文，2010年，第61页。

② Bocherens H., Drucher D. Trophic level isotopic enrichment of carbon and nitrogen in bone collagen: Case studies from recent and ancient terrestrial ecosystems. *International Journal of Osteoarchaeology*, 2003, 13 (1-2): 46-53.

③ 卫斯：《尼雅遗址农业考古揭秘——精绝国农业考古资料搜括记述》，中国历史文化遗产保护网http://www. wenbao.net.

④ Mays S. A., Richards M. P., Fuller B. T. Bone stable isotope evidence for infant feeding in Mediaeval England. *Antiquity*, 2002, 76 (293): 654-656; Fuller B. T., Fuller J. L., Harris D. A., et al. Detection of breastfeeding and weaning in modern human infants with carbon and nitrogen stable isotope ratios. *American Journal of Physical Anthropology*, 2006, 129 (2):279-293.

⑤ Britton K., Müldner G., Bell M. Stable isotope evidence for salt-marsh grazing in the Bronze Age Severn Estuary. UK: Implications for palaeodietary analysis at coastal sites. *Journal of Archaeological Science*, 2008, 35 (8): 2111-2118.

要思考黍作农业对食草动物同位素数值的可能影响。在青铜时期的中原与甘肃河西走廊地区便已普遍发现古人利用C_4作物粟黍副产品对食草动物羊、牛进行饲喂的案例[①]，而在新疆地区，通过对比分析已发表的同一遗址出土人骨与羊骨的碳同位素数据[②]，我们同样可以发现粟黍农业对新疆古人及羊群C_4饮食的一致影响（图六，1），即当古人接触并摄食大量的C_4作物粟黍时，羊群C_4饮食的比例也会相应增加（Ⅰ组），反之亦然（Ⅱ组）。由于石城子遗址尚未开展相关的人骨同位素研究，无法与之进行对比，不过我们仍然可以将石城子遗址羊骨同位素数据与新疆不同农业背景下的羊骨数据进行对比，以对石城子遗址羊群C_4饮食来源作进一步了解。对比发现石城子遗址羊骨数据所在贝叶斯标准椭圆区域与这两组区域均有所重叠（图六，2），其中与无显著粟黍农业证据组的重叠区域大概为55%（图六，3），而与存在显著粟黍农业证据组的重叠区域高达75%（图六，4）。该分析表明石城子遗址中驻军除了通过放牧使羊群觅食C_3野草以外，还可能通过饲喂黍作物秸秆的方式对其饮食进行补充。该推论与天山南麓吐鲁番盆地胜金店遗址植物考古研究发现的马内脏中存在未消化的黍粒茅草，认为黍类作物

① Atahan P., Dodson J., Li X., et al. Subsistence and the isotopic signature of herding in the Bronze Age Hexi Corridor, NW Gansu, China. *Journal of Archaeological Science*, 2011, 38 (7): 1747-1753；侯亮亮、李素婷、胡耀武等：《先商文化时期家畜饲养方式初探》，《华夏考古》2013年第2期，第130～138页；张雪莲、赵春青：《新砦遗址出土部分动物骨的碳氮稳定同位素分析》，《南方文物》2015年第4期，第232～240页；Chen X. L., Hu S. M., Hu Y. W., et al. Raising practices of Neolithie livestoch evidenced by stable isotope analysis in the Wei River valley, North China. *International Journal of Osteoarchaeology*, 2016, 26 (1): 42-52；陈相龙、方燕明、胡耀武等：《稳定同位素分析对史前生业经济复杂化的启示：以河南禹州瓦店遗址为例》，《华夏考古》2017年第4期，第79～84页；Yang Y., Ren L., Dong G., et al. Economic change in the Prehistoric Hexi Corridor (4800-220 BP), North-West China. *Archaeometry*, 2019, 61 (4): 957-976.

② Eng J. T., Zhang Q., Zhu H. *Stable Isotope Analysis of Diet among Bronze Age and Iron Age Inhabitants of Xinjiang Uyghur Autonomous Region, Ching*. Poster presented at the 78th Annual Meeting of the American Association of Physical Anthropologists, Chicago. Illinois, 2009；张全超、常喜恩、刘国端：《新疆巴里坤县黑沟梁墓地出土人骨的食性分析》，《西域研究》2009年第3期，第328～333页；张全超、常喜恩、刘国端：《新疆哈密天山北路墓地出土人骨的稳定同位素分析》，《西域研究》2010年第2期，第38～43页；凌雪、陈曦、王建新等：《新疆巴里坤东黑沟遗址出土人骨的碳氮同位素分析》，《人类学学报》2013年第32卷第2期，第219～225页；凌雪、兰栋、陈曦等：《新疆巴里坤东黑沟遗址出土动物骨骼的碳氮同位素分析》，《西部考古》2016年第11卷第2期，第23页；陈相龙、于建军、尤悦：《碳、氮稳定同位素所见新疆喀拉苏墓地的葬马习俗》，《西域研究》2017年第4期，第89～98页；Wang T. T., Fuller B. T., Wei D., et al. Investigating dictary Patterns with stable isotope ratios of collagen and starch grain analysis of dental calculus at the Iron Age cemetery site of Heigouliang, Xinjiang, China. *International Journal of Osteoarchaeology*, 2016, 26 (4): 693-704; Wang T., Wei D., Chang X., et al. Tianshanbeilu and the isotopic millet road: Reviewing the late Neolithic/Bronze Age radiation of human millet consumption from north China to Europe. *National Science Review*, 2017, 6 (5): 1024-1039; Qu Y., Hu Y., Rao H., et al. Diverse lifestyles and populations in the Xiaohe culture of the Lop Nur region, Xinjiang, China. *Archaeological and Anthropological Sciences*, 2018, 10 (8): 2005-2014; Wang W., Wang Y., An C., et al. Human diet and subsistence strategies from the Late Bronze Age to historic times at Goukou, Xinjiang, NW China. *The Holocene*, 2018, 28 (4): 640-650.

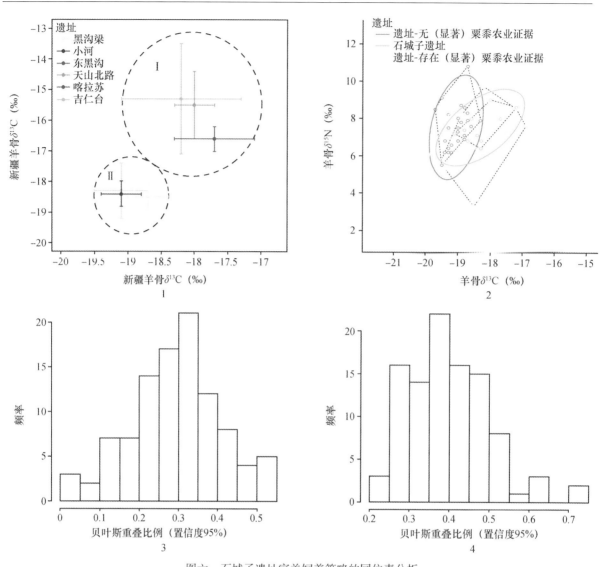

图六　石城子遗址家羊饲养策略的同位素分析

1. 新疆已发表的同一遗址人骨-羊骨碳同位素数据对比[①]　2. 石城子遗址羊骨碳氮同位素数据与新疆不同农业背景下的羊骨同位素数据的对比　3. 石城子遗址与新疆无（显著）粟黍农业证据遗址之间羊骨同位素椭圆分布的重叠百分比　4. 石城子遗址与新疆存在（显著）粟黍农业证据遗址之间羊骨同位素椭圆分布的重叠百分比

---

① Eng J. T., Zhang Q., Zhu H. Stable Isotope Analysis of Diet among Bronze Age and Iron Age Inhabitants of Xinjiang Uyghur Autonomous Region, Ching. Poster presented at the 78th Annual Meeting of the American Association of Physical Anthropologists, Chicago, Illinois, 2009；张全超、常喜恩、刘国瑞：《新疆巴里坤县黑沟梁墓地出土人骨的食性分析》，《西域研究》2009年第3期，第328～333页；张全超、常喜恩、刘国端：《新疆哈密天山北路墓地出土人骨的稳定同位素分析》，《西域研究》2010年第2期，第38～43页；凌雪、陈曦、王建新等：《新疆巴里坤东黑沟遗址出土人骨的碳氮同位素分析》，《人类学学报》2013年第32卷第2期，第219～225页；凌雪、兰栋、陈曦等：《新疆巴里坤东黑沟遗址出土动物骨骼的碳氮同位素分析》，《西部考古》2016年第11卷第2期，第23页；陈相龙、于建军、尤悦：《碳、氮稳定同位素所见新疆喀拉苏墓地的葬马习俗》，《西域研究》2017年第4期，第89～98页；Wang T. T., Fuller B. T., Wei D., et al. Investigating dictary Patterns with stable isotope ratios of collagen and starch grain analysis of dental calculus at the Iron Age cemetery site of Heigouliang, Xinjiang, China. *International Journal of Osteoarchaeology*, 2016, 26 (4): 693-704; Wang T., Wei D., Chang X., et al. Tianshanbeilu and the isotopic millet road: Reviewing the late Neolithic/Bronze Age radiation of human millet consumption from north China to Europe. *National Science Review*, 2017, 6 (5): 1024-1039; Qu Y., Hu Y., Rao H., et al. Diverse lifestyles and populations in the Xiaohe culture of the Lop Nur region, Xinjiang, China. *Archaeological and Anthropological Sciences*, 2018, 10 (8): 2005-2014; Wang W., Wang Y., An C., et al. Human diet and subsistence strategies from the Late Bronze Age to historic times at Goukou, Xinjiang, NW China. *The Holocene*, 2018, 28 (4): 640-650.

构成了动物比如马的饲料来源的结论是基本一致的[①]，同时本文的推论在一定程度上也得到了新疆东天山地区现代民族学调查发现的证实——在牧草短缺时期人们选择用谷壳秸秆来饲养羊等家畜[②]。

六、结　　论

通过对新疆石城子遗址土壤样品的植硅体分析与动物骨骼样品的稳定碳氮同位素分析，我们对两汉时期石城子遗址驻军的农作物利用策略及其生业组成进行了探讨。研究发现以下几点。

（1）黍与青稞构成了石城子遗址驻军重要的粮食来源，遗址里不同取样单位的C_4/C_3植硅体分析揭示了驻军可能在房址从事植物资源的加工与处理活动，也许是对谷物进行脱壳。

（2）石城子遗址草拌泥墙皮土样的植硅体分析表明黍秸秆或碎壳等农业副产品可能在石城子遗址墙体的建设中发挥着重要的粘合剂作用。

（3）动物骨骼稳定同位素研究揭示了黍类作物或者可能的青稞秸秆等农业副产品可能对遗址中羊、牛等家养食草动物的C_4饮食起到一定贡献。

（4）以黍与青稞为主的农业，以羊、牛为主的畜牧业及一定的狩猎活动构成了石城子遗址驻军多样的生业策略。

致谢：感谢审稿专家和编辑部赵淑君老师建设性的修改意见！

（原载《第四纪研究》2020年第40卷第2期）

① Jiang H., Zhang Y., Lü E., et al. Archaeobotanical evidence of plant utilization in the ancient Turpan of Xinjiang, China: A case study at the Shengjindian cemetery. *Vegetation History and Archaeobotany*, 2015, 24 (1): 165-177.

② 田多：《公元前一千纪东天山地区的植物考古学研究》，西北大学博士论文，2018年，第165～167页。

新疆奇台县石城子遗址出土炭化植物遗存研究

生膨菲　田小红　吴　勇

（新疆维吾尔自治区文物考古研究所；复旦大学科技考古研究院）

一、引　言

汉武帝时期张骞凿空西域，汉朝逐步开始经略西域。为了保证充足的军事后勤补给，两汉时期中原王朝在天山南北长期执行了移民戍边、修筑屯城、驻军屯田的战略，对古代新疆的农业与城市发展产生了积极的推动作用[1]。但时至今日，学界对新疆两汉时期屯田经济的考古学研究却相当薄弱[2]。在第三次全国文物普查中，新疆共发现45处汉代城址，其中绝大部分位于南疆的绿洲之中，目前在北疆地区经考古发掘确认的汉代城址仅奇台石城子遗址一处（图一、图二）[3]。奇台地区在两汉时期属车师后部，是汉匈反复争夺的焦点地带。为了科学考察汉代戍卒在天山北麓如何适应新的生存环境，发展出了怎样的屯田经济，生产充足的粮食，保障后勤补给，我们在石城子遗址2018年度的田野考古发掘过程中，采用植物浮选法获取大植物遗存，分析了该地屯田农业经济的内涵，利用农作物种子的^{14}C测年结果构建了屯田活动的绝对年代框架，通过对石城子及周边地区其他考古遗址植物考古数据的量化分析，尝试探索了汉代戍卒在天山北麓的农业生产策略。

---

① 张安福、田海峰：《城址遗存与汉代西域屯城布局》，《中国历史地理论丛》2015年第3期，第47～55页。

② Sheng P., Storozum M., Tian X., Wu Y. Foodways on the Han dynasty's western frontier: Archeobotanical and isotopic investigations at Shichengzi, Xinjiang, China. *The Holocene*, 2020, 30 (8): 1174-1185.

③ 田小红、吴勇、多斯江、张树春、陈新儒：《新疆奇台石城子遗址2016年发掘简报》，《文物》2018年第5期，第4～25页；田小红、冯志东、吴勇：《新疆奇台县石城子遗址2018年发掘简报》，《考古》2020年第12期，第21～40页。

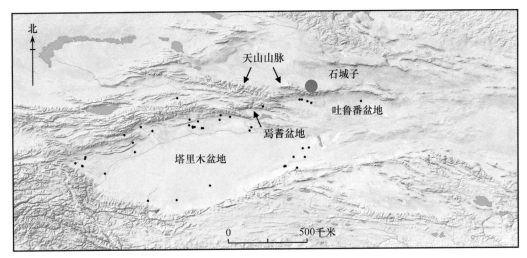

图一　奇台石城子遗址（大点）与其他汉代城址示意图（小点）

二、石城子周边景观概况

石城子遗址位于新疆天山东段博格达山脉北坡的江布拉克国家森林公园内，海拔1770米（图二）。"江布拉克"的哈萨克语意为"圣水之源"，自然景观具有显著的垂直地带分异（图三）①，海拔从低到高可分为：①农耕地带（海拔1500～1900米）；②森林草原地带（海拔1800～3000米）；③高寒草甸地带（海拔3000～3800米）；④高山冰雪地带（海拔3800米以上）。石城子遗址位于农耕地带，周边主要为山前缓坡的农田景观，点缀有沟谷溪流，林木茂盛。常见农作物品种有小麦、青稞、大麦、荞麦、鹰嘴豆、豌豆和马铃薯等。道路边常见植物有荨麻（*Urtica* sp.）、狗尾草（*Setaria viridis*）、蒲公英（*Taraxacum mongolicum*）、画眉草（*Eragrostis pilosa*）和冰草（*Agropyron cristatum*）等。当地的农业生产以麦类作物为主，一年一收，靠天吃饭，形成了典型的旱作农业系统，2015年被中华人民共和国农业部正式命名为中国重要农业文化遗产。

石城子附近的森林草原地带是云杉森林和山地草原景观构成的②。森林以天山云杉（*Picea schrenkiana*）为建群种，郁郁葱葱。森林将山地草原分割为若干草场，是哈萨克族牧民传统的夏季牧场。山地草原常见的植被有野罂粟（*Papaver nudicaule*）、贝母（*Fritillaria* sp.）、新疆赤芍药（*Paeonia* sp.）、新疆一枝蒿（*Artemisia rupestris*）、白花三叶草（*Trifolium repens*）、黄芪（*Astragalus membranaceus*）、薄荷（*Mentha* sp.）、柴胡（*Bupleurum chinense*）、益母草（*Leonurus artemisia*）、草原勿忘草（*Myosotis suaveolens*）等。森林边缘也有野蔷薇（*Rosa multiflora*）、金银花（*Lonicera* sp.）等稀疏灌丛。高寒草甸地带位于天山云杉森林带

---

① 何成勇、赵志民、程德明、李健：《新疆江布拉克国家森林公园景观解读》，《福建果树》2011年第4期，第48～54页。

② 张芸、孔昭宸、阎顺、杨振京、倪健：《天山北坡晚全新世云杉林线变化和古环境特征》，《科学通报》2006年第12期，第1450～1458页。

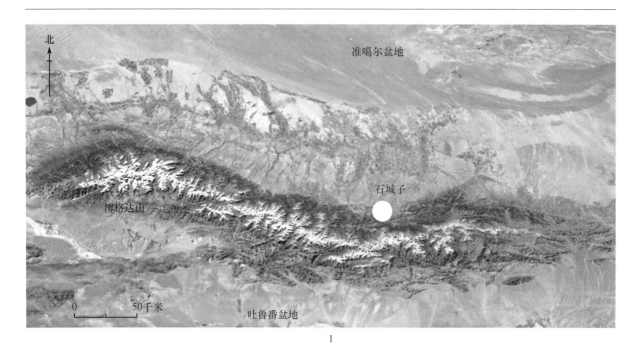

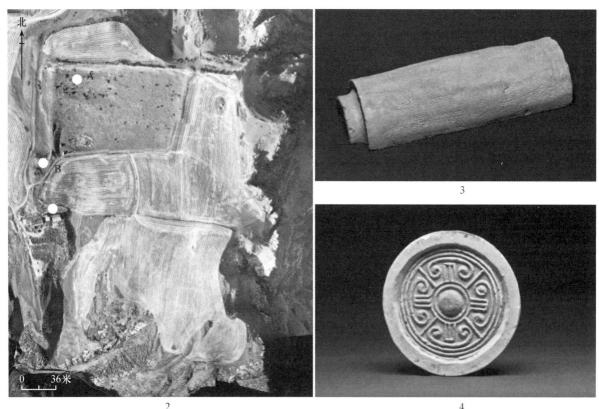

图二　石城子遗址

1. 石城子遗址位置示意图（黄点）　2. 本研究采样地点（A、B、C）　3. 出土汉代筒瓦　4. 出土汉代瓦当

图三　石城子遗址周边景观
（自北向南拍摄，远处为博格达山）

之上，属于高山草甸景观，自然植被以冷生的多年生草本植物为主，植株低矮，常见禾本科（Poaceae）和莎草科（Cyperaceae）植物。其中还分布点地梅（*Androsace umbellata*）和唐松草（*Thalictrum* sp.）等。这里少有人至，风景独特，偶见天山雪莲（*Saussurea involucrata*）。高山冰雪地带属于天山北麓的高山冰雪砾漠带。

三、采样与浮选

本文分析的炭化植物样品是在2018年石城子遗址田野考古发掘过程中通过浮选法收集的。采样方法为针对性采样法，即以明确的汉代遗迹为主要的采样对象。除2018年的发掘区域外（图二，2-B），我们对之前发掘揭露的汉代房址（图二，2-A）和西墙南段汉代文化层也采集了浮选土样（图二，2-C），具体采样信息见表一。我们在遗址现场利用小水桶浮选法，对11份浮选样品进行了浮选工作。每份土样为0.5～91升，共计146升。浮选后所得轻、重浮物在当地阴干后，带回复旦大学科技考古研究院植物考古实验室进行分类、鉴定和量化分析。

在实验室内，首先去除轻浮物中的现代杂质，将可鉴定的木炭、蜗牛化石与炭化植物遗存分开，分别使用1毫米和0.3毫米网眼的标准筛进行筛分，植物样品分组后在体视显微镜下进行观察和分类。之后，依据植物考古工具书、植物种子鉴定图鉴及实验室收藏的现代植物种子标本[①]，开展大植物遗存的种属鉴定工作。鉴定结束后，对各类植物种子统计分析，使用体视显微镜对重要的大植物遗存进行拍照。另外，选择一定数量保存完好的各类炭化农作物种子，测量籽粒的长度、宽度和厚度，分别计算平均值和分布区间。目前，2018年度石城子遗址浮选出土植物遗存收藏于复旦大学科技考古研究院植物考古实验室。

四、量化与分析

我们对石城子遗址出土大植物遗存的量化分析，采纳了周新郢等学者在研究河西走廊西部地区新石器时代末期至青铜时代农业系统演变过程的论文中采用的量化分析方法[②]。具体来说，是以中国现代粟、黍、小麦和青稞的千粒重作为换算因子来计算遗址中各类作物的重量百分比，公式如下：

$$P(S) = \frac{Ns \times Fs}{N1 \times F1 + N2 \times F2 + N3 \times F3 + N4 \times F4}$$

其中$N1$为出土黍的粒数，$F1 = 7.5$，为现代黍的平均千粒重；$N2$为出土粟的粒数，$F2 = 2.6$，为现代粟的平均千粒重；$N3$为出土小麦的粒数，$F3 = 35$，为现代小麦的平均千粒重；$N4$为出土青稞的粒数，$F4 = 45$，为现代青稞的平均千粒重$P(S)$用来代表每种作物在总产量中的百分比。

我们还在植物遗存鉴定分析之后选择出土背景明确的炭化农作物种子进行[14]C测年。所有获得的年代结果使用校正曲线IntCal20[③]，以及OxCalv4.4（https://c14.arch.ox.ac.uk/oxcal/OxCal.html）系统校正，结果数值精确到10。测年样品的具体信息见表二。

为了更好地了解石城子汉代戍卒农业生产的策略，我们收集并整理了石城子周边地区已有的其他汉代之前和两汉时期（有的遗址年代稍晚）14处遗址或墓葬出土的植物考古原始资料（表三），使用上文中介绍的植物遗存量化方法开展分析。通过比较，进一步确定汉代屯田居民和周边其他人群农业生产策略的异同。栽培大麦（*Hordeum vulgare*）分为有稃型（有稃大麦：*Hordeum vulgare* var. *vulgare*）和裸粒型（青稞：*Hordeum vulgare* var. *coeleste*），考虑到两者在植物特性上接近，我们对其他遗址出土炭化大麦种子的量化分析中统一使用现代青稞的千粒重作为换算因子。

---

① 刘长江、靳桂云、孔昭宸：《植物考古：种子和果实研究》，科学出版社，2008年；赵志军：《植物考古学：理论、方法和实践》，科学出版社，2010年；等等。

② Zhou X., Li X., Dodson J., Zhao K. Rapid agricultural transformation in the prehistoric Hexi corridor, China. *Quaternary International*, 2016, 426: 33-41.

③ Reimer P., Austin W., Bard E., Bayliss A., Blackwell P., Bronk Ramsey C., et al. The IntCal20 Northern Hemisphere radiocarbon age calibration curve (0-55 cal kBP). *Radiocarbon*, 2020, 62 (4): 725-757.

表一　石城子遗址植物浮选结果

样品考古背景	采样区域（图二，2）	浮选样品类型	浮选量（升）	青稞	小麦	黍	粟	禾本科	麦仁珠	苋科	未知	总计
2018T65第10层	B	土壤	5	1	1							2
2018T63第10层	B	草拌泥	0.5	10	5	1				1		17
2018T66第11层	B	草拌泥	2.5	16								16
2014西墙南段第12、13层	C	土壤	91	15	4	14	9	1	1		1	45
2014西墙南段汉代踩踏面	C	土壤	25	8	6	3	1				1	19
2016屋内灰坑	A	土壤	6	1	1							2
2016屋内地面	A	土壤	5	1								1
2014北回廊	A	土壤	2							1		1
2018T63第9层	B	草拌泥	2	2		2			1	2	3	10
2018T67	B	草拌泥	2	10								10
2018T63G1	B	土壤	5							1		1

表二　石城子遗址出土炭化农作物种子^{14}C测年结果

实验室编号	测年材料	出土背景（采样地点）	测试结果	校正结果（2σ-range）
Beta-505339	青稞种子	2018T66第11层（B）	距今1910年±30年	公元20~220年（95.4%）
Beta-505338	小麦种子	2014西墙南段汉代踩踏面（C）	距今1930年±30年	公元20~210年（95.4%）
Beta-550415	青稞种子	2014西墙南段汉代踩踏面（C）	距今1950年±30年	公元前40~公元170年（93.9%） 公元180~210年（1.5%）

表三　涉及其他遗址的农作物遗存绝对数量与重量百分比计算结果

图七中序号	遗址	大麦（青稞/有稃大麦）		小麦		黍		粟	
		绝对数量	重量百分比（%）	绝对数量	重量百分比（%）	绝对数量	重量百分比（%）	绝对数量	重量百分比（%）
1	吐祖赛①	313	42.6	488	47.5	396	9	112	0.9
2	拜尕什②	1	4.7	13	47.5	61	47.8	0	0
3	塔什巴③	577	98.1	3	0.4	53	1.5	0	0
4	莫呼查汗沟口④	1	12.1	9	84.5	1	2	2	1.4

---

① Spengler R. N., Chang C., Tourtellotte P. A. Agricultural production in the Central Asian mountains: Tuzusai, Kazakhstan (410-150 B.C.), *Journal of Field Archaeology*, 2013, 38 (1): 68-85.

② Spengler R. N., Frachetti M., Doumani P., et al. Early agriculture and crop transmission among bronze age mobile pastoralists of Central Eurasia. *Proceedings of the Royal Society B: Biological Sciences*, 2014, 281 (1783): 20133382.

③ Spengler R. N., Frachetti M., Doumani P., et al., Early agriculture and crop transmission among bronze age mobile pastoralists of Central Eurasia. *Proceedings of the Royal Society B: Biological Sciences*, 2014, 281 (1783): 20133382.

④ Li Y. Q., Storozum M, Tian D., Frachetti M., et al. Farming strategies of 1st millennium CE agro-pastoralists on the southern foothills of the Tianshan mountains: A geoarchaeological and macrobotanical investigation of the Mohuchahangoukou (MGK) site, Xinjiang, China. *PloS one*, 2019, 14 (6): e0217171.

续表

图七中序号	遗址	大麦（青稞/有稃大麦）		小麦		黍		粟	
		绝对数量	重量百分比（%）	绝对数量	重量百分比（%）	绝对数量	重量百分比（%）	绝对数量	重量百分比（%）
5	营盘①	2	12.2	10	47.3	40	40.5	0	0
6	小河②	0	0	107	79.1	132	20.9	0	0
7	古墓沟③	0	0	129	100	0	0	0	0
8	新塔拉④	35	32.2	90	64.4	22	3.4	0	0
9	鱼儿沟⑤	7	9.3	9	9.3	362	80.5	11	0.9
11	石人子沟⑥	87	99.6	0	0	2	0.3	1	0.1
12	古董滩⑦	26	83	6	14.9	4	2.1	0	0
13	火烧沟⑧	46	42	79	56.1	12	1.8	2	0.1
14	砂锅梁⑨	404	38.3	720	53.1	168	2.7	1075	5.9
15	大墩湾⑩	57	50.3	66	45.3	19	2.8	31	1.6

---

① Chen T., Wang X., Dai J., et al. Plant use in the Lop Nor region of southern Xinjiang, China: Archaeobotanical studies of the Yingpan cemetery (~ 25-420 AD). *Quaternary International*, 2016, 426: 166-174.

② Yang R., Yang Y., Li W., Aburesule Y., Hu X., Wang C., Jiang H. Investigation of Cereal Remains at the Xiaohe Cemetery in Xinjiang, China. *Journal of Archaeological Science*, 2014, 49: 42-47.

③ Zhang G., Wang S., Ferguson D. K., et al. Ancient plant use and palaeoenvironmental analysis at the Gumugou Cemetery, Xinjiang, China: implication from desiccated plant remains. *Archaeological and Anthropological Sciences*, 2017, 9 (2): 145-152.

④ Zhao K., Li X., Zhou X., Dodson J., Ji M. Impact of agriculture on an oasis landscape during the late Holocene: Palynological evidence from the Xintala site in Xinjiang, NW China. *Quaternary International*, 2013, 311: 81-86.

⑤ Jiang H., Wu Y., Wang H., Ferguson D. K., Li C. S. Ancient plant use at the site of Yuergou, Xinjiang, China: implications from desiccated and charred plant remains. *Vegetation History & Archaeobotany*, 2013, 22 (2): 129-140.

⑥ Tian D., Ma J., Wang J., Pilgram T., Zhao Z., Liu X. Cultivation of Naked Barley by Early Iron Age Agro-pastoralists in Xinjiang, China. *Environmental Archaeology*, 2017, 23 (4): 416-425.

⑦ Dong G. H., Yang Y. S., Liu X. Y., Li H. M., Cui Y. F., Wang H., Chen G. K., Dodson J., Chen F. H. Prehistoric trans-continental cultural exchange in the Hexi Corridor, northwest China. *The Holocene*, 2017, 28 (4): 621-628.

⑧ Dong G. H., Yang Y. S., Liu X. Y., Li H. M., Cui Y. F., Wang H., Chen G. K., Dodson J., Chen F. H. Prehistoric trans-continental cultural exchange in the Hexi Corridor, northwest China. *The Holocene*, 2017, 28 (4): 621-628.

⑨ Dong G. H., Yang Y. S., Liu X. Y., Li H. M., Cui Y. F., Wang H., Chen G. K., Dodson J., Chen F. H. Prehistoric trans-continental cultural exchange in the Hexi Corridor, northwest China. *The Holocene*, 2017, 28 (4): 621-628.

⑩ Dong G. H., Yang Y. S., Liu X. Y., Li H. M., Cui Y. F., Wang H., Chen G. K., Dodson J., Chen F. H. Prehistoric trans-continental cultural exchange in the Hexi Corridor, northwest China. *The Holocene*, 2017, 28 (4): 621-628.

五、研究结果

（一）¹⁴C测年结果

石城子遗址出土两份青稞和一份小麦样品的¹⁴C测年结果如表二所示，经树轮校正后，绝对年代范围分别是公元前40～公元170年（2σ）、公元20～220（2σ）年和公元20～210年（2σ）。可见，石城子遗址屯田农业活动的绝对年代应处于西汉晚期至东汉时期。

（二）植物浮选和分析结果

2018年度石城子遗址浮选共发现124粒炭化植物种子。我们还在石城子西墙中部城墙的草拌泥中发现了较多的植物茎秆（图四）。因为它们与炭化青稞种子共出，我们推测这些应多为青稞的茎秆遗存，作为掺合料使用来修筑城墙。在石城子遗址，我们共鉴定出4种农作物种子，分别为青稞、小麦、粟和黍（表一；图五，1～4；图版一一，1～4），还鉴定出麦仁珠、禾本科和苋科的植物种子（图五，5～7；图版一一，5～7）。另有少量种子未鉴定出植物种属（图五，8、9；图版一一，8、9）。

1. 青稞（*Hordeum vulgare* var. *coeleste* L.）

科　　禾本科（Poaceae）
属　　大麦属（*Hordeum*）
种　　青稞（*Hordeum vulgare* var. *coeleste* L.）

2. 普通小麦（*Triticum aestivum* L.）

科　　禾本科（Poaceae）
属　　小麦属（*Triticum*）
种　　普通小麦（*Triticum aestivum* L.）

3. 黍（*Panicum miliaceum* L.）

科　　禾本科（Poaceae）
属　　黍属（*Panicum*）
种　　黍（*Panicum miliaceum* L.）

0　　　　1厘米

图四　石城子遗址西墙中段出土草拌泥块

图五　石城子遗址出土植物种子

1. 青稞（*Hordeumvulgare* var. *Coeleste*）　2. 小麦（*Triticum aestivum*）　3. 粟（*Setaria italica*）　4. 黍（*Panicum miliaceum*）
5. 麦仁珠（*Galium* cf. *tricorne*）　6. 禾本科（Poaceae）　7. 苋科（Amaranthaceae）　8、9. 未知

4. 粟（*Setaria italica* L.）

科　　禾本科（Poaceae）

属　　狗尾草属（*Setaria*）

种　　粟（*Setaria italica* L.）

在石城子遗址中，炭化青稞种子共发现64粒，颖果（*n*=10）的长为4.32～6.21毫米，平均值为5.41毫米，宽为2.54～3.3毫米，平均值为2.98毫米，厚为1.66～2.89毫米，平均值为2.19毫米，顶端较平，背腹略扁，有明显的腹沟，纵贯种子全长，果实裸露；炭化普通小麦种子共发现17粒，颖果（*n*=12）的长为4.2～5.04毫米，平均值为4.69毫米，宽为2.61～3.66毫米，平均值为3毫米，厚为2.04～2.96毫米，平均值为2.41毫米，颖果长卵形，背部圆凸，腹面有明显的纵沟，近直；炭化黍种子共发现20粒；颖果（*n*=8）的长为1.76～2.28毫米，平均值为1.96毫米，宽为1.4～2.12毫米，平均值为1.8毫米，厚为1.09～1.9毫米，平均值为1.64毫米，形状圆球形，背部较鼓，胚部较短，胚区长占种子长度的1/2，炭化爆裂后呈V状；炭化粟种子共发现10粒，颖果（*n*=5）的长为1.33～1.73毫米，平均值为1.58毫米，宽为1.18～1.33毫米，平均值为1.28毫米，厚为1～1.25毫米，平均值为1.1毫米，形状近圆球形，胚区约占种子长度的2/3，炭化爆裂后呈深沟状。

石城子遗址出土农作物重量百分比的计算结果显示青稞、小麦、黍和粟的占比分别为78.9%、16.3%、4.1%和0.7%（图六）。四种谷物的出土概率分别为81.8%、45.5%、36.3%和18.2%。基于以上数据，我们推测石城子遗址汉代屯田的主要作物品种应该是青稞。除此之外，小麦也占据了相当大的比重，两种小米在农业种植组合中占据的比例较低。考虑到我们在石城子遗址西墙中部的城墙草拌泥中发现了相当数量的炭化青稞、小麦及其茎秆遗存（表一和图四，结合同时发现的农田杂草种子和[14]C测年结果，我们有理由认为石城子遗址出土的炭化农作物应该为本地生产，与两汉时期天山北麓汉代戍卒的屯田农业活动息息相关。

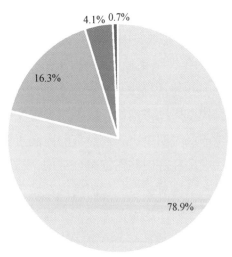

图六　石城子出土农作物重量百分比

由于石城子汉代城址所在的东天山北麓地区处于联通中亚草原、南疆与河西走廊西部的关键地带，我们选择将该遗址的作物组合（重量百分比）同以上地区其他汉代之前或两汉时期考古遗址或墓葬的作物组合进行比较分析，进一步探讨汉代屯田农业生产的策略。各个地点的作物重量百分比计算结果如表三所示。虽然一般认为考古遗址与墓葬出土的植物遗存可能存在差异，但总的来看，本文中涉及的遗址与墓葬两种遗迹出土的农作物遗存都较好地记录了当地农业生产的基本状况，所以我们暂将其合并讨论。15处地点的作物组合如图七所示，从图中可以发现这些地点的作物组合可以大致分为五类。

第一类的遗址点为图七中5～7、9，主要位于塔里木盆地和吐鲁番盆地，这些遗址的作物组合中主要以小麦和黍为主，有少量青稞。第二类的遗址点为图七中4、8、12～15，主要位于焉耆盆地与河西走廊西部，这些遗址的作物组合主要以小麦和青稞/大麦为主，有很少量的粟或黍；需要指出的是古董滩遗址（图七，12）的作物组合与周边其他3处遗址（图七，13～15）相比明显不同，而与石城子遗址（图七，10）的情况比较接近。由于目前还未对古董滩遗址开展全面的植物考古研究，对古董滩遗址作物组合的特征及形成原因还有待于今后的深入探讨。第三类的遗址点为图七中10、11，位于东天山北麓，这些遗址作物组合中青稞占绝对重要的地位，有少量小麦，黍和粟的比重很低。第四类的遗址点为图七中1、2，位于天山山脉西部的中亚低海拔地区，作物组合中常见小麦、黍和青稞。第五类的遗址点为图七中3，位于天山山脉西部的中亚高海拔地区，作物组合以青稞为主，有少量黍。

六、分析与讨论

作物组合是从事农业的人群在长期生产实践中，在自然环境与社会文化等因素的影响下，逐渐形成的适应性作物生产组合搭配，能够直接反映农业经济的内涵和生产策略[1]。2018年度石城子遗址植物遗存的浮选工作，为探索东天山北麓两汉时期屯田农业经济提供了新的实物资料[2]。在本文中，我们对石城子遗址西墙南段汉代踩踏面上发现的炭化青稞种子进行了新的 ^{14}C 测年，结果显示石城子的屯田活动最早可以追溯至公元前40年（表二）。据文献记载，公元前48年西汉中央政府在车师地区置戊己校尉，统领在屯田事务[3]。新的发现说明石城子遗址汉代屯田经济确始于汉帝国设置戊己校尉之后，与史书记载相符。出土大植物遗存揭示出石城子两汉时期屯田农业经济的内涵主要以种植青稞为主，兼有小麦、黍和粟的经营。将石城子汉代屯田经济中的作物组合结构，与周边地区其他13处遗址农牧混合人群开展农业生产时的作物组合结构对比后，我们发现石城子遗址所在的东天山北麓地区的农业生产与塔里木盆地、焉耆盆地、河西走廊西部和中亚的低海拔地区的农业生产在作物组合结构方面明显不同（图七）。前面四个地区年均气温相对较高，适宜作物生长的水热条件相对较好[4]。即使有的地方年均降水量较少，甚至极端干旱，但附近山脉的冰雪融水可为当地农业生产提供所需的水分。因

---

[1]　Chen F. H., Dong G. H., Zhang D. J., Liu X. Y., Jia X., An C. B., Ma M. M., Xie Y. W., Barton L., Ren X. Y., Zhao Z. J., Wu X. H., Jones M. K. Agriculture facilitated permanent human occupation of the Tibetan Plateau after 3600 BP. *Science*, 2015, 347 (6219): 248-250.

[2]　Sheng P., Storozum M., Tian X., Wu Y. Foodways on the Han dynasty's western frontier: Archeobotanical and isotopic investigations at Shichengzi, Xinjiang, China. *The Holocene*, 2020, 30 (8): 1174-1185.

[3]　（汉）班固撰，（唐）颜师古注：《汉书》卷十九上"百官公卿表"，中华书局，1962年，第738页。

[4]　Sheng P., Storozum M., Tian X., Wu Y. Foodways on the Han dynasty's western frontier: Archeobotanical and isotopic investigations at Shichengzi, Xinjiang, China. *The Holocene*, 2020, 30 (8): 1174-1185.

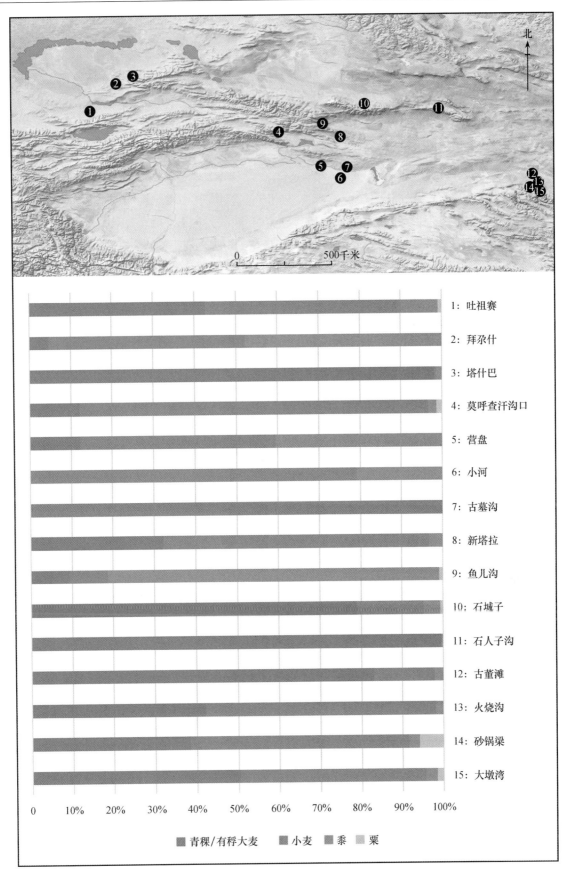

图七　石城子遗址及附近地区其他遗址的作物组合

此，以上四个地区的农业生产中可见喜温作物如小麦、黍和粟在当地农业生产中占据了重要的地位。

根据《汉书》记载，汉武帝时期搜粟都尉桑弘羊为了解决中原王朝进军西域过程中"士卒不患战而患饥"的窘境，建议在轮台以东捷枝、渠犁等地设置校尉，派遣戍卒发展屯田事业[1]。在相关建议的背景下，西汉中央政府开始逐步在西域地区建立屯城，发展屯田经济[2]。除了文献记载，吐鲁番盆地的胜金店墓地曾出土数量较多处于汉代的大植物遗存，为我们了解这时期吐鲁番地区农业生产中的作物组合提供了考古线索[3]。根据蒋洪恩等学者的研究，该墓地出土的粮食作物遗存有黍、粟、青稞、大麦和小麦，其中小麦、黍和青稞占据主要地位，粟和大麦为辅。特别引人关注的是该地出土了大量麦秆、麦穗和颖果等小麦遗存，表明在汉代吐鲁番地区的农业生产中小麦占据了非常重要的位置。以小麦和黍为主的作物组合也发现于南疆青铜时代至早铁器时代的古墓沟墓地、小河墓地、鱼儿沟遗址以及汉晋时期的营盘墓地中（图七，7、6、9、5）。

相比而言，我们发现位于东天山北麓的石城子遗址（图七，10）与附近的石人子沟遗址（图七，11）和中亚高海拔地区的塔什巴遗址（图七，3）的作物组合有明显的相似之处。这些地点的农业生产中都是以青稞的栽培为最主要组成。三个遗址所在的地区的纬度和海拔均相对较高，热量条件相对较差，植物生长期很短。尽管受到北半球中高纬度西风带湿润气流的影响，天山北麓的年均降水条件比位于南部的塔里木盆地、焉耆盆地和河西走廊西部良好，但整体上寒冷的自然环境使得石城子、石人子沟和塔什巴遗址的农业生产与其他遗址相当不同[4]。根据现有的植物考古资料，我们发现喜凉作物青稞在古代西域地区农业生产中的比重存在随着纬度和海拔的升高而明显增加的趋势。同时，我们发现纬度较高的遗址中作物品种的数量也明显减少，栽培青稞的重要性得到凸显。青稞生长期短，相较于小麦和小米非常适应寒冷环境，因而在高纬度或高海拔地区更具优势[5]。据文献记载，公元前60年匈奴日逐王部与匈奴单于矛盾激化转而投降汉王朝，汉军顺利挺进至东天山以北地区[6]。在面对天山北麓寒冷的气候条件时，汉军若要保持相对稳固的军事存在，必须在远离已有屯田核心地区而更加靠近匈奴势力的

① （汉）班固撰，（唐）颜师古注：《汉书》卷六十一《张骞李广利传》，中华书局，1962年，第2699页；（汉）班固撰，（唐）颜师古注：《汉书》卷九十六下《西域传》，中华书局，1962年，第3912页。

② 张安福、田海峰：《城址遗存与汉代西域屯城布局》，《中国历史地理论丛》2015年第3期，第47～55页。

③ Jiang H., Zhang Y., Lü E., Wang C. Archaeobotanical evidence of plant utilization in the ancient Turpan of Xinjiang, China: a case study at the Shengjindian cemetery. *Vegetation History & Archaeobotany*, 2015, 24 (1): 165-177.

④ Sheng P., Storozum M., Tian X., Wu Y. Foodways on the Han dynasty's western frontier: Archeobotanical and isotopic investigations at Shichengzi, Xinjiang, China. *The Holocene*, 2020, 30 (8): 1174-1185.

⑤ Guedes Jade D'Alpoim, et al. Moving agriculture onto the Tibetan plateau: the archaeobotanical evidence. *Archaeological and Anthropological Sciences*, 2014, 6: 255-269.

⑥ （汉）班固撰，（唐）颜师古注：《汉书》卷八《宣帝纪》，中华书局，1962年，第262页；洪涛：《汉西域都护府的建立及其历史地位》，《西域研究》1999年第3期，第9～14页。

环境中生存下去。因此，汉军需要在相对寒冷的北疆山地草原环境中开展相当规模的农业生产活动来保障后勤补给。这些新的状况给进入东天山北麓的汉代屯田戍卒提出了新的挑战，无疑需要汉人以有效的农业适应策略来应对。

在前面的讨论中，我们从胜金店出土大植物遗存的分析结果推测出汉代戍卒在南疆地区屯田生产中的作物组合可能以小麦和黍为主，有少量大麦（ *H.vulgar* ）或粟。然而，对石城子遗址作物组合的研究表明汉代戍卒在将屯田事业推进至车师后部所在的天山北麓时可能为了适应当地寒冷的气候环境，采取了不同于之前在天山以南温暖绿洲地区屯田时的农业生产策略，即将以喜温的小麦和黍为主的作物组合调整为以耐寒的青稞为主。田多等学者在石人沟遗址发现的炭化青稞种子的测年结果为2150年±30年，经树木年轮校正结果为公元前230~公元50年（2σ），为我们提供了对比石城子汉代屯田戍卒与东天山北麓地区早铁器时代农牧混合人群农业生产策略异同的考古实证[1]。我们发现石人子沟人群农业生产中也以栽培青稞为主，并兼有很少量的小米生产。可见，汉代戍卒屯田的作物选择总体与周边地区早铁器时代农牧混合人群的作物选择极其相似。

不过我们发现炭化小麦在石城子作物组合结构中占据了相当大的比重，而石人子沟遗址未有小麦出土，表明相比于东天山北麓早铁器时代的农牧混合人群，汉代戍卒在发展屯田经济的过程中对小麦的种植也相当重视。总的来看，石城子汉代屯田经济相比于石人子沟农牧混合人群的农业经济，形成了更加多样化的农业生产策略。我们认为这既能够适应天山北麓寒冷的气候条件，提升屯田农业经济应对风险的能力，又实现了汉人"尽地力"来维持生计的根本目标，为两汉时期汉朝在天山以北地区的政治军事活动提供了有力的后勤保障。通过对14处新疆及周边地区考古遗址出土农作物组合的分析，我们进一步确认了古代西域地区的温度和水分是影响当地农业生产的最重要因素，人类的农业生产策略与技术选择都直接受控于这些客观的自然环境条件。因此，因地制宜和抗险保收是新疆地区古代屯田农业生产策略的核心。直至千年之后，中原王朝屯垦新疆地区的另一个重要时期——清朝，我们发现这样的核心农业生产策略仍在清军屯垦天山南北的过程中发挥了重要的作用。

根据清代的文献档案记载，清军在新疆巴里坤和吐鲁番进行屯垦活动时，天山南北的农作物组合结构也显示出明显的区别，与我们之前从考古遗址出土植物遗存分析出的天山南北作物组合差异的结果近乎相同[2]。具体来说，天山以北地区的情况，如乾隆四十二年四月十五日（公元1777年5月21日）乌鲁木齐提督俞金鳌奏报"乌鲁木齐屯田东至济木萨，西至玛纳斯，绵亘八百余里。二月春分开犁，先种青稞，次种小麦，再种粟谷"[3]。这与处于同一地区约

---

① Tian D., Ma J., Wang J., Pilgram T., Zhao Z., Liu X. Cultivation of naked barley by Early Iron Age Agro-pastoralists in Xinjiang, China. *Environmental Archaeology*, 2017, 23 (4): 416-425.

② 刘壮壮：《绩效·技术选择·政策演变：清统一前新疆屯垦（1644~1759）》，《农业考古》2016年第6期，第107~114页。

③ 中国科学院地理科学与资源研究所、中国第一历史档案馆：《清代奏折汇编——农业·环境》，商务印书馆，2005年，第269页。

2000年前的石城子遗址汉代屯田的作物品种一致。巴里坤地区的农业生产则以青稞为主，如乾隆二十二年（公元1757年）陕甘总督黄廷桂谈及巴里坤一带的屯垦时强调"巴里坤一带气寒霜早，惟宜青稞"[①]。为了充分保证粮食收获，应对农业生产中的风险，在巴里坤清代屯田农业生产中"应令各兵丁于青稞外，如糜谷之类，少为试种，有收再增"[②]。这与同一地区的早铁器时代石人子沟遗址植物考古的结果相似。而在天山以南的吐鲁番地区，清军屯垦的重点作物则为小麦和糜子。例如，乾隆二十三年九月二十八日（公元1758年10月29日）管陕甘总督事的黄廷桂在奏报中讲到"土鲁番一带今岁耕种地亩，止种粟、糜二项。糜谷较粟谷收数减少，且地方多风，糜壳性松，最易摇落。明年停种糜子，止以粟谷、青稞、小麦三色配搭布种"[③]。

　　另外，乾隆二十六年八月初五日（公元1761年9月3日）陕甘总督杨应琚在奏报中提及"巴里坤虽向因气候阴寒，只能种植青稞、大麦。但口外各处供支，俱将青稞、大麦碾炒成面，与粟米、麦面三色搭支，由来已久，故各处屯田皆兼种青稞、大麦"[④]。巴里坤距离奇台较近，气候环境有较多相似之处，我们认为杨应琚奏报中提及的屯田巴里坤的清军作物种植布局和饮食习惯对于理解两汉时期石城子屯田农业经济和戍卒生活仍然具有重要的参考价值。总之，我们通过对奇台石城子遗址出土炭化农作物遗存开展植物鉴定和[14]C测年工作，勾画了公元前48年西汉政府置戊己校尉之后，汉代戍卒在东天山北麓发展以青稞栽培为主，兼种小麦和小米的屯田农业生产的生动历史画面；通过与其他遗址植物遗存和相关文献的对比分析，我们认为既因地制宜，又充分抗风险"尽地力"的多样化农业生产策略可能是汉人将自身农业生产经验与天山南北农牧混合人群的农业适应策略相结合的产物。

七、结论和展望

　　通过对新疆奇台县石城子遗址出土炭化植物遗存的植物考古学研究，我们共发现4种炭化农作物遗存，其中青稞占比最大，其他农作物品种有小麦、黍和粟，为探讨两汉时期天山北麓屯田经济的内涵和农业生产策略提供了直接证据。天山北麓复杂的自然环境及汉匈之间激烈的斗争无疑给当地汉代军民的生存增加了相当大的不确定性。因此，石城子汉代戍卒为了应对东天山北麓寒冷的气候条件，可能因地制宜地借鉴了该地区早铁器时代农牧混合人群的农业生产策略，发展出以抗寒冷环境风险为导向的多样化屯田农业经济。尽管本文分析了石城子遗址汉代戍卒农业活动的植物考古资料，但我们所发现和介绍的仅是目前该遗址阶段性的研究成果之

　　① 《清高宗实录》卷五四八，中华书局，1985年，第987页。
　　② 《清高宗实录》卷五四八，中华书局，1985年，第987页。
　　③ 中国科学院地理科学与资源研究所、中国第一历史档案馆：《清代奏折汇编——农业·环境》，商务印书馆，2005年，第171页。
　　④ 中国科学院地理科学与资源研究所、中国第一历史档案馆：《清代奏折汇编——农业·环境》，商务印书馆，2005年，第203页。

一，引出的新问题仍需更多的研究予以明确解答。例如，在石城子遗址出土的农作物遗存中是否存在非本地生产而作为军事补给由其他地区输入的，还需要结合其他科学技术方法予以深入探索。

（原载《西域研究》2022年第2期，收录于本报告时略作增补）

石城子出土骨骼、炭化植物遗存的碳氮稳定同位素分析

董惟妙　孙　晨　生膨菲

（新疆维吾尔自治区文物考古研究所；复旦大学科技考古研究院；复旦大学文物与博物馆学系）

一、引　　言

新疆地域辽阔，历史悠久，不同区域间的自然与社会环境差异显著。学者已在新疆天山和阿尔泰山沿线开展过相当数量的同位素古食谱分析工作，为探讨新疆古代居民的生业经济与生活方式奠定了基础[①]。但以往的研究者主要关注新疆青铜时代至早期铁器时代的遗址，对新疆历史时期的遗址关注较少。而且先前针对新疆的同位素古食谱分析工作多数仅涉及人骨样本，未充分将动物和植物所能提供的同位素本底值纳入分析，极大限制了对古代新疆居民的食谱与经济生活的深入研究。新疆奇台县石城子遗址出土了丰富的汉代人骨、动物骨与炭化植物遗存[②]。鉴于此，本文在相关研究的基础上选择对该遗址出土人、动物和炭化植物种子样本开展碳氮稳定同位素分析，为进一步探讨新疆天山北麓两汉时期的屯田生产与戍卒生活提供新的科学依据。

---

①　Wang W., Liu Y., Duan F., et al. A comprehensive investigation of Bronze Age human dietary strategies from different altitudinal environments in the Inner Asian Mountain Corridor. *Journal of Archaeological Science*, 2021, 121: 105201.

②　田小红、吴勇、多斯江、张树春、陈新儒：《新疆奇台石城子遗址2016年发掘简报》，《文物》2018年第5期，第4~25页；田小红、冯志东、吴勇：《新疆奇台县石城子遗址2018年发掘简报》，《考古》2020年第12期，第21~40页；Sheng P., Storozum M., Tian X., Wu Y. Foodways on the Han dynasty's western frontier: Archeobotanical and isotopic investigations at Shichengzi, Xinjiang, China. *The Holocene*, 2020, 30 (8): 1174-1185.

二、材料和方法

（一）样品采集

石城子遗址在发掘过程出土了大量动物和人的骨骼遗存。就出土动物骨骼来看，经科学鉴定与统计后发现石城子遗址在2014～2019年发掘季出土的动物骨骼标本总数超过16000块，除去其中过于破碎或因特征部位未保留而难以鉴定的样本外，可鉴定标本数已接近13000件。这些骨骼样本的数量多、保存好，为后续研究工作提供了大量可靠的考古材料。本文选用的动物骨骼样本主要来自2014、2016～2018年发掘季，炭化植物和人骨样本来自2018年发掘季。

根据动物考古研究的结果，在动物样品中羊占比最大，超过了其他所有动物的总和，排在其后的是牛、马、狗、猪等家养动物。野生动物的种类较多，但整体数量很少。我们估计如果同位素分析按照动物骨骼出土概率或可鉴定最小个体数的比例进行样本选择，会导致大宗动物（比如羊）与较少出现的动物（比如鹿）测试样本数出现巨大差异。因此，在甄选动物样本时，我们主要考虑选择遗址中出土数量较多的几种家养动物，另外也选择少量野生动物作为对比（表一）。人骨样本来自2018年发掘者在石城子城址西面发掘的10座墓葬，其中8座墓葬的人骨保存状况较好，因此我们选择对它们开展同位素研究（表一）。考虑到2018年石城子遗址浮选出土的植物遗存中以青稞占据多数，其他农作物遗存有小麦、黍和粟，我们对植物样本的选择主要以青稞和小麦为主，同时也选择少量炭化粟黍种子进行分析（表一）。

表一　石城子遗址出土人、动物和植物碳氮元素及同位素分析结果

批次	样品编号	样品种属	采样部位	骨胶原产率（%）	C/N	$\delta^{13}C$（‰）	$\Delta^{13}C$	$\delta^{15}N$（‰）
一	QSM1-1	人	胫骨	9.51	3.1	−16.3		13.4
	QSM2-1	人	胫骨	13.01	3.2	−17		14.3
	QSM3-1	人	胫骨	10.26	3.1	−17.3		9.6
	QSM4-1	人	胫骨	8.9	3.2	−16.9		13.7
	QSM5-1	人	胫骨	18.34	3.2	−16		14.1
	QSM6-1	人	胫骨	10.94	3.2	−16.9		13.3
	QSM8-1	人	胫骨	7.09	3.2	−18.2		13.7
	QSM9-1	人	胫骨	10.42	3.2	−18.2		10.3
二	14QSH1：c1	狗	头骨	2.67	3.2	−18		11.3
	17QST31东隔梁	狗	指骨	14.59	3.2	−18.8		10.4
	16QS无标签2：m1	狗	下颌	13.78	3.2	−16.7		11.5
	14QS表土：m3	狗	下颌	11.4	3.2	−14.4		12.2
	14QSH1：m13	狗	下颌	9.27	3.2	−18.3		10.9

续表

批次	样品编号	样品种属	采样部位	骨胶原产率（%）	C/N	$\delta^{13}C$（‰）	$\Delta^{13}C$	$\delta^{15}N$（‰）
	14QSH1：m38	猪	下颌	6.78	3.2	−14.4		9.9
	14QS表土：m4	猪	下颌	9.2	3.2	−18.8		8.7
	14QSH1：p2	马	盆骨	11.24	3.2	−19.4		8.3
	14QSH1：m1	马	下颌	11.95	3.2	−20.1		6.1
	14QSH1：mt6	马	跗骨	19.91	3.2	−20.2		5.8
	14QSH1：m37	马	下颌	11.24	3.2	−20.3		6.2
二	14QSH1（无标签）：m19	马	下颌	8.33	3.2	−20		5.8
	14QSH1：ph1	马	指骨	10.5	3.2	−14.8		9.8
	14QSH1：v1	马	胸椎	9.73	3.2	−20.2		6.8
	14QSH1：ph4	马	趾骨	9.48	3.2	−20.3		4.9
	14QSH1：ph2	马	指骨	4.13	3.2	−14.5		8.8
	14QSH1：f1	马	股骨	4.04	3.2	−20		8.1
	14QSH1：mt1	马	跗骨	15.14	3.1	−19.6		9.2
	QSX1	马	肢骨	8.46	3.2	−20.2		5.4
一	QSCTM4：2014西墙南段汉代踩踏面	牛	肢骨		3.2	−19.4		8.2
	QSN1：2014西墙南段第12、13层	牛	距骨		3.1	−18.3		8.8
	16QST15：m1	牛	下颌	3.89	3.2	−18.4		8.2
	16QS无标签：m2	牛	下颌	8.87	3.2	−19.2		7.5
	14QSH1：r1	牛	桡骨	10.9	3.2	−18.3		8
	16QST17：m1	牛	上颌	14.74	3.2	−14.5		8.7
	16QST15：m5	牛	下颌	18.26	3.2	−20.3		4.8
	16QST24：m1	牛	下颌	5.8	3.2	−17.8		8.6
	16QS无标签：m3	牛	下颌	14.43	3.2	−18.8		8.9
	14QSJ（3）c：m1	牛	上颌	20.49	3.2	−19.9		9.3
	14QSH1：m22	牛	下颌	10.94	3.2	−18.5		9.3
二	14QSH1（无标签）：m21	牛	下颌	21.33	3.2	−17.7		9.2
	14QSH1：m12	牛	下颌	10.08	3.2	−18.6		11
	14QSH1：ag1	牛	距骨	16.24	3.2	−18.8		10.8
	14QSH1：c6	牛	头骨	13.88	3.2	−19.9		8.3
	14QS表土：ph1	牛	指骨	16.99	3.2	−17.5		9.8
	14QSH1：r2	牛	桡骨	14.92	3.2	−18.8		9.3
	14QSH1：m42	牛	上颌	15.18	3.2	−18.2		8.4
	14QSH1：c3	牛	额骨	12.03	3.2	−18		7.5
	16QST18：p2	羊	盆骨	3.11	3.2	−16.9		9.5
	16QS无标签	羊	肩胛骨	0.61	3.2	−18.9		10.7
	14QSH1：ag2	羊	距骨	13.89	3.2	−18.8		8.5

批次	样品编号	样品种属	采样部位	骨胶原产率（%）	C/N	$\delta^{13}C$（‰）	$\Delta^{13}C$	$\delta^{15}N$（‰）
二	14QSH1：c4	羊	头骨	9.88	3.2	−18.2		8
	14QSH1（无标签）2：c7	羊	头骨	8.97	3.2	−20.3		9.9
	14QSH1：v2	羊	腰椎	13.47	3.2	−18.5		8.1
	14QSH1：p1	羊	盆骨	10.96	3.3	−18.6		8.8
一	QSY：2014西墙南段第12、13层	羊	上颌	9.57	3.2	−18.5		9.5
	QST63G1	羊	下颌	10.13	3.2	−19.1		8.5
	QST67第9层	羊	下颌	10.93	3.2	−19.2		7.7
	QSY2：2014西墙南段第12、13层	羊	下颌		3.2	−18.8		7.1
	QSY3：2014西墙南段第12、13层	羊	下颌		3.2	−18.3		7.5
	QSCTM1：2014西墙南段汉代踩踏面	羊	下颌		3.2	−17.3		8.9
	QSCTM2：2014西墙南段汉代踩踏面	羊	下颌		3.2	−18.4		7.7
二	14QSH1：at2	大型野生羊	寰椎	10.69	3.2	−19.8		8.3
	14QS表土：at1	鹿	寰椎	8.16	3.2	−19.3		7.3
	14QS表土：a1	鹿	角	3.22	3.2	−20.4		2.8
	14QS表土：h1	大中型哺乳动物	肱骨	7.9	3.2	−19.4		6.5
	14QSJ（3）c：f1	大中型哺乳动物	股骨	10.69	3.2	−15.9		11.8
	16QST12：ph1	大中型哺乳动物	趾骨	20.26	3.2	−19		10.3
	14QSJ（3）c：v1	大中型哺乳动物	颈椎	19.15	3.2	−19.4		5.8
	14QSH1：c2	大中型哺乳动物	顶骨	11.62	3.2	−18.3		9.1
	14QSH1：c5	大中型哺乳动物	头骨	11.65	3.2	−15.8		11
	16QS无标签2：u1/r1	兔	桡骨	12.57	3.2	−19.2		7.9
	16QST12：s1	兔	肩胛骨	8.6	3.2	−19.1		9
	17QST29第3层	兔	趾骨	7.56	3.2	−17.2		6.3
	16QST18	兔	盆骨	20.01	3.2	−19		9.2
	16QS东北角灰坑：f1	兔	股骨	13.21	3.2	19		7.4
	16QS无标签2：h1/mt1	鸡/雉	跗骨	4.36	3.2	−18.4		7.7
	16QST18：bird1	里海鸥	胫足跟骨	7.28	3.2	−19.3		10.1
一	T63第10层	青稞	种子		22.6	−23.1	17.2	5.3
	T66第11层	青稞	种子		34	−24.8	19	8.5
	T67	青稞	种子		16.9	−22.2	16.3	11.8
	T67第9层	青稞	种子		12.7	−19.7	13.7	9.3
	T66第11层	青稞	种子		16.7	−23	17.1	5.8
	T66第11层	青稞	种子		13.1	−21	15	4.6
	T66第11层	青稞	种子		29.9	−25.8	20	6.7
	T65第10层	青稞	种子		14.3	−23.3	17.4	7.4
	2014西墙南段第12、13层	青稞	种子		22.7	−24.7	18.9	8.8

续表

批次	样品编号	样品种属	采样部位	骨胶原产率（%）	C/N	$\delta^{13}C$（‰）	$\Delta^{13}C$	$\delta^{15}N$（‰）
一	2014西墙南段第12、13层	青稞	种子		14.5	−23.7	17.8	10.4
	2016房中灰坑	青稞	种子		16.3	−25.4	19.6	5.6
	T63第10层	青稞	种子		25.6	−24.1	18.2	3.1
	T65第10层	小麦	种子		15.3	−20.8	14.8	8.4
	T63第10层	小麦	种子		13.9	−23.4	17.5	5.5
	2014西墙南段汉代踩踏面	小麦	种子		17	−25.4	19.6	6.8
	2014西墙南段第12、13层	小麦	种子		22.5	−23.9	18	6.8
	2014西墙南段第12、13层	小麦	种子		16.7	−23.8	17.9	6.9
	T63第10层	小麦	种子		19.3	−25.1	19.3	4.1
	2014西墙南段汉代踩踏面	小麦	种子		13.1	−23.5	17.6	6.3
	2014西墙南段第12、13层	小麦	种子		21.5	−22.5	16.6	3.1
	2014西墙南段汉代踩踏面	小麦	种子		14.6	−21.8	15.8	9.4
	2014西墙南段第12、13层	小麦	种子		7.8	−23.2	17.3	14.9
	2018T67	黍	种子		17.1	−11.9		9.6
	2014西墙南段第12、13层	粟	种子		14.5	−11.6		10.7

（二）碳氮稳定同位素分析原理

根据"我即我食"原理[①]，人和动物骨骼会记录其生前一段时间所摄入食物的信息。其中，碳同位素值主要反映植物性食物的来源，可以有效区分C₄植物（粟、黍、玉米等）和C₃植物（大麦、小麦、水稻等），而氮同位素值会沿着食物链产生富集，能为考察肉食资源的消费利用状况提供科学依据[②]。由于骨骼同位素组成能够较全面地反映过去人类的食谱构成信息，能够揭示古代人群长期的食物组成，经过几十年的探索和完善，骨骼碳氮稳定同位素分析方法已被广泛应用于全球范围内古代居民食谱的重建，并在探索农业起源、生业模式转变、社会分层和性别差异等社会与生产问题领域取得了显著的成效[③]。

近年来，对考古出土炭化农作物遗存开展碳氮稳定同位素分析是植物考古学与稳定同位素分析方法交叉融合的热点，为探索古代农作物生长的水分状况和土壤营养状况打开了新的局

---

① Lee-Thorp J. A. On isotopes and old bones. *Archaeometry*, 2008, 50 (6): 925-950.

② Tieszen L. L. Natural variations in the carbon isotope values of plants-implications for archaeology, ecology, and paleoecology. *Journal of Archaeological Science*, 1991, 18: 227-248; Hedges R. E. M., Reynard L. M. Nitrogen isotopes and the trophic level of humans in archaeology, *Journal of Archaeological Science*, 2007, 34: 1240-1251.

③ Richards M. Isotope Analysis for Diet Studies. *Archaeological Science: An Introduction*. Cambridge: Cambridge University Press, 2020: 125-143.

面[1]。有学者认为它最有潜力为解答有关古代农业发展状况、人类农田管理行为和策略等相关问题提供直接证据[2]。考虑到植物同位素分析方法是在考古领域新近采取的研究方法，我们对其原理的介绍相对详尽，具体如下。

自然界中的碳稳定同位素有两种，分别是^{12}C和^{13}C。植物体在进行光合作用的过程中会优先吸收较轻的^{12}C，随后便产生了碳同位素的分馏，其表达式为：

$$\Delta^{13}C = \frac{\delta^{13}C_{air} - \delta^{13}C_{plant}}{1 + \delta^{13}C_{plant}/1000}$$

其中的$\delta^{13}C_{air}$和$\delta^{13}C_{plant}$分别代表了自然空气的$\delta^{13}C$值和植物体的$\delta^{13}C$值[3]。植物在优越的环境条件下生长，叶片上的气孔会完全打开，CO_2在叶片细胞内的流通未受限制，因此会充分地进行碳同位素分馏，使得植物体显示出较低的$\delta^{13}C$值。而在干旱等环境胁迫影响时，植物叶片的气孔会通过关闭来降低蒸腾作用，因此就限制CO_2的流通和光合作用过程，减弱了C同位素的分馏效应。根据现有研究成果，C_3类植物（大麦、小麦、水稻、乔木和大多数草本植物等）组织中的$\delta^{13}C$值与CO_2吸收效率及气孔导度表现出负相关关系[4]。一般而言，谷物种子的$\delta^{13}C$值反映了种子形成及灌浆成熟过程的水分状况。处于灌浆期的麦类作物对水分的需求较多，需要保证充足的水分才能获得较好的收成。已有学者经过现代农田控制实验，建立了大麦和小麦碳同位素分馏结果（$\Delta^{13}C$）与水分投入的关系模型[5]。鉴于青稞（*Hordeum vulgare* var. *coeleste*）属于一种裸粒型的大麦（*Hordeum vulgare*），在本文中我们将利用该模型，探讨石城子遗址两汉时期麦类作物种子形成及灌浆成熟过程的水分状况。

氮循环是一项重要的生物地球化学循环过程，植物体内氮素主要来源于土壤[6]，因而考古出土农作物遗存的$\delta^{15}N$值可以一定程度上记录古代农田的土壤营养状况，为探讨古代人类的农

① Bogaard A., Fraser R., Heaton T. H. E., Wallace M., Vaiglova P., Charles M., et al. Crop manuring and intensive land management by Europe's first farmers. *Proceedings of the National Academy of Sciences*, 2013, 110. 12589-12594, Wallace M., Jones G., Charles M., Fraser R., Halstead P., Heaton T. H. E., Bogaard A. Stable carbon isotope analysis as a direct means of inferring crop water status and water management practices. *World Archaeology*, 2013, 45 (3): 388-409.

② Styring A. K., Charles M., Fantone F., Hald M. M., Mcmahon A., Meadow R. H., et al. Isotope evidence for agricultural extensification reveals how the world's first cities were fed. *Nature Plants*, 2017, 3 (6): 17076.

③ Farquhar G. D., Ehleringer J. R., Hubick K. T. Carbon Isotope Discrimination and Photosynthesis. *Annual Review of Plant Physiology and Plant Molecular Biology*, 1989, 40 (1): 503-537.

④ Farquhar G. D., Ehleringer J. R., Hubick K. T. Carbon Isotope Discrimination and Photosynthesis. *Annual Review of Plant Physiology and Plant Molecular Biology*, 1989, 40 (1): 503-537.

⑤ Wallace M., Jones G., Charles M., Fraser R., Halstead P., Heaton T. H. E., Bogaard A. Stable carbon isotope analysis as a direct means of inferring crop water status and water management practices. *World Archaeology*, 2013, 45 (3): 388-409.

⑥ Szpak P. Complexities of nitrogen isotope biogeochemistry in plant-soil systems: implications for the study of ancient agricultural and animal management practices. *Front Plant Science*, 2014, 5: 288.

田管理活动和策略提供考古依据[①]。由于人类活动普遍会影响其生产、生活环境中土壤的氮同位素值，如出现氮的富集现象，结果会造成生长在这些土壤中的农作物的δ^{15}N值相对于那些生长在未受到或受到影响程度小的环境背景中的植物体明显升高。因此，以往学者建议在考察人类活动对遗址内土壤营养状况和作物种子N稳定同位素值是否产生影响时，必须首先建立遗址周边地区未受或受人类活动影响较小的自然植被的δ^{15}N值，即接近无人类或较低人类活动干扰状态下自然植被的N稳定同位素基准值。之后，再比较作物同位素值相对与自然基准值之间的差异，进而获得对农田土壤营养状况的了解。目前，国际学界常用的方法是利用考古遗址出土野生大型食草动物骨胶原的N稳定同位素值减去δ^{15}N值随营养级效应的富集值（4‰），粗略估算没有或较少受到人类活动影响的自然植被的δ^{15}N值。

（三）同位素分析测试

在本文中，人、动物骨骼和植物种子样本的碳氮稳定同位素分析分为两个批次分别完成，样品信息详见表一。

第一批样本主要为人骨、炭化农作物种子和一些动物骨样本。我们选取石城子遗址2018年度田野考古发掘出土的8例人骨样本、1例马骨样本、2例牛骨样本和7例羊骨标本，同时选择2018年石城子浮选出土的12份炭化青稞（*Hordeum vulgare* var. *coeleste*）种子、10份炭化小麦（*Triticum aestivum*）种子、1份炭化黍（*Panicum miliaceum*）种子和1份炭化粟（*Setaria italica*）种子进行碳氮稳定同位素分析。首先将保存完整且表面干净的炭化种子样本放于试管中，加入去离子水冲洗三遍；再将样品冷冻干燥；为保证植物样品的均一化，使用玛瑙研钵将炭化植物种子研磨成粉末留待测试。同时，依据Richards和Hedges等[②]介绍的方法并略作修改来进行人骨和动物骨样本胶原的提取工作。首先机械去除骨样内外表面的污染物后，称取约0.5克样本，加入0.5摩尔/升盐酸于5℃下浸泡，每隔2天换新鲜酸液，直至骨样松软无气泡为止。去离子水清洗至中性，加入0.125摩尔/升氢氧化钠，室温下浸泡20小时，再洗至中性。置入pH=3溶液中，70℃下明胶化48小时，浓缩并热滤，冷冻干燥后即得胶原蛋白。

该批次炭化植物种子和骨胶原样本的同位素测试在中国农业科学院环境稳定同位素实验室（AESIL，CAAS）完成，获得了炭化植物种子和骨胶原样本的C、N含量及稳定同位素比值。实验仪器为元素分析仪（Elementar Vario）联用的同位素质谱仪（Isoprime 100），以USGS40（$\delta^{13}C_{PDB}=-26.39‰ \pm 0.04‰$，$\delta^{15}N_{air}=-4.52‰ \pm 0.06‰$）和 USGS41a（$\delta^{13}C_{PDB}=36.55‰ \pm 0.08‰$，$\delta^{15}N_{air}=47.55‰ \pm 0.15‰$）为标样。C同位素的分析结果以相对美国南卡罗来纳州（Caroline）白垩系皮迪组箭石（Cretaceous Belemnite）C同位素丰度比（PDB）的δ^{13}C表

① Gron K., Larsson M., Gröcke D., et al. Archaeological cereals as an isotope record of long-term soil health and anthropogenic amendment in southern Scandinavia. *Quaternary Science Reviews*, 2021, 253: 106762.

② Richards M. P., Hedges R. E. M. Stable, sotope evidence for similarites in the types of marine foods used by late Mesolithic humans at sites along the Atlantic coast of Europe. *Journal of Archaeological Science*, 1999, 26 (6): 717-722.

示，N同位素的分析结果以相对氮气（N_2，气态）的$\delta^{15}N$表示。样品的C、N含量以及C、N稳定同位素比值。植物与骨骼样本的分析精度均为 ± 0.2‰。考虑到炭化过程并不会对种子的同位素值产生显著的改变[①]，我们将仪器测试的结果直接用于之后的分析。

第二批样本的实验过程在复旦大学科技考古研究院同位素前处理实验室完成，所得骨胶原样本碳、氮百分含量测试由兰州大学功能有机分子化学国家重点实验室的元素分析仪（Elemental Analyzer vario EL Cube）完成。仪器给定误差不大于0.1%，测试选用的实验室标准包括乙酰苯胺Acetanilide（C=71.09%，N=10.36%，H=6.71%）和苯甲酸Benzoic acid（C=68.8%，N=0，H=5%）。碳、氮稳定同位素测试由兰州大学西部环境教育部重点实验室的气体稳定同位素质谱仪（Finnigan DELTAplus Isotope Ratio Mass Spectrometer）完成。仪器标准偏差小于0.2‰，实际操作中误差小于0.1‰。测试中使用的国际参考标准物质包括GLY、Collagen、Puge等，其$\delta^{13}C$给定值分别为−33.3‰、−9.0‰和−12.6‰，$\delta^{15}N$的给定值分别为10‰、5.6‰和7.6‰。以碳稳定同位素为例，$\delta^{13}C$值的单位为‰，计算公式为：

$$\delta^{13}C\ (‰) = \left(\frac{{}^{13}C/{}^{12}C_{sample} - {}^{13}C/{}^{12}C_{standard}}{{}^{13}C/{}^{12}C_{standard}} \right) \times 1000$$

其中，sample代表所测样品，standard为国际通用的VPDB（Vienna PeeDee Belemnite）。同样的方式可得$\delta^{15}N$的值，其所采用的国际标准为AIR（Ambient Inhalable Reservoir）。

第二批样本全部为动物骨骼样本，对其前处理方法我们主要参考了Sealy J. 等人的研究[②]，操作过程中稍有调整。样品处理遵循以下实验步骤。

（1）在通风橱中利用电磨机切割大约1克致密的骨骼样品，打磨表面至所有暴露出来的均为新鲜面为止。

（2）将打磨好的样品超声震荡5～10分钟，用去离子水冲洗至无明显杂质，在烘箱中40℃加热至恒温，利用电子天平称重、记录。

（3）将样品浸泡入0.5N的HCl溶液中，置于冰箱，调节温度至4℃。每天更换新的HCl溶液直至骨样变软且无气泡产生，表示骨骼中的无机质已基本去除。

（4）用去离子水清洗样品至中性，加入0.125N的NaOH溶液，在4℃的冰箱中反应20小时，去除样品中可能存在的腐殖质酸。

（5）用去离子水清洗样品至中性，加入约15毫升0.001N的HCl溶液置于烘箱，在75℃的条件下反应48小时，趁热过滤，所得滤液用试管保存。待样品完全冷却后用封口膜封口，放入冰箱冷冻。

---

① Styring A. K., Manning H., Fraser R. A., Wallace M., Jones G., Charles M., Heaton T. H. E., Bogaard A., Evershed R. P. The effect of charring and burial on the biochemical composition of cereal grains: investigating the integrity of archaeological plant material. *Journal of Archaeological Science*, 2013, 40 (12): 4767-4779.

② Sealy J., Johnson M., Richards M., et al. Comparison of two methods of extracting bone collagen for stable carbon and nitrogen isotope analysis: comparing whole bone demineralization with gelatinization and ultrafiltration. *Journal of Archaeological Science*, 2014, 47: 64-69.

（6）将完全凝固的样品取出，在封口膜上刺四五个小孔后放入冷冻干燥机。48小时后取出，称量、记录所得骨胶原的重量，计算骨胶原产率。

（四）人骨样本^{14}C测年

为了进一步明确石城子人骨样本的年代，我们选择2018年石城子遗址发掘的墓葬中出土8例人骨样本进行^{14}C测年。所有获得的年代结果使用校正曲线IntCal20[1]及OxCalv4.4（https://c14.arch.ox.ac.uk/oxcal/OxCal.html）系统校正。测年样品的具体信息见表二。

三、结　　果

（一）同位素测试结果

本文对石城子遗址出土的100例人、动物和植物样本的碳氮稳定同位素分析结果如表一所示，其中76例骨骼样本的骨胶原产率范围为0.61%～21.33%，整体显示骨骼保存状态优秀。骨胶原中C元素的百分含量为39%～47.3%，N元素为14.3%～17.3%，C、N摩尔比为3.1～3.3，均处在可接受范围内，由此可以判断所得骨胶原未受污染[2]，均可用于以下的分析。全部100例分析测试的结果和数据分布情况如表一和图一所示（图版一四）。

由表一和图一可知，本文中8例人骨样本的δ^{13}C和δ^{15}N值的分布范围分别是-18.2‰～-16‰和9.6‰～14.3‰，平均值分别为-17.1‰±0.7‰和12.8‰±1.7‰。5例犬骨样本的δ^{13}C和δ^{15}N值的分布范围分别是-18.8‰～-14.4‰和10.4‰～12.2‰，平均值分别为-17.2‰±1.6‰和11.3‰±0.6‰；14例羊骨样本的δ^{13}C和δ^{15}N值的分布范围分别是-20.3‰～-16.9‰和7.1‰～10.7‰，平均值分别为-18.6‰±0.8‰和8.6‰±1‰；19例牛骨样本的δ^{13}C和δ^{15}N值的分布范围分别是-20.3‰～-14.5‰和4.8‰～11‰，平均值分别为-18.5‰±1.2‰和8.7‰±1.3‰；12例马骨样本的δ^{13}C和δ^{15}N值的分布范围分别是-20.3‰～-14.5‰和4.9‰～9.8‰，平均值分别为-19.1‰±2‰和7.1‰±1.6‰；2例猪骨样本的δ^{13}C和δ^{15}N值分别是-14.4‰、9.9‰和-18.8‰和8.7‰。

除此之外，6例大中型哺乳动物样本的δ^{13}C和δ^{15}N值的分布范围分别是-19.4‰～-15.8‰和5.8‰～11.8‰，平均值分别为-18‰±1.5‰和9.1‰±2.2‰；5例兔骨样本的δ^{13}C和δ^{15}N值的分

①　Reimer P., Austin W., Bard E., Bayliss A., Blackwell P., Bronk Ramsey C., et al. The IntCal20 Northern Hemisphere radiocarbon age calibration curve (0-55 cal kBP). *Radiocarbon*, 2020, 62 (4): 725-757.

②　Ambrose S. H. Preparation and characterization of bone and tooth collagen for isotopic analysis. *Journal of Archaeological Science*, 1990, 17 (4): 431-451; Deniro M. J. Postmortem preservation and alteration of in vivo bone collagen isotope ratios in relation to palaeodietary reconstruction. *Nature*, 1985, 317 (6040): 806-809.

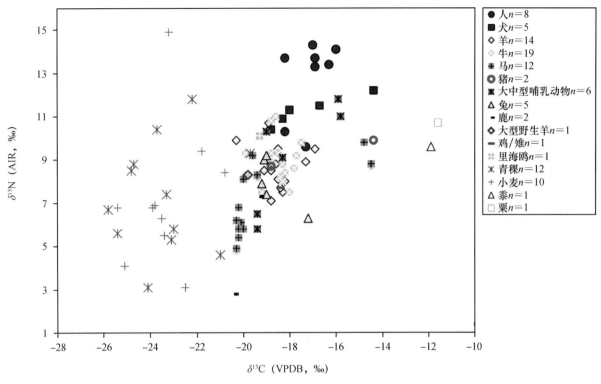

图一　石城子遗址出土骨骼和植物样本碳、氮稳定同位素比值散点图

布范围分别是−19.2‰ ~ −17.2‰和6.3‰ ~ 9.2‰，平均值分别为−18.7‰ ± 0.8‰和8‰ ± 1.1‰；2例鹿骨样本的$\delta^{13}C$和$\delta^{15}N$值分别是−19.3‰、7.3‰和−20.4‰和2.8‰；1例大型野生羊骨样本的$\delta^{13}C$和$\delta^{15}N$值分别是−19.8‰和8.3‰；1例鸡/雉骨样本的$\delta^{13}C$和$\delta^{15}N$值分别是−18.4‰和7.7‰；1例里海鸥骨样本的$\delta^{13}C$和$\delta^{15}N$值分别是−19.3‰和10.1‰；12份炭化青稞种子$\delta^{13}C$和$\delta^{15}N$值的分布范围分别是−25.8‰ ~ −19.7‰和3.1‰ ~ 11.8‰，平均值分别为−23.4‰ ± 1.7‰和7.3‰ ± 2.4‰；10份炭化小麦种子$\delta^{13}C$和$\delta^{15}N$值的分布范围分别是−25.4‰ ~ −20.8‰和3.1‰ ~ 14.9‰；其中，1例小麦的$\delta^{15}N$值高达14.9‰，明显与其他小麦的$\delta^{15}N$值相异（ANOVA：$p=0.003<0.05$），因此我们暂将其作为异常值剔除。剩下9份炭化小麦$\delta^{13}C$和$\delta^{15}N$平均值分别为−23.4‰ ± 1.4‰和6.4 ± 1.8‰；1例炭化黍样本的$\delta^{13}C$和$\delta^{15}N$值分别是−11.9‰和9.6‰；1例炭化粟种子样本的$\delta^{13}C$和$\delta^{15}N$值分别是−11.6‰和10.7‰。

考虑到此次分析的石城子动物骨骼样本中，少量样本采集于表土，在没有可供参考的考古年代判定依据的情况下，我们将这部分数据尽量排除在进一步的讨论之外。在对植物同位素数据的进一步分析中，我们依据Schmitt等测试出的南极冰芯中封存的2000年前的空气的$\delta^{13}C$值（$\delta^{13}C_{air}=-6.3‰$）[①]，并利用石城子炭化青稞和小麦种子的$\delta^{13}C$值（$\delta^{13}C_{plant}$）计算其C同位素分馏结果（$\Delta^{13}C$）分别为13.7‰ ~ 20‰和14.8‰ ~ 19.6‰（表一；图二）。总的来看，青稞和小麦

① Schmitt J., Schneider R., Elsig J., Leuenberger D., Lourantou A., Chappellaz J., Kohler P., Joos F., Stocker T. F., Leuenberger M., Fischer H. Carbon isotope constraints on the deglacial CO₂ rise from ice cores. *Science*, 2012, 336: 711-714.

的$\Delta^{13}C$值和$\delta^{15}N$值均具有较广的分布范围表明石城子遗址麦类作物之间生长过程中的水分状况和营养水平可能存在较大的差异（图二，3）。由于目前考古学界对于粟黍的植物同位素研究相对较为薄弱，特别是碳同位素分馏结果及其与粟黍作物水分状况的关系存在较大争议[①]，因此，本文仅将石城子出土粟黍的种子同位素分析结果作为古食谱分析中C_4类粟黍农业产品的碳氮同位素数据。不过，我们发现了一个很有趣的现象：石城子粟黍作物的$\delta^{15}N$平均值比石城子麦类作物的$\delta^{15}N$平均值高，暗示两类作物可能受到了人类不同的管理。由于石城子目前发现的粟黍样本量很少，相关问题需要今后开展更多的研究工作予以确认。

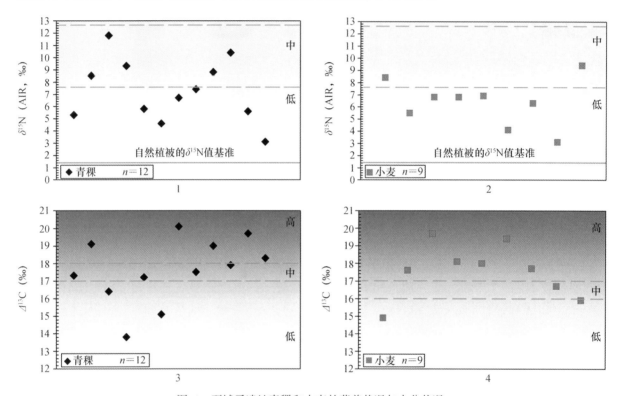

图二　石城子遗址青稞和小麦的营养状况与水分状况
1、2. 营养状况　　3、4. 水分状况

［绿色实线为野生植被的$\delta^{15}N$基准值：1.7‰；虚线是参考前人研究设定的麦类作物营养[②]（$\delta^{15}N$值）和水分（$\Delta^{13}C$值）状况[③]的基线］

　　在以往的研究中，为了分析考古出土农作物的$\delta^{15}N$值及其反映的植物营养水平，学者们常依据不同营养级之间N的富集规律，选择遗址内出土的大型食草动物$\delta^{15}N$值的平均值减去营

①　王欣：《同位素视角下我国黄河中游地区新石器晚期施肥管理研究》，中国科学院大学博士学位论文，2018年。

②　Styring A. K., Charles M., Fantone F., Hald M. M., Mcmahon A., Meadow R. H., et al. Isotope evidence for agricultural extensification reveals how the world's first cities were fed. *Nature Plants*, 2017, 3 (6): 17076.

③　Wallace M., Jones G., Charles M., Fraser R., Halstead P., Heaton T. H. E., Bogaard A. Stable carbon isotope analysis as a direct means of inferring crop water status and water management practices. *World Archaeology*, 2013, 45 (3): 388-409.

养级效应的富集值3‰~5‰的中值（4‰），来推算石遗址周边自然植被的δ^{15}N基准值，用作对比分析的依据。在获得石城子动物骨的同位素分析结果后，我们发现石城子2例鹿骨样本的δ^{15}N值分别为7.3‰和2.8‰，而1例大型野生羊骨样本的δ^{15}N值则是8.3‰。将这三个数据与石城子出土最多的家养动物——羊的δ^{15}N平均值（8.6‰）对比后，发现其中仅1例鹿的δ^{15}N值（2.8‰）距离家养动物较远，可以代表石城子周边野生食草动物的同位素值。但由于我们分析的石城子的这两例鹿骨均采集于表土，具体年代还不明确，因此我们暂将其δ^{15}N值作为了解石城子周边野生植被N值的参考数据，而不用其计算野生植被的δ^{15}N基准值。在图一中，我们发现与石城子δ^{15}N值最低的鹿骨样本的同位素值比较接近的大型食草动物样本还有7例马骨和1例牛骨。考虑到人们对大型食草类家畜——马、牛的饲喂常采取散养的方式，而且以上的马和牛样本的δ^{15}N值相对较低，说明它们可能也摄食了相当数量的C_3类野生植物。基于此，我们选择以上8例骨骼样本（7例马和1例牛）的δ^{15}N值的平均值（5.7‰）减去4‰，代表石城子周边野生植被的δ^{15}N基准值（1.7‰），具体见图二。需要说明的是，因为以上用于计算的马和牛（$n=8$）样本的食物中除了野生植物外，还应有一些农作物，由于农作物δ^{15}N平均值较高，所以我们计算的野生植被δ^{15}N基准值与真实状况相比略高。

（二）^{14}C测年结果

石城子遗址8例人骨样本的^{14}C测年结果，以及经树轮校正后的绝对年代范围分别如表二中所示。有结果可见，4例人骨的绝对年代范围处于汉代纪年之内，另4例人骨的绝对年代则处于魏晋时期。考虑到石城子遗址2018年浮选出土炭化青稞和小麦种子的^{14}C测年结果显示为西汉晚期至东汉时期，结合本次人骨的直接测年结果和地层学观察，我们认为石城子城址主体的使用年代为两汉时期。2018年发掘的墓葬位于石城子城址西面，人骨测年结果显示其使用时间为汉晋时期。

表二 石城子遗址2018年发掘墓葬中出土人骨的^{14}C测年结果

实验室编号	测年材料	考古背景	^{14}C测年（T1/2=5568）	校正年代2σ~range（95.4%）
Beta-608898	人牙	M1	距今1700年±30年	公元250~290年（19.85%）
				公元320~420年（75.54%）
Beta-513102	人骨	M2	距今1880年±30年	公元80~240年（95.4%）
Beta-513101	人骨	M3	距今1840年±30年	公元120~260年（90.71%）
				公元290~320年（4.68%）
Beta-607702	人牙	M4	距今1710年±30年	公元250~300年（24.01%）
				公元310~420年（71.38%）
Beta-608899	人骨	M5	距今1750年±30年	公元240~410年（95.41%）
Beta-604750	人骨	M6	距今1800年±30年	公元130~140年（0.13%）
				公元160~350年（95.26%）
Beta-608900	人骨	M8	距今1740年±30年	公元240~410年（95.43%）
Beta-607701	人骨	M9	距今1890年±30年	公元70~240年（95.41%）

四、讨　　论

（一）石城子汉代屯田戍卒的农田管理策略

　　新疆地区位于亚欧大陆腹地，属于典型的温带大陆性气候，对于农业生产来说这里的大部分地区降水不足，有的甚至严重干旱，因此生活在这里的人们必须掌握适当的水管理技术才能在农业生产中获得稳定收成、增加作物产量[①]。汉武帝时期搜粟都尉桑弘羊在设计屯田西域的计划时就指出汉军应在西域的轮台、渠犁等土地广阔、水资源较丰富、气候温和的绿洲地区开始屯田，而且构想了"益垦溉田，稍筑列亭，连成而西"的灌溉与屯田发展事业[②]。

　　考古学者曾在南疆地区发现了一些与汉代西域屯田相关的水利设施，如塔里木盆地南缘的米兰遗址、罗布泊地区的楼兰遗址等[③]。这些遗址中的汉代灌溉设施的规模都较为宏大，属于劳动密集型的水管理策略，如楼兰遗址附近发现汉代水渠渠道宽15～20、深1.6～2米。灌溉面积超过5000公顷。米兰遗址附近的水渠构成了干渠、支渠和斗渠三级灌溉沟渠体系，其中干渠宽10～20米、长达8.5千米，总灌溉面积超过2800公顷，可见汉人进入西域屯田过程中在水利设施上的劳力投入相当大[④]。相较于处在南疆干旱盆地的米兰遗址和楼兰遗址，石城子遗址处于北疆天山北麓的迎风坡，自然降水量相对较多，屯田于此的汉代戍卒可能无须在水利设施上大量投入人力。从石城子遗址田野考古发掘的结果来看，该遗址目前的确未发现类似于米兰和楼兰遗址用于农业生产的发达的沟渠灌溉系统。考虑到天山北麓地区受冬季风影响下的自然降水多集中在冬季，其他季节的降水量相对较少且变率大，我们关心的问题之一是石城子两汉时期麦类作物在种子形成及灌浆过程中的水分状况究竟如何？汉代戍卒如何满足麦类作物生长的水分需求？

　　在本文中，我们利用石城子出土炭化青稞和小麦的 $\delta^{13}C$ 值计算其C同位素分馏的结果（$\Delta^{13}C$），并参照国际学界已有的考古出土大麦和小麦C同位素分馏结果（$\Delta^{13}C$）与其水分状况的关系模型来解释石城子麦作作物的同位素数据，结合相关考古发现，探讨上面提出的问题。经过分析，我们首先发现石城子炭化青稞和小麦两组 $\Delta^{13}C$ 值不具显著性差异（ANOVA，$p=0.68>0.05$），说明两种作物生长的环境基本相同，受到的农田管理可能很相似。根据现有

① 李宇奇、王忻：《从莫呼查汗沟口遗址群看新疆的早期水利灌溉技术》，《西部考古》（第15辑），科学出版社，2018年，第224～231页。

② 张安福、田海峰：《城址遗存与汉代西域屯城布局》，《中国历史地理论丛》2015年第3期，第47～55页。

③ 李宇奇、王忻：《从莫呼查汗沟口遗址群看新疆的早期水利灌溉技术》，《西部考古》（第15辑），科学出版社，2018年，第224～231页。

④ Luo L., Wang X., Lasaponara R., Xiang B., Zhen J., Zhu L., Yang R., Liu D., Liu C. Auto-Extraction of Linear Archaeological Traces of Tuntian Irrigation Canals in Miran Site (China) from Gaofen-1 Satellite Imagery. *Remote Sensing*, 2018, 10 (5): 718.

的麦类作物同位素数据分析模型：青稞（裸大麦）的$\Delta^{13}C$值一般按照<17‰、17‰~18‰和>18‰分为三个档，分别表示青稞籽粒发育和灌浆时水分状况的低、中、高三个水平。小麦的$\Delta^{13}C$值一般按照<16‰、16‰~17‰和>17‰分为三个档，分别表示小麦籽粒发育和灌浆时期水分状况的低、中、高三个水平，详见图二。

依以上标准，我们发现石城子遗址本次植物同位素测试结果中超过75%的青稞和小麦在籽粒发育和灌浆期间的水分状况处于中等和高等水平，仅有25%处于较低水平的水分状况（图三），说明石城子汉代戍卒栽培的两种麦类作物在籽粒形成及灌浆过程中总体保持了很好的水分状态。尽管对石城子遗址两汉时期的自然气候与降水状况的研究尚待开展，但参看公元1770年10月23日清乾隆三十五年陕甘总督明山等的奏折文书中关于清代兵丁在新疆天山北麓发展屯田的历史文献，我们发现"吉木萨、三台地方土脉肥沃，每年雪水消融，足敷浇灌，兵丁屯种两年已有成效"[①]。可见，石城子附近地区冬季丰富的降雪的确为当地春季麦类作物的生长提供了优良的水环境条件，具备长期发展屯田农业生产的基础。时至今日，石城子遗址所在的"江布拉克"国家森林公园内仍可见万亩麦田，村民们在春季冰雪融化后趁土壤水分充足直接翻地、平整、播种。2015年当地独特的旱作农业系统入选国家农业部评选的"中国重要农业文化遗产"。鉴于此，我们推测汉代戍卒正是利用了石城子当地相对较优的自然条件，靠天吃饭，发展屯田农业生产的。同时，我们还认为现有证据不排除戍卒在农业生产过程中为保证麦类作物获得最好的水分条件而有意采取在局部水分较优的地块重点布局农业生产的策略。

通过对石城子出土炭化农作物种子和人骨遗存的^{14}C测年，我们发现石城子城址的建立可能在公元前40年左右的西汉时期，主体城址的废弃时间为东汉时期（公元25~220年），足见汉代屯田军民对于长期经营石城子的重视程度，从一个侧面佐证了上文的推测。我们对石城子遗址周边自然景观的调查后，发现该古城依地势而建，北高南低，起伏较大，东、南部临深涧，涧底有麻沟河向东绕行（图三）。我们觉得除了季节性的自然降水外，石城子汉代戍卒可能还有麻沟河的河水为屯田农业生产提供相对稳定而充足的水源。虽然现有的考古证据不支持石城子戍卒采取了如南疆地区米兰遗址、楼兰遗址所见的劳动密集型的水管理策略，但考虑到天山北麓自然降水的变率大，我们推测石城子汉代戍卒可能也存在需要投入一定劳力来为农田进行浇灌的行为，进一步保障了麦类作物生长期的水分需求，稳定农业收获。清代文献载乾隆五十四年七月初三日（公元1789年8月23日）军机大臣奏报"近年以来，北山雪大，春间消融后，山水下注，足资灌溉，是以年年收获丰稔"[②]。但要证实这个推测，需要未来更多的地质考古发现和科技方法的应用才能进一步解答天山北麓地区汉代戍卒的水管理技术等相关问题。

除了水管理技术来保障稳定的作物收成、增加产量之外，另一项常见的农业生产技术措施就是农田施肥。在中国古代文献中称为粪田，旨在保持和提高农田土壤的营养状况，提供给更

① 中国科学院地理科学与资源研究所、中国第一历史档案馆：《清代奏折汇编——农业·环境》，商务印书馆，2005年，第239页。

② 中国科学院地理科学与资源研究所、中国第一历史档案馆：《清代奏折汇编——农业·环境》，商务印书馆，2005年，第311页。

图三　石城子遗址与南侧、东侧麻沟河

多作物生长时需要的营养物质，最终达到稳定、提高作物产量、改善作物品质、提升农业效益的目的①。先秦文献《诗经》有"荼蓼朽止，黍稷茂止"的记载，说明先秦时期先民已有草本植物腐烂之后肥田可令农作物茂盛的认识②。《孟子》说过"凶年，粪其田而不足"③，可见秦汉之前的人们已经开始重视粪田，至秦汉时期农田肥料来源进一步扩大。据此，我们推测在汉代移民实边屯田西域的过程中，通过施肥来稳定或进一步提升作物产量也应在戍卒进行农业生产时可能考虑的技术措施范围内。不过，据《汉书》的记载，西域在初来乍到的汉人看来是一个"土地肥饶""地肥美"的地方④。前文提及的清代奏折文书中也明确记载奇台附近地区"土脉肥沃"⑤，那么，我们便产生一个好奇，两汉时期在天山北麓石城子遗址的屯田戍卒是否果真是在一个"土地肥饶"的地区从事农业生产？他们在保持土地肥力方面是否采取过什么措施？

　　在本文中，我们对石城子遗址出土炭化农作物种子开展了N稳定同位素分析，一定程度上了解了这些作物生长的农田中土壤的营养状况，结合清代屯田的历史文献来尝试推测了汉代戍卒在"粪田"方面的农田管理策略。从同位素分析结果来看，我们发现石城子遗址炭化青

①　桑润生：《我国古代对施肥的认识及其经验》，《土壤通报》1963年第1期，第54、55页。
②　周振甫：《诗经译注》，中华书局，2010年。
③　杨伯峻：《孟子译注》，中华书局，2018年。
④　（汉）班固撰，（唐）颜师古注：《汉书》卷九十六下《西域传》，中华书局，1962年，第3912页。
⑤　中国科学院地理科学与资源研究所、中国第一历史档案馆：《清代奏折汇编——农业·环境》，商务印书馆，2005年，第239页。

稞和小麦种子的δ^{15}N值均明显高于当地自然植被的N同位素基准值（图二），炭化粟黍种子的δ^{15}N值比大多数炭化麦类作物种子的还要高（图一），表明石城子遗址农作物生长的农田中土壤营养状况相对于遗址周边未受到或较少受到人类活动影响的旷野土地而言更好，表现为氮的富集现象。由此可见，石城子汉代戍卒的屯田农业生产活动和生活实践已经在一定程度上改造了遗址所在地区的生态环境，营造出一个受人类活动干扰影响相对较多而区别于周边地区的小生境。我们发现石城子青稞和小麦的δ^{15}N值之间没有存在显著性差异（ANOVA：$p=0.39>0.05$），表明两类作物生长的土壤的营养状况总体相同。不过，结果还显示出石城子12份青稞样品δ^{15}N值的分布范围较广，平均值为7.3‰ ± 2.6‰。9份小麦样品的δ^{15}N值分布范围也较广，平均值为6.4‰ ± 2‰。这说明石城子遗址青稞和小麦个体间的获得来自土壤的营养状况存在较大的差别。我们推测这一方面可能是由于屯田区内农田土壤营养状况本身的多样性导致；另一方面，不能排除两种作物在农田管理方面也可能有所差异。与麦类作物相比，石城子粟黍出土数量不多，植物同位素数据仅2例，粗略看来我们认为粟黍作物可能与麦类作物所受到的农田管理相同或略优，更多细节需要未来更多的考古发现与同位素分析才能予以回答。总的来说，由于影响生态系统中氮循环的因素是多样的，我们推测石城子遗址农作物分散的N同位素数据是由包括以上提出的两种主要原因在内的多种因素共同影响的结果。

迄今为止，国内尚未有关于现代麦类作物的δ^{15}N值与其生长的土壤营养水平关系的对照实验研究，为了进一步估计石城子遗址出土青稞和小麦生长的农田的土壤营养水平，我们借用了国外学者在欧洲经过控制种植试验建立的麦类作物^{15}N值与土壤营养水平关系的分析模型。该模型旨在构建起温带地区不同降雨条件下不同土壤营养水平与其上产出的小麦和大麦的^{15}N值之间的对应关系[①]。根据石城子遗址所在地区现今年平均降水量为200毫米，我们大致可以用δ^{15}N值<7.6‰、7.6‰~12.6‰和>12.6‰为标准将石城子周边天山北麓地区作物生长的土壤营养状况划分为低、中和高三个级别（图二）。依据以上模型，我们发现分析测试的石城子遗址植物样品中有大概52%的青稞和小麦种子的δ^{15}N值低于7.6‰，表明这些作物生长的土壤的营养水平相对较低，应该几乎没有受到直接投入大量粪肥的影响，仅可能受到了屯田区内小生境中一般的氮富集效应影响而高于自然植被的δ^{15}N值。石城子遗址中其他48%的青稞和小麦种子的δ^{15}N值为7.6‰~12.6‰，表明这些作物生长的土壤营养状况相对适中，可以说相比于比之前52%的青稞和小麦，具有较高的δ^{15}N值。2例小米的δ^{15}N值（图一）若依据以上营养水平划分标准看，也属于中等水平。

由于燃烧秸秆、不同耕地方式、撂荒和轮作等农田管理因素都可能影响农田生态环境中的氮循环过程，因此目前对于考古植物种子δ^{15}N值差异原因背后人为影响因素的解释也具有多元

---

① Styring A. K., Charles M., Fantone F., Hald M. M., Mcmahon A., Meadow R. H., et al. Isotope evidence for agricultural extensification reveals how the world's first cities were fed. *Nature Plants*, 2017, 3 (6): 17076.

性[①]。不过，需要明确的是，经现代农田控制实验研究表明在农田中添加有机肥的确能够明显提升农作物的$\delta^{15}N$值[②]。因此，以往学者将考古出土具有较高$\delta^{15}N$值的谷物作物解释为它们在生长过程中受到了人为施肥的影响[③]。若依据这样的观点，石城子遗址中有大约42%的麦类农作物具有较高的$\delta^{15}N$值，表明屯田戍卒有可能为了获得稳定的收成提高农业产量直接在田间施用粪肥来增加农田土壤肥力。《荀子·富国篇》说过"多粪肥田"[④]，在秦汉时期中原地区的居民对农田施肥应该不会陌生。考虑到汉代西域屯田主要由中央政府主导设计出移民实边的策略，我们推测石城子屯田戍卒应该也具备一些农田施肥的相关知识。另外，清代档案记载乾隆二十六年九月十三日（公元1761年10月10日）陕甘总督杨应琚奏报巴里坤屯田时提及命令戍卒有意收集粪肥，"明年试种小麦、穈谷、荞麦等项，亦现饬屯员预积粪土，加意经济，以期一律有收"[⑤]，也可作为支持以上观点的参考。

在农业生产中收集粪肥并施肥是一种典型的劳动密集型的农田管理策略。考虑到汉人在西域开展屯田可能常采取高劳动密集型的农田管理方式[⑥]，我们推测汉代戍卒在天山北麓屯田的过程中，为了保证和增加农作物收成，有意收集来自人、家畜等的粪便用作肥田之用也具有一定的可能性。2014年石城子田野考古发掘以来，出土了大量羊、牛、马等动物骨骼遗存，这些动物产生的大量粪便是石城子戍卒很容易获得的肥料来源。不同于需要投入较多劳力的人工施肥，从更经济的角度来看，我们觉得能够起到保持和增加土壤肥力的农田管理策略中还存在相比较来说不需要特别高劳动力投入的方式，即采取将牛、羊、马等家畜动物放养在收获完毕的田地或是处于轮休状态的田块中，这些大型食草类动物会在啃食田地里剩下的作物秸秆和杂草的同时，留下大量粪便。如此则无意中增加了农田营养水平，可能导致了我们在石城子看到的

---

①　Bogaard A., Heaton T., Poulton P., Merbach I. The Impact of Manuring on Nitrogen Isotope Ratios in Cereals: Archaeological Implications for Reconstruction of Diet and Crop Management Practices. *Journal of Archaeological Science*, 2007, 34: 335-343; Szpak P., Millaire J. F., White C. D., Longstaffe F. J. Influence of Seabird Guano and Camelid Dung Fertilization on the Nitrogen Isotopic Composition of Field-Grown Maize (Zea mays). *Journal of Archaeological Science*, 2012, 39: 3721-3740.

②　Bol R., Eriksen J., Smith P., Garnett M. H., Coleman K., Christensen B. T. The Natural Abundance of ^{13}C, ^{15}N, ^{34}S and ^{14}C in Archived (1923-2000) Plant and Soil Samples From the Askov Long-Term Experiments on Animal Manure and Mineral Fertilizer. *Rapid Communications in Mass Spectrometry*, 2005, 19 (22): 3216-3226; 王欣：《同位素视角下我国黄河中游地区新石器晚期施肥管理研究》，中国科学院大学博士学位论文，2018年。

③　Styring A. K., Charles M., Fantone F., Hald M. M., Mcmahon A., Meadow R. H., et al. Isotope evidence for agricultural extensification reveals how the world's first cities were fed. *Nature Plants*, 2017, 3 (6): 17076; Wang X., Fuller B. T., Zhang P. C., Hu S. M., Hu Y. W., Shang X. Millet manuring as a driving force for the late neolithic agricultural expansion of north China. *Scientific Reports*, 2018, 8 (1): 5552.

④　张觉：《荀子译注》，上海古籍出版社，1995年。

⑤　中国科学院地理科学与资源研究所、中国第一历史档案馆：《清代奏折汇编——农业·环境》，商务印书馆，2005年，第205页。

⑥　李宇奇、王忻：《从莫呼查汗沟口遗址群看新疆的早期水利灌溉技术》，《西部考古》（第15辑），科学出版社，2018年，第224~231页。

42%左右的麦类样本及2例粟黍样本具有中等营养水平的$\delta^{15}N$值。

根据最近的研究，学者发现放牧过程中大量遗留的家畜粪便是影响生态系统中氮循环的一个重要催化剂[①]。有学者也发现在冬天无法播种庄稼的几个月里，农户简单地让家养动物如牛、羊等在耕地上吃作物秸秆或草本植物，就会导致相当密集的动物粪便堆积，有效提升了农田土壤的营养水平[②]。由于目前在石城子遗址中发现了大量的羊、牛、马等家畜动物遗存，我们认为汉代戍卒也可能通过将这些家养动物放养在收获后的田块中，从而相对经济省力地增加了农田土壤肥力。2018年我们在石城子遗址田野考古发掘现场调查过程中，也经常见到村民将家养的牛放置于城址附近的麦田中吃草的现象，可以说是千年前汉代戍卒类似活动画面的小规模再现（图四）。我们此次石城子的

图四　石城子遗址附近收获后的麦田与村民放养的牛

植物同位素分析结果显示石城子汉代农作物的$\delta^{15}N$值仅反映其处于中、低营养水平，说明了屯田戍卒可能并没有相对集约或强化的"粪田"行为。根据之前提及的汉代历史文献的记载，汉人对西域的印象是"土地肥饶"。而且清代新疆屯田过程中的奏折文书也常见提及石城子所在奇台及周边地区"地土肥沃，泉水畅流，共有可垦地数十万亩"等[③]。根据清乾隆五十三年四月十九（公元1788年5月24日）军机大臣阿桂等人的奏报中讲到"缘乌鲁木齐一带地虽多而水缺。凡可种之地又须分距山之远近、土脉至厚薄，土厚者可以连种二三年，土薄者并无粪培，全赖歇种，有歇一年一种者，有歇二年一种者。又春令小民希图多收，广为播种，及至夏令雨水缺乏，山水或减，不得不弃去数处，止就其水之足以灌溉专力十一处，以期收获"[④]。我们认为相比对水分条件不足的担忧，土壤肥力并不是限制在西域屯田的主要因素，因此可能并非

---

①　Marshall F., Reid R. E. B., Goldstein S., et al. Ancient herders enriched and restructured African grasslands. *Nature*, 2018, 561: 387-390; Cech P. G., Kuster T., Edwards P. J. Venterink H. O. Effects of herbivory, fire and n2-fixation on nutrient limitation in a humid african savanna, *Ecosystems*, 2008, 11 (6): 991-1004.

②　Haynes R. J., Williams P. H. Nutrient cycling and soil fertility in the grazed pasture ecosystem. *Advances in Agronomy*, 1993, 49: 119-197; Augustine D. J., Mcnaughton S. J., Frank D. A. Feedbacks between soil nutrients and large herbivores in a managed savanna ecosystem. *Ecological Applications*, 2003, 13 (5): 1325-1337.

③　中国科学院地理科学与资源研究所、中国第一历史档案馆：《清代奏折汇编——农业·环境》，商务印书馆，2005年，第220页。

④　中国科学院地理科学与资源研究所、中国第一历史档案馆：《清代奏折汇编——农业·环境》，商务印书馆，2005年，第306页。

是需要戍卒在屯田农业生产中特别加强劳动力投入来解决。因此，我们认为汉代屯田戍卒在天山北麓屯田时更加有可能采取的是较为省力的方式，比如在农田中放养动物、休耕轮作等方式，来增加屯田农业经济的效益。

（二）石城子遗址骨骼同位素揭示的家畜饲喂与古食谱特征

与以往新疆地区骨骼同位素研究工作集中在墓葬出土人骨，而对同一遗址动物、植物遗存的同位素数据分析相对不足的情况不同，本文立足于奇台石城子汉代城址考古发掘出土的大量人骨、动物骨和炭化植物遗存，采用碳氮稳定同位素分析方法，对石城子的居民、多种家养动物、野生动物及农作物遗存，重建了两汉时期天山北麓石城子附近生态系统中的食物链，为深度剖析石城子居民长期的生业模式特征、人群的食物组成及农业与牧业经济对先民生存方式的贡献提供更为确凿的证据。

石城子出土的农作物遗存可以分为两个大类，一类为属于C_3植物的麦类作物——青稞和小麦；另一类为属于C_4植物的小米类作物——粟和黍，因为它们的光合作用途径不同，两类作物种子的$\delta^{13}C$值明显不同。考虑到农作物提供了人们生存所需的基础物质——碳水化合物，因此在下面的古食谱或生业模式的分析中，我们将石城子遗址出土的4种农作物遗存分别归纳为麦类作物和小米类作物两类，计算各自的$\delta^{13}C$值和$\delta^{15}N$值的平均值。具体来说（图五；图版一五），石城子麦类作物（青稞和小麦，$n=21$）$\delta^{13}C$值的平均值为-23.4‰，$\delta^{15}N$的平均值为6.9‰；石城子小米类作物（粟和黍，$n=2$）$\delta^{13}C$值的平均值为-11.8‰，$\delta^{15}N$的平均值为10.2‰。石城子植物考古研究结果显示，青稞占比最大，其次是小麦，粟黍两种小米的占比最小[1]。考虑到麦类作物和小米类作物种子在石城子遗址的汉文化层、汉代踩踏面乃至建筑城墙时使用的草拌泥中都有发现，而且还在草拌泥中浮选出土了相当数量麦类作物茎秆遗存[2]，结合石城子附近汉代之前的石人子沟遗址也发现青稞、粟和黍三种农作物遗存[3]，我们有理由认为石城子发现的4类农作物应为本地种植。因此，石城子两类作物的同位素数据分别可以代表遗址附近C_3类和C_4类农作物的碳氮稳定同位素值。

就骨骼样本的情况而言，本研究同位素分析的样本主体为草食类动物，如羊、牛、马等。通过石城子遗址动物考古的研究结果可知，石城子的出土动物遗存以羊为主，其次是牛和马。对比这三类动物的同位素分析结果看，羊骨样本的$\delta^{13}C$、$\delta^{15}N$平均值分别为-18.6‰±0.8‰和8.6‰±1‰，数据分布相对集中，如图一和图五所示。而我们发现石城子汉代牛骨样本

① Sheng P., Storozum M., Tian X., Wu Y. Foodways on the Han dynasty's western frontier: Archeobotanical and isotopic investigations at Shichengzi, Xinjiang, China. *The Holocene*, 2020, 30 (8): 1174-1185.

② Sheng P., Storozum M., Tian X., Wu Y. Foodways on the Han dynasty's western frontier: Archeobotanical and isotopic investigations at Shichengzi, Xinjiang, China. *The Holocene*, 2020, 30 (8): 1174-1185.

③ Tian D., Ma J., Wang J., Pilgram T., Zhao Z., Liu X. Cultivation of Naked Barley by Early Iron Age Agro-pastoralists in Xinjiang, China. *Environmental Archaeology*, 2017, 23 (4): 416-425.

（$n=19$）的$\delta^{13}C$、$\delta^{15}N$平均值分别为$-18.5‰ \pm 1.2‰$和$8.7‰ \pm 1.3‰$，马骨样本（$n=12$）的$\delta^{13}C$、$\delta^{15}N$平均值分别为$-19.1‰ \pm 2‰$和$7.1‰ \pm 1.6‰$，均明显较羊骨数据分散，因此我们选择以羊的食谱作为对比分析其他人、动物骨骼样本同位素数据的参照基础。就C来说，忽略动物肌肉大约1‰的富集作用，与所摄入的食物相比，动物的骨胶原一般会富集5‰左右；而就N来说，随着营养级的上升同时存在N的富集现象，每上升一级，$\delta^{15}N$值增加3‰ ~ 4‰[1]。我们根据此原理，通过石城子羊和麦类作物的碳同位素平均值的差异（4.8‰），可以判断石城子羊应该消费了相当数量C_3类的麦类作物。考虑到谷物种子的$\delta^{15}N$值相对于其秸秆和叶片高2‰左右[2]，结合石城子羊的$\delta^{15}N$平均值与麦类作物的$\delta^{15}N$平均值之间的差异（1.7‰），我们更进一步推测石城子的羊应主要以麦类作物的秸秆等农业副产品为食，同时摄食一些野生C_3类植物。除了极少数样本外，整体几乎没有摄入C_4类食物。石城子出土的1例鹿样本具有全部动物样本中最低的$\delta^{13}C$值（$-20.4‰$）和$\delta^{15}N$值（2.8‰），参考麦类作物的同位素数据（图一），我们认为该鹿应完全以野生的C_3类植物性食物为食，生活于距离人类聚落较远的地方。将我们发现石城子羊的同位素数据与该鹿样本的数据对比后，发现两者的$\delta^{13}C$值差异不大，而$\delta^{15}N$值相差5.8‰。二者相差悬殊的$\delta^{15}N$值表明石城子的羊可能长期处于相对集约化的人工饲喂管理模式。

就$\delta^{13}C$、$\delta^{15}N$的平均值看，石城子牛与石城子羊的食物结构总体近似。但如图五中所示，石城子牛骨的$\delta^{13}C$值和$\delta^{15}N$值分布的范围较宽，基本上可以推测石城子的牛存在三种饲喂模式。首先，我们发现牛的主体与羊的食谱类似，应该主要是以麦类作物的副产品为食，同时摄入一些野生植被，此为第一种饲喂模式。以往研究中，学者一般认为当骨骼样品的$\delta^{13}C$值大于$-18‰$时，就表明该样本食谱中不能忽视来自C_4类食物的影响[3]。在石城子的牛样本中，我们发现1例牛的$\delta^{13}C$值为$-14.5‰$，显示出C_4类食物在其食谱中的比例相当高，其他还有2例牛骨样本的$\delta^{13}C$值也大于$-18‰$（图五）。考虑到石城子周边的自然植被以C_3类植物为主，而我们在石城子遗址发现的小米类作物为典型的C_4类植物，其$\delta^{13}C$、$\delta^{15}N$平均值为$-11.8‰$和10.2‰，我们认为石城子一些牛的食物中有C_4植物，应该也主要来源于小米的秸秆、叶片等副产品，此为第二种饲喂模式。在石城子牛样本中，一例牛的$\delta^{13}C$、$\delta^{15}N$值相对偏负（图五），参照石城子以野生植物为食的鹿的同位素数据，我们认为该牛的食谱中C_3类野生植物性食物的比重相当高，属于在周边地区散养的状态，此为第三种饲喂模式。

石城子的马骨样本的$\delta^{13}C$和$\delta^{15}N$值的分布范围分别是$-20.3‰$ ~ $-14.5‰$和4.9‰ ~ 9.8‰，如图五所示。我们觉得石城子马的饲喂模式也可以划分为三种模式，但与牛的情况有所不同。具

[1] Bocherens H., Fizet M., Mariotti, A. Diet, physiology and ecology of fossil mammals as inferred from stable carbon and nitrogen isotope biogeochemistry: implications for pleistocene bears. *Palaeogeography Palaeoclimatology Palaeoecology*, 1994, 107: 215-225.

[2] An C., Dong W., Li H., Zhang P., Zhao Y., Zhao X., Yu S. Variability of the stable carbon isotope ratio in modern and archaeological millets: evidence from northern China. *Journal of Archaeological Science*, 2015, 53: 316-322.

[3] Wang T., Wei D., Chang X., et al. Tianshanbeilu and the Isotopic Millet Road: Reviewing the late Neolithic/Bronze Age radiation of human millet consumption from north China to Europe. *National Science Review*, 2017, 6 (5): 1024-1039.

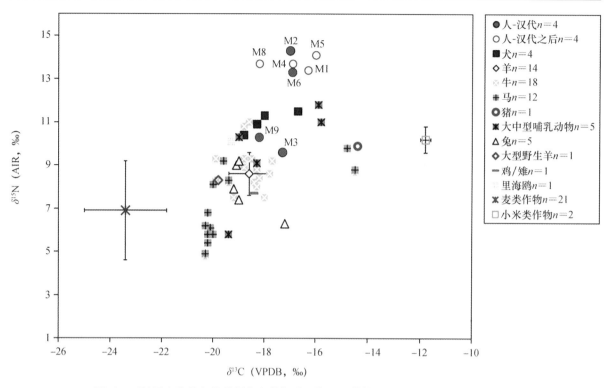

图五　石城子农作物与羊的同位素数据误差棒图及其他用于讨论的样本数据散点图

体来说，石城子的马中以麦类作物副产品为主食并添加一些野生植物性食物的个体相较于石城子的牛来说明显减少。而以散养方式为主，较多摄入野生植物性食物的个体数量较多，因此马的$\delta^{15}N$平均值较牛降低。石城子马和牛两种大型食草类在家畜饲喂方式上存在如此的差异，与牛、马两种动物常见的饮食习惯比较吻合。需要特别指出的是，牛和马作为古代西域地区农牧经济的重要家畜资源，可能也存在长距离迁移的情况，特别是马的运动能力较强，出现远距离移动的可能性大，无疑为我们确证石城子汉代城址中马和牛的饲喂模式增加了相当大的不确定性。未来需要配合动物骨骼的锶同位素分析予以进一步的确认。不过，综合考虑以上动物骨骼同位素的分析结果，以及石城子的植物同位素分析和植物考古发现的结果，石城子本地具备存在多种家畜饲喂模式的物质基础，我们暂认为石城子的牛、马为本地饲养。对这些战略性家畜品种采取多样化的饲喂方式，表明先民在依赖农业生产的基础上，充分采取了因地制宜、灵活适应的策略来发展当地的牧业经济。

除了食草类家畜品种外，石城子遗址动物遗存中还保留着少量杂食类家畜动物骨骼。我们分析的石城子汉代犬骨样本（$n=4$）的$\delta^{13}C$和$\delta^{15}N$值的分布范围分别是-18.8‰ ~ -16.7‰和10.4‰ ~ 11.5‰，平均值分别为-18‰ ± 0.8‰和11‰ ± 0.4‰，说明犬的食物主要来自于C_3类食物，动物蛋白的摄入量相对较多；仅1例个体受到少量C_4类食物的影响。考虑到犬的$\delta^{15}N$平均值比石城子羊骨样本的升高2.4‰，同时也高于石城子的牛、马，结合以上这些家畜动物骨骼在石城子发现的数量最多，我们推测石城子犬的动物蛋白来源主要可能与家畜相关，比如人吃剩的肉、骨和相关排泄物等。参照不同营养级间$\delta^{15}N$值差异的规律，我们发现石城子附近的野兔（$\delta^{13}C$：$-18.7‰ \pm 0.8‰$；$\delta^{15}N$：$8‰ \pm 1.1‰$）可能也是家犬猎食的肉食资源之一。比较有趣的是，石城子有四例兔骨样本的同位素结果与石城子主要以麦类农作物饲喂的羊的同位素结果近似，反而与更多摄入野生植物食物的部分石城子马和牛样本及完全以野生植物为食的石城子鹿的距离较远（图一）。最近有研究发现，野兔在农业集约化发展过程中会受到人类农业生态系统内密集的农业食物的吸引，频繁进入人类农田或聚落偷食农作物，逐渐与人类建立了相对密切的共生的关系，在长期居住在人类聚落内或周边地区、摄入农作物食物等因素的影响之下，野兔骨骼的碳氮稳定同位素值会发生明显变化[1]。鉴于此，我们推测石城子遗址发现的兔子应当主要生活在人类聚落周边，频繁偷食农作物。在此背景下，我们推测石城子的犬可能在帮助人类猎杀破坏农作物的兔子方面发挥了积极作用。除了兔子外，石城子遗址发现的一例小型杂食性动物鸡/雉的同位素结果也显示其可能消费了一些麦类农作物的副产品（图二）。不仅如此，我们发现石城子遗址中的大型野生羊、鹿和一些大型哺乳动物的食物中可能也包含农产品（图一）。综合以上发现，我们推测石城子汉代屯田农业生产的规模应当相对较大，而且发展的密集化程度也可能较高。

除了表土发现的1例样本外，另1例石城子家猪样本的$\delta^{13}C$和$\delta^{15}N$值分别是$-14.4‰$和$9.9‰$。由于过去在新疆地区开展的古食谱研究更多集中在青铜时代和早期铁器时代，汉代及以后的研究相对较少，而且之前研究的材料几乎全部来自墓葬[2]，对动物分析的数量少，目前尚无任何一个遗址发现家猪骨骼并同时公布其同位素数据。因此，我们对石城子遗址出土猪骨的碳氮同位素分析工作一定程度上填补了研究中的空白。但考虑到此次分析的石城子家猪样本尚未有^{14}C测年数据，需要今后开展相关工作以明确其绝对年代后才能进一步开展讨论。中国的家猪驯化起源于黄河流域[3]。在中国家猪驯化和早期人工饲喂过程中C_4类的粟黍食物发挥了巨大的作用[4]。石城子遗址中发现的猪骨数量稀少，但在十分有限的猪骨样本中，我们分析的一个个体生前就食用了大量的粟黍食物，结合以上对其他家畜的分析结果，可见生活在石城子遗址戍卒在因地制宜发展以饲养羊、牛和马为主的牧业经济中，可能还保留了部分中原汉地居民的家畜饲养习惯。在本文中，我们还分析了1例里海鸥样本的$\delta^{13}C$和$\delta^{15}N$值（$-19.3‰$和$10.1‰$）。该鸟类主要分布于黑海周围及至中亚、俄罗斯南部和中国西北部地区，我们的同位素分析结果显示它是典型的以C_3类食物消费为主的食谱类型，动物蛋白的摄入量相对较多。由于目前新疆地区考古发现的里海鸥数量稀少，对其深入的分析尚待更多相关鸟类样本同位素数据的支持。

在探究了石城子遗址家畜的饲喂模式之后，我们将关注点转移至对2018年石城子城址

① Sheng P., Hu Y., Sun Z., Yang L., Hu S., Fuller B., Shang X. Early commensal interaction between humans and hares in Neolithic northern China. *Antiquity*, 2020, 94 (375): 622-636.

② Wang W., Liu Y., Duan F., et al. A comprehensive investigation of Bronze Age human dietary strategies from different altitudinal environments in the Inner Asian Mountain Corridor. *Journal of Archaeological Science*, 2021, 121: 105201.

③ Jing Y., Flad R. Pig domestication in ancient China. *Antiquity*, 2002, 76 (293): 724-732.

④ 袁靖：《中国动物考古学》，文物出版社，2014年。

西面出土的8例人骨遗存同位素数据的分析。这8例人骨样本的δ^{13}C和δ^{15}N值的分布范围分别是-18.2‰~-16‰和9.6‰~14.3‰，平均值分别为-17.1‰±0.8‰和12.8‰±1.8‰，根据人骨的直接测年结果，以上样本中M2、M3、M6和M9处于汉代纪年范围，其他4例人骨（M1、M4、M5和M8）的年代处于魏晋时期。下面选择以石城子两个汉代人骨的同位素数据来进一步分析。M2与M3出土人骨的δ^{13}C值分别是-17‰和-17.3‰，显示石城子古代居民的食物主要以C$_3$类食物为主（麦类作物），兼有少量C$_4$类食物摄入（粟黍作物），总体与植物考古发现的麦类和粟黍类作物比例一致。相比于M2和M3较为接近的δ^{13}C值，两者的δ^{15}N值差异极大。具体来说，M2的人骨样本比M3的高4.7‰，而且M3人骨样本的δ^{15}N值比石城子犬的δ^{15}N平均值还低1.4‰。考虑到这是一个很有趣的发现，我们拟结合相关田野考古发现与研究，对M2与M3人骨食物结构差异的含义尝试予以一些解释和推测。

首先，根据M2和M3人骨同位素N值的差异，结合石城子其他同位素数据[①]，以及石城子遗址内出土的大量动物骨骼及其种属、年龄结构等分析结果，我们发现在M2墓主人的食谱中牧业经济影响的比重很大，而且M2的δ^{15}N值（14.3‰）明显高于石城子主要家畜品种骨骼的δ^{15}N平均值：羊（8.6‰）、牛（8.7‰）和马的（7.1‰），且差距分别是5.7‰、5.6‰和7.2‰，远高于随营养级上升而同时存在N的富集值（3‰~4‰）。根据动物考古研究的成果，石城子的家畜屠宰年龄不支持先民对乳制品的高强度利用，但也没有否定存在先民动物乳制品开发的可能性，因此我们推测M2的墓主人较高的N值可能与其大量消费动物乳制品相关。需要指出的是，由于大量摄入淡水鱼类也会明显导致人体骨骼δ^{15}N值处于较高的水平，但因为石城子尚未开展针对鱼骨的系统收集和研究，石城子M2个体是否有淡水鱼类食物摄入需要进一步的研究予以确认。与M2墓主人的高营养水平形成鲜明对比的是，M3人骨样本的同位素数据显示其营养水平较低，结合其他同位素数据，我们推测M3应当主要以消费麦类作物的农产品为主，还摄入少量粟黍类食物，并且不排除摄入少量野生动物（比如兔）肉食的可能性。

除了M2和M3墓主人之间在动物性食物资源消费上巨大的差异外，2018年石城子田野考古发掘结果显示出M2和M3的墓主人在身份上的差异也可能较大。具体来说，M2为一处竖穴二层台墓，葬具为一棺一椁，棺椁表面覆盖丝织品，墓葬制作更为考究。M2墓主人为一未成年个体，躯体也包裹丝织品，出土器物有铁镞、铜耳环、戒指等，最具特色的随葬品是该墓陪葬有140余件羊距骨。而M3是一处竖穴偏室墓，葬具、陪葬品简陋，数量相对较少。2019年唐自华博士对石城子M2和M3人骨锶同位素的分析结果显示他们的锶同位素数据明显高于以石城子发现的鼠类牙齿和蜗牛壳建立起来的附近天山北麓地区的锶同位素背景值，说明M2和M3两个个体是从其他环境迁入石城子附近地区的外来移民。基于以上信息并参考历史文献记载，我们推测M2很有可能是以牧业经济为主要生业方式的两汉时期天山北麓地区的游牧人群，由于受到

---

① 王伟、段阜涛、杨继帅等：《植硅体与稳定同位素分析揭示的新疆汉代驻军多样的农作物利用策略》，《第四纪研究》2020年第2期，第428~440页；Sheng P., Storozum M., Tian X., Wu Y., Foodways on the Han dynasty's western frontier: Archeobotanical and isotopic investigations at Shichengzi, Xinjiang, China. *The Holocene*, 2020, 30 (8): 1174-1185.

其牧业经济控制下的饮食传统的长期影响，M2对肉食和乳制品的消费量极大，在迁移至石城子附近后仍保持其以肉、奶食物为主的饮食结构。而同样作为移民的M3个体的食物结构则是以农产品为主，肉食性食物的消费量很低，结合M3墓唯一的陪葬品为汉五铢，我们推测该个体有可能就是在石城子进行屯田农业生产的汉代戍卒。

西汉武帝时期张骞凿空西域，伴随着汉朝对西域的长期经营，移民实边，修筑屯城，发展屯田经济逐渐成为汉朝开拓西域、保障后勤补给的战略措施[①]。根据文献记载，屯田戍卒的除了来源戍边军人外，常以罪犯、奴婢及应招的贫苦农民为主。这些人员远赴边疆地区进行屯田农业生产时应当处于相对严格的管理和管控之下的。为顺利帮助解决汉军在西域"士不患战而患饥"的困境，配合完成"使者护田积粟，以给使外国者"等屯戍使命，汉代戍卒应常处于寓兵于农、亦兵亦农、艰苦创业的状态[②]。参照之前我们对石城子M2和M3出土人骨的同位素分析重建其古食谱的结果，我们推测大多数汉代戍卒的食物结构应当与M3墓主人接近，主要是以屯田农业生产出的农产品为主，而对西域游牧民族肉、奶食物消费的饮食习惯的适应还相对有限。石城子这样的屯田城址生产农作物并大量饲喂的羊、牛和马等家畜，其中主要应当是作为后勤补给物资，一方面供应在西域地区执行军事行动的汉朝军士和使者；另一方面，随着汉朝与西域的联系逐渐密切，肉食性食物也供给往来西域与汉朝之间的他国使者，其中可能有相当多数的人就是如M2墓主人这样以消费肉和乳制品为主的游牧人群。可以说，两汉时期的汉代屯城是汉朝与西域密切往来联系的补给站和"桥头堡"。综合现在掌握的田野考古证据和相关的植物、动物和同位素分析结果，我们认为石城子汉代戍卒在天山北麓地区既因地制宜，又充分利用一切可以利用的资源和办法，发展屯田农业生产，并以生产的大量农产品饲喂羊、牛和马等家畜，为了实现汉朝在边疆地区屯垦裕国、连通西域的历史使命而艰苦奋斗。

五、小　　结

综合石城子遗址出土动、植物遗存及本文对石城子人、动物骨骼和农作物种子的碳氮同位素分析结果等多重证据，我们发现汉代戍卒在屯田生产中可能选择石城子在水分条件较好的地块布局适宜的农业生产，并可能利用大量食草类家畜在休耕农田中添加粪肥来保持了农田土壤良好的营养水平，进一步稳定了农业收获。在如此的农田管理下，石城子在两汉时期形成了以麦作农业为主，兼营粟黍类的农业生产模式，奠定了饲喂大量羊、牛和马等家畜的坚实物质基础。通过对同位素数据的对比分析，我们推测石城子汉代戍卒对古代西域游牧人群以肉、奶消费为主的食物消费习惯的适应还相对不足，他们可能仍较多保留了中原汉地以农作物消费为主的饮食传统，肉食性食物消费量很低。西域汉代移民对于肉、奶等高蛋白食物消费的适应过程

---

①　张安福、田海峰：《城址遗存与汉代西域屯城布局》，《中国历史地理论丛》2015年第3期，第47～55页。

②　李楠：《两汉西域屯田组织管理体系》，《农业考古》2017年第1期，第124～132页。

未来尚待更多自然科学方法的应用予以深入探讨。由于缺少与石城子遗址同一时期的其他汉代屯城居民的同位素数据，希望未来能够补齐证据链，方能更加全面地了解两汉时期西域地区先民的生业模式。

　　附记：本文的通讯作者为生膨菲。

植硅体证据揭示石城子汉代屯城建立的古环境背景

生膨菲

（新疆维吾尔自治区文物考古研究所；复旦大学科技考古研究院）

一、引　　言

汉代张骞凿空西域之后，汉王朝在天山南北长期执行了移民戍边、修筑屯城、驻军屯田的战略，对古代新疆的农业与城市发展产生了积极的推动作用[①]。目前，新疆地区共发现45处汉代城址，其中96%位于新疆南部的塔里木、焉耆和吐鲁番盆地。迄今为止，仅在天山以北仅发现石城子和布尔托里哈2座汉代屯城，其中奇台石城子遗址经过了多年系统的田野考古发掘[②]。2018年，我们在石城子遗址当年的田野考古发掘过程中在西墙南段地层剖面采集土样进行了植硅体分析。本文将公布石城子西墙南段剖面植硅体的鉴定与分析结果，结合同一考古背景出土炭化植物与动物遗存的[14]C测年结果和其他相关研究成果，初步探讨汉王朝在东天山北麓地区建立屯城发展屯田经济的古环境背景。

---

① 张安福、田海峰：《城址遗存与汉代西域屯城布局》，《中国历史地理论丛》2015年第3期，第47～55页；Luo L., Wang X., Lasaponara R., Xiang B., Zhen J., Zhu L., Yang R., Liu D., Liu C. Auto-Extraction of Linear Archaeological Traces of Tuntian Irrigation Canals in Miran Site (China) from Gaofen-1 Satellite Imagery. *Remote Sensing*, 2018, 10 (5): 718; Sheng P., Storozum M., Tian X., Wu Y, Foodways on the Han dynasty's western frontier: Archeobotanical and isotopic investigations at Shichengzi, Xinjiang, China. *The Holocene*, 2020, 30 (8): 1174-1185.

② 张安福、田海峰：《城址遗存与汉代西域屯城布局》，《中国历史地理论丛》2015年第3期，第47～55页；田小红、吴勇、多斯江、张树春、陈新儒：《新疆奇台石城子遗址2016年发掘简报》，《文物》2018年第5期，第4～25页。

二、材料与方法

　　2018年我们从石城子遗址西墙南段的沉积土壤剖面上采集了10个土壤样品（表一）。每个土样的平均体积为5～10升，在中国科学院古脊椎动物与古人类研究所脊椎动物演化与人类起源重点实验室进行植物体提取和鉴定分析工作。

表一　本文中石城子西墙南段剖面堆积

样品号	层位	深度（厘米）	土色	土质	性质
1	第1层	0～20	浊黄	软砂壤土	现代表土
2	第2～6层	20～56	淡黄	软砂壤土	现代表土
3	第7层	56～60	淡橙黄	砂壤土	现代表土
4	第8层	60～65	淡橙黄	砂壤土	现代表土
5	第9层	65～80	灰黄	硬砂壤土	清代文化层
6	第10、11层	80～105	黄灰	硬砂壤土	过渡层
7	第12、13层	105～165	浊黄橙	软砂壤土	汉代文化层
8	第14层	165～175	浅灰黄	硬砂壤土	汉代踩踏面
9	第15层	175～185	黄灰	硬砂壤土	汉代踩踏面下垫层
10	第16层	185以下	橙黄	硬砂壤土	生土

　　植硅体的提取采用常规重液浮选法。首先称取5克完全干燥的土样，放置于45毫升离心管内。加入30%双氧水以去除有机质，水浴加热约30分钟，加纯水震荡离心三次。把清液倒掉，加稀盐酸（10%HCl）后煮沸，去除铁、钙等矿物质。冷却加入纯水离心三次，洗净盐酸。再加入5%六偏酸钠溶液振荡，反应约半小时。然后，加入纯水离心三次洗净。加入重液溴化锌，其比重约为2.35，震荡，再用离心机离心一次，将上层物质，即提取出的植硅体，转移至15毫升小试管中，清洗后使用加拿大树胶制片。最后将样品放置于日本Nikon公司生产的型号为eclipse LV100P0L的生物显微镜（200×和500×）下观察、鉴定，并统计数量。样品随机选择500粒的植硅体作为单个样品植硅体统计总量标准。植硅体的形态分类参照温昌辉等学者[1]的分类标准和命名规则。

　　为了确定研究剖面地层的绝对年代，我们还选择在西墙南段清代文化层和汉代文化层出土植物种子和骨骼进行^{14}C测年。所有获得的年代结果使用校正曲线IntCal 20[2]和OxCal v4.4（https://c14.arch.ox.ac.uk/oxcal/OxCal.html）系统校正。测年样品的具体信息见表二。

---

　　① 温昌辉、吕厚远、左昕昕、葛勇：《表土植硅体研究进展》，《中国科学：地球科学》2018年第9期，第1125～1140页。

　　② Reimer P., Austin W., Bard E., Bayliss A., Blackwell P., Bronk Ramsey C., et al. The IntCal20 Northern Hemisphere radiocarbon age calibration curve (0-55 cal kBP). *Radiocarbon*, 2020, 62 (4): 725-757.

三、分析结果

（一）¹⁴C测年结果

石城子西墙南段剖面出土炭化植物种子与动物骨骼的¹⁴C测年结果如表二所示。

表二　石城子西墙南段剖面种子与骨骼¹⁴C测年结果

实验室编号	测试样品	出土背景	¹⁴C测年（$T_{1/2}$=5568）	测年范围2σ ~ range（95.4%）
Beta-599260	炭化小麦	第9层（清代文化层）	距今60年±30年	公元1810 ~ 1918年（68.4%）
				公元1693 ~ 1726年（27%）
Beta-596567	羊下颌骨	第12、13层（汉代文化层）	距今1840年±30年	公元120 ~ 260年（90.81%）
				公元290 ~ 320年（4.58%）
Beta-505338	炭化小麦	第14层（汉代踩踏面）	距今1930年±30年	公元20 ~ 210年（95.4%）
Beta-550415	炭化青稞		距今1950年±30年	公元前40 ~ 公元170年（93.88%）
				公元180 ~ 210年（1.51%）

（二）植硅体鉴定结果

石城子西墙南段地层土壤样品中发现的植硅体形态包括平滑棒型、突起棒型、刺状棒型、尖型、帽型、齿型、方型、长方型、哑铃型、扇型、芦苇扇型、短鞍型、木本型，还发现导管、海绵骨针和少量硅藻（图一）。根据不同类型植硅体的百分比和气候指数［Climate index=示冷型植硅体/示暖型植硅体（例如扇型、方型、长方型、长鞍型、短鞍型等）+示冷型植硅体（棒型、尖型、帽型、齿型等）+海绵骨针+硅藻］，可详细分带如下（图二）。

1. 带1（第16层，生土，185厘米以下）

植硅体类型主要以帽型（68.2%）和平滑棒型（20.6%）为主。此外，尖型（2.8%）、方型（2.5%）、齿型（1.5%）、突起棒型（1.3%）、木本型（1.1%），刺状棒型、长方型、哑铃型和扇型的数量较少（均低于1%）。不见芦苇扇型、短鞍型、木本型、导管、海绵骨针和硅藻。气候指数为0.947，指示气候寒冷。

2. 带2（第15层，汉代踩踏面下垫土，深度为175~185厘米）

植硅体仍以帽型（45.9%）占主导地位，但较带1数量下降。平滑棒型从20.6%增加到29.8%。此外，尖型（5.2%）、齿型（3.7%）、突起棒型（3%）、刺状棒型（1.2%）较带1有

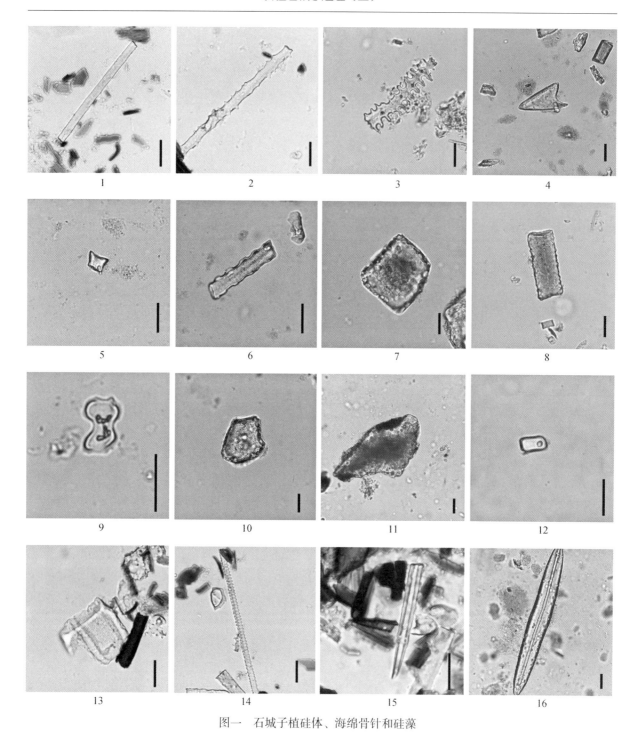

图一　石城子植硅体、海绵骨针和硅藻

1. 平滑棒型　2. 突起棒型　3. 刺状棒型　4. 尖型　5. 帽型　6. 齿型　7. 方型　8. 长方型　9. 哑铃型　10. 扇型　11. 芦苇扇型
12. 短鞍型　13. 木本型　14. 导管型　15. 海绵骨针　16. 硅藻

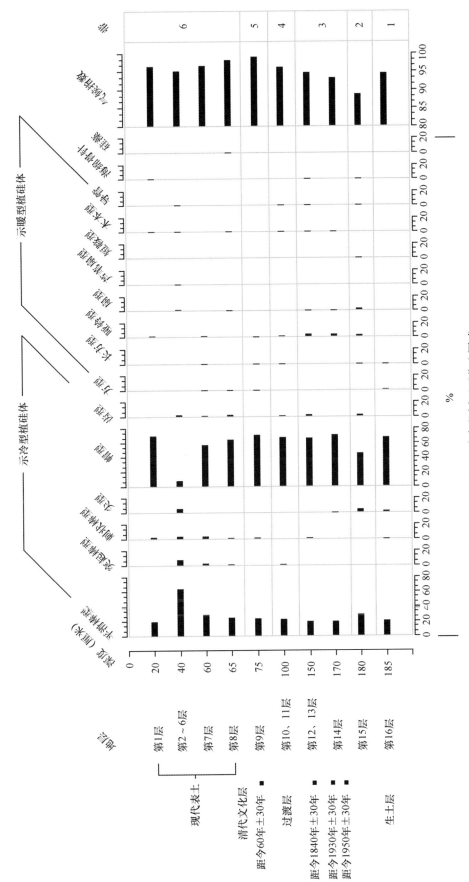

图二　石城子遗址西墙南段剖面百分比图式

所增加，而方型植硅体的比例从2.5%下降到0.9%。哑铃型（3.1%）、扇型（3.7%）、木本型（1.6%）和长方型（0.5%）在这一带有所增加。此外，短鞍型（0.5%）、导管（0.35%）和海绵骨针（0.52%）首次出现。气候指数从0.947下降到0.888，指示气候条件能变得暖湿。

3. 带3（第12～14层，汉代文化层和汉代踩踏面，深度为105～175厘米）

植物体组合主要是帽型（平均69.3%）、平滑棒型（平均19.7%）和哑铃型（平均4.6%），其中平滑棒型的比例从29.8%下降到19.7%，而其他两类植硅体略有增长。刺状棒型（1.2%）略有增加，而尖型和扇形分别从5.2%减少到0.6%和3.7%减少到0.4%。此外，突起棒型（1.1%）、齿型（2%）、长方型（0.4%）、木本型（0.3%）、导管（0.1%）和海绵骨针（0.1%）略有减少。另外，方型和短鞍型不见，未见硅藻。气候指数从0.888上升到0.941，指示气候状态较之前变差。

4. 带4（第10～11层，过渡层，深度为80～105厘米）

植硅体组合仍然以帽型和平滑棒型为主，前者的比例从69.3%下降到67.7%，而后者从19.7%上升到22.8%。此外，突起棒型（2%）、尖型（0.8%）和长方型（0.5%）略有增加，刺状棒型（1.2%）、哑铃型（2.5%）的比例下降，齿型（1.9%）和木本型（0.2%）继续下降。此外，扇型植硅体和海绵骨针不见。方型、芦苇扇型、短鞍型和硅藻未见。气候指数值持续上升到0.964，表明汉代以后石城子周围的环境变得更冷干。

5. 带5（第9层，清代文化层，深度为65～80厘米）

植硅体组合仍以帽型（71.3%）为主，数量在一定程度上有所增加，而平滑棒型增加到23.8%。突起棒型（0.9%）、尖型（0.5%）、齿型（0.9%）、长方型（0.2%）、哑铃型（0.5%）减少，前四种类型略有减少，但最后一种明显减少，具体由2.5%下降到0.5%。刺状棒型（1.6%）少量增加。此外，出现方型，但木本型和导管不见。也没有发现扇型、芦苇扇型、短鞍型、海绵骨针和硅藻。气候指数值上升到最高水平（0.991），表明这可能是石城子附近地区最干冷的气候时期。

6. 带6（第1～8层，现代表土，深度为0～65厘米）

帽型仍在植硅体组合中占据主导地位（50.4%）。平滑棒型从20.6%增加到34.5%。突起棒型（3.6%）、刺状棒型（3.2%）、尖型（2.6%）、齿型（2.3%）、方型（0.4%）、哑铃型（1.2%）在一定程度上有所增加，而长方型植硅体减少。此外，存在扇型（0.6%）、芦苇扇型（0.1%）、木本型（0.3%）、导管（0.1%）和海绵骨针（0.2%）。不见短鞍型，而硅藻首次出现在该区域。气候指数从0.991下降到0.967，这表明石城子周围的自然环境主体相对干冷。

四、讨　　论

根据历史记录，汉王朝自武帝开始向西域发展屯田，最终控制中亚东部大部分地区①。尽管两汉时期屯田经济在西域的发展壮大被认为是古代新疆地区开发史上重要的事件之一，但目前学界对新疆两汉时期出现的稳定的汉代聚落和城镇的科学研究仍相对有限。

2014～2019年新疆维吾尔自治区文物考古研究所对新疆维吾尔自治区昌吉回族自治州奇台县石城子进行了连续的田野考古发掘工作，收获极其丰富，主要发掘4个地点，总发掘面积超过2000平方米，除了发现城墙、城门、角楼、房屋、墓葬和陶窑等遗迹外，还发现大量具有明显汉代特征的板瓦、筒瓦等建筑材料，与战斗、生产和日常生活相关器具，以及汉五铢等②。之前研究中，学者在石城子共发现4种农作物遗存，青稞占比最大（约79%），其他农作物品种有小麦、黍和粟③。石城子动物骨骼经鉴定后共发现12种动物种类。其中羊的数量最多，其他家畜、家禽还包括牛、马、狗、鸡、骆驼、驴和猪等④。概之，奇台石城子遗址农牧业生产较为发达。

奇台地区在汉代属车师后部，为汉匈双方争夺的焦点地带。匈奴人认为"车师地肥美，近匈奴，使汉得之，多田积谷，必害人国"⑤。西汉政府则经过"五战车师"之后，于公元前48年在车师设置戊己校尉，负责屯田积谷。不过奇台所在的东天山北麓地区由于纬度和海拔都相对较高，热量条件相对较差，植物生长期很短。尽管处于北半球中高纬度西风带的迎风坡，年均降水条件比位于天山以南的塔里木盆地、焉耆盆地、吐鲁番盆地良好，但整体上寒冷的自然环境对于发展密集的屯田农牧业生产仍是艰巨的挑战。《后汉书·耿秉传》也曾记载永平十七年（公元74年）耿秉与窦固进击车师，"固（窦固）以后王（车师后王）道远，山谷深，士卒寒苦，欲攻前王（车师前王）"⑥。

我们在石城子田野考古发掘过程中对西墙南段的剖面中保留的植硅体等微体遗存进行鉴定分析，初步揭示了石城子汉代屯城建立的古环境背景。总的来说，地处天山北麓海拔1770米左右的石城子遗址的周边环境长期保持干冷的状态。值得注意的是，我们发现相较于生土层来

①　张安福、田海峰：《城址遗存与汉代西域屯城布局》，《中国历史地理论丛》2015年第3期，第47～55页；李楠：《两汉西域屯田组织管理体系》，《农业考古》2017年第1期，第124～132页；杨际平：《西汉屯田的几个问题》，《中国社会经济史研究》1991年第4期，第8～15页。

②　田小红、冯志东、吴勇：《新疆奇台县石城子遗址2018年发掘简报》，《考古》2020年第12期，第21～40页；田小红、吴勇、冯志东：《新疆奇台县石城子遗址2019年的发掘》，《考古》2022年第8期，第46～69页。

③　生膨菲、田小红、吴勇：《新疆奇台石城子遗址出土炭化植物遗存研究》，《西域研究》2022年第2期，第117～126页。

④　董宁宁、孙晨、田小红、吴勇、袁靖：《新疆奇台石城子遗址的动物资源利用》，《西域研究》2022年第2期，第127～136页。

⑤　《汉书》卷九十六下《西域传》，中华书局，1962年，第3923页。

⑥　《后汉书》卷十九《耿秉传》，中华书局，2012年，第561～563页。

说，从石城子西墙南段汉代踩踏面下垫土中发现的示暖型植硅体和海绵骨针的数量增加，结合年代学证据，我们发现在石城子古城修筑和最初被占领的时期，当地气候可能相较以往来说向适宜人类生存的方向发展（图二）。

此外，之前学者在石城子遗址附近年代稍早的石人子沟遗址发现的炭化农作物遗存的分析结果表明，新疆东天山地区早铁器时代的石人子沟人群在公元前230～公元50年也种植了大量的抗寒作物——青稞以维持生计[①]。不过，石城子遗址的植物考古研究结果显示，屯田戍卒将相当数量的小麦也纳入他们以青稞为基础的屯田农业系统之中[②]。鉴于春小麦耐霜冻能力较青稞弱，我们推测与东天山石人子沟居民相比，气候条件的改善可能有助于石城子的汉代屯田戍卒种植更多的小麦作物。

总之，通过以上对石城子西墙南段古环境记录的分析，我们支持气候变化助推了汉王朝向中亚东部生态边缘地带快速扩张的观点[③]。东天山气候暖湿程度的增加可能在石城子汉代屯田移民和周边其他农牧人群之间复杂的社会政治互动中起到了关键的推动作用。不过需要指出的是，本文仅是对石城子西墙南段土壤剖面古环境记录的初步探究，存在明显的不足之处，尚待进一步完善。石城子汉代屯城和发生在这里的故事仍然耐人寻味，围绕对新疆地区与石城子遗址类似的汉代的屯田聚落、中心城市或驿站设施的田野考古发掘与多学科综合研究，有可能在相对有限的文字证据之外，极大扩展我们目前对古代丝绸之路沿线地区的了解。

五、小　　结

在本文中，从石城子遗址找到的古环境记录显示全新世晚期东天山北麓附近的自然环境特征与新疆地区整体长期的干旱、半干旱大陆型气候一般特征是一致的。结合石城子汉代屯城建立之前、定居期间和废弃之后的植物考古记录，我们推测相对温湿的气候条件可能对公元1世纪前后汉文化在该地区的出现及汉代屯田农牧业经济在当地的快速发展起到了不可否认的支撑作用。

---

① Tian D., Ma J., Wang J., Pilgramm T., Zhao Z., Liu X. Cultivation of naked barley by Early Iron Age agro-pastoralists in Xinjiang, China. *Environmental Archaeology*, 2017, 5: 1-10；马志坤、刘舒、任萌等：《新疆东天山地区巴里坤石人子沟遗址储粮坑分析》，《第四纪研究》2021年第1期，第214～223页。

② 生膨菲、田小红、吴勇：《新疆奇台石城子遗址出土炭化植物遗存研究》，《西域研究》2022第2期，第117～126页。

③ Zhang D., Pei Q., Lee H., et al. The pulse of imperial China: a quantitative analysis of long-term geopolitical and climatic cycles. *Global Ecology and Biogeography*, 2015, 24 (1): 87-96.

新疆奇台县石城子遗址发现汉代丝绸研究

马　田　田小红　吴　勇　生膨菲

（新疆维吾尔自治区文物考古研究所；复旦大学文物与博物馆学系；复旦大学科技考古研究院）

一、引　言

东天山北麓地区作为汉代丝绸之路北道的必经之地，是汉王朝与乌孙等西域诸国联系的枢纽，也是历史上农牧文化交流碰撞的典型地带[1]。在这一重要地区，2014～2019年新疆维吾尔自治区文物考古研究所对石城子遗址进行了主动性田野考古发掘工作，确证了石城子遗址为两汉时期中原王朝在东天山北麓设立的一处军事要塞[2]。学者已利用植物考古、动物考古、环境考古、同位素古食谱分析和古DNA研究等方法对石城子遗址出土的相关遗存开展了研究工作，揭示了两汉时期丝绸之路北道屯田城址的历史风貌[3]（图一）。

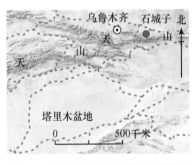

图一　奇台石城子遗址位置示意图

①　Millward J. A. *The Silk Road: A Very Short Introduction*. Oxford: Oxford University Press, 2013；张安福、田海峰：《城址遗存与汉代西域屯城布局》，《中国历史地理论丛》2015年第3期，第47～55页。

②　田小红、冯志东、吴勇：《新疆奇台县石城子遗址2018年发掘简报》，《考古》2020年第12期，第21～40页；Sheng P., Storozum M., Tian X., Wu Y. A military garrison or cultural mixing pot? Renewed investigations at Shichengzi, a Han Dynasty settlement in Xinjiang. *Antiquity*, 2020 (373): E5.

③　Sheng P., Storozum M., Tian X., Wu Y. Foodways on the Han dynasty's western frontier: Archeobotanical and isotopic investigations at Shichengzi, Xinjiang, China. *The Holocene*, 2020 (8): 1174-1185; Sheng P., Liu Y., Tian X. H., Wu Y., Guan Y. Paleo-environmental implications of the micro-botanical remains recovered from a military garrison of Han Dynasty in Xinjiang. *Journal of Archaeological Science: Reports*, 2021 (39): 103-176；董宁宁、孙晨、田小红、吴勇、袁靖：《新疆奇台石城子遗址的动物资源利用》，《西域研究》2022年第2期，第127～136页；Allen E., Yu Y., Yang X., Xu Y., Du P., Xiong J., Chen D., Tian X., Wu Y., Qin X., Sheng P., Wang C., Wen S. Multidisciplinary lines of evidence reveal East/Northeast Asian origins of agriculturalist/pastoralist residents at a Han Dynasty military outpost in ancient Xinjiang. *Frontiers in Ecology and Evolution*, 2022. doi: 10.3389/fevo.2022.932004.

　　2018年，发掘人员在对石城子遗址外城西侧200米处墓区进行田野考古发掘的过程中，在其中编号为M2的竖穴二层台墓中的木棺上和墓主人身上发现了数量可观的丝织品（图二；表一）。M2人骨[14]C测年结果显示墓主人生活年代为公元80～240年（Beta-513102：距今1880年±30年），属于东汉时期[①]。我们在发掘现场取样并联合中国丝绸博物馆对这些丝织品进行了鉴定。考虑到"丝绸之路"因丝绸闻名，而以往对天山北麓汉代丝绸的考古发现与研究相对较少，为了弥补不足，本文将报道石城子遗址M2出土丝织品的鉴定结果，并结合考古背景和墓主人的相关考古发现，尝试探讨本次考古发现丝织物背后的历史与文化意义，供学界同仁参考。

二、材料与方法

　　石城子遗址位于新疆维吾尔自治区昌吉回族自治州奇台县半截沟镇麻沟梁村东部（图一）。该遗址最早发现于1972年，城址面积约为11万平方米，地形险峻，易守难攻（图二，1）。2014～2019年新疆维吾尔自治区文物考古研究所连续五次发掘，揭露面积超过2000平方米，田野考古发掘收获极其丰富，除了发现城墙、城门、角楼和房屋等建筑遗迹外，还发现大量具有明显汉代特征的板瓦、筒瓦等建筑材料，与战斗、生产和日常生活相关器具，以及汉五铢等[②]。目前，多学科研究成果初步显示石城子遗址可能为东汉耿恭将军据守过的"疏勒城"，可见其历史地位之重要，2020年入选为"2019年度全国十大考古新发现"。

　　2018年夏天，新疆维吾尔自治区文物考古研究所的考古工作者在石城子遗址外城西侧发掘墓葬9座（图二，2）[③]，墓葬其形制有竖穴土坑墓、竖穴二层台墓和竖穴偏室墓三种，葬具为槽形棺和箱式棺，葬式均为单人仰身直肢一次葬。其中，编号为M2的是一处竖穴二层台墓（图二，3），葬具为一棺一椁结构，椁由圆木柱围合而成，盖板由两块长方形木板拼合而成，结合处用铁钉固定，其中一枚铁钉上面还装饰金箔片。比较有趣的发现是，M2的木棺由一块赭色和一块黄褐色丝织物包裹（表一），墓主人身上也包裹着丝织物。

　　我们在田野考古发掘现场采集M2木棺外包裹的丝织物样品碎片若干，将其编号为M2-Silk（表一），装入自封袋内，带回复旦大学科技考古研究院后，将该样品送至位于浙江省杭州市的中国丝绸博物馆，分别进行形貌观察（日本莱卡公司，M165C）、组织结构分析（日本基恩士，VHX-2000C）、红外光谱分析（美国Perkin Elmer公司Multiscope傅里叶变换红外显微镜）和氨基酸分析（美国Waters，2695），对其进行鉴定分析工作。

---

　　①　Sheng P., Storozum M., Tian X., Wu Y. Foodways on the Han dynasty's western frontier: Archeobotanical and isotopic investigations at Shichengzi, Xinjiang, China. *The Holocene*, 2020 (8): 1174-1185.

　　②　田小红：《新疆奇台县石城子遗址考古发掘及收获》，《文物天地》2021年第7期，第71～74页。

　　③　Sheng P., Storozum M., Tian X., Wu Y. A military garrison or cultural mixing pot? Renewed investigations at Shichengzi, a Han Dynasty settlement in Xinjiang. *Antiquity*, 2020 (373): E5.

图二　石城子遗址全景（自南向北）马密址墓葬遗迹

1. 石城子城址西面墓区（红星）　2. 石城子城址西面窑址和墓葬分布图　3. M2墓葬俯视照片

表一　本研究中石城子M2出土丝绸样品编号及照片

样品编号	出土地点	标本照片
M2-Silk	石城子遗址M2	

二、结　果

石城子M2木棺外包裹的丝织物样品（M2-Silk）在实验室内拍摄的细节照片、组织结构照片、氨基酸分析和红外光谱分析结果分别如图三、表二、图四所示。

M2丝织物组织结构显示为1∶1平纹；氨基酸分析表明测试丝织物的主要氨基酸为甘氨酸（Gly）、丙氨酸（Ala）和丝氨酸（Ser），且甘氨酸、丙氨酸、丝氨酸的摩尔含量比接近于4∶3∶1，确定测试纤维材质是桑蚕丝[①]；进一步与桑蚕丝和柞蚕丝的红外谱图对比分析可以看出，样品在1000cm^{-1}和977cm^{-1}有较强的吸收强度，也是桑蚕丝的特征吸收峰，而967cm^{-1}是柞蚕丝的特征峰，进一步支持测试样品为桑蚕丝。

---

① 贾丽玲：《基于氨基酸的蚕丝织品劣化程度评估研究》，浙江理工大学硕士学位论文，2015年。

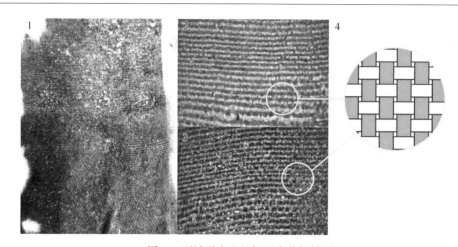

图三　石城子出土丝绸观察分析结果

1.标本细节照片　2.素绢组织结构图（50×）　3.红绢组织结构图（50×）　4.素绢、红绢组织结构示意图

表二　石城子出土丝绸纤维氨基酸组分及含量

名称	摩尔百分含量（%）	质量百分含量（%）
Asp	1.08	1.55
Ser	10.71	12.08
Glu	1.36	2.14
Gly	48.42	39.03
His	0	0
Arg	0.39	0.73
Thr	0.69	0.89
Ala	26.37	25.22
Pro	0.61	0.75
Cys	0.34	0.44
Tyr	5.77	11.22
Val	2.2	2.76
Met	0.01	0.02
Lys	0.17	0.26
IIe	0.61	0.87
Leu	0.6	0.84
Phe	0.68	1.21

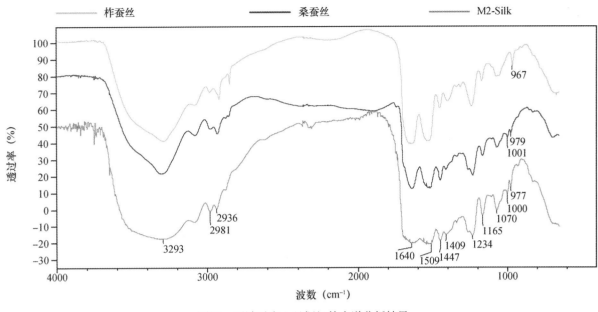

图四　石城子出土丝绸红外光谱分析结果

四、讨　　论

（一）出土丝织物品种与M2墓主人身份

丝织物鉴定结果显示石城子出土编号为M2-Silk的丝绸材质为桑蚕丝，组织结构为1∶1平纹。平纹织物交织点多，结构紧密而挺括，质地坚牢，耐磨性好，是实用性较强的一种组织结构[①]。平纹类织物中的丝织品可以通称为绢，是最为常见的中国古代丝绸品种[②]。《说文》中曾记载"绢，缯如麦稍"，意为麦青色的丝织品。绢的组织结构一般相同，由于密度、细度、捻度等其他结构参数的变化，以及加工工艺的不同，织物往往呈现出不同的风格特点。例如，最近在四川广汉二星堆遗址3号坑和8号坑中就发现两种不同风格的绢，其中一种织物组织结构较为稀疏，另一种则较为密实[③]。经比较后，我们发现石城子M2-Silk的丝织物组织结构（图三）与前者更为类似，属于产自汉代中原地区大宗的丝绸品种——平纹的素绢和红绢，红绢所用染料可能为茜草[④]。

田野考古发现确认石城子M2为一座典型竖穴二层台墓，葬具有一棺一椁，墓主人头西脚东，经鉴定为一名未成年女性（图二，3）。墓主人陪葬品除了前面提及的素绢、红绢与金箔

①　于伟东：《纺织材料学》，中国纺织出版社，2006年。

②　赵丰：《中国丝绸艺术史》，文物出版社，2005年。

③　周旸：《三星堆遗址祭祀坑中丝绸的发现及其意义》，《文史知识》2021年第12期，第37～48页。

④　李玉芳：《几种常见中国古代天然植物染料的分析鉴定研究》，北京科技大学博士学位论文，2020年。

片外，还出土铁镞、铜耳环、戒指、漆木器等遗物，墓底东南方向放置了140余件羊距骨[①]。根据M2中出土的羊距骨、铜首饰等随葬品，发掘人员初步判断该墓主人应该属于牧业人群。

石城子M2人骨胶原的C、N稳定同位素分析数据显示其$\delta^{13}C$值和$\delta^{15}N$值分别是-17‰和14.3‰[②]，结合石城子出土植物遗存的分析结果[③]，我们认为M2个体食谱中的植物性食物以C_3类植物为主（来自麦类作物），兼有少量C_4类植物（来自粟黍作物），总体与石城子遗址植物考古发现的麦类和粟黍类作物比例一致。M2个体骨胶原的$\delta^{15}N$值还明显高于石城子遗址发现的主要家畜品种：羊（$\delta^{15}N \pm SD=8‰ \pm 1.1‰$）、牛（$\delta^{15}N \pm SD=8.3‰ \pm 1.6‰$），差距分别是6.3‰、6‰，明显高于N同位素随营养级上升而同时存在的富集值（3‰～5‰）。结合石城子遗址发现的大量动物骨骼及动物种属、年龄结构等分析结果，可知石城子M2墓主人生前应该消费了大量动物肉、奶制品，生业方式总体受牧业经济的影响很大。综合考虑最近石城子出土人骨遗存的古DNA研究结果[④]，我们可以明确M2墓主人属于在东汉时期生活于石城子附近的牧业人群。

（二）M2发现丝绸的意义

为了更好地认识石城子M2在木棺上使用及墓主人身边陪葬丝绸背后的历史文化意义，我们选择了4处具有代表性的新疆汉代之前和汉晋时期的墓葬，并对其相关出土物（织物和皮革制品）的情况进行了梳理，结果如表三所示。我们发现在新疆南疆地区青铜时代晚期的代表性遗址小河墓地和古墓沟墓地，木棺上及墓主人身上使用的覆盖物与陪葬品多为皮革制品和毛织物，未见丝织品（图五，1～3）。汉晋时期的代表性墓葬，如尼雅遗址M8和营盘墓地M15，除了毛、皮制品外，考古学者还发现较多的丝织品，不仅数量多，而且样式多样，有织锦、彩锦、刺绣等高档的丝绸品种，制作极为精良（图五，4～6）。

①　田小红：《新疆奇台县石城子遗址考古发掘及收获》，《文物天地》2021年第7期，第71～74页。

②　Sheng P., Storozum M., Tian X., Wu Y. Foodways on the Han dynasty's western frontier: Archeobotanical and isotopic investigations at Shichengzi, Xinjiang, China. *The Holocene*, 2020 (8): 1174-1185.

③　王伟、段阜涛、杨继帅等：《植硅体与稳定同位素分析揭示的新疆汉代驻军多样的农作物利用策略》，《第四纪研究》2020年第2期，第428～440页；Sheng P., Storozum M., Tian X., Wu Y. Foodways on the Han dynasty's western frontier: Archeobotanical and isotopic investigations at Shichengzi, Xinjiang, China. *The Holocene*, 2020 (8): 1174-1185.

④　Allen E., Yu Y., Yang X., Xu Y., Du P., Xiong J., Chen D., Tian X., Wu Y., Qin X., Sheng P., Wang C., Wen S. Multidisciplinary lines of evidence reveal East/Northeast Asian origins of agriculturalist/pastoralist residents at a Han Dynasty military outpost in ancient Xinjiang. *Frontiers in Ecology and Evolution*, 2022. doi: 10.3389/fevo.2022.932004.

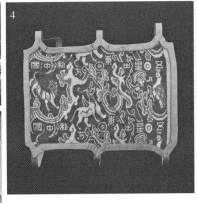

图五　新疆地区部分墓葬出土物

1～3.小河墓地①　4、5.尼雅遗址②　6.营盘墓地③

表三　新疆地区部分墓葬出土物情况统计

遗址名称	小河墓地④	古墓沟墓地⑤	尼雅遗址⑥	营盘墓地⑦
墓葬编号	M11	79LQ2M5	M8	M15
墓葬年代	青铜时代晚期	青铜时代晚期	汉晋时期	东汉中晚期
墓主人性别	女	幼儿	一男一女	男
墓主人身份	当地居民	当地居民	当地居民，贵族	来自西方的富商
棺上是否有覆盖物	是	是	是	是
棺上覆盖物	牛皮	羊皮	绣花彩毡	彩色狮纹栽绒毛毯
墓主人身上是否有覆盖物	是	是	是	是
墓主人身上覆盖物	白色毛织斗篷	姜黄色毛毯	男女干尸皆覆盖绢缘棉布单，男尸用彩色龟甲纹地毯包裹	淡黄色绢衾

①　伊弟利斯、李文瑛、胡兴军：《新疆罗布泊小河墓地2003年发掘简报》，《文物》2007年第10期，第9～10页；李文瑛、伊弟利斯、刘玉生：《小河大发现》，《华夏地理》2007年第8期，第163页。

②　于志勇：《新疆民丰县尼雅遗址95MNI号墓地M8发掘简报》，《文物》2000年第1期，第23+34页。

③　周金玲、李文瑛、尼加提、哈斯也提：《新疆尉犁县营盘墓地15号墓发掘简报》，《文物》1999年第1期，第4～16+97～102+1～2页。

④　伊弟利斯、李文瑛、胡兴军：《新疆罗布泊小河墓地2003年发掘简报》，《文物》2007年第10期，第4～42页。

⑤　王炳华：《古墓沟》，乌鲁木齐：新疆人民出版社，2014年。

⑥　于志勇：《新疆民丰县尼雅遗址95MNI号墓地M8发掘简报》，《文物》2000年第1期，第4～40+1～2页。

⑦　周金玲、李文瑛、尼加提、哈斯也提：《新疆尉犁县营盘墓地15号墓发掘简报》，《文物》1999年第1期，第4～16+97～102+1～2页。

续表

遗址名称	小河墓地	古墓沟墓地	尼雅遗址	营盘墓地
其他织物及皮制陪葬品	毛织物有灰白色羊毛毡帽、腰衣、项链绳、手链绳等；皮制品有皮靴、羊毛皮、皮囊等	毛织物有毡帽等，皮制品有羊皮、高腰牛皮鞋等	丝织品有锦枕、"五星出东方利中国"织锦护臂、虎斑纹彩锦织袋、帛鱼、锦帽、黄绢袍、风帽、绢带等；棉织品有棉衣等；皮制品有皮囊、皮指环等	毛织品有红地对人兽树纹双面罽袍、毛绣长裤、绢面贴金毡袜和毛毡等；丝织品有绢质内袍、鸡鸣枕、香囊、刺绣护膊、残锦片、帛鱼、冥衣等

此次发现丝织品的石城子遗址东汉墓葬位于东天山北麓的丝路北道，汉代属于车师后国。据文献记载，公元前48年西汉中央政府在车师地区置戊己校尉，统领在车师的屯田事务[①]。但该地区接近匈奴，属于汉王朝在西域控制的边陲地带，在两汉时期汉匈之间对此地区反复争夺。在以往的田野考古发现中，天山北麓地区很少出土丝织物，此次发现的丝绸制品，无疑填补了两汉时期该地区相关考古发现的空白。不同于尼雅遗址M8和营盘墓地M15出土的高档丝绸品种，M2墓主人使用的平纹素绢和红绢属于产自中原内地大宗的丝绸品种，样式简约，制作工艺相对简单。可见，汉晋时期不仅精美高档的丝绸制品传入西域，而且"丝绸之路"开通后西域丝绸消耗量增大，东汉时期内地民间丝织业迅速发展[②]，内地大宗的丝绸制品此时已经跨越天山，进入天山以北的汉朝西北边疆。

另外，之前提及的考古发现显示古代新疆居民存在在木棺上覆盖或在死者身上包裹织物（主要为毛织物）或皮制品的丧葬习惯，如小河墓地、古墓沟墓地、营盘墓地和尼雅遗址中都发现相关考古遗迹和遗物。在南疆地区尼雅遗址M8和营盘墓地M15的陪葬品中，除了皮、毛制品外，发现的丰富丝绸制品说明丝织物在当时已经被用于丧葬活动。在北疆地区石城子遗址M2中除了出土新疆地区古代牧业人群常随葬的器物如羊距骨、铜耳环、戒指等外，不见皮、毛制品，仅见木棺包裹素绢、红绢，墓主人身上也覆盖一层素绢。一方面暗示石城子M2女性未成年墓主人对产自中原的丝织物的喜爱与重视，另一方面也说明丝绸的使用在M2墓主人的丧葬过程中具有特殊的地位和意义。

《礼记·礼运》中记载："其治麻丝，以为布帛。以养生送死，以事鬼神上帝。皆从其朔。"[③]制定礼仪，丧葬有制，使社会长幼有序，是儒家"养生送死之节"的本义[④]。丝绸不仅是中原地区人们在现实生活中使用的纺织品，也是墓葬中常用的陪葬品，是体现先民"事死如事生"丧葬观念的重要载体。例如，湖南长沙马王堆西汉墓出土大量丝绸制品，令人印象深刻

① 《汉书》卷十九上《百官公卿表》，中华书局，1962年，第738页。
② 丘进：《关于汉代丝绸国际贸易的几个问题》，《新疆社会科学》1987年第2期，第45～62页。
③ 王文锦：《礼记译解》，中华书局，2016年，第262页。
④ 魏衍华：《孔子"制为养生送死之节"发微》，《管子学刊》2020年第4期，第5～10页。

的有"素纱襌衣"和木棺上覆盖的T形帛画等[1]。西汉中期西域贵族如龟兹王绛宾热衷中原的语言、礼乐、律法、制度等[2]，至东汉建初三年（公元78年）时已初步形成"西域诸国，自日之所入，莫不化向"的局面[3]。葬俗作为一种比较稳定的文化因素，一般不轻易受外来文化的影响而发生改变[4]，然而，我们发现汉晋时期的西域居民虽然沿袭了这里自青铜时代以来就存在的在棺上和死者身上覆盖各类织物的丧葬习俗（表三），但在与汉人交往互动的过程中接纳了产自中原内地的丝绸产品的同时，可能在一定程度上吸收了丝绸在养生送死中使用的文化意涵。鉴于此，我们可以说东天山北麓地区以丝绸为媒介的农牧文化交流与互动在东汉时期已走向了更深的层次。

五、小　结

通过对新疆奇台县石城子遗址西面东汉时期墓葬M2出土的丝织物材质和组织结构的鉴定分析，我们发现该丝绸样品属于桑蚕丝，是产自汉代中原地区的大宗平纹素绢和红绢。综合分析M2墓主人的陪葬品和这位未成年女性个体的同位素古食谱数据，可知石城子M2墓主人的生存方式主要受牧业经济的影响。在该墓的木棺和墓主人身上发现桑蚕丝质平纹绢表明，在东汉时期来自中原地区的大宗丝绸制品已经进入天山以北地区牧业人群的日常生活。在此基础上，通过比较分析石城子M2与新疆汉代之前与汉晋时期4处代表性墓葬出土的织物及相关遗物，我们发现汉晋时期西域居民在本地丧葬风俗中使用了产自内地的丝绸产品，可能也同时吸收了一些汉地日常与仪式活动中使用丝绸的文化内涵。

致谢：感谢中国丝绸博物馆周旸研究员、郑海玲研究员在丝绸样品分析测试过程中提供的大力帮助。

（原载《西域研究》2022年第4期，收录于本报告时略作增补）

---

[1] 湖南省博物馆等：《长沙马王堆一号汉墓发掘简报》，文物出版社，1972年，第5、6页。

[2] 吴爽：《西域对中华文化的认同——以两汉时期汉语汉文在西域的使用与传播为视角》，《西域研究》2021年第4期，第117～123页；《汉书》卷九六《西域传》下，中华书局，1962年，第3916页。

[3] 《后汉书》卷四七《班梁列传》，中华书局，1965年，第1575、1576页。

[4] 羊毅勇：《试析新疆古代葬俗》，《新疆社会科学》1990年第4期，第93～101页。

古DNA和同位素分析诠释石城子农牧居民互动模式

生膨菲　　文少卿

（新疆维吾尔自治区文物考古研究所；复旦大学科技考古研究院）

一、引　　言

　　石城子遗址位于新疆维吾尔自治区昌吉回族自治州奇台县半截沟镇麻沟梁村东部。该遗址最早发现于1972年，城址面积约为11万平方米，地形险峻，易守难攻。2014～2019年新疆维吾尔自治区文物考古研究所对石城子的田野考古发掘，收获极其丰富，发现城墙、城门、角楼、房屋、墓葬和陶窑等遗迹外，还发现大量具有明显汉代特征的板瓦、筒瓦等建筑材料，与战斗、生产和日常生活相关器具，以及汉五铢等[①]。各类遗迹和遗物的文化特征显示石城子遗址的年代为两汉时期[②]。

　　石城子遗址发现了大量揭示汉代西域戍边屯田生产生活的实证，包括各类陶罐、陶钵、陶盆、陶甑、石磨盘、研磨器、陶纺轮等用具，其中1件陶器造型独特，是类似火锅、汽锅之类的炊煮用具，为新疆地区首次发现。石城子遗址还发现兵器，如箭镞、刀、栓销、结具和铠甲等，凸显了石城子城址军事防御的特性。城址西面约200米处，发现汉代陶窑3座，平面呈马蹄形。由前室、火门、火膛、窑室和烟道五部分组成，窑室内出土的板瓦、筒瓦、瓦当等遗物与城址内出土同类器物相同，说明建城时使用的大量建筑材料为本地烧制。马蹄形窑是比较流行的一种陶窑形制，在中原地区较普遍，在新疆地区魏晋时期才比较常见[③]。

---

　　① 田小红、冯志东、吴勇：《新疆奇台县石城子遗址 2018 年发掘简报》，《考古》2020年第12期，第21～40页；田小红、吴勇、冯志东：《新疆奇台县石城子遗址2019年的发掘》，《考古》2022年第8期，第46～69页。

　　② Sheng P., Storozum M., Tian X., Wu Y. Foodways on the Han dynasty's western frontier: Archeobotanical and isotopic investigations at Shichengzi, Xinjiang, China. *The Holocene*, 2020, 30 (8): 1174-1185.

　　③ 田小红：《新疆奇台县石城子遗址考古发掘及收获》，《文物天地》2021年第7期，第71～74页。

石城子遗址的田野考古发掘填补了新疆地区两汉时期城址考古的空白，于2020年入选为"2019年度全国十大考古新发现"。目前，多学科研究成果初步显示石城子遗址可能为东汉时期耿恭将军据守过的"疏勒城"，可见其历史地位之重要。《后汉书》记载，公元75年匈奴进犯车师后国，围攻耿恭将军驻守的金满城（今吉木萨尔地区）。在寡不敌众的局面下，耿恭率军东撤，意图南下天山与己校尉关宠会合柳中城（今吐鲁番鲁克沁）。"以疏勒城旁有涧水可固"，耿恭军队撤退至天山脚下的疏勒城。"耿恭以单兵固守孤城，当匈奴之冲，对数万之众，连月逾年，心力困尽"，艰苦卓绝地坚守达10个月之久。终在汉朝援军营救下，耿恭等卫边将士重返玉门关。

考虑到石城子所在的天山北麓地区作为汉代丝绸之路北道的必经之地，是汉王朝与乌孙等西域诸国联系的枢纽，农牧文化交流和人员往来频繁。我们在之前系统分析石城子城址西侧墓葬区考古发掘出土人骨和该遗址内出土植物和动物遗存的碳、氮稳定同位素数据基础上，结合之前对天山北麓地区游牧人群和河西走廊汉代人群已发表的相关研究成果，深度复原了石城子居民的生活方式；同时我们利用石城子人骨样本的古DNA分析数据来初步探明了石城子居民的族源状况。概之，综合古DNA和同位素分析数据，我们可以较为深刻诠释石城子农牧居民互动模式。

二、同位素古食谱分析结果

近年来，碳、氮稳定同位素古食谱分析方法在揭示古代民族交流融合的大背景下特定时空中的人群长期的饮食实践与文化选择中发挥了越来越重要的作用[1]。本书中《石城子出土骨骼、炭化植物遗存的碳氮稳定同位素分析》一文中已经揭示石城子居民都是以麦类作物为主要粮食，但肉食资源消费量存在明显差异。依据人骨氮同位素值的差异，我们可以将石城子人群分为A、B两类（图一）。其中发现A人群（M1、M2、M4～M6、M8）肉奶食物消费高，推测为游牧人群，B人群（M3和M9）主要以麦类作物为食，肉食资源消费量很低，甚至石城子B组人群的N同位素值还低于石城子出土1例狗样本的氮同位素值，推测石城子B组人群应为汉代屯田戍卒。

我们将石城子人骨的碳、氮稳定同位素数据与河西走廊白银黄湾汉墓、张掖黑水国汉墓出土人骨的同位素数据比较后[2]，我们发现以上两个河西走廊地区汉代移民人群的生存方式与石

---

① 生膨菲、朱思媚：《稳定同位素古食谱分析在历史研究中的应用》，《学术月刊》2022年第9期，第201～211页。

② Li, X., Lu M., Cui Y., et al. The Integration of farmers and nomads: Archaeological evidence for the human subsistence strategy in Northwestern China during the Han Dynasty. *Acta Geologica Sinica-English Edition*, 2020 (3): 603-611; 李昕：《汉晋时期河西走廊及邻近地区人类摄食结构及其影响因素研究》，兰州大学博士学位论文，2021年。

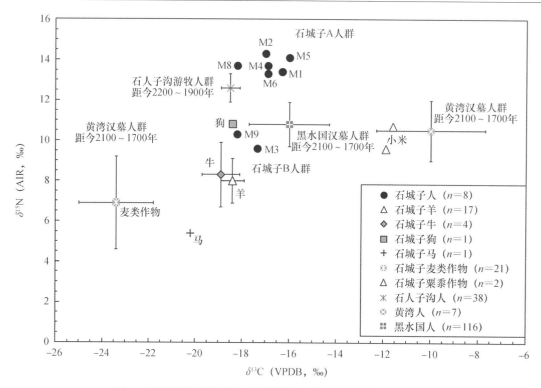

图一　石城子及相关遗址考古材料碳、氮稳定同位素分析结果

城子B人群类似，都具有较低的N同位素值，可见肉食性食物摄入很少；而黄湾人群碳同位素值偏正（以粟黍作物为主食），而黑水国和石城子人群碳同位素值偏负（以麦类作物为主食）说明河西走廊东部与西部的农业经济系统存在明显差异。这表明汉朝向西开辟丝绸之路，发展屯田经济的过程中，不同地区的屯田戍卒应当因地制宜地开展了不同的农业生产来自给自足。

　　另外，我们发现天山北麓战国晚期至汉代的石人子沟游牧人群的碳、氮稳定同位素数据与石城子A人群接近，说明两者在天山北麓的生存方式比较相似[1]。将石人子沟与石城子A组居民的氮同位素值比较后，我们发现生活于石城子汉代屯田遗址周边的游牧人群比远离汉朝屯田区的石人子沟游牧人群具有更好的营养状况和生存状态。

　　除此之外，石城子M2和M3两座墓的田野考古结果显示，M2为一处竖穴二层台墓，葬具为一棺一椁，棺椁表面覆盖素绢，墓葬制作较为考究。M2墓主人为一未成年个体，躯体包裹素绢。墓主人陪葬品除了红绢、素绢与金箔片外，还出土铁镞、铜耳环、戒指、漆木器等遗物，最具特色的随葬品是墓底东南方向放置了140余件羊距骨。而M3是一处竖穴偏室墓，葬具和陪葬品简陋，数量相对较少，墓主人身边发现汉代五铢钱。基于以上信息并参考历史文献记载和前述同位素古食谱研究结果，为我们判断M2（A组人群）是两汉时期移民于石城子附近的游牧

---

　　①　Wang, T., Fuller, B., Wei, D., et al. Investigating dietary patterns with stable isotope ratios of collagen and starch grain analysis of dental calculus at the Iron Age cemetery site of Heigouliang, Xinjiang, China. *International Journal of Osteoarchaeology*, 2016 (4): 693-704; 凌雪、陈曦、王建新、陈靓、马健、任萌、习通源：《新疆巴里坤东黑沟遗址出土人骨的碳氮同位素分析》，《人类学学报》2013年第2期。

人群，生活相对富足，而M3（B组人群）是在石城子进行屯田农业生产的汉代戍卒，生活相对艰苦。

三、古DNA分析结果

伴随古DNA提取、建库、捕获技术及新一代测序技术的快速发展，古基因组学在探索古代人类历史领域扮演着极其重要的角色[①]。鉴于古DNA在科学解读人类遗传谱系中的巨大威力，我们对石城子城址西侧墓葬区考古发掘出土的4例（M1、M3、M4、M9）人的牙齿样品进行了采样，并在复旦大学科技考古研究院古基因组学实验室进行提取和古DNA分析。整个实验流程遵循标准流程，最大程度地防止实验操作带来的污染。最终根据PCA、ADMIXTURE、f统计学和pairwise-qpWave同质性检验的结果，我们将这四个个体分为石城子A（M1、M4）和石城子B（M3、M9）两组。石城子A人群与蒙古高原和贝加尔湖的新石器时代狩猎采集者和青铜时代的Ulaanzuukh_SlabGrave人群的遗传关系更密切，他们的大部分祖先来自古代东北亚，而不是黄河种植粟黍的农民。石城子A人群还与现代通古斯语和蒙古语人群共享更多的等位基因。相比之下，石城子B人群与黄河种植粟黍的农民的遗传亲缘关系比与蒙古高原的古老人群更密切。石城子B人群与汉藏语系人群共享的等位基因也多于阿尔泰语系人群。

在汉代，匈奴是汉王朝北方的一个游牧民族政权。鉴于石城子遗址所在的奇台地区在汉代属车师后部，属于汉匈双方争夺的焦点地带，我们认为石城子居民与匈奴之间的可能联系值得进一步探讨。匈奴人口在遗传上被分为东部和西部组，东部组（早期匈奴_rest、晚期匈奴和晚期匈奴_han）表现出主要的东北亚或汉族相关血统[②]。我们发现石城子人类样本M4也与早期匈奴_rest形成一个遗传支系。对偶qpWave分析也表明，石城子M1和M4个体与晚期匈奴_han汉族形成一个遗传支系，M4个体也与晚期匈奴表现出某些相似性。

在汉武帝时期和之后，中原王朝在西域的战略在历史上被描述为"远交近攻"即与西域各国结盟，以便更好地与匈奴作战。在西域地区强大的乌孙国就是这样的一个政体，并在后来被汉王朝争取到了自己一边。因此，我们觉得有必要探讨石城子人群和乌孙人群之间的关系。我们以f4的形式进行分析之后发现石城子和中亚的乌孙/康居人群之间有明显的遗传差异。

除此之外，我们还探讨了石城子和石人子沟遗址人群之间的遗传关系。石人子沟遗址是东天山北麓的一个早期铁器时代遗址牧业人群的聚落遗址[③]。我们进行了f4分析发现石城子人群和石人子沟人群之间的差异显著：石城子人群比石人子沟人群具有更多的东亚裔血统。

[①] 文少卿、杜盼新：《古基因组学理论方法与全新世人类历史研究》，《学术月刊》2022年第10期，第176~188页。

[②] Jeong C., Wang K., Wilkin S., Taylor W. T. T., Miller B. K., Bemmann J. H., et al. A dynamic 6,000-year genetic history of Eurasia's Eastern Steppe. *Cell*, 2020, 183: 890-904.

[③] Ning C., Wang C.-C., Gao S., Yang Y., Zhang X., Wu X., et al. Ancient genomes reveal Yamnaya-related ancestry and a potential source of Indo-European speakers in Iron Age Tianshan. *Current Biology*, 2019, 29: 2526-2532.

四、讨论与小结

　　本文通过综合分析石城子出土人骨样本的古DNA和同位素古食谱分析数据，深度复原了石城子遗址农业人群（汉藏语系）和牧业人群（阿尔泰语系）的生活方式和互动模式。具体来说，同位素研究和古DNA研究揭示出汉代西域一个汉代屯田城址附近同一个墓地的人类遗骸有不同的族源，但保留着各自原有的生活方式：汉朝屯田戍卒主要以麦类作物为食，而游牧人群肉奶食物消费高。通过石城子遗址开展的多学科研究，我们发现石城子的汉人戍卒开展了适应性极强的农业生产[①]，饲喂大量羊、牛和马等家畜[②]，作为后勤补给的战略物资，一方面供应在西域地区执行军事行动的汉朝军士和使者；另一方面，随着汉朝与西域的联系逐渐密切，更多的肉食性食物可能也主要供给往来西域与汉朝之间的他国使者。

　　石城子是汉王朝在天山以北设立的一处军事要塞，是迄今新疆地区发现的唯一一处年代准确可靠、形制基本完整、保存状况完好、文化特征鲜明的汉代古遗址[③]。在石城子遗址，我们发现人们的生活方式和遗传背景都具有多样性，可能因石城子古城的设立而凝聚形成了农牧人群亲密互动且互利互惠的新身份。一方面，牧业人群可能为了经济和社会政治利益而接近石城子古城。而另一方面，我们也可以提出这样一种可能性，即汉代屯田农业系统对石城子周边天山北麓地区快速适应。这样的适应是该地农业人群与牧业人群双向接触而促成的适应过程。我们推测如此农业人群与牧业人群的互动关系是长期的、协同发展的。

　　概之，综合现在掌握的石城子遗址田野考古证据和相关的植物、动物和人骨的植物考古、动物考古、同位素分析和古DNA研究结果，我们可以推测石城子汉代戍卒在天山北麓地区建设城市，自给自足，艰苦创业。他们不怕困难、因地制宜，充分利用一切可以利用的资源和办法，发展屯田农业和畜牧业，为了实现在西域屯垦裕国、连通西域的历史使命而奋斗。而作为汉朝与西域密切往来联系的补给站——石城子城址附近农牧人群的互动模式表现为：在不改变彼此生活方式的基础上，相互尊重，实现了美美与共的农牧文化互动。

[①]　Sheng P., Storozum M., Tian X., Wu Y. Foodways on the Han dynasty's western frontier: Archeobotanical and isotopic investigations at Shichengzi, Xinjiang, China. *The Holocene*, 2020, 30 (8): 1174-1185.

[②]　董宁宁、孙晨、田小红、吴勇、袁靖：《新疆奇台石城子遗址的动物资源利用》，《西域研究》2022年第2期，第127～136页。

[③]　田小红、吴勇、冯志东：《新疆奇台县石城子遗址2019年的发掘》，《考古》2022年第8期，第46～69页。

后　　记

在2014、2016~2019年发掘过程中，新疆维吾尔自治区文物考古研究所石城子遗址考古队先后邀请多家单位、研究团队和学者参与到石城子遗址的综合性调查研究中；与多家单位合作设立专项课题，围绕石城子遗址考古发掘资料提取、记录、动植物多样性研究、土壤分析和考古资料数据库建设等方面做了大量工作。

受邀参与调查、研究的单位、团体和个人有：

2017年兰州大学资源环境学院安成邦教授、王伟、段阜涛团队对石城子遗址汉代人群的生业策略、土壤及环境背景进行研究。

2017年新疆农业大学学生王通洋进行了石城子遗址人类活动对土壤化学性质的影响的研究分析。

2018年中国科学院空天信息创新研究院（原中国科学院遥感与数字地球研究所）郭子祺教授、秦静欣团队采用高密度电阻率法、磁法和探地雷达扫描探测等技术对石城子遗址内城等重点区域进行勘探。

合作设立专项课题的单位、团体和个人有：

建设综合勘察研究设计院有限公司，2014、2017～2019年承担了石城子遗址的考古测绘、影像记录、三维激光扫描与建模、遗迹线图数字化等任务。先后参与的人员有徐丰、郑阿豪、苏战胜、王伟涛、李欣、丁军、胡松、张顶、张礼海、郑少开等。

陕西西安博古文物勘探服务有限公司，2017年承担了石城子遗址本体和城外北部和西部耕地大范围勘探的任务。

陕西十月文物保护有限公司，2018年承担了后期视频制作工作，并提供田野考古工作平台建立了石城子遗址考古资料数据库。

2016年中国科学院空天信息创新研究院（原中国科学院遥感与数字地球研究所）遥感考古联合实验室聂跃平、朱建峰团队承担了采用高密度电阻率法、磁法和探地雷达扫描探测等技术对石城子遗址内城等重点区域进行勘探的工作。

2018、2019年复旦大学科技考古研究院、复旦大学文物与博物馆学系袁靖教授、董宁宁、董惟妙、生膨菲团队承担了石城子遗址生物考古研究方面的工作。

石城子遗址报告第二册由田小红、吴勇负责收集汇编。前言、后记由吴勇执笔。收录入报告的各项目、研究人员独立完成的报告、研究论文仅代表作者本人观点，文责自负，如有差错亦由当事人承担全部责任。由于作者及发表时间的关系，早期报告、研究文章体例与现代标准可能存在差异，还有线图、图版不够清晰，引文不够详细等问题。此次收录时，在尊重原作者的写作风格和文章体例的前提下，做了四方面的工作：一是对全部文字进行转录；二是对原报告所有线图、图版进行清晰化处理；三是将数字标识、年代错误、错别字等予以修订；四是将注释部分尽量按照现行标准进行补充完善。但是仍有部分文章的注释由于发表年代久远或刊物流播范围等原因而无法补全。

由于编者水平有限，疏漏之处，敬请谅解！

本书的编辑出版得到了各位作者的大力支持，他们不仅授权我们收录作品，仔细校对稿件，修订原文瑕疵，有的还对文章做了一些补订，提供原图或更换新图，适值本报告付梓之际，谨向参与石城子遗址项目研究的以上单位、人员、作者们表示衷心感谢！

最后，还要特别感谢科学出版社赵越，在本报告的审稿、编排等方面提出了很好的建议，付出了极大的努力！

吴　勇

2023年3月

图　　版

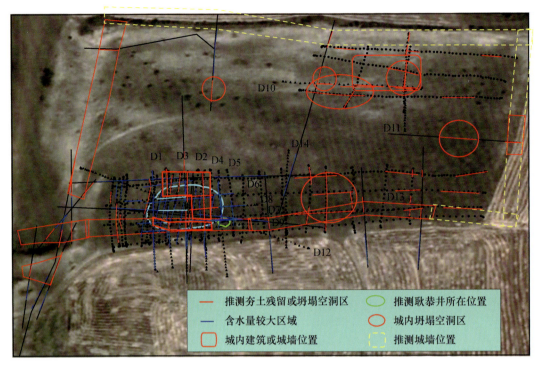

推测夯土残留或坍塌空洞区　　　　推测耿恭井所在位置
含水量较大区域　　　　　　　　　　城内坍塌空洞区
城内建筑或城墙位置　　　　　　　　推测城墙位置

图版五　石城子遗址地球物理解译结果

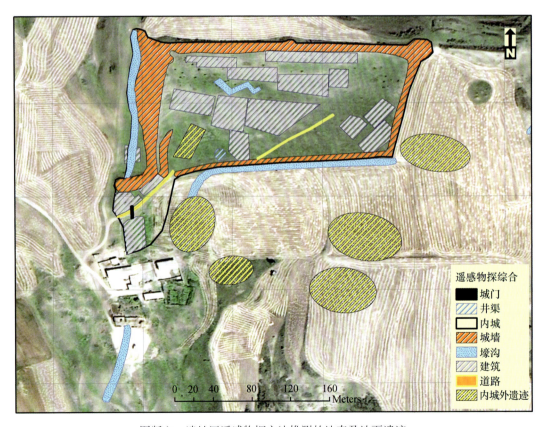

遥感物探综合

城门
井渠
内城
城墙
壕沟
建筑
道路
内城外遗迹

0　20　40　　80　　120　　160
Meters

图版六　遗址区遥感物探方法推测的地表及地下遗迹

图　　版

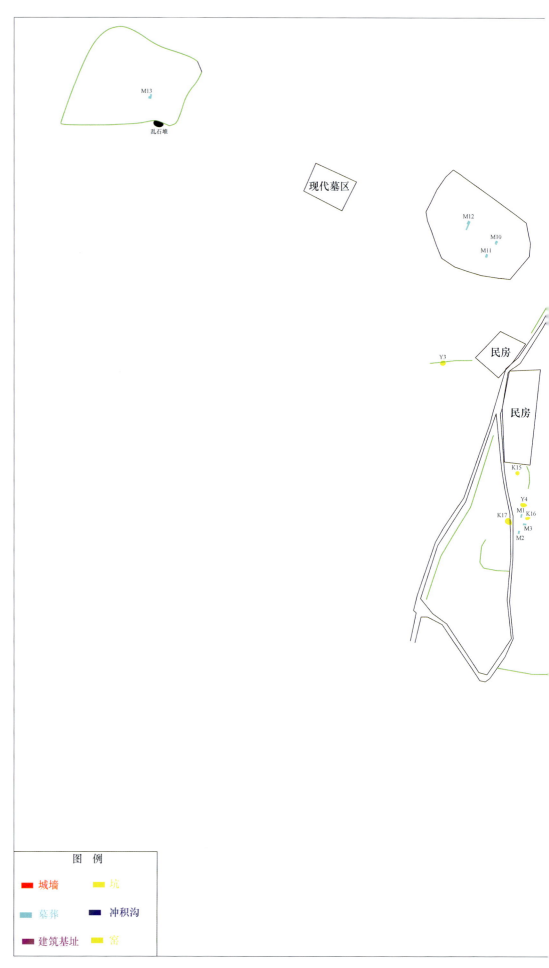

现代墓区

民房

民房

图　例

城墙　　坑

墓葬　　冲积沟

建筑基址　窑

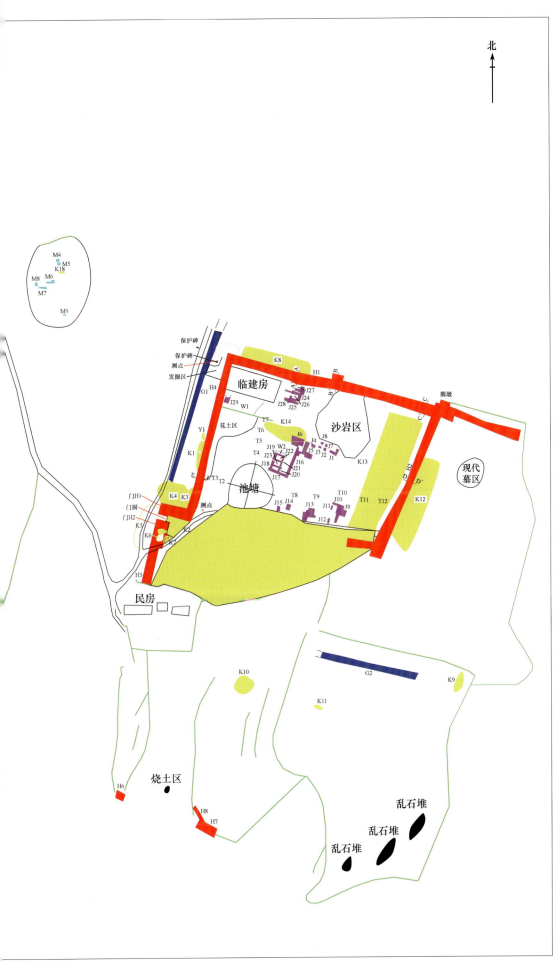

北

M4
M5
K18
M8 M6
M7
M9

保护碑
保护碑
测点
发掘区

临建房

K8   A
A
H1
B

G1 H4
J27
J24
B
C
隔墩

J29 W1
J28 J26
J25

沙岩区

花土区
T7
T6
K14
J6
J8
T5
J4
Y1
J19 W2 J22 J5 J3 J2 J1
K1
T4
J23
J16
J7
J18 J21
K13
J17
J20
现代墓区

E

D H2

池塘
T3 T2
D'

门H1
K4 K3
测点
T8 T9 T10
T11 T12
K12
门洞
J15 J14 J13 J11 J10 J9
门H2
K5
J12
K6
K7

H5

民房

K10
G2
K9

K11

H6

烧土区
H8
H7

乱石堆

乱石堆

乱石堆

遗址考古勘探平面图

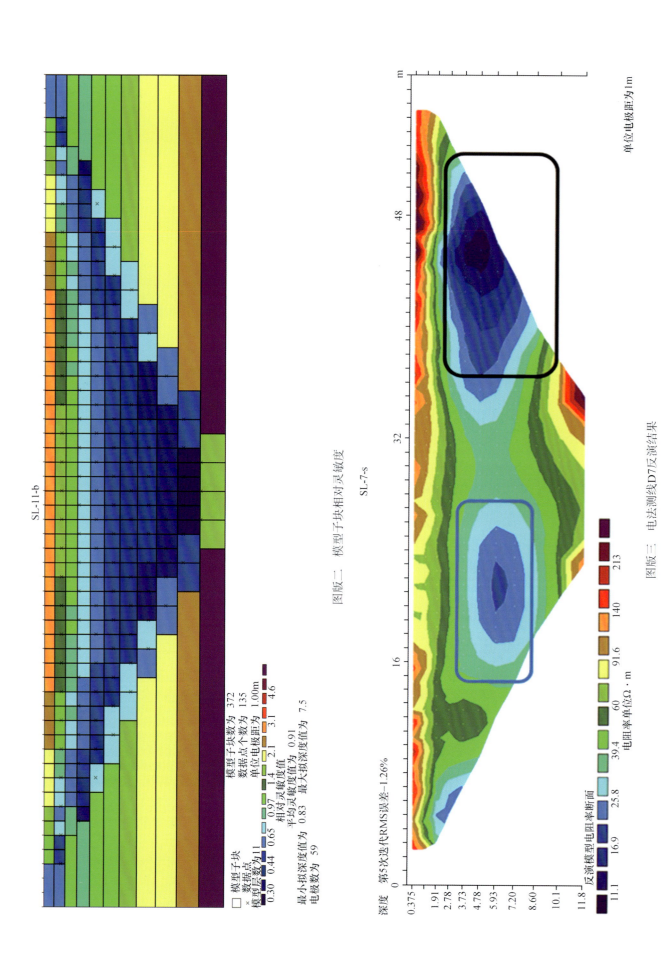

SL-11-b

□ 模型子块
× 数据点
模型层数为 11

□ 0.30 □ 0.44 □ 0.65 □ 0.97 □ 1.4 □ 2.1 □ 3.1 □ 4.6
相对灵敏度值

模型子块数为 372
数据点个数为 135
单位电极距为 1.00m

平均灵敏度值为 0.91
相对灵敏度值 0.83
最小拟深度值为 0.83 最大拟深度值为 7.5
电极数为 59

图版二 模型子块相对灵敏度

SL-7-s

深度 第5次迭代RMS误差=1.26%

0.375
1.91
2.78
3.73
4.78
5.93
7.20
8.60
10.1
11.8

反演模型电阻率断面

□ 11.1 □ 16.9 □ 25.8 □ 39.4 □ 60 □ 91.6 □ 140 □ 213
电阻率单位Ω·m

图版三 电法测线D7反演结果

单位电极距为1m

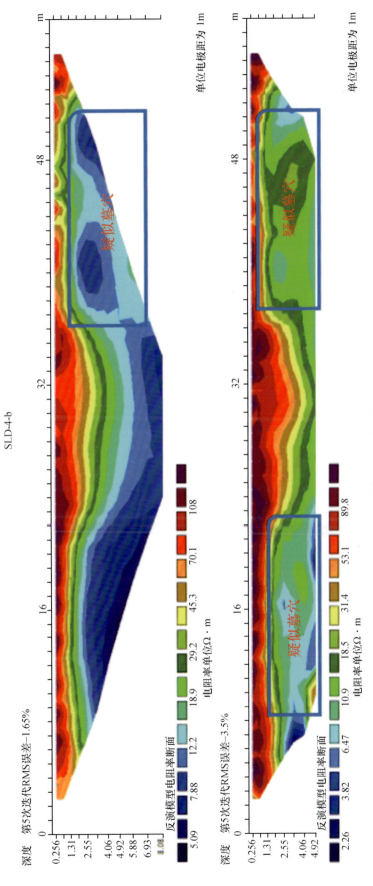

图版四　电法测线DD4

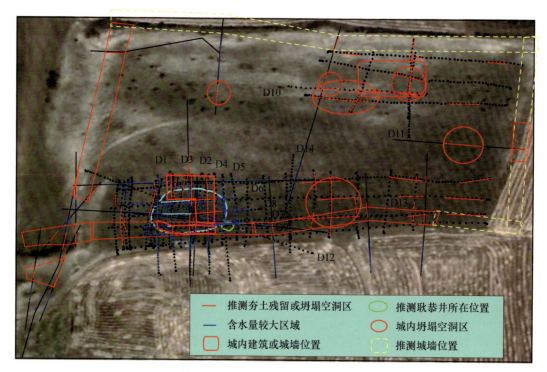

——	推测夯土残留或坍塌空洞区	◯	推测耿恭井所在位置
——	含水量较大区域	◯	城内坍塌空洞区
▢	城内建筑或城墙位置	⬭	推测城墙位置

图版五　石城子遗址地球物理解译结果

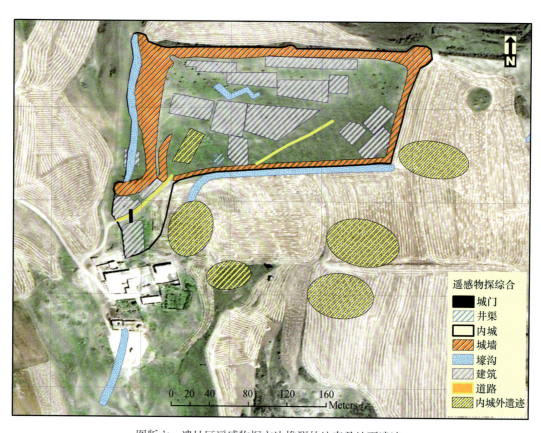

遥感物探综合
■ 城门
▦ 井渠
□ 内城
▨ 城墙
▨ 壕沟
▨ 建筑
▨ 道路
▨ 内城外遗迹

图版六　遗址区遥感物探方法推测的地表及地下遗迹

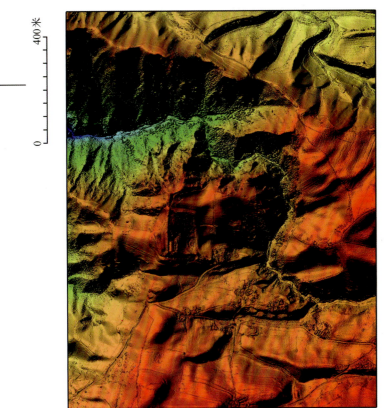

北

0   400米

图版七 石城子遗址及周边环境2018年正射影像图及数字高程模型

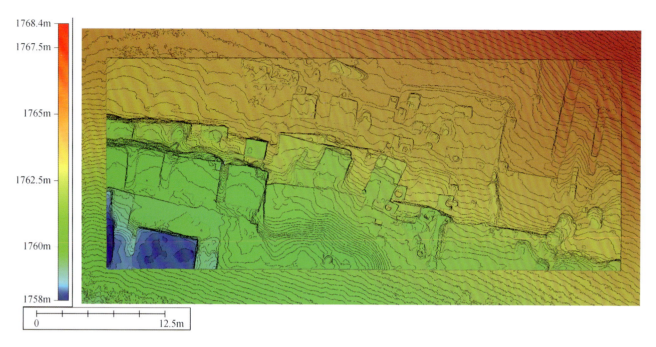

图版八　石城子遗址2019年发掘区域数字高程模型

图版九　石城子遗址2018年考古现场及周边环境三维实景模型

图版一〇　石城子遗址2019年考古发掘区域真彩色三维数字模型

图版一一　石城子遗址出土植物种子

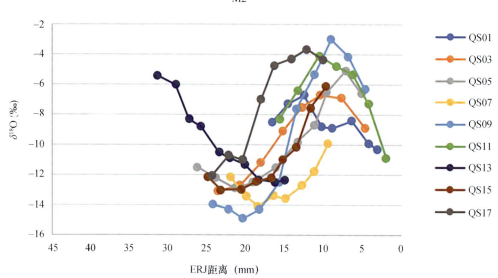

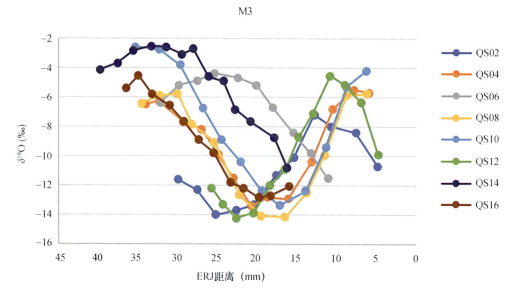

图版一二　不同个体M2和M3上δ^{18}O变化趋势的比较

M2

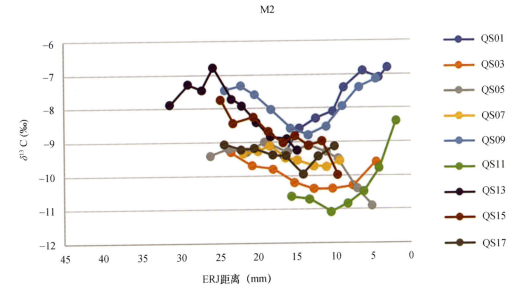

M3

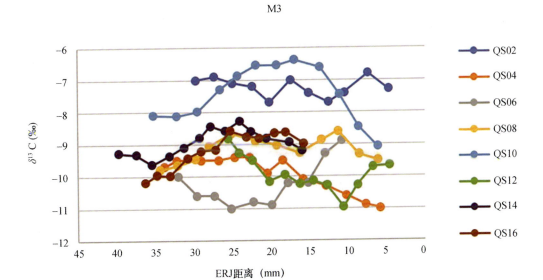

图版一三　不同个体M2和M3上δ^{13}C变化趋势的比较

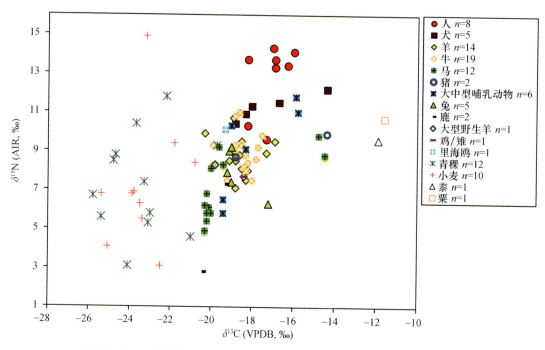

图版一四　石城子遗址出土骨骼和植物样本碳、氮稳定同位素比值散点图

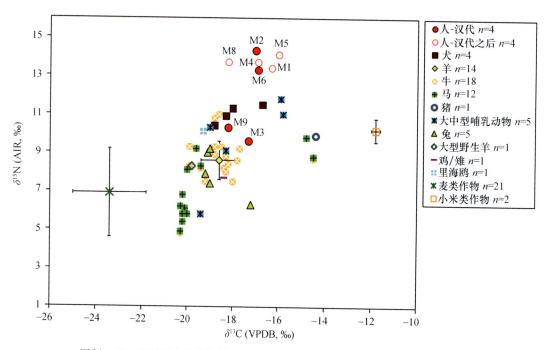

图版一五　石城子农作物与羊的同位素数据误差棒图及其他样本数据散点图